U0930111

越秀年鉴

YUE XIU ALMANAC

2011

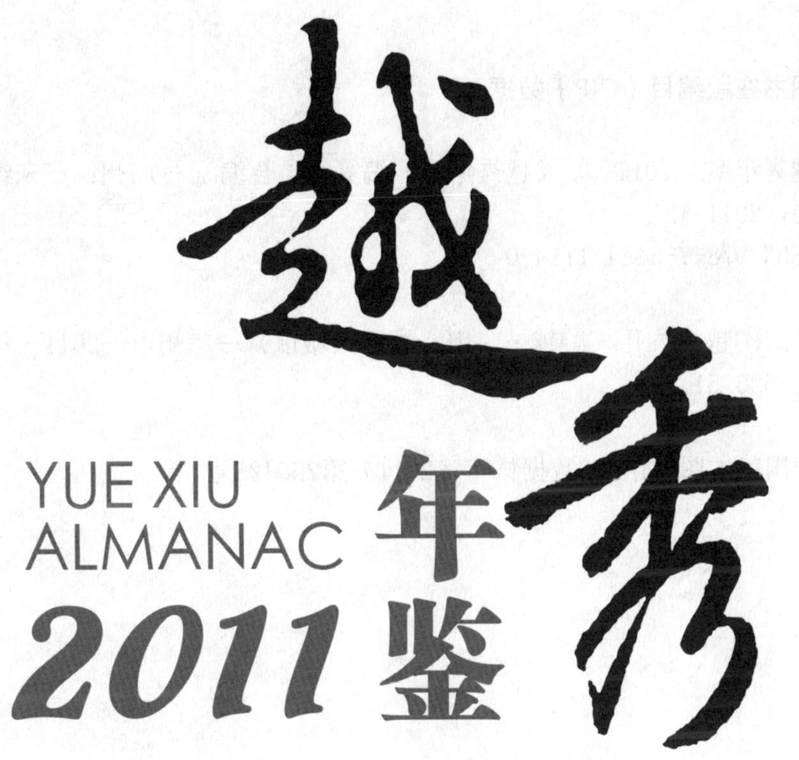

越秀年鉴编纂委员会 编

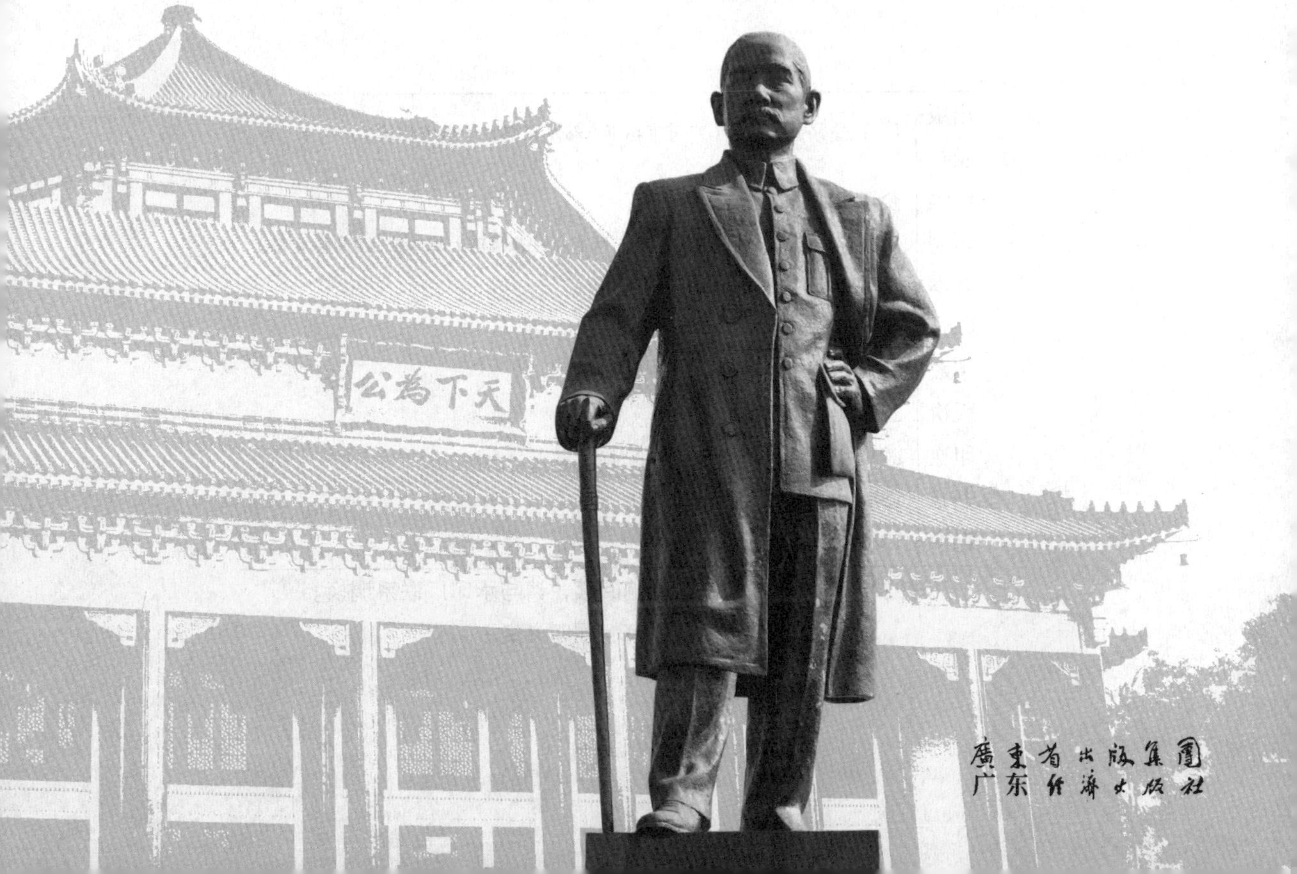

廣東省出版集團
广东经济出版社

图书在版编目（CIP）数据

越秀年鉴. 2011 / 《越秀年鉴》编纂委员会编. —广州：广东经济出版社，2011.12

ISBN 978-7-5454-1114-0

Ⅰ. ①越… Ⅱ. ①越… Ⅲ. ①区（城市）—广州市—2011－年鉴 Ⅳ. ①Z526.51

中国版本图书馆CIP数据核字（2011）第260425号

出版发行	广东经济出版社（广州市环市东路水荫路11号11～12楼）
经销	全国新华书店
印刷	广州佳达彩印有限公司（广州市员村五横路大坦工业区3号楼首层）
开本	787毫米×1092毫米 1/16
印张	26.25 插页 20
字数	571千字
版次	2011年12月第1版
印次	2011年12月第1次
书号	ISBN 978-7-5454-1114-0
定价	198.00元

如发现印装质量问题，影响阅读，请与承印厂联系调换。

编 辑 说 明

1.《越秀年鉴》是由中共广州市越秀区委、越秀区人民政府主持，区地方志办公室协调区属各部门、各街道及有关单位共同编纂的大型综合性资料工具书。《越秀年鉴》于1996年创刊，以后逐年出版。编纂和出版年鉴，旨在全面、系统、翔实地载录行政区政治、经济、社会的基本面貌和发展情况，为区内外以及海外各界人士和广大读者了解、研究区情提供准确可靠的信息资料和基本数据，为区的经济建设和社会各项事业协调发展服务。

2.《越秀年鉴》采取分类编辑法，以篇目、分目、条目和统计资料组成框架结构和主体部分。条目是本年鉴反映情况的主要形式，分综合性条目和专题性条目，综合性条目如“概况”，承担对某一领域展现全貌、反映特点、揭示规律、统率专题条目的角色，专题性条目是从微观着眼记载某领域上年度的事和物的表现形式。全书条目标题统一用黑体字加【】表示，部分条目中包含多方面资料，则增设子条目，标题统一用楷体字，以便读者查阅。

3.《越秀年鉴》2011刊设有18个篇目：(1）特辑；(2）越秀区大事记（2010年)；(3）越秀概貌；(4）政党；(5）政权、政务、政协；(6）群众团体；(7）政法；（8）军事；（9）第二、三产业；（10）经济管理；（11）城区建设与管理；(12）教育、科技；(13 ）文化、卫生、体育；（14）社会、生活；（15）行政街；(16）人物；(17）文献专载；(18）社会、经济统计资料。全书共108个分目，783个条目，210个子条目，共计48万字。此外，在内文前设有彩色图片专辑，含图片127帧，另在内文中选插黑白图片92帧，力求做到图文并茂，形象、生动地反映越秀区的发展面貌。

4.《越秀年鉴》所载录的数据，以越秀区统计局提供的“2010年广州市越秀区国民经济统计资料”为准；部分数据由区属和区辖内各有关部门、单位提供。

5.《越秀年鉴》的编纂出版，得到各级领导和各界人士的鼎力支持与帮助，对此，我们表示衷心的感谢。因编辑水平有限，本书在编纂质量方面会存在不足之处，恳请各界人士和广大读者多提意见和建议，以便我们不断改进编纂工作，把《越秀年鉴》办得更好。

《越秀年鉴》编纂委员会

顾　问　武延军（区委书记、区人大党组书记）
　　　　　杨雁文（区委副书记、区长、区政府党组书记）

主　任　罗丽华（副区长）

副主任　赖志鸿（区政府办公室主任、区政府法制办公室主任）

委　员　（以姓氏笔画为序）
　　　　　叶文辉（区经济贸易局局长）
　　　　　陈兴奇（区人大常委会办公室副主任）
　　　　　朱　辉（区建设和水务局党委书记、纪委书记）
　　　　　华　磊（区委组织部副部长）
　　　　　刘震海（区统计局局长）
　　　　　陈　韧（区文化广电新闻出版局副局长）
　　　　　张　岩（区政协秘书长）
　　　　　邹崎发（区委宣传部副部长）
　　　　　陈菊芳（区国家保密局局长）
　　　　　吴朝阳（区地方志办公室主任）
　　　　　欧少虹（区档案局副局长）
　　　　　郭　环（区发展和改革局局长）
　　　　　郭静之（区委办公室副主任）
　　　　　崔　晓（区人力资源和社会保障局副局长）
　　　　　梁淑宁（区财政局党委书记）

《越秀年鉴》编辑部

《越秀年鉴》拟稿、审校人名单

（按内文先后为序）

目　录

特　辑

越秀区大事记（2010 年）

越秀概貌

政　党

政权·政务·政协

·越秀区工商业联合会·

·越秀区科学技术协会·

·越秀区文学艺术界联合会·

·越秀区归国华侨联合会·

·越秀区残疾人联合会·

·越秀区个体劳动者协会、私营企业协会·

政　法

·政法工作综述·

·公　　安·

·检　　察·

·审　　判·

·司法行政·

军　事

·综　述·

第二、三产业

·食品药品监督管理·

·质量技术监督管理·

·安全生产监督管理·

城区建设与管理

·城 区 规 划·

·市政建设与水务·

· 国土房地产管理 ·

· 环 境 保 护 ·

· 园 林 绿 化 ·

· 市容环境卫生管理 ·

· 城市管理与综合执法 ·

·流花地区管理·

教育·科技

·教　育·

·科技和信息化·

文化·卫生·体育

·文　化·

行政街

·白 云 街·

·矿 泉 街·

·登 峰 街·

人 物

文献专载

社会、经济统计资料

索 引

越秀区位置图

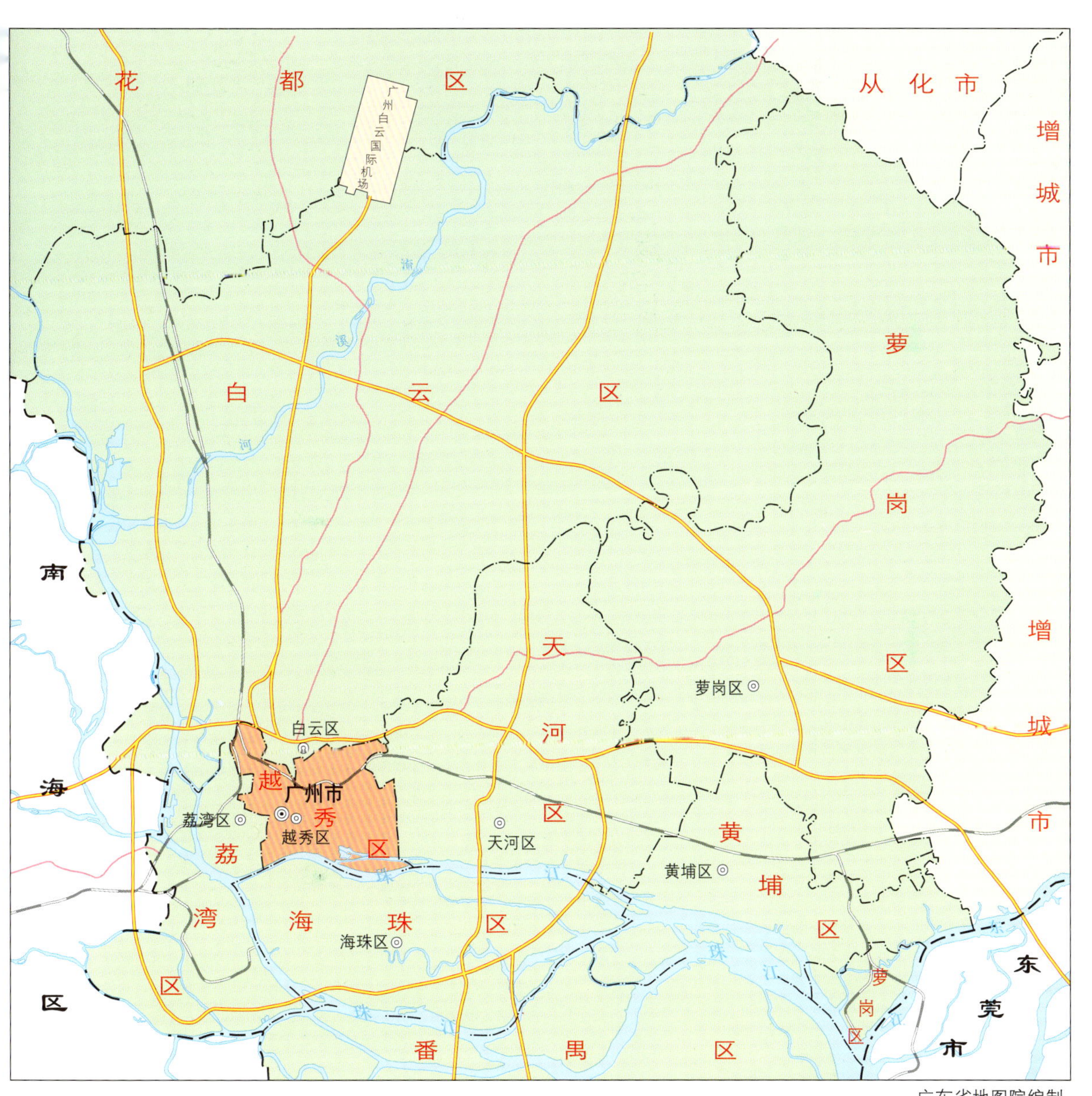

广东省地图院编制

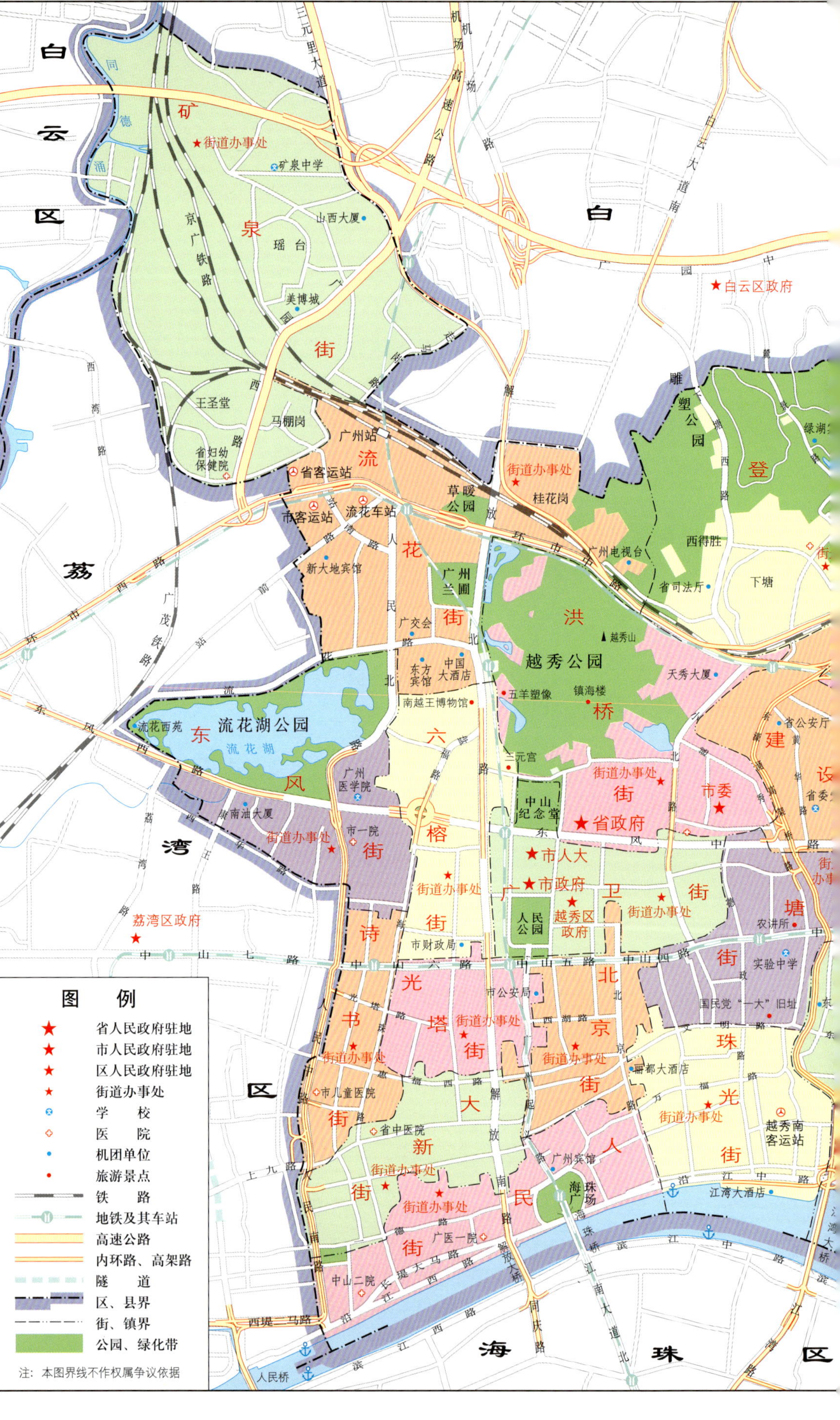

白云区
荔湾区
海珠区
白云区政府
荔湾区政府
矿泉街
流花街
洪桥街
东风街
六榕街
诗书街
光塔街
北京街
大新街
人民街
广卫街
建设街
登峰街
珠光街
矿泉中学
山西大厦
瑶台
美博城
王圣堂
马棚岗
省妇幼保健院
广州站
省客运站
市客运站
流花车站
新大地宾馆
草暖公园
桂花岗
广州电视台
西得胜
下塘
省司法厅
雕塑公园
绿湖
广州兰圃
广交会
东方宾馆
中国大酒店
越秀公园
越秀山
天秀大厦
五羊塑像
镇海楼
南越王博物馆
流花西苑
流花湖公园
流花湖
广州医学院
南油大厦
三元宫
中山纪念堂
省政府
市委
省公安厅
市一院
市人大
市政府
越秀区政府
人民公园
市财政局
农讲所
实验中学
市公安局
国民党"一大"旧址
丽都大酒店
市儿童医院
省中医院
广州宾馆
海珠广场
越秀南客运站
江湾大酒店
广医一院
中山二院
人民桥
海珠桥
街道办事处
京广铁路
广茂铁路
机场高速公路
白云大道南
三元里大道
解放北路
解放南路
环市路
中山七路
中山六路
中山五路
中山四路
东风中路
东风西路
沿江中路
沿江西路
西堤二马路
人民中路
江南大道北
同庆路
同德涌
图例
省人民政府驻地
市人民政府驻地
区人民政府驻地
街道办事处
学校
医院
机团单位
旅游景点
铁路
地铁及其车站
高速公路
内环路、高架路
隧道
区、县界
街、镇界
公园、绿化带
注：本图界线不作权属争议依据

越秀区行政区划图

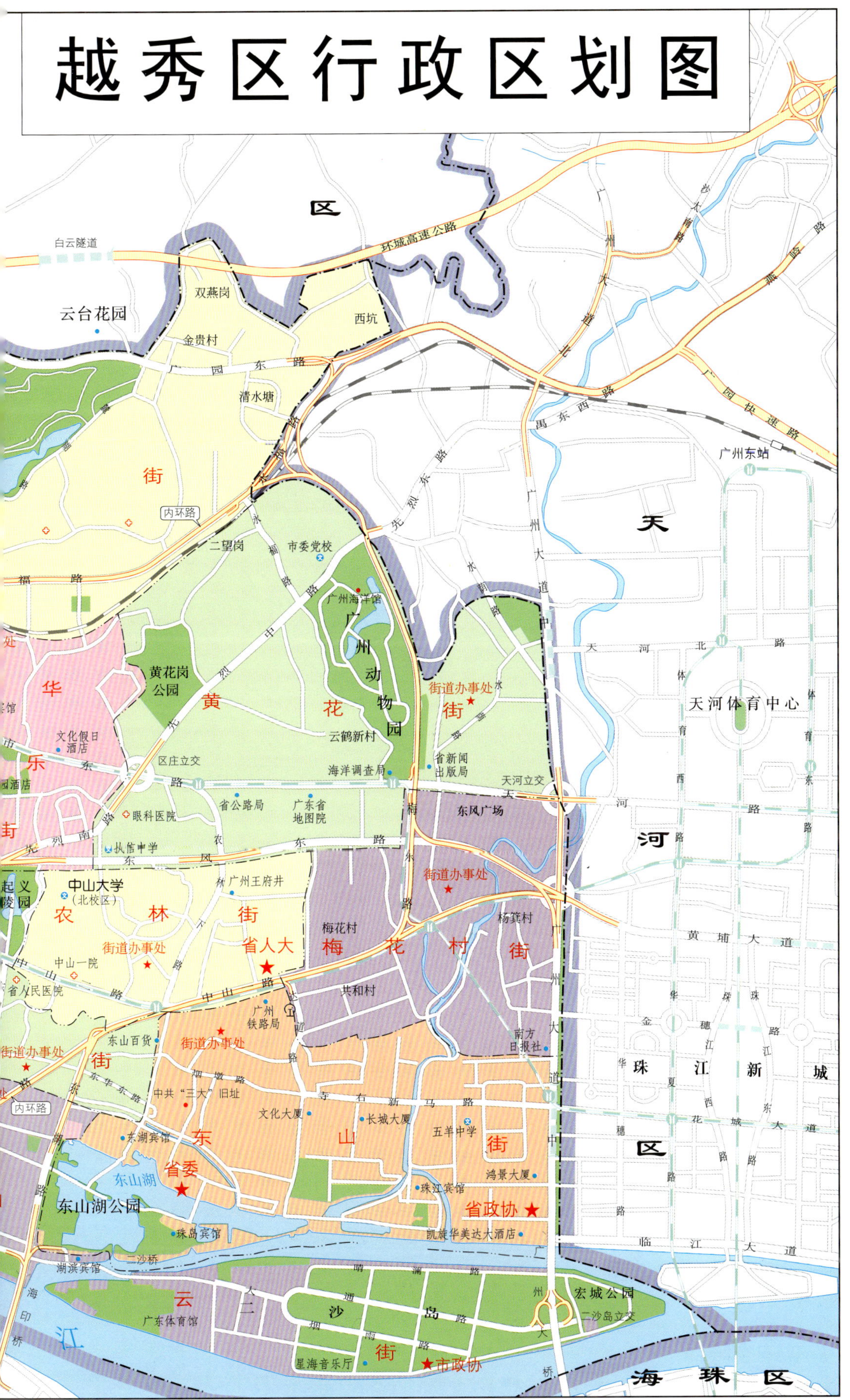

广东省地图院编制

2010年11月12日，中共中央政治局常委、国务院总理温家宝视察东濠涌

（赖维碧　摄）

2010年12月13日，国务院副总理回良玉（左一）参观东濠涌博物馆

2010年11月19日，亚奥理事会主席艾哈迈德·法赫德·萨巴赫亲王（左三）参观西汉南越王博物馆

2010年8月27日，中共中央政治局委员、广东省委书记汪洋（前左三）陪同湖南省委书记周强（前左二）参观考察东濠涌河涌整治示范点

2010年6月29日，国务委员、公安部部长孟建柱（前右二）视察登峰街金麓山庄外国人管理服务站

2010年10月29日，中共中央政治局委员、广东省委书记汪洋（前右一）陪同安徽省委书记张宝顺（前右二）、省长王三运参观考察越秀区广卫街都府社区、东濠涌河涌整治示范点

2010年8月26日，山东省委常委、济南市委书记焉荣竹（右二）率济南市党政考察团参观考察越秀区广卫街都府社区及东濠涌河涌整治示范点

2010年12月13日，中共中央宣传部副部长蔡名照（右三）视察北京路

2010年4月8日,文化部副部长杨志今（右二）考察北京街流水井社区文化站

2010年1月23日，国家工商总局副局长王东峰（左一）检查市工商局越秀分局食品安全监管工作

2010年5月28日，中央综治委副主任、中央政法委副秘书长、中央综治办主任陈冀平（中）视察登峰街外国人管理服务站工作

2010年6月13日，国家人口计生委党组成员、中国计生协会党组书记杨玉学（右一）视察越秀区免费婚检、婚姻登记、优生优育“一门式”服务

2010年7月22日，省长黄华华（右三）视察广卫街都府社区和东濠涌环境整治工程

2010年9月14日，省委副书记、纪委书记朱明国（前左三）率珠三角片区县级综治信访维稳中心建设工作交流会代表考察越秀区综治信访维稳中心

2010年2月3日，省委常委、广州市委书记朱小丹（右二）到流花街、广卫街开展“送温暖”慰问活动

2010年7月20日，省委常委、省政法委书记梁伟发（右二）检查华乐街普法工作

2010年7月2日，省委常委、广州市委书记张广宁（中）视察登峰街金麓山庄外国人管理服务站和建设街社区综合服务中心

2010年6月8日，市长万庆良（左一）视察越秀区迎亚运环境综合整治工程

2010年6月2日，市政协主席林元和（右一）视察越秀区迎亚运环境综合整治工程

二沙岛、五羊新城

2010年10月21日晚，在人民公园南广场举行广州市原点标志揭幕晚会

广州市传统中轴线

广州大桥二沙岛进出口

中山一立交

涌上小瀑

涌水清澈

碧水顽童

亲水平台

水光潋滟（越秀北路段）

涌边绿道（中山三路段）

绿树倩影（东濠涌、新河浦涌交界段）

涌边运动场（能源化工厂段）

区委书记武延军（右）将点燃的“潮流”火炬交到第一棒火炬手代区长杨雁文（左）手中

广州亚运年龄最小火炬手——黄天来（东风东路小学）

火炬传递（越秀区站）

区领导慰问亚运城市志愿者

广州亚运场馆之一——越秀山体育场

2010年11月12日，第十六届广州亚运会开幕式“珠江巡游”岸上文艺演出

2010年9月30日，越秀区举行全城行动搞卫生、干干净净迎亚运活动

光孝寺

三元宫

广州都城隍庙

天主教圣心大教堂

怀圣寺

基督教救主堂

2010年1月22日，区委书记贡儿珍（右）慰问广卫街困难家庭

2010年6月18日，黄花岗街慈善互助超市向困难家庭发放捐助物资

大新街党员义工为困难群众送温暖

就业培训

六榕街老人文化活动中心

市民在东风东路绿化广场开展歌咏活动

2010年7月28日，黄花岗街与广州军区空军司令部携手共建具军事特色的文化站揭幕

2010年7月30日，召开越秀区庆祝建军83周年暨驻区部队立功集体和个人奖励大会

2010年11月22日，华乐街社区党员、老大妈志愿者慰问守护亚运会总部接待酒店的武警官兵

22个街道社区服务中心和区劳动就业中心设置便民服务自助区

2010年9月13日，在英雄广场举办越秀区居民投诉大接访活动

2010年9月16日，举办“东皋大道历史文化保护区保护规划共同规划日”活动

光塔街民族文化活动中心

全国和谐社区建设示范社区——都府社区

2010年1月25日，在东湖街举行全面推进广州市生活垃圾分类处理工作启动仪式

东山湖公园

2010年10月22日，水荫横路开通

东山小洋楼

二沙岛发展公园

二沙岛绿道

林则徐纪念园

陵园西路

流花湖公园

文明路骑楼

新河浦涌

亚运安保誓师大会

授旗仪式

依托科技手段部署亚运安保工作

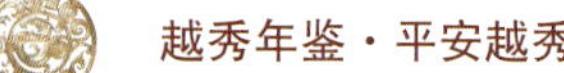

2010年12月22日，越秀区法律服务中心揭牌

2010年6月20日，区安监局在金贵加油站组织重大危险源场内应急救援演练

越秀区工商、质检等部门联合查验供亚食品批次

校园安全演练

2010年12月29日，越秀区承办第六届中国总部经济高层论坛

东风路高端商务带

2010年8月31日，召开越秀区总部经济发展工作大会

环市东路智力总部区

沿江路金融商务区

1 | 2
3 | 4

1 越秀区“总部经济发展基地”之一——广东电信广场

2 越秀区“总部经济发展基地”之一——时代地产中心

3 越秀区“总部经济发展基地”之一——中华国际中心

4 越秀区“总部经济发展基地”之一——越秀城市广场

2010年5月11日，区长武延军(前右)会见英国伦敦红桥区市长陈德樑（前左）率领的贸易代表团

2010年9月25日，举行“越秀区广府文化旅游嘉年华”启动仪式

2010年11月10日，举行广州亚运美食文化节越秀区活动周启动暨惠福美食花街开街仪式

北京路步行街

北京路广府文化商贸旅游区

惠福东路美食步行街

2010年3月3日，国家专利技术展示交易中心（广州越秀）在越秀区正式挂牌成立

2010年4月7日，越秀区人民政府与中国移动广州分公司签订共建“数字越秀”信息化战略合作框架协议

2010年4月22日，区法院首次召开知识产权保护工作座谈会，探索知识产权行政保护和司法保护协作新机制

2010年12月30日，举行广州高新区黄花岗科技园（信息园）十周年志庆暨新合作园区揭牌仪式

黄花岗创意及网络经济区

2010年7月15日，区台湾事务办公室、区教育局主办首届“缤纷夏日 管韵互动”管弦乐主题交流活动，越秀区与台湾两地5所中小学校的管乐师生参与演出

2010年5月，越秀区承办第九届中国艺术节“大地情深”群星奖戏剧（小品）决赛

2010年6月17日，粤语新童谣比赛在越秀区博物馆启动

2010年12月19日，越秀区创建广东省推进教育现代化先进区文艺演出

2010年9月4日，国务院办公厅督查组检查越秀区全民科学素质行动计划纲要落实情况

趣味英语课堂

校长黄劲雄

广州市贸易职业高级中学

广州市贸易职业高级中学是越秀区教育局下属公办省级重点职业学校，是广东省现代教育技术实验学校，广东省职业教育先进单位，全国教育科学“十五”规划重点课题优秀实验学校。

学校以“以生为本、与时俱进”为校训，坚持走中职、电大大专、本科一条龙教育服务的办学模式，形成多层次、多形式的特点。中职教育集中在2个校区。中山六路校区（中山六路瑞兴新街7号）开设的专业主要以艺术类、商贸类为主，其中：美术影视与动画专业是根据市场新兴的动漫行业而开设，服装设计与工艺专业以制作工艺精湛为品牌，商贸类专业以技能实用、符合企业所需为特色。文德东路校区（文德东路2号）开设会计、金融事务2个龙头品牌专业，强化十项技能培训。学校总占地面积19470平方米，校舍建筑面积共32356平方米。2010年教职工247人，100%专任教师学历达标。学校现有专任教师184人，专业教师99人，占专任教师的53.8%。高级职称40人，占21.7%，中级职称120人，占65.2%；“双师型”教师38人，占专业教师总数的38.4%。

省人大常委祁海到校视察工作

学校坚持以学生为中心，以能力为本位，配备模拟银行、会计模拟实训室、财务电算化实训室、服装车缝制作室、电子商务模拟实训室、企业经营ERP实训室等现代化实训场室，强化学生专业实践

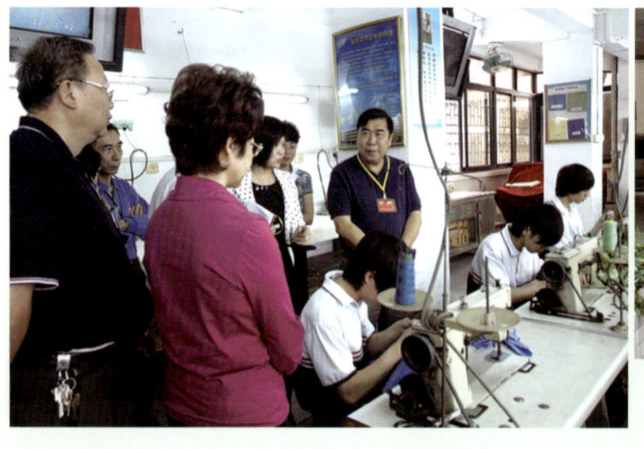

区人大领导到校指导工作

党委书记陈建瑜

校园招聘会

能力的培养。

学校以办学质量优秀著称，实行学分制，学生学有余力可兼修第二专业的课程，修满学分可提前毕业。历届毕业生就业率和升学率均达98%以上，办学质量得到社会各界赞同。文化基础知识扎实的学生可通过考取高职院校或电大继续深造学习。学校与建设银行、中国银行、香港汇丰银行、广百股份有限公司、广州友谊公司等单位建立密切的合作关系，坚持走校企联合办学的道路，充分利用社会教育资源，给学生提供多种实习就业渠道。

学校以建设国家级示范中等职业学校为目标，不断改革创新，致力把学校打造成办学质量高、社会声誉好、特色鲜明的中等职业学校。

学校大课间活动获市一等奖和区特等奖

中山六路校区教学大楼

文德路小学

郑伟仪校长率三位副校长和教师代表为狮子点睛

川粤一心　携手共进乐同行——文德路小学与汶川一小手拉手教师训练营活动

"我参与、我快乐、我锻炼、我健康"是文德路小学多年来开展阳光快乐体育的口号，确保学生每天锻炼一小时

创办于1933年的文德路小学，地处文化教育的"圣域"，昔日广府学宫、孔子庙，现是文德文化街。学校占地6668平方米，现有34个教学班，1447名学生，教职工84人，100%达大专以上水平，其中：南粤教坛新秀4人，区基础教育名校长2人，名教师3人，教坛新秀16人，小学副高级教师2人，教育硕士1人。

在推进素质教育的历程中，有着近80年历史的广州市文德路小学坚持走"科研促学，科研促教，科研促发展"的科研兴校之路。树心理健康教育、素质教育的品牌，走内涵式发展之路。学校秉承"一切为了孩子的未来，一切为了师生的发展"的办学宗旨，在继承优良传统的基础上，营造了"文润德泽　和谐快乐"的以人为本的学校文化，以文化育人，被誉为科研的先锋，办学的楷模。《人民日报》、《中国教育报》、《南方日报》、《广州日报》、《羊城晚报》、中央电视台、珠江电视台、广州电视台等各大媒体，多次介绍学校教育改革的成功经验。

学校是教育部团体心理辅导实验学校、首批广东省一级学校、首批广东省心理健康教育示范学校、首批广东省现代教育技术试验基地、首批广东省红领巾示范学校、首批广东省体育特色学校、广东省模范职工之家、广东省文明示范校园、广州市文明单位标兵、广州市校本培训示范学校。在教育改革与发展的历史大潮中，文德路小学写下了光彩夺目的篇章。

现在学校正乘全国基础课程改革东风，迎接一个又一个挑战，全力构建现代化优质学校，斗志昂扬地迈向更广阔的新天地！

文德路小学经典诵读节目《文德少年》获广州市首届经典美文诵读表演大赛一等奖

文德路小学"共享阳光下的幸福"为主题的体育花会

文德路小学学生在奔领略"快乐测向"

100名文德学子代表广州市青少年到机场迎接由省委书记汪洋、省长黄华华带回的亚运火种

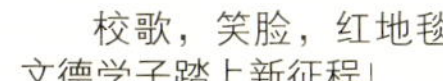

校歌，笑脸，红地毯，文德学子踏上新征程！

文德路小学合唱团参加第五届世界合唱节——国际最高层次的合唱活动，获“民谣自便组”金奖

让课堂充满魅力——文德路小学教师主题戏剧训练工作坊

文德第一课：行中华之礼 立善正修身之德

“三好学生”的新定义：阳光的、全面发展的、有特长的“五星级”学生

2010年5月7日，举行越秀文化发展咨询委员会成立暨全国文化先进单位揭牌仪式

2010年8月3日，举行广州市东平典当博物馆开馆启动仪式

2010年10月28日，举行东濠涌博物馆开馆仪式

特辑

越秀区“十二五”规划的发展思路

【“十二五”规划的指导思想】高举中国特色社会主义伟大旗帜，以邓小平理论和“三个代表”重要思想为指导，坚持以科学发展为主题，以加快转变经济发展方式为主线，围绕建设国家中心城市核心区的总目标，全面实施“文化引领、提升总部、创新驱动、共建共享”战略，加快建设现代产业体系，打造文化名城核心，推动城市更新改造，构建优质公共服务体系。以文化繁荣提高发展品质，以精细化的城市管理提高环境品质，以优质公共服务提高生活品质，建设幸福越秀。

【“十二五”规划的发展目标】以总部经济为龙头，着力构建现代产业体系，重点打造越秀核心产业功能提升区和北京路广府文化商贸旅游区两大功能区，进一步彰显“广府文化源地、千年商都核心、公共服务中心”的地位，努力建成经济发达、文化繁荣、环境友好、幸福祥和的国家中心城市核心区。

（1）经济指标：“十二五”期间，全区地区生产总值年均增长率约8%，2015年人均地区生产总值达到188000元（按常住人口平均数计算），全区现代服务业增加值占地区生产总值的比重达到67%以上，全区文化产业增加值占地区生产总值的比重达到13%。展望2015—2020年，地区生产总值保持约8%的年均增长水平。

（2）社会指标：“十二五”期间，每万人口拥有公共文化设施面积达到562平方米。优质（规范化）学校占学校总数比例达到100%。城镇居民家庭人均可支配收入年均增长10%，城镇登记失业率控制在3.5%以内，年均人口自然增长率保持在2‰以下。2015年，平均期望寿命总体达到79.2岁。

（3）环境指标：2015年，城区绿化覆盖率达到35.26%，人均公园绿地面积达到5.82平方米，区域环境噪声平均值低于56分贝。

【“十二五”规划的发展战略】“文化引领”战略　把握广州市建设世界文化名城的机遇，发挥文化在转变经济发展方式中的重要作用，将文化作为引领经济社会发展的驱动力，加快传统文化资源的整合提升，增强现代文化产业竞争力和辐射力，繁荣公共文化活动，将文化资源要素注入经济发展、城市更新过程中，以文化品位增强城区魅力，以人文关怀提升居民幸福感。

“提升总部”战略　进一步巩固总部经济在构建现代产业体系中的龙头地位，积极吸引符合中心城区产业发展方向的总部企业进驻越秀区；通过支持企业建立总部大厦等方式，增强总部企业根植性；加强整合优质资源，扶持现有总部企业做大做强，着力提升越秀区总部企业质素，优化总部经济结构，争创发展总部经济的新一轮优势。充分发挥总部经济的提升带动作用，促进区高端资源要素集聚，推动产业链向高端化发展，优化产业结构，加快经济发展方式转变。

“创新驱动”战略　把提高自主创新能力作为调整产业结构、转变经济增长方式的中心环节，大力推进技术创新、管理创新和服务创新。以国际视野和战略思维来选择和发展战略性新兴产业，加快信息技术向经济发展、城市管理、社会民生等方面的渗透，推进创新平台建设，全面建成智力资源密集、具有持续创新动力的智慧型城区。通过创新驱动，化解越秀区发展阶段转型过程中空间不足、高端要素集聚度不够的问题。

“共建共享”战略　坚持“共建幸福越秀，共享发展成果”的思路和做法，调动社会资源，充分整合各方力量共同参与城区建设与发展，共同推进基本公共服务均等化，建成惠及全民的社会保障体系，提高居民生活品质，把共同建设、共同享有贯穿于越秀区经济社会建设的全过程，真正做到在共建中共享、在共享中共建。

越秀区“十二五”规划的主要任务

【构建充满活力的现代产业体系】构建以总部经济为龙头，以服务业为主体，以创新为驱动，核心产业集聚发展的现代产业体系，形成以两大功能区为主导、“一带六区”（东风路高端商务带，环市东智力总部区、黄花岗创意及网络经济区、流花时尚品牌运营区、北京路广府文化商贸旅游区、沿江路金融商务区、东山口休闲商业区）集聚发展的产业发展新格局，努力提高经济发展质量，实现经济发展方式有效转变。

提升核心产业竞争力 重点发展商贸业、金融业、物流服务业、商务服务业、文化创意产业、信息服务业、公共服务业七大核心产业，带动现代服务业集聚和产业布局优化，提升区域服务功能。

优化产业空间布局 坚持以产业提升带动城市更新，以两大功能区建设为重心，加快推进“一带六区”现代服务业集聚区建设。根据区域功能定位，科学地安排土地资源利用模式，形成功能明确、各具特色的产业发展格局。

有效转变经济发展方式 坚持总部经济带动，努力增强民营经济发展实力，进一步优化经济结构；加快传统产业转型升级，提高现代服务业在全区经济中的比重；加强科技创新，为经济发展注入新活力。

【建设独具特色的文化名城核心区】

加强精神文明建设，推进文化创新发展，提升城区文化品位，建成特色传统文化与现代时尚文化交融，集文化博览、文化创意、文化传播、文化旅游等功能于一体，人文氛围浓郁的世界文化名城核心区。

【打造民生优先的公共服务体系】

树立以民生为导向的社会发展理念，加强财政投入，优化资源配置，大力推进基本公共服务均等化进程，大幅提高社会福利和公共服务的供给水平，推进公共服务向均衡优质发展，显著增强人民群众的幸福感。

【建立高效有序的社会治理机制】

努力建设服务型政府，提升城市管理的科学化、精细化、人性化程度，完善基层社会管理结构，加快信息技术在经济发展、城市建设、社会民生等领域的普及应用，不断提高城市管理和服务效能，保持社会和谐稳定。

【营造和谐乐居的城区发展环境】

有序推进“三旧”改造进程，进一步完善城区基础设施和景观环境，强化环境保护和资源节约利用的意识，实现城区形象和功能整体提升。

越秀区经济和社会发展指标体系

《越秀区经济和社会发展指标体系》分为经济发展、社会事业、城区环境三大类，预期性①和约束性②两种，共计26项。

领域	指标名称	“十一五”完成情况	“十二五”预测目标	指标类型
经济发展	1. *地区生产总值年均增长率（%）	11.0	8	预期性
	2. *人均地区生产总值年均增长率（%）	9.0	6.5	预期性
	3. *单位建设用地第二、第三产业增加值（亿元/平方公里）	47.34	65	预期性
	4. *服务业增加值占地区生产总值的比重（%）	97.19	96	预期性

① 预期性指标是政府期望的发展目标，主要依靠市场主体的自主行为实现。政府创造良好的宏观环境、制度环境和市场环境，并适时调整宏观调控方向和力度，综合运用各种政策引导社会资源配置，努力争取实现。

② 约束性指标是在预期性基础上进一步明确并强化了政府责任的指标，是政府在公共服务和涉及公众利益领域对有关部门提出的工作要求。政府要通过合理配置公共资源和有效运用行政力量，确保实现。

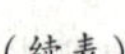

（续表）

领域	指标名称	“十一五”完成情况	“十二五”预测目标	指标类型
经济发展	5. 现代服务业增加值占地区生产总值的比重（%）（广东省统计口径）	61.95	67	预期性
	6. 社会消费品零售总额年均增长率（%）	16.6	10	预期性
	7. 文化及相关产业增加值占地区生产总值比重（%）	12. 23	1 3	预期性
	8. 民营经济增加值占地区生产总值比重（%）	19	25	预期性
	9. 黄花岗科技园技工贸总收入（亿元）	230.39	420	预期性
社会事业	10. 年均人口出生率（%）	7.1	≤8.0	预期性
	11. 年均人口自然增长率（‰）	0.91	≤2.0	预期性
	12. 计划生育率（%）	98	≥97	预期性
	13. 九年义务教育完成率（%）	100	100	约束性
	14. 初中毕业生升学率（%）	99	99	约束性
	15. 规范化学校占学校总数比例（%）	53. 85	100	约束性
	16. *每万人口拥有公共文化设施面积（平方米）	493.24	561.83	约束性
	17. 科技三项费用支出占地方财政支出比重（%）	2	2	约束性
	18. 每百万人口发明专利授权量（件）	1767	2500	预期性
	19. *镇居民人均可支配收入年均增长率（%）	11	10	预期性
	20. 城镇登记失业率（%）	2.5	≤3.5	预期性
	21. 城镇登记失业人员再就业率（%）	75	≥72	约束性
	22. 平均期望寿命（岁）	79.12	79.2	预期性
城区环境	23. *人均公园绿地面积（平方米）	5.6	5.82	约束性
	24. 城区绿化覆盖率（%）	33.55	35.26	约束性
	25. *单位地区生产总值能耗降低（%）	20.7	完成市下达目标	预期性
	26. 城市区域环境噪声平均值（分贝）	55.7	≤56	约束性

注：带*号指标为广州市实施《珠江三角洲地区改革发展规划纲要（2008—2020年）》、实现“四年大发展”，对各区（县级市）的评估考核指标。

越秀区大事记（2010年）

1　月

2日　由区地方志编纂委员会主持编纂、广东人民出版社出版的《广州市越秀区志》（1991—2005）正式发行。该志编纂历时8年多，全书近110万字，图片近400帧，图表242个，载录从20世纪90年代至2005年15年区的自然、政治、经济、文化和社会发展全貌。

6日　广东省食品安全整顿督查组一行，现场督查越秀区食品安全整顿工作，检查结果良好。

8日 越秀区召开创建全国文明城市工作总结大会，区委书记贡儿珍作重要讲话，区长武延军作2009年创建工作总结和部署2010年创建工作。

△　越秀区在广州市率先开通台湾居民办理个体工商户登记绿色通道。

11日　区规划分局举行挂牌仪式，正式更名为“广州市规划局越秀分局”，区规划分局由原市规划局和区双重领导，调整为市规划局垂直管理。

11～13日　区委中心组举行专题学习研讨会，主要围绕推进民生事业由“生存型”向“发展型”转变；打造以“绿色、低碳、人文、休闲、高端、创新”为特色的都市核心产业功能提升区；打造“广府文化源地、千年商都核心”品牌，加快推进城区文化建设和文化产业发展；建立和完善以街道综治信访维稳中心建设为重点的信访维稳安保工作体系，实现“平安亚运”目标等4个专题。

12日　广东省省长黄华华参观越秀区西湖花市。

15日　区公安分局副局长戚凡科、海印集团负责人邵建明、大塘街治安队队员刘友文、人民街居民王瑞娟4人被市文明委评选为“第四届广州市道德模范”。

17日　由市委宣传部主办，区委宣传部、《信息时报》承办，主题为“广府文化 岭南精神”的“羊城学堂”专场活动在人民公园举行。

21日　越秀区在英雄广场举办主题为“改善环境，市民当家作主；及时整改，建设和谐美丽广州需要您的参与”的“广州市迎亚运人居环境综合整治工程文明施工现场咨询会”。22个行政街道设咨询分会场，共受理迎亚运人居环境综合整治工程文明施工投诉宗件31宗。

25日　由广州市城管委、越秀区人民政府主办，东湖街承办的主题为“推广垃圾分类，倡导健康生活”——全面推广广州市生活垃圾分类处理启动仪式在东湖街五羊南社区文体广场举行。

26日　由区民政局主办，区纪委、广州军区空军政治部双拥办协办的主题为“展专职社工风采，建平安和谐越秀”新春文艺汇演在黄花岗剧院举行。

29日　区交通局综合行政执法分局正式挂牌成立。

2　月

1日　区创文彩铃征集大赛结束，共收到42条创文宣传口号，有近70个单位开通创文彩铃。

2日　区召开第十届纪律检查委员会第五次全体会议，总结2009年区党风廉政建设和反腐败工作，研究部署2010年工作任务。区副处级以上党员干部600多人参加。

△　香港百佳公司的内地首家高端食品零售品牌TASTE店在中华广场开业。

△　区各界人士迎春文艺招待会在中山纪念堂举行，并推出《珠水粤韵》大型主题音乐会。《珠水粤韵》是越秀区打造的第一部以“广府文化源地，千年商都核心”为主题的原创文艺作品。

3日　省、市领导朱小丹、朱振中等到流花街桂花岗社区慰问民政优抚对象、残疾军人柏进和低保户谢少玲等困难群众。

△　省委常委、市委书记朱小丹到广卫街慰问困难党员。

4日　区长武延军实地检查东风中万安南绿地、东濠涌综合整治越秀北水净化厂等迎亚运环境整治工程工地。

5日　市委常委、宣传部部长王晓玲慰问六榕街残疾低保户和优抚对象。

△ 区社会工作人才队伍建设工作领导小组成立。

△ 中央文明办一行，就《全国文明城市测评体系（2010年版）新增指标》对区食品药品安全监管工作情况进行实地测试，并肯定区食品药品安全监管工作。

△ 市委常委、统战部部长孔少琼等一行到越秀区侨联爱心服务义工队兴办的孤儿助养之家“明爱园”，看望义工队员及助养孤儿。

△ 全国残疾人康复工作办公室授予越秀区第一批“全国白内障无障碍区”称号。

11日 区委书记贡儿珍、区长武延军和区政协主席刘小骏在西湖路迎春花市上利用远程视频技术慰问来自东山福利院、区老人院和区干休所的群众，同时区信息网继续开设“越秀网上花市”，将传统花市与3G技术结合，争创“信息广州”综合示范区。

△ 区旧城更新改造工作办公室正式挂牌成立。

△ 区农林上、恒福、御龙、司马坊、雅荷塘、秉政、东方里、淘金、花苑等9个社区顺利通过广州市绿色社区评审。

14～24日 广州火车站到达旅客151万人次，发送旅客84.7万人次；省汽车站发送旅客75.8万人次。市客运站发送旅客83.8万人次，春运返程高峰平稳渡过。

22日 区委书记贡儿珍带队到广州火车站西广场慰问旅客咨询中心工作人员。截至当日，中心工作人员共接待咨询服务260000人次，母婴候车区接待旅客259200人次，为旅客提供电话服务68706次。

△ 区长武延军到东濠涌综合整治越秀北水净化厂工地和江湾桥西侧补水泵站工地慰问施工人员，并致以新年祝愿。

23日 副省长雷于蓝到越秀区创意企业调研指导。

26日 2010年越秀地区文艺界名人新春茶话会暨越秀地区书画名家新春雅集在广州大厦越王台举行。

3 月

3日 国家专利技术展示交易中心（广州越秀）正式挂牌成立。这是全市第二家国家级专利技术交易中心，为企业提供专利技术及产品展示和交易。

5日 区文明办、区妇联、区体育局联合举办“迎亚运盛会、展巾帼风采”——越秀区妇女健身操大赛。全区600多名各界妇女代表参加。

7日 由市文化广电新闻出版局、市旅游局、区政府共同主办的“北京路广府文化商贸旅游区建设启动暨迎亚运宣传大使授牌仪式”在北京路步行街广百广场举行。

9日 南京市委常委、宣传部部长叶皓率领南京市创文考察团到六榕街旧南海县社区考察。

15日 市委常委、宣传部部长王晓玲一行到五仙观视察，并召开南粤先贤馆建设领导小组会议。

19日 区委书记贡儿珍、区长武延军到区更新改造工作办公室调研区“三旧”改造工作，并召开“三旧”改造与两大主体功能区规划编制工作专题会议。

23日 布隆迪保卫民主力量副总书记拉萨尔姆·乌耶库尔率考察团一行10人到六榕街旧南海县社区参观考察和谐社区建设情况。

24日 区召开2010年安全生产工作大会暨第一季度防范重特大安全事故工作会议，部署2010年工作任务，表彰2009年安全生产先进单位和个人，区长武延军代表区政府与各街道办事处、有关职能部门和单位签订安全生产、消防安全责任状。

30日 区残联“阳光家庭”计划在大东街启动。该计划是越秀区为智力、精神和重度残疾人实施居家托养的工作方案，以家庭为依托实施居家护理，以政府购买服务形式，利用专业机构为被护理家庭开展服务。

4 月

1日 市委常委、市纪委书记苏志佳带领市纪委有关领导视察广卫街都府社区、东濠涌迎亚运环境综合整治工程。

7日 以人民议员、西孟邦邦

委委员莫·拉姆·冒德拉为团长的印度共产党干部考察团一行到广卫街参观考察。

8日　国家文化部副部长杨志到北京街流水井调研考察社区文化站建设情况。

△　北京市中医管理局局长赵静一行到区中医院考察中医“治未病”工作。

14日　由区民政局、区慈善会、羊城慈善网、天涯社区（广东）联合发起的“羊城有爱——共筑玉树新家园”大型慈善义演募捐活动在北京路广百商场门口举行。

17日　登峰街社区教育学院举行成立揭牌仪式。

21日　最高人民检察院政治部部长张建军率中央办公厅、中央政法委督查组一行到登峰街综治信访维稳中心、出租屋管理服务中心、外国人管理服务站检查工作。

25日　区建设和水务局实施的新河浦涌综合整治工程竣工。此次整治主要是拓宽河涌北岸洪恩桥至四十中河堤道路，新增海月街口一座跨河行车桥，整饰、整修河涌两岸栏杆、绿化。

26日　由市委宣传部、亚组委宣传部、市文明办、市文化广电新闻出版局、团市委、区委、区政府主办的“迎接亚运会，创造新生活”——“亚运广州行”文明行动日暨亚运倒计时200天启动，区创造新生活系列活动——越秀区社区健康节启动，区青年纪念“五四”运动91周年系列活动启动仪式在英雄广场举行。区健康形象大使钟南山、谢杏芳，区青年志愿者形象大使陈小敏等1000多人参加。

28日　市长万庆良一行视察东濠涌综合整治情况。

29日　省委常委、省公安厅厅长梁伟发慰问白云派出所值班执勤民警。

5　月

4日　省委常委、省公安厅厅长梁伟发到区东风西路小学视察校园安防情况。

7日　中科协科普部副部长高勘一行到广卫街都府社区参观考察。

10日　“越秀十美”揭晓仪式在广州大厦会展厅举行，10大优秀景点：五仙观、越秀公园、中山纪念堂、南越王博物馆、二沙岛、光孝寺、兰圃公园、北京路商业步行街、沿江路休闲旅游区、新河浦洋楼。

11～12日　英国伦敦红桥区商务贸易代表团到越秀区访问。

12日　是日是全国第二个“防灾减灾日”。副省长李容根、省政府副秘书长颜学亮、省民政厅厅长刘洪等领导到洪桥街三眼井社区视察防灾减灾工作。

△　大地情深——第十五届“群星奖”戏剧比赛在广联礼堂拉开帷幕。戏剧决赛共有8场比赛，参赛演员来自全国30个省、市和地区，18日结束。

14日　国家卫生部副部长、国家中医药管理局局长王国强视察区推进中医“治未病”预防保健服务体系建设情况。

17日　加拿大蒙特利尔市市长暨玛丽区区长杰拉德·谭保利先生带领政府、经贸、教育及华侨代表团一行41人到区访问。双方签订《进一步加强双边友好交流关系的意向书》。

18日　省委常委、省公安厅厅长梁伟发到登峰街检查指导社会事务创新管理工作。

19日　越秀区副区长罗丽华率区政府代表团赴南非进行友好访问，双方在韦森堡市政府签署《广州市越秀区与南非开普敦韦森堡市进一步加强友好交流关系的意向书》。

20日　中共中央政治局委员、省委书记汪洋视察六榕街人居环境整治工作，现场察看旧南海县社区文化广场、康园工疗站等。

26日　省人大常委会委员、内司委主任梁灿盛等有关省、市领导到建设街，就《关于提请制订〈广东省社会工作者条例〉的议案（第12号）》进行调研。

27日　国家发改委副主任彭森一行视察东川新街市。

28日　中央政法委副秘书长、中央综治委副主任、中央综治办主任陈翼平到登峰街金麓山庄外国人管理服务工作站视察外国人管理服务工作。

31日　越秀区在花园酒店举行“中心城区功能提升与空间再造”高峰论坛暨两大功能区项目推介会，推出黄花新村、邮电新村更新改造，杨箕村改造等23个“三旧”改造项目和广州创意产业园229服装设计园区等11个现代服务业项目，其中有7个项目在现场签订合作意向书。

6　月

2日　市政协主席林元和一行到六榕街旧南海县社区视察。

4～9日　越秀区委书记贡儿珍率领区贸促会、区现代服务业商会、动漫协会代表及汽车配件和用品企业代表参加“东盟·广州经贸周”活动。区现代服务业商会、广州动漫协会分别与新加坡中国商会签署合作备忘录，区汽车配件及用品企业代表与印尼企业达成贸易协议，建立合作伙伴关系。

5日　常务副市长苏泽群出席越秀区与市环保局、市教育局、亚组委宣传部在英雄广场共同举办的“迎接亚运会、创造新生活——深入开展广州市全民环境保护大行动”主题活动。

8～9日　广州市市长万庆良一行到越秀区检查迎亚运环境综合整治工程，察看竹丝岗二马路绿化广场、东濠涌、旧南海县社区、都府社区等。

12日　荔湾区委书记刘悦伦一行到越秀区参观六榕街迎亚运人居环境整治成果。

△　越秀区委组织部、宣传部召开全区基层党组织和党员深入开展创先争优活动动员大会。

13日　国家人口计生委党组成员、中国计划生育协会党组书记杨玉学，中国计生协会秘书长李艳秋等到越秀区视察计划生育协会工作。

24日　国家中医药局副局长马建中、医政司司长许志仁一行到越秀区开展中医药工作调研督导活动。

25日　全国双拥办副主任、总政治部群工办副主任李辉大校带领全国双拥办检查组到越秀区检查指导创建全国双拥模范城和创建活动考评试点工作。

26日　由广州市科信局、区科信局联合主办，广百股份有限公司、广州市光机电技术研究院、台湾工业技术研究院等7家单位承办的RFID“海峡两岸加工食品流通履历计划”应用示范启动仪式在广州大厦举行，标志着国内首个两岸加工食品安全溯源服务平台落户越秀。

28日　中共中央政治局委员、省委书记汪洋到六榕街慰问困难群众。

29日　国务委员、公安部部长孟建柱视察登峰街金麓山庄外国人管理服务中心。

区长武延军带队，赴茂名信宜市考察调研扶贫开发“双到”工作。

7　月

1日　越秀区75家网吧身份证读卡（扫描）制度升级改造工作全部完成，网民到区辖内网吧需经过验证系统确认真实姓名后才可上网。

2日　省委常委、市委书记张广宁率领市委、市政府相关职能部门负责同志30多人，到越秀区调研社会管理服务体制改革试点和外国人管理服务工作。

7日　市委副书记苏志佳到区调研涉亚宗教场所建设情况。

8日　柬埔寨国会第八委员会主席胡娜率领代表团一行参观访问区劳动就业训练中心。

10日　区慈善会和亚洲国旅联合举办主题为“旅行天下，爱无止境”的千人游广东大型慈善活动在英雄广场举行启动仪式。本次活动时间为10日至17日，活动期间，亚洲国旅各门市部同时开通网络捐赠与报名渠道接收捐赠，捐款金额达到50元即获得免费“千人游广东”一日游名额一个。

12日　区长武延军参加区查控违法建设暨加强城市管理工作会议，要求集中力量开展“一查三整”专项行动，提升城市管理水平。

13日　越秀区召开第六次全

国人口普查工作会议。

△ 市人大副主任周庆强，副市长、区委书记贡儿珍，区长武延军，副区长于欣伟，区卫生局、中山一院主要领导商议中山一院东山院区退休人员待遇问题。

20日 省委常委、政法委书记梁伟发率省“五五”普法检查组，到华乐街检查“五五”普法工作。

△ 由墨西哥和古巴等八国组成的拉美政党多边研修班一行21人以及柬埔寨人民党青年干部考察团一行10人先后到越秀区党员管理中心进行考察。

22日 省长黄华华一行到广卫街都府社区、东濠涌整治示范点检查迎亚运人居环境综合整治情况。

29日 省艾滋病和病毒性肝炎社区综合防治研究越秀区项目启动仪式在区疾病预防控制中心举行。该项目由区政府与中山大学于2008年10月正式签约，是国家科技重大卫生专题立项首次在越秀区开展的研究项目。

30日 区召开“庆祝建军83周年暨驻区部队立功集体和个人奖励大会”。

8 月

2日 省委常委、深圳市委书记王荣率领深圳市党政代表团，考察东濠涌综合整治工程。

3日 越秀区召开“越秀区创建2011—2015年度全国科普示范城区工作动员大会”。

△ 中国国内首家典当行业博物馆“广州市东平典当博物馆”在中山四路东平大押举行开馆仪式。

5日 区召开迎“国检”动员暨创建全国文明城市工作指挥部全体成员（扩大）会议。全面部署迎“国检”工作。区委书记、区长武延军出席会议并作重要讲话。

7日 市长万庆良和常务副市长苏泽群一行视察建设街、农林街户外广告招牌整治工作。

8日 由广州市文明办、市创建办、广州电视台主办，越秀区承办的“广州好——迎亚运、创文明”社区文化活动启动仪式在五仙观广场举行。

10日 市长万庆良，市委常委、市公安局局长吴沙，副市长陈国等一行，到登峰街金麓山庄外国人管理服务点视察外国人管理服务工作。

11日 区政协主席刘小骏带领区政协委员到区东山福利院考察“兴办社会机构养老，推进养老事业不断发展”等4份重点提案的办理情况。

13日 市委决定，武延军任广州市越秀区委书记。

14日 中央文明办组织部分省会城市代表团，考察广卫街都府社区、东濠涌水环境整治工程。

23日 杨雁文任越秀区人民政府代区长。

26日 山东省委常委、济南市委书记焉荣竹带领济南市党政考察团一行25人到广卫街都府社区、东濠涌整治示范点参观考察。

27日 湖南省委书记周强率党政考察团视察越秀区东濠涌环境综合治理工作。

28日 市委书记张广宁到白云街辖内的广州港湾广场视察。

30日 市委副书记苏志佳一行到梅花村街、铁一小学督查“创文”工作。

31日 区委、区政府在广州大厦召开2010年越秀区总部经济发展工作大会，大会表彰区内本年度新认定的339家总部企业，并向186家优秀总部企业和21家符合奖励政策的总部企业颁发绿色通道服务卡和财政奖励。

9 月

2日 中共中央政治局委员、省委书记汪洋到广卫街慰问抗日老战士杨继先。

4日 国务院办公厅督查室副主任刘钊率领国务院办公厅全民科学素质行动计划纲要落实情况督查组，视察越秀区《全民科学素质行动计划纲要》实施情况。

6日 “2010中国流花国际服装节暨广东时装周”开幕式在东方宾馆举行。

7日 市委常委、宣传部部长

王晓玲一行到流花街辖内省客运站督查“创文”迎国检工作。

△ 区委副书记、代区长杨雁文慰问市第七中学优秀教师。

9日 区委书记武延军一行到东湖街五羊新城华润万家超市视察食品安全和运营情况。

11日 由区委、区政府主办的“迎亚运讲文明树新风”城市文明志愿服务全民行动越秀分会场启动仪式在五仙观举行。

△ 区委书记武延军、代区长杨雁文等一行到黄花岗科技园检查工作，了解企业的基本情况和创意大道项目的建设进度。

13日 区委、区政府在全区开展“和谐越秀　美好生活”——2010年越秀区居民投诉大接访活动。中心活动点设在中山三路英雄广场，区委书记武延军、代区长杨雁文等区领导及区一级信访考核单位、22个街道正职领导共173名领导干部参加。同时，全区22个行政街道分别在辖内公众活动场所设点公开接访。全天共接访239人次，现场解决信访案件148宗。

△ 区清真先贤古墓举行礼拜殿落成典礼，市委常委、统战部部长孔少琼，副市长陈国等出席。

14日 省委副书记、纪委书记朱明国率珠三角地区县级综治信访维稳中心建设交流会代表考察越秀区综治信访维稳中心。

18日 越秀区在中山纪念堂举行亚运安保和全民志愿服务誓师大会，有1700多名公安民警、安保队员和志愿者代表参加。亚运期间，全区每天有3500名警力在岗到位，设立防控岗位18397个，其中控地岗位9776个，控人岗位4620个，巡逻岗位4001个；全区55000名亚运城市文明志愿者以区内1个服务中心、4个绿道驿站、59个服务站为根据地提供服务。

△ “走进低碳生活，科学文明迎亚运”——广东省2010年全国科普日活动在越秀区启动。同日，广州市2010年全国科普日活动也在越秀区北京路步行街举行。

19日 “陈树人艺术中心”成立揭牌仪式暨“岭南大家——方楚雄画展”开幕酒会在陈树人纪念馆举行。

20日 二沙岛体育公园是日开园。该园是广州首个大型无围栏全开放式公益性群众健身公园，每天开放18个小时（6：00～24：00），除五人制足球场、篮球场属于低偿服务外，其余项目一律免费向市民开放。

25日 由区委、区政府主办的“越秀区广府文化旅游嘉年华”在西湖路广百新翼广场举行启动仪式。

26日 越秀区再次在全区22个街道同时举办居民投诉公开接访活动，区委书记武延军、代区长杨雁文以及区各职能部门、街道领导共180名领导干部参加。此次中心活动点和各街道共接待来访群众593批1397人次。

27日 越秀区委、区政府与羊城晚报社在五仙观广场举办第16届亚运会冠军助威团越秀志愿行活动。奥运举重冠军陈小敏、羽毛球世界冠军余锦豪、太极拳世界冠军崔文娟作为越秀区志愿者形象大使出席活动。

28日 越秀区在广东迎宾馆举办“广府文化与商贸旅游研讨会”。研讨会邀请陈中秋、卢延光、李权时、顾涧清、黄淼章、陈泽泓、杨光治、郭建基等20余位文史专家和商界人士建言献策。

10　月

13日 市人大副主任周庆强带领市人大调研组到越秀区调研“三旧”改造工作，实地考察东濠涌越秀桥段和大小马站书院群。

△ 由区委宣传部、区文化广电新闻出版局举办的“情系文化，善心流传——越秀区文化民生工程”系列活动启动仪式在区文化艺术中心举行。

14日 区委书记武延军，区委常委、组织部部长钟俊鸣，副区长于欣伟带领相关职能部门主要领导在豪贤中学召开该校征地拆迁现场办公会议。

16日 由市民族宗教事务局主办，区民族宗教事务局、区博物馆协办的“广州市宗教界城市文明志愿服务全民行动日暨为亚运祝福活动”启动仪式在五仙观广场举行。市委常委、市委统战部部长孔少琼，副市长陈国等共650多人参加。

18日　越秀区开展“迎亚运、促和谐”公开接访活动，全区各职能部门同时公开接访。区委书记武延军、代区长杨雁文等领导参加并接待来访群众42批85人次。

20日　配合亚运会开幕式“珠江巡游”的珠江沿岸文艺表演活动进行大型综合演练。

21日　广州市城市原点标志在越秀区人民公园落成。

22日　市人大常委会副主任周庆强、区委书记武延军等领导到广东体育馆视察。

△　代区长杨雁文、副区长卞勇对越秀区部分危险化学品经营单位、亚运场馆周边服务场所、人员密集场所等重点单位进行安全生产检查。实地检查中石化二沙岛加油站、淘金加油站、广州棋院配套服务场所、白马商场等企业。

△　市长万庆良到流花街辖内清真先贤古墓开展涉亚民族宗教调研活动。

△　越秀区水荫横路建成开通。

23日　市长万庆良视察广东省体育馆、越秀山体育场、广州棋院等亚运场馆。

28日　东风街驷马涌文化体育广场落成启用。该广场占地面积8400平方米，是集社区文化、体育锻炼、悠闲娱乐为一体的多功能文化体育广场。

△　东濠涌博物馆建成并向市民免费开放。该博物馆建筑面积680平方米，是国内首个城市水专题博物馆。

29日　万木草堂120周年庆典暨康梁文化研究基地揭幕仪式在万木草堂举行。

△　安徽省省委书记张宝顺、省长王三运带领安徽省党政考察团一行65人到广卫街都府社区、东濠涌参观考察。

30日　广州都城隍庙修复完成并向市民免费开放。现城隍庙占地500多平方米，由越秀区政府和广州道教协会共投入资金2000多万元，按照“修旧如旧”的原则历时11个月修复完成。

11　月

1日　是日为第六次全国人口普查登记首日。省委常委、副省长肖志恒到越秀区洪桥街三眼井社区指导人口普查工作。

2日　市委常委、常务副市长苏泽群到越秀区沿江路检查亚运清洁行动工作。

4日　市长万庆良、常务副市长苏泽群到越秀区大东街劳动和社会保障服务中心视察指导就业工作。

△　由区委宣传部、区委统战部、区精神文明办、区民族宗教局、光塔街联合举办的“迎亚运盛会，创民族和谐——越秀区创建民族团结进步模范社区暨光塔街民族文化活动中心启动剪彩仪式”在光塔街举行。该民族文化活动中心为辖内少数民族居民免费提供民族民俗文化展示、民族艺术表演、图书阅览及舞蹈健身等活动场地。

6日　第16届亚运会火炬传递（广州越秀区）活动在人民公园广州原点处举行。16名火炬手高擎亚运火种，棒棒相传，从广州原点出发，顺时针绕人民公园内跑一周，经中轴线到达府前路收火舞台，传递行程为1.2公里。

9日　第16届亚运会火炬传递活动广州站在越秀区拉开帷幕。火炬传递活动从中山纪念堂中山铜像前开始，途经越秀公园南门、五羊雕塑、越秀山西门、解放北路、解放中路、解放南路，最后到达海珠桥交接点，全程共5.7公里。

10日　广州亚运美食文化节越秀区活动周暨惠福美食花街启动仪式在惠福美食花街举行。该街是广州市首条美食步行街。

△　越秀区在全市率先成立机械化清洗作业分队。作业分队实行24小时三班轮流作业制度，对辖区内人行道、广场、内街和公共设施等进行常态化的机械清洗作业。

11日　越秀区辖内广州棋院、越秀山体育场、广东省人民体育场、广东体育馆等4个亚运比赛场馆的安保团队启动24小时值班运作，实行全封闭管理。

11~12日　国务院总理温家宝视察越秀区都府社区、百佳超市、东濠涌沿线等。

12日　流花街辖内清真先贤古墓迎来广州亚运会开幕的第一个"主麻日"活动。中外穆斯林约4500多人参加当天活动。中共中央统战部常务副部长朱维群到流花街视察清真先贤古墓。

14日　区四套班子有关领导一行到流花展馆慰问应邀来穗担负亚运安保任务的武警8680部队官兵。

15日　市委书记张广宁到广州棋院视察亚运比赛场馆运行情况。

16日　区政协主席刘小骏等领导带领区政协委员视察大塘街东皋大道历史文化保护区及孙中山文献馆。

18日　中央综治委督导组到登峰街综治信访维稳中心、出租屋管理服务中心、外国人管理服务站、下塘社区综治信访维稳工作站检查督导工作。

△　区委书记武延军，代区长杨雁文率越秀赛区领导小组成员到白云街辖内广东省体育馆检查赛事组织运行工作情况。

△　区委书记武延军，代区长杨雁文受亚组委礼宾部邀请，在广东省体育馆为亚运跆拳道比赛获奖选手颁奖。

19日　亚奥理事会主席艾哈迈德·法赫德·萨巴赫亲王一行9人参观越秀区西汉南越王博物馆。

23日　市长万庆良到越秀区检查广东省体育馆、越秀山体育场、广州棋院等亚运场馆及外围服务保障工作。

27日　区委书记武延军、代区长杨雁文一行视察东湖街亚运会闭幕式安保工作。

是月　越秀区作为广东省科普工作唯一受检城区代表接受国务院办公厅督查组的督导检查。

△　越秀区"越秀号"信息服务直通车项目被国家工业和信息化部选为典型案例，在"全国地方电子政务信息共享和业务协同经验交流会"予以正面宣传。

12　月

1日　伦文叙纪念广场揭幕仪式暨广府状元文化节开幕式在诗书街举行。该广场于10月30日建成，面积约500平方米，以广府本土历史人文底蕴为主要风格。

5日　越秀区委宣传部联合佛山市禅城区委宣传部、肇庆市端州区委宣传部共同举办粤语新童谣总决赛。

7日　广州2010年亚洲残疾人运动会火炬传递活动（第三天）在广州艺术博物院广场举行，90名火炬手依次进行火炬传递，途经恒安路、麓景路、麓景西路、下塘西路、广园路、麓景路、麓湖路，最后回到广州艺术博物院收火庆典广场，全程约8公里。

8日　广州军区广州总医院、光塔街社区卫生服务中心军民共建医院签约揭牌仪式在光塔街举行。

△　市长万庆良到北京街、六榕街视察。

11日　广州2010年亚洲残疾人运动会火炬传递活动（第六天）在英雄广场举行，来自亚洲30多个国家和地区的90名火炬手棒棒相传。火炬传递途径中山三路、东川路、东湖西路、东湖路、沿江路、二沙岛、大通路、烟雨路、玉宁路、晴波路、宏城公园、潭月街、晴波路，最后在二沙岛星海音乐厅收火，全程约8.5公里。至此，为期7天的广州亚残运会火炬传递活动圆满落下帷幕。

13日　国务院副总理回良玉视察东濠涌。

△　中宣部副部长蔡名照视察北京路。

15日　《羊城晚报》报业集团和广州市越秀文化发展咨询委员会共同举行主题为"羊城新八景评选之'城市公众论坛'越秀区专场"活动。邀请越秀文化发展咨询委员会委员及社会各界的专家、学者近20人参加，此次评选体现广州特色、历史文化底蕴、人文与自然相结合、新旧并重特点。

22日　中国国际商会越秀区商会召开第三届会员代表大会第二次工作会议。大会增聘区政府副区长卞勇和区经济贸易局局长叶文辉为区贸促会（区国际商会）名誉会长，增补和调整12名委员，增选7名区国际商会副会长和2名理事会理事。

△　越秀区高质量通过广东省

推进教育现代化先进区督导评估。

25～27 日　代区长杨雁文带队赴茂名信宜市考察越秀区“双到”工作并慰问驻村干部。

27 日　经广州市政府批准，东湖街正式改名为东山街。

29 日　由北京市社会科学院主办，越秀区人民政府承办的第六届中国总部经济高层论坛在广州大厦举行。全国政协副主席厉无畏，广东省政协主席黄龙云等国家、省、市领导出席。区委书记武延军在论坛上作主题演讲，代区长杨雁文参与现场圆桌访谈，中国“入世”谈判首席代表、博鳌亚洲论坛原秘书长龙永图也在论坛上发言。本次论坛推出“2010—2011 年中国总部经济蓝皮书”，同时，发布“全国 35 个主要城市总部经济发展能力排行榜（2010）”，北京、上海、广州、深圳、杭州、南京、天津、成都、武汉、青岛位列前十名。

越秀概貌

基本情况

【建制沿革】 1949年10月14日，广州解放。同年12月，广州市划分为西山区、德宣区、惠福区、靖海区、小北区、太平区、永汉区、东山区、大东区、前鉴区等28个区。

1950年6月，广州市28个区合并为越秀区、惠福区、太平区、永汉区、大东区等16个区。

1952年9月，广州市将原16个区重新调整，划分为东、南、西、北、中、郊和珠江7个区。其中，永汉区及惠福区、太平区的大部分合并为中区；大东区及白云区的小部分合并为东区；越秀区及永汉区的小部分和西华路、德坭路西段中间区域合并为北区。

1958年，珠江区的二沙头划归东区。

1960年7月，中区的8个行政街并入北区，北区改称为越秀区。东区改称为东山区。1961年8月，越秀区的5个行政街划入东山区。至90年代末，越秀区和东山区管辖地域仍有多次小幅调整。

2005年9月，广州市调整部分行政区划，东山区并入越秀区，白云区的矿泉行政街，天河区的登峰行政街及天河南行政街的杨箕和中山一路2个社区、沙东行政街的部分区域，荔湾区的人民路和西华路部分地段划归越秀区管辖。

【地理位置】 越秀区是广州市辖10个行政区之一，地处广州市中心城区的中部，东起广州大道中，与天河区接壤；西至人民路、流花路、同德涌，与荔湾区、白云区相接；南抵珠江前航道中心线，与海珠区隔江相望；北达棠溪涌、矿泉北街、三元里大道、广园东路，与白云区为邻。

【面积与人口】 越秀区总面积33.8平方公里。2010年年末，全区户籍人口116.91万人，35.28户。其中，男性58.67万人，女性58.24万人，常住人口115.73万人。户籍人口出生率7.66‰，自然增长率1.33‰。人口中以汉族居多，还有壮族、回族、满族等35个少数民族居民。

【行政区域】 2010年，越秀区辖流花、东风、洪桥、六榕、广卫、诗书、光塔、人民、北京、大新、东山、梅花村、农林、黄花岗、华乐、建设、大东、大塘、珠光、白云、矿泉、登峰22个行政街，设266个社区。

【地方特点】 越秀区是广州市最古老的中心城区，因境内越秀山而得名。越秀区域北高南低，北部为台（岗）地，越秀山逶迤连接白云山，南部为珠江冲积平原和洲岛，地势由北向南微度倾斜。气候温和，雨量充沛，具有南亚热带海洋性季风气候特征，一年四季花常开、树常绿。

秦统一中国后，设南海郡，郡尉任嚣选中白云山与珠江之间一块负山阻海的地域（在今越秀区域内）作郡治，于公元前214年筑番禺城（番禺城的遗址就在越秀区内）。此后，沧海桑田，珠江江岸南移，内湖湮没，河涌淤塞，冲积平原不断增大。番禺城在其后各个历史朝代亦不断扩展，如汉代西拓其城，宋代多次扩城（筑子城，东、西翼城和雁翅城），明初合宋代三城为一，其后又分别向南北拓展，北城墙跨

广州城市原点

越秀山，清代临江筑新城等。北京路至天字码头，以及北起越秀山，经中山纪念堂、市人民政府到海珠广场，是广州古代和近代的传统中轴线。正由于这些地理和历史的原因，赋予越秀区诸多特点。

岭南的行政中心 自秦朝在此设南海郡治起，西汉南越王赵佗及五代南汉国在此建都。历朝自东吴设广州，唐置岭南道，宋改广南东路，元设中书行省，明、清改广东省，所设军事、行政中心均在越秀区域内。民国时期孙中山任非常大总统时，总统府设在越秀山南麓（位于今中山纪念堂前后）。中华人民共和国成立后，中共广东省委、省人大常委会、省政府、省政协，中共广州市委、市人大常委会、市政府、市政协，广州军区司令部、政治部、联勤部以及广州军区空军司令部、后勤部等党政军首脑机关均云集于越秀区。

民主革命的摇篮 鸦片战争以后，康有为作为维新派的代表，在大塘街长兴里万木草堂等处开办学舍，宣传维新变法。1909 年设广东咨议局（即今中山三路广东革命历史博物馆），效法西方议会民主政治。1911 年 4 月 27 日，孙中山、黄兴等领导的震惊中外的广州“三·二九”起义，指挥部设于越华路小东营 5 号，黄花岗英烈浩气长存人间。1921 年 5 月 5 日，孙中山在广东咨议局宣誓就任非常大总统。1922 年 5 月 5～10 日，中国社会主义青年团第一次全国代表大会在东园召开。1923 年 6 月 10～20 日，中国共产党第三次全国代表大会在东山恤孤院路召开，讨论国共合作，建立革命统一战线的方针政策。“三大”前后，中共中央办公机关一度由上海迁到广州，办公地点就在东山。次年 1 月，孙中山在共产国际和中国共产党的帮助下，在文明路原中山大学钟楼礼堂主持召开中国国民党第一次全国代表大会，重新解释三民主义，实现国共第一次合作，形成反帝反封建的革命统一战线。1924—1927 年，国民党中央党部先后设于越秀南原惠州会馆和广东咨议局，国共两党不少领导人在此活动。20 世纪 20 年代中期，农民运动讲习所、劳动学院、妇女运动讲习所、华侨运动讲习所都先后在越秀境内开办，为革命培育了大批骨干。1925 年 6 月 23 日，广东军民在东较场集会，声援上海“五卅”运动。1925 年的第二次全国劳动大会和 1926 年的第三次全国劳动大会，分别在文明路原中山大学、中山三路原广东咨议局召开。1925—1927 年，中华全国总工会先后设于大德路和越秀南惠州会馆，领导全国工人运动。1925 年 6 月，中国共产党领导的省港大罢工，总部设于东园横路的“红楼”。1926 年 7 月 9 日，国民革命军在东较场誓师北伐。1927 年 12 月 11 日，中国共产党在广州领导工人和革命士兵举行武装起义，建立广州苏维埃政府（位于起义路），诞生了中国城市第一个红色政权。

文化蕴含丰厚 三国时虞翻开堂讲学，魏晋南北朝大批海外高僧来华，译经传教，皆在光孝寺。唐代开科取士以来，这里成为省内读书人学习进修之地。1096 年（宋绍圣三年），今文明路建有时称“岭南第一儒林”的广州府学宫。宋元时期，越秀地区已是广州的教育集中地。1370 年（明洪武二年），在今中山四路建番禺学宫。

中国共产党第三次全国代表大会会址

1684年（清康熙二十三年），在今文明路承恩里重建广东贡院，供岭南数千学子应试。数百年中，此处成了南粤人弘扬儒家思想、继承民族文化的神圣殿堂。鸦片战争后，西方的文化科学开始传入中国。1864年，这里办起全国四大外语学校之一——广州府同文馆；1865年，设立全国第一所传授西洋医学的学校——博济医校。清末，西学兴起，越华书院改办为广州第一所中学“广府中学堂”，在越秀山南麓创办全省第一所女子师范学校，外国教会也在东山传教、办学，创办培正书院、培道女子中学等。1924年，孙中山在文明路创办广东大学（中山大学前身），许多文化名流在此活动和居住。现越秀区内还保留着众多古老的学宫、书院、学堂的旧迹遗址。辖内宗教文化浓郁，源远流长，有光孝寺、三元宫、怀圣寺、石室圣心堂、东山堂等佛教、道教、伊斯兰教、天主教、基督教五大宗教活动场所10多处。2009年年末，区内有中山大学广州北校区、广东工业大学、广州医学院、广州大学（桂花岗校区）等多所高等院校，有省、市图书馆和博物馆、美术馆，有友谊剧院、星海音乐厅等大型影剧院。区内各级文物保护单位93个，其中，全国重点文物保护单位有南越国宫署遗址、怀圣寺光塔、六榕寺塔、光孝寺、广州圣心大教堂、广东咨议局旧址、黄花岗七十二烈士墓、国民党“一大”旧址、中华全国总工会旧址、广州农民运动讲习所旧址、广州公社旧址、中山纪念堂共12个，省级文物保护单位19个，市级文物保护单位62个。

人才荟萃　西汉，张戊跟随刘邦，战功显赫；子张买，文武兼备，尤精音律，享“开吾粤风雅之先”（清屈大均《广东新语·诗语》）之美誉，“父子双杰”名重南粤。南宋，官至龙图阁待制、吏部侍郎，晚年退隐今大塘街李家巷的南粤第一探花李昴英，铁骨铮铮，屡斗权奸，文章道德，名噪朝野。明初进士湛若水，官至南京吏、兵、礼三部尚书，晚年退居法政路湛家园讲学，以随处体察天理为宗，另辟心学新说，生平著作甚丰。明末，有“牡丹状元”美誉的黎遂球，生于濠弦（今豪贤路），扬州咏花，诗冠群英，名震南北，留下“壮士血如漆，气热吞九边”的绝命诗句。清代，有禁烟领袖、民族英雄林则徐继虎门销烟后，在今越秀区境内的东炮台前销毁鸦片和烟具，进一步遏制鸦片流毒，再次表明中华民族誓与毒品抗争到底的决心。近代，有被誉为“岭南三杰”，曾居住在二沙岛天风楼、东山署前路的高剑父、高奇峰、陈树人，革新国画，以自然为师，堪称岭南画派之鼻祖。这里英才辈出，灿若繁星，有早年跟随孙中山讨贼救国的邓荫南、朱执信、邓仲元，功高业伟，影响遍及海内外；有投身工农运动、省港大罢工、东征北伐的热血青年张太雷、沈青、刘尔崧、陈延年等；有在红花岗刑场宣布结为革命伴侣的周文雍、陈铁军，他们俩举行“刑场上的婚礼”，传为千古佳话。最为越秀人引以自豪的是孙中山、廖仲恺、李大钊、毛泽东、刘少奇、周恩来、叶剑英、鲁迅、郭沫若等历史风云人物，他们曾常年或多次在这方土地上从事惊天动地的革命活动，留下历史的声音和光辉足迹，给越秀人留下受之不尽、用之不竭的精神财富。

千年商都　早在汉代，古兰湖边（今东方宾馆一带）为珠江内港码头，是珠江流域和南方最大的商品集散中心。唐代，海外贸易频繁，珠江岸边成为宏大的交易市场，大批波斯人、阿拉伯人来华贸易，居住在今光塔路一带，每年都有数以千计的外国商船在光塔外码头泊岸交易，时称“番坊”、“番市”。宋代，东澳（今东濠涌口）、西澳（今南濠街一带）是广州最重要的内港和外贸码头。西澳有“百货之肆，五都之市”之称，市舶司（对外贸易管理机构）亦设于此。而“双门底”（今北京路）也发展成为商业闹市。明、清时期，濠畔街一带的秦楼楚馆、商铺商会，鳞次栉比。清末民初，形成多个专业商品集市，有濠畔街的皮革鞋料、状元坊一带的朱义盛仿金首饰和戏服、泰康里一带的竹木器、一德路的海味蔬菜食杂批发市场等，而高第街更是广州著名的商业街。20世纪30年代，长堤一带兴建了爱群大厦、永安堂大厦、东亚酒店等一大批欧陆式建筑，逐渐发展成广州繁华的商业区和金融中心。中华人民共和国成立后，区内商业、饮食业进一步发展。北京路、中山路商业区和人民南路长堤商业区是市内主要商业闹市区，区内有新大新公司、广州百货大厦、友谊商店、人学鞋业公司、健民医药商店、南粤糖烟酒食品商店、致美斋等知名商店商场，有全市最密集的各类书店，有大三元酒家、北园酒家、大同酒家、惠如楼、云香酒楼等知名酒家。改革开放后，这里的商贸业得到迅猛发展。北京路、中山路一带已成为驰名商业带、商业圈，是广州市最繁华的商贸中心和古城文化旅游区；环市东中央商务区、东风路现代服务商务区、流花会展商务区、沿江路商务区等写字楼云集，人流、物流、资金流和信息流高度密集，形成具有特色的“总部经济”；流花区域、海印商业区也成为广州市新的商业繁华地带；从区庄到永福路口的先烈中路两侧已初步形成“一条创意大道、两大创意产业园区、三大特色产业园、四大高端产业功能区”的创意产业功能布局。

环境优美　越秀区依山傍水，景色宜人。宋、元、明、清历代，在境内曾入选羊城八景的有光孝菩提、珠江秋月（色）、粤台秋色、粤秀松涛、穗石洞天、番山云气、药洲春晓、琪林苏井、珠江静澜、象山樵歌、粤秀连峰、五仙霞洞、孤兀禺山、镇海层楼等。1963 年和1986 年，越秀远眺、珠海丹心、红陵旭日、东湖春晓、珠海晴波、黄花浩气、越秀层楼、流花玉宇被命名为羊城八景。2002 年，黄花皓月、越秀新晖、珠水夜韵成为新世纪羊城八景之一。辖内有越秀公园、人民公园、流花湖公园、东山湖公园、黄花岗公园、广州起义烈士陵园、广州动物园、麓湖公园、东风公园、海珠广场、草暖公园、二沙岛体育公园等十多个纪念性、专业性和综合性公园，面积约 530 公顷。优美的环境，成为人们向往的居住乐园和商家投资置业的热土。东山洋房别墅、省财政厅、爱群大厦、中国出口商品交易会、广州宾馆、花园酒店、广东国际大厦、华侨新村、五羊新城等曾成为各时期广州的标志性特色建筑。二沙岛上的高级住宅和星海音乐厅、广东美术馆等已成为珠江边上的一道亮丽的风景线。借助迎亚运的契机，通过实施城市管理“大变”计划和迎亚运环境综合整治，全面提升区域环境面貌，为市民提供了宜商宜居的良好环境和公共空间。

五羊石像

【越秀区党政领导班子成员】

（2010 年）

中国共产党广州市
越秀区第十届委员会

书　记：贡儿珍（女，任至 2010 年 7 月）
　　武延军（2010 年 7 月任）

副书记：武延军（任至 2010 年 7 月）
　　杨雁文(2010 年 8 月任)
　　庄悦群

常　委：贡儿珍（女，任至 2010 年 7 月）　武延军
　　杨雁文（2010 年 8 月任）
　　庄悦群　冯军
　　李 瑜（任至 2010 年 5 月）

路瓯　李永超　钟俊鸣
刘梅（女）　何钧启
周文锐　王宏（2010年12月任）

广州市越秀区第十四届
人民代表大会常务委员会

主　任：贡儿珍（女，任至2010年7月）
代主任：叶伟雄（2010年8月任）
副主任：叶伟雄　凌卫祖
袁群英（女）朱健强
吴茂珠（女）　郑培钢

广州市越秀区人民政府

区　长：武延军(任至2010年7月)
代区长：杨雁文（2010年8月任）
副区长：冯军　罗丽华（女）
齐小平　卞勇
于欣伟（女）　陈大跃
陈晓丹（女）

中国人民政治协商会议
广州市越秀区第十三届委员会

主　席：刘小骏
副主席：陈晓觉（女）　邵建明
郑秀炎　甘国锵　陆伟刚
周乔建

中国共产党广州市
越秀区纪律检查委员会

书　记：李永超
副书记：胡嗣明　王虹（女）

广州市越秀区人民法院

院　长：郭英汉

广州市越秀区人民检察院

检察长：何元秀

经济和社会发展概述

【经济发展概况】　2010年越秀区完成地区生产总值1639.83亿元，比上年增长10.65%；二、三产业结构为3.01:96.99；万元生产总值能耗0.53吨标准煤，比上年下降3.4%；城市居民消费价格总水平比上年上升3.2%；城镇居民人均可支配收入3.11万元，增长11.1%；财政一般预算收入33.62亿元，增长6%；税收收入292.56亿元，下降2.4%。

总部经济　2010年，有总部企业339家，其中世界500强地区总部或分支机构有47家，中国500强地区总部或分支机构有42家。总部企业实现增加值735.39亿元，增长11.2%，高于全区生产总值增速1.1个百分点。

民营经济　2010年，越秀区有民营企业2万户，实现增加值332.39亿元，增长11.3%，占全区生产总值的20.27%，比上年提高1.49个百分点；民营企业实现税收收入40.29亿元，占全区税收收入的13.77%。

工　业　全年完成工业总产值54.14亿元，比上年增长6.5%，其中规模以上工业企业实现工业总产值49.38亿元，增长6.3%。大中型工业企业实现工业总产值42.69亿元，增长8.5%，占规模以上工业总产值的86.45%。燃气生产和供应业、水的生产和供应业、印刷业三大支柱行业完成工业总产值43.03亿元，增长8.2%，占全区规模以上工业总产值的87.14%。

商贸业　全年实现商品销售总额4352.77亿元，比上年增长40.3%；实现社会消费品零售总额837.02亿元，增长22.9%。全区有商品交易市场312个，实现成交额523.19亿元，比上年增长12.2%，其中专业市场257个，实现成交额511.57亿元，增长12.3%。

外经贸　进出口总值118.17亿美元，比上年增长8.1%。其中，进口总值51.3亿美元，下降6%；出口总值66.88亿美元，增长22.1%。新批外资项目218个，增长11.8%；合同利用外资3.23亿美元，增长7.2%；实际利用外资3.02亿美元，增长10.5%。

现代服务业　全年现代服务业实现增加值1015.88亿元，比上年增长9.9%，占全区GDP的61.95%。

创意产业　全年实现营业收入720.88亿元，比上年增长12.3%，占全区营业收入的9.43%，比重比上年同期提高1.56个百分比。

房地产业　全年全社会固定资产投资603.39亿元，比上年增长1.4%。房地产实现投资130.98亿元，比上年下降0.3%。全区商品房实现销售面积182.07万平方米，下降4.2%；商品房销售合同金额

222.87 亿元，增长4.3%。

【城市建设和管理概况】 2010年，越秀区开展有史以来规模最大、投资最多、力度最强的环境综合整治攻坚战。投入64.5亿元，完成327项迎亚运环境整治工程，城区环境面貌焕然一新。

城区新貌

市政设施建设　整治东濠涌、新河浦涌、水均岗涌支涌、景泰涌4条河涌8.28公里，雨污分流片区12个约339公顷，水浸街34项；新建、改造道路183条、面积151.81万平方米，整治主干道两侧17条、亚运场馆4个、重点区域2个；东濠涌整治后恢复“一湾溪水绿，两岸杜鹃红”的优美景致，成为全市治水的样板工程。

园林绿化建设　建成沿江东路、东风东路、东濠涌沿线等绿化广场（绿地）21个、绿道24.52公里，新增公共绿地面积12万平方米，人均公共绿地5.6平方米，绿化覆盖率33.55%。

城区环境综合整治　改造危破房31.84万平方米，整饰楼宇8828栋860万平方米，光亮工程621栋，“三线”（电力、电信和有线电视电缆）下地795.1公里；打造城隍庙、五仙观、大佛寺等一批文化精品景观；拆除违法建设和违法户外广告（招牌）10万平方米，查处“六乱”1.66万宗；创绿色社区37个，累计绿色社区达242个，占社区总数的90.98%。对全区100餐位以上的1067家饮食服务企业实施油烟在线监控，空气中的二氧化硫、二氧化氮、总悬浮颗粒物年均值分别为0.036、0.061、0.145毫克/米^3，优于国家二级标准，单位GDP能耗为0.53吨标准煤/万元，比上年下降3.4%。

社会治安综合治理　启动“三道防线、四张网络”的社会面整体治安防控体系。投入各类安保力量约382万人次、服务保障力量近百万人次维持城区社会秩序。全年刑事立案比上年下降5.2%，“两抢”、“两盗”案件分别下降35.3%和25.8%。

【社会事业发展概况】

科技兴区　2010年越秀区科技立项226项，投入科技三项经费8600万元；新增认定高新技术企业19家，累计达105家；获市级以上科技项目136项和扶持资金7914万元，其中国家级项目6项；获省科技进步奖34项、市科技进步奖23项；实现专利申请量2433件、授权量2060件，分别增长21.5%和46.6%。

教育强区　全区有小学57所、学生57299人，普通中学26所、学生40869人；认定义务教育规范化学校73所，达标率为93.6%；高考本科率达56.3%，创历史新高；中考优秀生占全市的38%，各科平均分大幅度超出全市平均水平。

城区文化　创新实施“文化慈善、文化低保、文化自助”三大文化民生工程，完善区、街、社区三级公共服务网络和“十分钟文化圈”，打造旧南海县、都府社区等10个精品文化社区；区图书馆藏书49.36万册，接待读者133.17万人次；区图书馆、文化馆、博物馆举办各类展览129场，参观人数28万人次；区图书馆被评为国家“一级图书馆”和全国2009年度“全民阅读”先进单位。

体育事业　有18个街道创建为国家、省、市级体育先进社区（国家级4个、省级6个、市级8个），实现一公里半径内必有健身点的目标。越秀区籍运动员参加市级以上各项比赛共夺得金牌182枚、银牌165枚、铜牌149枚。足球、体操、田径、游泳和击剑5个项目向市体育职业技术学院输送14名优秀运动苗子。

卫生事业　全地区有卫生医疗机构318个，其中医院39间，妇幼保健院3间，疗养院1间，实有医疗病床1.88万张，各类专业卫生技术人员2.98万人。推进社区卫生服务中心业务用房达标建设，有16个社区卫生服务中心落实房源选址，10个社区卫生服务中心投入使用。全区22个社区卫生服务中心确立83个贴近居民的网络化服务网点，投入医务人员445人，为居民提供服务和健康管理。

劳动就业　2010年全区从业人员78.15万人，登记失业人员7.22万人，比上年下降4.6%，实现再就业5.71万人，就业率70.11%。全年开办技能培训班181期、创业培训班16期，为2.59万人提供免费职业指导。举办现场招聘会81场，累计进场单位1471家（次），提供岗位数3.82万个（次），达成招工意向5718人（次）。有2.13万名社会人员通过创立私营企业或个体工商户实现创业，并带动3.39万人实现就业。

社会保障　2010年分别为30.93万人和1.58万人办理城镇居民基本医疗保险和城镇老年居民养老保险。免费为2200名孤寡、独居、精神病人士安装平安钟，为6465名社会化管理退休老人提供平安钟服务；全区低收入困难家庭7540户、16524人，其中低保对象5984户、12441人，支付低保金2988.54万元；提供免费医疗门诊服务1.98万人次；发放实物救助2.34万份，折合140.19万元；困难群众领取慈善捐助超市物品9535人次，折合122.7万元。

人民生活　2010年城镇居民人均可支配收入31068元，比上年增长11.1%；人均消费性支出25480元，增长10.5%，其中衣着、家庭设备用品及服务、教育文化娱乐服务、交通和通信消费分别增长24.6%、23.4%、19.4%和9.1%，居民消费层次有明显提升。全年全区职工工资总额342.47亿元，比上年增长26.12%，年平均工资达61577元，增长11.92%。

政党

中共越秀区委员会

【中共越秀区委十届八次全体会议】 于2010年1月28日召开。会议主题是高举中国特色社会主义伟大旗帜，以邓小平理论和“三个代表”重要思想为指导，深入贯彻落实科学发展观，认真学习贯彻党的十七大、十七届四中全会、中央经济工作会议和胡锦涛总书记在广东视察工作时的重要讲话精神，以及省委十届六次全会精神和市委九届八次全会精神，继续解放思想，坚持改革开放，总结2009年全区工作，深入分析当前形势，全面部署2010年工作。会上，区委书记、区人大常委会主任贡儿珍代表区委常委会向全会报告工作。区委副书记、区长武延军就全区经济运行情况和区政府重点工作作了讲话。会议明确2010年越秀区工作的总体要求：全面贯彻落实党的十七届四中全会、中央经济工作会议和省委、市委全会精神，以科学发展观统领经济社会发展全局，以“迎接亚运会，创造新生活”为工作主线，以两大主体功能区建设为重点，把握迎亚运环境综合整治和“三旧”改造机遇，全面提升经济发展、社会管理、民生服务的层次，提高民主法治建设水平，不断加强党的建设，努力开创全面建设国家中心城市核心区新局面。突出做好四方面工作：举全区之力做好“迎接亚运会，创造新生活”各项工作；全力促进产业结构升级和发展方式转变，改造优化提升环市东、黄花岗、环麓湖、流花—矿泉地区、北京路及其周边、长堤和东濠涌沿线等片区，着力推动“越秀核心产业功能提升区”和“北京路广府文化商贸旅游区”两大主体功能区建设；以改善民生为重点，大力发展各项社会事业，打造国家中心城市核心区优质公共服务品牌，促进社会和谐发展；全面加强和改进党的建设，不断增强各级党组织的凝聚力、创造力、战斗力，为加快推进城区科学发展，全面建设国家中心城市核心区提供坚强的政治和组织保障。会议听取区委开展2009年度干部选拔任用工作情况报告，民主测评区委干部选拔任用工作和新提拔任用的区属单位党政主要领导干部、年度考核测评区党政领导班子和领导干部、集中调整区党政领导班子副职后备干部、初始提名推荐区正处级领导干部等情况，审议通过《中国共产党广州市越秀区第十届委员会第八次全体会议决议（草案）》。

【中共越秀区委十届九次全体会议】 于2010年7月27日召开。会议主题是深入贯彻落实科学发展观和省委十届七次全会、市委九届九次全会和市实施《珠江三角洲地区改革发展规划纲要》（以下简称《规划纲要》）工作会议精神。区委副书记、区长武延军受区委书记贡儿珍委托向全会报告工作。全会总结越秀区上半年的工作，全面动员部署“迎接亚运会，创造新生活”工作，推动城区科学发展再上新台阶。会上，印发区发改局、区经贸局、区文化广电新闻出版局关于贯彻落实《规划纲要》情况及区委宣传部、区建设和水务局、区公安分局关于贯彻落实“迎接亚运会，创造新生活”情况的书面汇报材料，讨论通过区委十届

2010年1月28日，召开中共广州市越秀区委十届八次全体会议

九次全会报告。

【区委领导变动情况】 2010年5月28日，市委组织部发文通知：免去李瑜同志中共广州市越秀区委常委、委员的职务。6月18日，市委组织部发文同意：钟俊鸣同志任中共广州市越秀区委组织部部长。7月25日，市委组织部发文通知：免去贡儿珍同志中共广州市越秀区委常委、委员的职务。8月12日，市委组织部发文通知：杨雁文同志任中共广州市越秀区委委员、常委、副书记。8月13日，中共广州市委发文通知：武延军同志任中共广州市越秀区委书记；免去贡儿珍同志的中共广州市越秀区委书记职务。8月30日，区人大常委会办公室发出《关于印送广州市越秀区人大常委会关于杨雁文同志代理越秀区区长职务的决定》（越常办〔2010〕14号），经越秀区第十四届人大常委会第49次会议审议决定：任命杨雁文同志为越秀区副区长。8月30日，区人大常委会办公室发出《关于印送广州市越秀区人大常委会关于杨雁文同志任职的决定的通知》（越常办〔2010〕16号），经8月27日召开的越秀区第十四届人大常委会第49次会议审议通过，决定杨雁文同志代理越秀区区长职务。12月10日，市委组织部发文同意：王宏同志任中共广州市越秀区委常委。12月24日，区委组织部印发《关于王宏、钟俊鸣两位同志职务任免的通知》（越组干〔2010〕167号），区委决定：王宏同志任中共越秀区委办公室主任；免去钟俊鸣同志的中共越秀区委办公室主任职务。

【区委重大决策】 关于越秀区功能区规划建设方面 3月26日，区委办公室、区政府办公室印发《越秀区两大功能区建设的实施意见》，明确由越秀区城市更新改造领导小组承担两大功能区建设的领导、组织、统筹、协调等各项工作。领导小组下设两个指挥部——越秀核心产业功能提升区建设指挥部和北京路广府文化商贸旅游区建设指挥部，分别负责越秀核心产业功能提升区规划建设工作和北京路广府文化商贸旅游区规划建设工作。健全两大功能区规划建设目标责任制，建立健全各项工作制度，加大招商引资力度，确定主要工作任务和推进步骤。

关于亚运城市行动工作方面 5月28日，区委办公室、区政府办公室印发《越秀区亚运城市行动暨赛时运行保障工作意见》，要求全区上下按照市、区确定的目标和任务，以“迎接亚运会，创造新生活”为主题，以创建“平安亚运”为着力点，以只争朝夕、奋力拼搏的工作精神，全力以赴完成亚运城市行动计划各项工作任务，努力实现“天更蓝、水更清、路更畅、房更靓、城更美”的目标，创造良好的社会环境和社会秩序，以一流的组织、一流的设施、一流的环境、一流的服务迎接广州亚运会、亚残运会召开，确保赛时运行顺利。

关于创先争优活动方面 6月10日，区委办公室印发《关于在全区基层党组织和党员中深入开展创先争优活动的实施意见》，明确按照中央的部署，从2010年6月起到党的十八大召开前，在全区基层党组织和党员中以“践行科学发展，争当越秀先锋”为主题，全面深入开展创建先进基层党组织、争当优秀共产党员的“六人先锋行动”。要求全区党员在建设学习型党组织，加快经济发展方式转变，迎亚运、创文明，保稳定、促和谐，转变作风、狠抓落实、提高执行力等方面努力创先争优。

关于加快经济发展方式转变方面 8月26日，区委办公室、区政府办公室制发《印发越秀区关于加快经济发展方式转变的若干意见及配套实施办法的通知》，推动区域经济进入创新驱动、内生增长的发展轨道，促进越秀区经济社会又好又快发展，全面建设“首善之区”典范和国家中心城市核心区。配套实施办法包括《越秀区优质企业认定和奖励办法（试行）》、《越秀区优秀民营企业评定和扶持办法（试行）》、《越秀区贷款贴息专项资金管理办法（试行）》、《越秀区扶持企业上市专项资金管理办法（试行）》、《越秀区房租补助专项资金管理办法（试行）》、《越秀区科技创新和创意产业发展资金管理办法（试行）》、《越秀区扶持服务外包专项资金管理办法（试行）》、《越秀区招商引资奖励资金管理办法（试行）》《越秀区为企业开辟“绿色通道”服务和提供优质学位实施办法（试行）》。

2010年中共越秀区委员会主要文件选目

文件号	文件名称
越字〔2010〕3号	《关于印发〈广州市越秀区党员领导干部民主生活会制度（试行）〉、〈中国共产党广州市越秀区委员会全体会议议事与决策规则（试行）〉、〈中国共产党广州市越秀区委员会常务委员会议事与决策规则（试行）〉的通知》
越字〔2010〕4号	《越秀区亚运城市行动暨赛时运行保障工作意见》
越字〔2010〕8号	《中共广州市越秀区委关于印发〈中国共产党广州市越秀区代表大会代表管理暂行办法〉等十项规范性文件的通知》
越字〔2010〕11号	《印发越秀区委关于加快经济发展方式转变的若干意见及配套实施办法的通知》
越字〔2010〕12号	《中共广州市越秀区委关于加强社会组织党建工作的意见》
越字〔2010〕15号	《中共广州市越秀区委关于坚持和完善从基层和生产一线选拔党政领导机关干部的若干意见》

【政策调研】 11～12月，区委、区政府为全面提升“后亚运”时期城区经济发展、城市建设、社会管理和民生服务的层次和水平，组织开展“科学制定《越秀区国民经济和社会发展第十二个五年规划纲要》和区《实施〈珠江三角洲改革发展规划纲要（2008—2020年）〉实现‘四年大发展’工作方案》”，“如何进一步转变招商理念，创新招商方式，整合招商资源，不断增强招商工作的实效”，“如何突出总部型商业的发展，进一步加快传统商贸业和现代服务业的发展”，“在广州建设‘世界文化名城’中，越秀区应如何作为”，“如何加快推进大小马站和流水井书院群建设”，“结合‘三旧’改造，制定‘后亚运’城区宜居环境建设的重点项目”，“总结、规范、提升网格化、精细化、科技化城市管理”，“结合国家中心城市核心区功能建设，加快推动城区教育现代化”，“如何完善和创新区域内医患纠纷处置机制”，“后亚运时期我区加强社会治安综合治理工作的措施”，“如何充分发挥市民投诉处理中心和街道、社区两级信访综治维稳机构的作用”，“如何实现社区服务向以家庭服务为主转变”，“越秀区干部工作、基层党组织建设和廉政建设如何更好地为中心工作任务服务”等13个专题调研。通过调研明确“后亚运”时期城区各项工作的发展思路、具体举措和目标任务，为确保“十二五”开好局、落实建设“幸福越秀”各项工作奠定基础。

【保密工作】 2010年，越秀区保密局结合新修订国家保密法的实施和广州亚运会服务保障工作，印制《越秀区保密检查工作指引（试行）》，规范定密工作制度。加强区属各单位保密组织机构的建设，调整区委保密委员会领导小组成员。指导和监督涉密重点部门的保密安全防范工作，重点监督密级确定、信息网公布等方面，组织区属各单位开展涉密载体清理检查工作。抽查区内规模较大的纸质和介质旧货市场，指导和督促相关市场管理部门加大保密工作力度。进一步规范全区密纸管理工作，确保密纸回收销毁工作有序、安全进行。开展形式多样的宣传教育强化领导干部保密意识。

（区委办　徐英）

中共越秀区纪律检查委员会（越秀区监察局）

【概况】 2010年，越秀区纪检监察机关坚持反腐倡廉战略方针，大力推进作风建设、惩防腐败体系建设和“廉洁办亚运”等各项工作，切实解决群众反映强烈的突出问题，党风廉政建设和反腐败工作取得新成效。

【区纪委十届五次全体会议】 于2010年2月2日召开。区委书记贡儿珍出席会议并讲话。区委常委、区纪委书记李永超代表区纪委常委会作题为《贯彻落实党的十七届四中全会精神，开创我区党风廉政建设和反腐败工作新局面》的工作报告。区各套班子领导和全区副处级以上党员干部共600多人参加会议。

2010年2月2日，召开中共广州市越秀区第十届纪律检查委员会第五次全体会议

【行政监察】 2010年，区纪检监察机关对全区贯彻落实科学发展观、落实《珠江三角洲地区改革发展规划纲要》、实施《越秀区2010亚运行动计划》、创建全国文明城市、落实扩内需促增长政策等情况进行监督检查，确保政令畅通。全年对区政府40项重点工作和16个重点项目实施效能监察立项。紧贴“亚运年”主题，把“廉洁办亚运”作为工作的重点，会同有关部门监督检查水环境治理、迎亚运人居环境综合整治等工程建设项目，开展联合检查22次，排查问题87个，督促整改153项。对白云双燕实业公司违法用地、宏城花园违建强拆、洛桑美地小区维稳等重点工作进行执法监察。构建实时、高效的区电子纪检监察系统，将电子监察从行政审批向重点工作、重点工程延伸，建立“河涌综合整治”、“迎亚运人居环境整治”和“创意大道”3个效能监察子系统，将29个单位186项建设项目纳入监察范围。从立项到竣工验收等七个环节“全流程监控”政府投资超过500万元的重大项目。

【专项治理】 2010年，区纪检监察机关着力解决一批群众反映强烈、社会关注度高的突出问题。开展工程建设领域突出问题专项治理，对全区34个单位的389项建设项目开展专项检查，发出整改通知90份，修改、完善规章制度54项，查找问题325个，全部提出整改建议，完成整改率100%。督促区有关单位补充完善342项迎亚运工程项目审批手续。深化“小金库”专项治理，在开展自查的基础上重点检查5个社会团体和6个国有企业，及时督促整改发现的31个财务管理问题。查处个别学校的“小金库”，对学校主要领导作出纪律处分。根据中央、省、市有关厉行节约、坚决制止奢侈浪费的规定，监督检查公款出国（境）、公务用车、公务接待“三公”费用。继续推进治理教育乱收费工作，抽查学校50间，确保免费义务教育阶段的“一费制”、“三限政策”以及公办学校不得利用本校资源举办有偿收费培训班等规定落到实处。着力解决医疗单位滥用药、乱收费等问题，区卫生系统22间医疗单位完成药品网上采购金额2.22亿元，占用药采购总入库金额的99.92%；医用耗材网上采购4906.1万元，占医用耗材采购入库总额的73.38%。

【查办案件】 2010年，区纪检监察系统受理群众各类来信、来访、网络举报、电话举报等共581件（次），办结率93.3%。立案11宗11人，审结案件8件11人。给予党纪处分5人、政纪处分8人，其中，开除党籍2人，留党察看1人，行政撤职2人，行政记大过3人。落实省、市纪委关于“街案区审”的新规定，审理基层案件7件。通过调查核实，为164名被举报人澄清是非，保护了干部。落实保护举报人的相关制度，查办故意泄漏举报人信息案件1宗。全年查办商业贿赂案件23件23人，涉案金额823.2万元。

【源头治腐】 2010年，区纪检监察机关对区委《关于建立健全惩治和预防腐败体系2008—2012年工作规划的实施方案》任务落实情况进行检查，深化干部人事制度改革，监督落实对拟提拔的区管干部和领导班子、领导干部的评先评优工作实行党风廉政“一票否决”制度，不断完善干部考核评价机制。配合有关部门检查清理行政审批事项，共撤减行政许可、非许可及备案事项227宗，占52.59%。监督检查工程建设招投标和政府采购法规制度执行情况，完成建设工程招投标项目96宗，招标中标价9.43亿元，节约资金约1600多万元。全年政府采购金额4.52亿元，节约资金1197万元。督促有关部门加强监管国有资产，防止权力失控、决策失误和行为失范。区纪检监察派驻组加强监督检查，全年协助6个试行派驻单位制定和完善各种制度60多项。

【反腐倡廉教育】 2010年，区纪检监察机关创新全区领导干部纪律教育专题学习会形式，通过播放剖析区反面典型案例的动漫专题片《“小金库”警示录》和现场访谈3名勤廉兼优的领导干部典型等方式，加强全区600多名副处级以上干部反腐倡廉教育。在“越秀纪检监察网”开通“网上廉政课堂”，将有关党风廉政建设的100多项法规制度汇编成“廉政法规电子书”放在网上，拓宽宣传教育的渠道。《中国纪检监察报》对此作了报道。

【领导干部监督】 2010年，区纪检监察机关加大对党政“一把手”的监督，区纪委主要领导与10名新任区二级班子党政“一把手”、25名新任副处级领导干部进行集体廉政谈话。全区各级纪委负责人同下属单位主要负责人谈话207人（次），诫勉谈话10人（次）。发挥越秀党风廉政网上测评系统的监督作用，对78个区属单位党政领导班子落实党风廉政建设情况进行网上测评。以区民政局、区卫生局为试点，在全市率先探索开展党风廉政建设第一责任人述责活动，全体区纪委领导参加，述责过程中增加现场提问询问、现场进行满意度测评，以及区委主要领导现场点评等环节，进一步增强述责人的第一责任意识和区纪委委员的监督意识。强化区管干部任期经济责任审计监督，查出违规金额198万元，管理不规范金额771万元。全区领导干部主动上交收受的现金、有价证券、支付凭证共计人民币20.99万元。

2010年8月13日，召开越秀区2010年纪律教育学习月领导干部专题学习会

【加强党政机关作风建设】 2010年，越秀区坚持领导干部接访和及时阅处群众来信制度，对群众投诉举报的问题及时反馈、限时办结。区纪委机关重点督办13宗涉及福利待遇、环境污染、环境整治、违章建筑等投诉举报信访件，均得到妥善解决。进一步扩大区电子纪检

监察系统的视频监控范围，实现实时监督全区各街道和职能部门217个服务窗口工作人员的工作作风、服务态度、办事效率。充分发挥区行政效能投诉处理中心作用，先后暗访35个单位（部门）的81个服务窗口，查处3名街道工作人员行政不作为、乱作为等问题，对2个单位发出行政监察建议书，限期整改。协同有关部门监督检查区属各单位的政府信息公开工作，规范区政务网站建设，拓展公众参与渠道。在区科技和信息化局开展民主评议政风行风工作，对区国土房管分局、区工商分局、区经贸局、区安监局等单位进行政风行风评议“回头查”。

【纪检监察派驻工作】 在2007年试行分片区集中派驻纪检监察组的基础上，2010年全面推进纪检监察派驻机构统一管理工作，在全市各区中达到“四个最”：收归行政编制最多，收归26个专职纪检监察人员编制，由区纪委集中单列管理；覆盖面最广，对全区30个区直部门、22个街道及区法院、区检察院实现派驻工作全覆盖，建成街道分片、部门分线、两院单设的纪检监察派驻工作体系；派驻组组长配备职级最高，对实行集中派驻的6个纪检监察组组长均配备正处级领导干部，派驻区法院、区检察院的纪检组长，经区委批准享受正处级干部岗位津贴，增强监督工作的权威性；统一管理最彻底，派驻组实行集中办公，后勤保障由区纪委统一管理，增强监督工作的独立性。

【干部队伍建设】 2010年，区纪检监察机关继续开展“做党的忠诚卫士、当群众的贴心人”主题实践活动，进一步提高全区纪检监察干部的思想政治素质。认真落实中纪委《关于加强地方县级纪检监察机关建设的若干意见》精神和省、市纪委关于加强纪检监察干部队伍建设的具体要求，区委专门配备1名非中共领导干部任区监察局正处级副局长，对部分区纪委委员进行调整。选送纪检监察干部参加中央、省、市纪委举办的各类业务培训班，其中18人参加中央纪委举办的业务培训班。

（纪委办 李 盛）

党的建设

【概况】 2010年，中共越秀区委有直属党组织47个，其中党（工）委45个、党总支2个，另有党组7个。全区共有基层党组织1999个，其中党委148个、党总支168个、党支部1683个。全区22个行政街共有社区居委会267个，建立党委102个、党总支127个、党支部38个。全区共有党员48468名（含预备党员480名），其中：女党员23102名；年龄35岁以下的6955名，36～45岁的6863名，46～54岁的7327名，55～59岁的6210名，60岁及以上的21113名；研究生学历728名，大学本科、专科学历22508名，中专学历5543名，高中学历8348名，初中及以下11341名。少数民族党员469名。全年发展新党员303名。

【创先争优活动】 2010年，越秀区精心组织全区基层党组织和党员深入开展创先争优活动。各级党组织以“践行科学发展，争当越秀先锋”为主题，以“共建共享促和谐，服务社区当先锋”等六大先锋行动为载体，以“身边好支部、好党员”评选活动为抓手，围绕加快转变经济发展方式、服务保障亚运、维护稳定、改善民生、服务群众等中心工作创先争优。开展先进与优秀标准讨论活动和公开承诺活动，通过党员示范户、党员先锋岗等多种形式，引导基层党组织和党员履职尽责创先进、立足本职争优秀。紧密结合服务亚运、保障亚运工作，召开“服务亚运当先锋”专题组织生活会，开展“迎亚运、当先锋”网上签名承诺和“我是党员我带头”、“我为亚运添光彩”等一系列主题活动。区委组织部作为亚运会开幕式珠江巡游观众组织子团队牵头单位，开幕式当天负责组织3.2万多名观众在5.7公里的珠江北岸边为各国运动员加油喝彩。从10月14日介入该项工作到亚运会正式开幕不到1个月时间里，先后组织桌面演练、互动演练和综合演练共9次，确保开幕式当天观众组织工作安全有序，气氛热烈和谐。

亚运前夕，区委组织部前往珠江北岸检查亚运会开幕式珠江巡游观众组织工作准备情况

【领导班子和干部队伍建设】 2010年，越秀区在干部选拔任用工作中始终注意既要看才，更要看德，努力选拔政治上靠得住、工作上有本事、作风上过得硬、人民群众信得过的干部。全年考察干部146人，任免处级以上干部108人，其中提拔42人，公开选拔4名副处级领导干部。实现老中青结合的梯次配备，优化领导班子结构，提高二级班子队伍的整体素质。全年调整区二级班子党政正职36人，其中提拔12人，交流16人，改任非领导职务8人。区处级领导干部中45岁以下的中青年干部占36.8%，大学专科及以上学历的占98.4%，女干部占29%，党外干部占4%。

【干部人事制度改革】 2010年，越秀区坚持重视基层、重视一线的用人导向，制定下发《关于坚持和完善从基层和生产一线选拔党政领导机关干部的若干意见》等文件。是年新提拔的42名处级干部中30人具有基层一线工作经历，占总人数的71.4%。注意在基层一线锻炼优秀年轻干部，选拔12名干部赴信宜市驻村开展扶贫开发工作，选派41名科级干部参加区直机关与街道双向交流挂职锻炼，安排20名新录用公务员参与亚运保障工作跟班学习。坚持把竞争性选拔干部工作作为干部人事制度改革的一个重点，实施优秀党政人才培养选拔“666”计划，首次面向广州地区公开选拔6名副处级领导干部，面向全区公开选拔19名科级领导干部，公开选调5名机关公务员，组织18名优秀中青年干部在机关和基层一线双向交流。

【干部培训工作】 2010年，越秀区立足实际需求，坚持四个结合，大力推进以党性修养和现代产业知识为重点的干部培训工作。实行学育结合，举办优秀年轻干部党性锻炼专题培训班，选送40名区级领导干部及处、科级后备干部参加省、市举办的各类培训和国（境）外专题培训班；实行学研结合，在区委党校主体班采用“集中授课+在岗调研”的“1+1”办学模式；实行学干结合，在新录用公务员初任培训班采用“集中授课+跟班学习”的培训模式，学员在集中学习后前往区亚运城市行动专项组和团队跟班学习3个月；实行学用结合，设置6个有针对性的培训专题让处、科级干部自主选学，培训人数711人次。是年全区举办各类培训班290余班次，参加的干部4.29万余人次。在广东省产业基本知识竞赛广州市选拔赛中，越秀区代表队获得三等奖。

【人才队伍工作】 2010年，越秀区坚持“服务发展、人才优先、以用为本、创新机制、高端引领、整体开发”的指导方针，大力推动实施人才强区战略，完成《越秀区加快吸引培养高层次人才的意见》及9个配套政策文件的起草和第一阶段征求意见工作。据2010年3月公布的第二次全国经济普查公报显示，区内大专及以上学历人才资源总量达42.2万人，约占同期全市人才资源总量23%；具有高级专业技术职称的人员 2.05 万人，约占全市同类职称人员总量的 25%；全区人才资源总量继续保持比较优势。“喜羊羊与灰太狼系列动漫作品创作与推广团队”获得广东省首届“南粤创新奖”，公司总经理刘蔓仪被评为 2010 年“广东十大创新人物”；张强、黄若浩成功入选首批“广州市创新创业领军人才百人计划”；陈光天、罗远明被认定为首批“广州市海外高层次人才”；周国富、李志山作为国家“千人计划”推荐人选赴北京参加答辩。

2010 年 7 月 15 日，越秀区党员管理中心接待拉美政党多边研修班的考察

【基层党建工作】 2010 年，越秀区各级党组织开展“十大真情”服务，推动党员之家示范点创建活动。在全区探索推广互动型、议事型、实践型、共建型和温暖型 5 种组织生活模式，激发基层党组织活力，评选出“十佳”优秀组织生活案例 10 个、优秀组织生活案例 15 个。加强“两新”组织（新经济组织、新社会组织）党建工作，成立区非公经济组织党工委和社会组织党工委，下发《关于加强社会组织党建工作的意见》，是年新建非公经济组织和社会组织党组织 24 个。强化党员电化教育和现代远程教育工作，制作区特色电教片《越秀外来务工党员“安家”记》。电教片《水城印记》、《越秀越阳光》在市首届远程教育课件观摩评选活动中分别获得优秀奖和三等奖。

【党代表任期制工作】 2010 年，越秀区着力构建“1 + 10”党代表任期制落实体系，全区 357 名党代表全部编入街道代表组，实现党代表工作在社区全覆盖。在区党员管理中心建立党代表联络服务部，在全部街道党员服务站设置党代表工作室，形成区、街党代表联系服务网络。研究制定《中国共产党广州市越秀区代表大会代表管理暂行办法》等 10 项配套制度，初步建立实施党代表任期制制度体系。先后组织 100 多名一线基层党代表列席区委全会和有关专题会议，参与“两代表一委员”评议机关、领导干部专项工作考评等活动。开展“党代表接访日”、“党代表社区行”等活动，加强与党员群众的交流。

【创新党内服务体系】 2010 年，越秀区依托“一家一站一中心”（社区党员之家、街道党员服务站、区级党员管理中心）党内服务三级网络，以把党内服务体系打造成基层党内民主的工作平台、区域性党建工作的协调平台、面向社会与群众的服务平台为目标，逐步实现党内服务体系建设“三个转变”：从一般帮扶转变为政治关怀，激活党员参政议政的主体意识，建立党员群众反映诉求的绿色通道；从服务区属组织和党员转变为服务全区党组织和党员，建立地区性党建工作协调议事机构，拓展社会化党群工作者队伍；从服务党员转变为凝聚党组织和党员服务群众，创新服务工作载体，构建党员联系服务群众的工作体系。

（组织部　王齐）

【党校教育阵地】 2010 年，越秀区委党校紧紧围绕区委、区政府关于迎亚运和转变经济发展方式这一中心工作，坚持“探索办学模式、创新培训方法、推进教研改革、开创党校科学发展新局面”的目标，继续大规模培训干部，扎实推进社区教育，主动参与区情调研和课题研究，不断推动教研一体化，创新中心城区党校办学治校的理念、思路和方法。

培训工作　按照干部干什么学什么、缺什么补什么的要求，大力创新干部教育模式，突破多年来学员在党校集中学习2个月的传统，实施“1+1”（1个月在党校系统培训，1个月带着课题回单位调研）教学模式改革，取得良好成效。是年，举办处级班、中青班等主体培训班17期，培训学员1970人次。举办社区教育培训班6期，培训对象306人次。开展迎亚运知识宣讲27场，宣讲对象1.2万人次。举办入党积极分子、社区工作者、安全主任再培训等各类培训班7期，共培训学员1660人。与区委宣传部联合举办“越秀讲坛”4期，约2000人次参加。与区教育系统联合组织举办中小学中青年后备干部、党务工作者等培训班3期，培训学员114人。

教研工作　参与由市委党校和区委、区政府组织的调研项目，发挥咨询决策作用。参加区委组织的“加快建设国家中心城市核心区”、“加快经济发展方式转变”等专题调研，开展“越秀区建设广州中央文化区”项目研究。是年，完成“越秀区城乡一体化难点问题研究”等调研课题3项，撰写科研论文27篇，在《岭南学刊》、《探求》等报纸杂志上公开发表论文11篇。其中，在《探求》2010年第一期发表的《关于我区推进社区“两委一站”建设工作的调研报告》成为市委组织部向中组部汇报工作的案例材料。在重点主体班开展8项教学专题研究，形成8个系列专题课程。选送论文参加第一届广佛肇三市党校理论研讨会，获得好评。参加市委党校组织的《韵味广州——广州十二区、市风貌》等书的编纂。

2010年5月6日，区委党校举行越秀区第八期主体培训班开班典礼

信息化工作　全面更新办公、办学电脑等信息化设备，为5个多媒体教室安装最先进的教学软件和课件录编系统，实现人机独立对话、全校同步共享上课内容等多项功能；申报、立项“越秀区学习网”（含党员干部培训网和社区教育网2个子网），全面实现教学培训、教学管理、信息资料共享的电子化；与区纪委合作，开展党风廉政情况网上测评体系培训；为社区居民免费开办“网络与生活电脑技能培训班”。

【社区教育】　2010年，区委党校不断强化为18岁以上社区居民提供社区教育服务的能力，制订和完善《广州市越秀区社区教育工作实施办法（试行）》、《越秀区社区教育学院街道分院管理制度》等一系列规章制度。编纂出版的《越秀区社区教育简明系列教材》成为市首套以社区居民为对象，具有越秀特色的社区教育培训教材。指导各街道分院开发特色课程十大类103项，组建400多人的区社区教育志愿者队伍。开展社区教育特色项目实践活动，六榕街、大东街、大新街、珠光街、矿泉街和广卫街6个街道分院的社区教育项目被中国成人教育协会社区教育专业委员会立项为“全国社区教育实验项目”。

【创新党校大规模培训干部模式】

2010年，区委党校坚持以人为本、按需施教，在领导干部中开展自主选学培训工作。通过开展调查问卷和专家座谈，广泛征求全区科级以上干部的培训需求，科学设置自主选学培训内容，形成六大专题、25门课程。课程涵盖经济建设、文化建设、社会建设、传统文化、心理健康、保健知识、热点问题等内容，最大限度地满足干部培训需求，提高干部综合素质和能力水平。参加学习的处级和科级领导干部近1000人次，到课率90%以上。

（区委党校　江秀丹）

【直属机关党的建设】　2010年，区直机关党委认真贯彻落实党的十七届五中全会精神和区委十届九次全会精神，带领机关党员干部加强党组织的建设，组织各类志愿服务和主题实践活动，全力推动科学发展，促进社会和谐，在全区调结构、转方式、促发展任务中作出应有贡献。

亚运机关干部志愿服务工作　牵头制定并印发《关于组建区机关志愿者队伍的方案》，成立区直机关志愿者工作小组，组建22个志愿者分队，1000多人。先后多次组织参与志愿服务活动：组织参加区亚运安保和全民志愿服务誓师大会、“情系岭南——百场优秀戏剧曲艺作品巡回演出”启动仪式、广州市迎接亚洲运动会火种暨区县级市分火种仪式、越秀区亚运火炬传递活动、亚运会火炬传递（广州市）12个区县级市融火仪式。组织60名机关志愿者参加奥运冠军助威团越秀志愿行活动，100名机关志愿者参加以“创文明、庆国庆、迎亚运、美羊城”为主题的清洁卫生大行动，1500名机关志愿者参加广州市亚运火炬传递起跑仪式和演出。11月3日和11月12日两天，分别组织34个单位892人次到珠江北岸60幢楼宇446个岗点站岗16个小时，确保亚运会开幕式珠江巡游预演和开幕式当天的秩序正常。亚运会、亚残运会期间，共组织1000多人次到比赛现场观赛，完成文明观众组织任务。

“深化服务促发展”主题实践活动　牵头组建“深化服务促发展”主题实践活动工作领导小组，下设办公室，抽调有关单位精干力量组建综合组、指导组负责具体工作。建立工作会议制度、情况通报制度，设立3个指导督查组分别督促检查指导区直属机关单位、区属局级党委、街道党工委开展主题实践活动。要求各单位结合年度工作重点，开展以“三服务”（服务群众、服务基层、服务企业）为主要内容的立项建设活动，全区72个单位共确定206个重点项目。编印《深化服务促发展活动简报》9期，大力宣传各单位活动情况。将项目的完成情况、取得成效归纳汇总后上报区委，督促落实整改。

创先争优活动　印发《越秀区直属机关党委深入开展创先争优活动的实施方案》，在区直机关中全面开展。组织“我推荐一本好书”的荐书活动，强化学习型党组织和机关建设，鼓励每位党员干部职工读好书、齐荐书、共分享。开展创建“五个好”（领导班子好、党员队伍好、工作机制好、工作业绩好、群众反映好）先进基层党组织、争做“五带头”（带头学习提高、带头争创佳绩、带头服务群众、带头遵纪守法、带头弘扬正气）优秀共产党员活动、先进基层党组织和优秀共产党员具体标准讨论、机关党员公开承诺和网上承诺签名活动等，向区推荐3个“身边好支部”和1个“好党员”，完成创先争优活动领导点评工作。开展纪律教育学习月活动，组织、检查和监督各支部切实开好民主生活会；为机关每个党员订购《中国共产党党员领导干部廉洁从政若干准则》；组织党员观看《法槌下的疯狂》等反面典型教育专题片；举办廉政建设先进典型宣传展览；学习新颁发的《中国共产党党和国家机关基层组织工作条例》。印发《关于严格区直机关党的组织生活的意见》，将党组织的组织生活情况、党员领导干部参加组织生活情况分别纳入党建工作考评和干部考核内容，制定严格党的组织生活的实施意见，促进区直机关创新组织生活工作。选定党的组织生活创新工作试点支部2个，申报支部创新成果2个、创新工作案例2个、创新支部生活方式2个。全年发展新党员8人，转正6人。组织各支部上门

慰问区内83户结对子社区困难党员家庭，送上生活品、慰问金约3万多元。连续3年组织机关11个党支部到梅州市五华县开展城乡基层党组织结对帮扶活动，慰问当地贫困党员、贫困户，资助当地建设。组织党员捐款2.57万元支持百色市抗旱救灾活动。

区直机关其他工作　区机关工会为3名会员办理特急救济，1名办理济难基金救助，是年共有89名会员参加安康互助保障计划，198名参加特种重病互助保障计划；组织机关科级及以下干部、职工410人到医院体检；组织会员向市职工济难基金会捐款9590元。区直机关团委为纪念建团88周年和“五四运动”91周年，举办以“迎接亚运会，创造低碳绿色新生活”为主题的团日活动，组织团员参加自行车自驾日活动、放风筝比赛，参观岭南文化特色景点，进一步宣传“低碳绿色生活”和节能减排的环保意念。区直机关妇委组织会员参观无着庵、大佛寺等宗教场所，了解另类妇女的生活状况和宗教文化；坚持开展巾帼文明岗创建活动，是年新增巾帼文明岗1个，申报巾帼文明示范岗1个。区直机关党委与区政府签订人口与计划生育综合治理工作责任书，全面落实人口计生层级动态管理责任制和预警预报制度；完成计划生育年度达标审核，确保计划内生育100%、晚育率100%、应办独生子女证率100%。

区直属机关党委组织机关新党员进行入党宣誓

（据区直属机关党委资料整理）

【老干部工作】　2010年，区委老干部局贯彻落实全国、省、市委老干部工作会议精神，加强离退休干部党建工作，全面落实政策待遇，完善各种活动设施，为离退休老干部提供优质高效服务。至年底，区委老干部局管理离退休干部总计1469人，其中直接管理的离退休干部1284人，企业离休干部31人，区事业单位和易地代管离休干部154人。

党支部和党员思想建设　完成离退休干部党支部的换届选举工作，合理调整部分党支部的组织设置。举办新一届党支部书记、委员培训班，加强党建工作交流。开办“手机学堂”，创新党支部学习方式。组织和指导各党支部按照创建“五好党支部”的要求开展支部活动，积极参加各项社会活动。51名离退休干部通过培训成为亚运志愿者，参加“服务广州亚运，越秀夕阳添彩”、“礼仪推广月”等志愿者活动。组织离退休干部向广州市党内关爱扶助金、广西百色干旱灾区、青海玉树地震灾区和“广东扶贫济困日”活动累计捐款33.6万元。

离退休干部政治待遇　坚持落实全区离退休干部通报会制度，及时向离退休老干部传达中央、省、市、区重要会议精神和区的经济社会发展情况。组织区级班子老领导参加区人大、区政协会议；组织离退休干部参加市、区专题讲座和报告会，参观北京路文化遗产、广东省体育训练基地、武广高铁等，让他们及时了解亚运会为广州乃至全省所带来的巨大变化。

离退休干部生活医疗待遇　完成机关与企事业单位离退休干部两

项补贴发放工作，确保两类离休干部享受同样生活待遇。为2009年去世的15位离退休干部遗属补发丧葬费差额，协助解决生活困难。提高离休干部护理费标准和老红军自雇服务人员费用标准。为27名离休干部发放健康医疗费返还金6.7万余元；为13名离退休干部申请重大疾病医疗救助金17.4万元；为10名患病老干部申请工会济难基金3万元。组织1049名离退休干部体检，办理零星报销51人次，累计金额63万元。开展“访千家送温暖”活动，上门慰问359名离休干部、195名80岁以上退休干部、94名区级离退休老领导。全年走访慰问患重病、常年抱病卧床和年老体弱无法行走的离退休干部358人次。

发挥文化娱乐阵地作用　是年，区老干部活动中心向科级退休干部开放，并为131场各类会议提供场地和设备支持。区内各老干部活动队参加省、市、区各类演出、比赛21项。其中，书画摄影协会有84幅作品参加区老干部“迎亚运、献真情”书画摄影展，有60幅作品参加增城“艺海游踪”书画展；女子健身队在区妇女健身大赛中获得第三名；门球队在市“颐年园”杯老干部门球赛中获得第四名；台球队在市老干部活动中心“迎春杯”和“迎亚运”斯诺克比赛中分别获得第二名和第五名。全年老干部大学开设春秋2个学期培训班109个，学员3631人，比上年开班数增长17.2%，学员数增长21.7%，执信南路、盘福路2个校区课室上座率均达99.5%。

离退休干部服务管理信息化　区委老干部局信息管理系统经多次修改和完善，于2010年10月开发完毕并正式交付使用。系统内包含全体离退休干部的个人数据，能与区信息服务直通车项目对接，方便工作人员进行统一管理，大幅提高服务效率。区委老干部局制定《局信息系统使用意见》规范操作程序，并对相关人员进行培训。

2010年1月22日，区委老干部局举办离退休干部春节茶话会

【关心下一代工作】　2010年，区关工委与区相关部门联合举办“以科学发展观为统领，推动相关工作全面发展——关心下一代工作培训班”，参加人员183人。围绕青少年迎亚运、争当东道主的主题，区关工委讲师团在全区中、小学开设学生宣讲辅导课442场次，听课人数2.3万人次。到广州市新穗学校为学生提供免费心理、法律咨询。与区图书馆联合组织青少年读者“激情亚运，阳光阅读”系列活动。配合市关工委和区有关职能部门开展第31届“羊城之夏”青少年暑期活动、“阳光少年社区行”亚运宣传和志愿服务、关爱智障青少年快乐成长等一系列活动。是年6月，区关工委被中国关工委、中央文明办评为“全国关心下一代工作先进集体”。

（老干部局　赵玥）

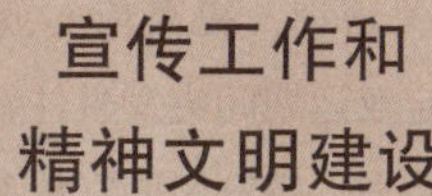

宣传工作和精神文明建设

【概况】　2010年，越秀区宣传思想文化战线深入学习贯彻党的十七届四中、五中全会精神，市宣传工作会议精神和区委十届八次、九次全会精神，以科学发展观为统领，围绕中心，服务大局，实现宣传工作、精神文明建设和文化工作的大

进步、大发展，有力促进广州亚运会和亚残运会的成功举办和国家中心城市核心区的建设。

【亚运宣传工作】 2010年，越秀区亚运宣传手段多样，层次丰富，涉及面广，基本实现社会面上的全覆盖。据不完全统计，全区共制作亚运宣传栏4251个，张贴海报4.5万张，悬挂横幅1900多条，《广州为你喝彩观赛礼仪挂图》2500张，发放《亚运知识读本》、《广州市民亚运文明公约》等知识读本24.3万份。组织拍摄《城市之美、古越今秀》、《越秀》等10部迎亚运专题宣传片。开展"古越今秀——越秀区迎亚运环境综合整治"摄影大赛。编制《人居环境整治》、《历史文化街区保护》等多期宣传专栏。编制画册《凤凰涅槃——东濠涌》，宣传全区水环境治理和人居环境综合整治工作成果。

为保障亚运新闻宣传工作，在赛前建立新闻发言人制度，充实区属各单位新闻发言人和助理队伍，组织相关培训，提高应对媒体能力；制定亚运期间突发事件新闻处理工作指引；编制新闻宣传参考资料和区采访服务指南；组织实施"亚运采访线工程"；制定并实施"开闭幕式"、"火炬传递"、"伊斯兰教服务"等系列亚运新闻宣传工作方案。在赛时做好开闭幕式、亚运场馆、涉亚场所的新闻宣传保障，采写编发《广州火炬传递从城市原点出发》、《越秀准备好了》等多篇新闻报道。

继续开展"迎亚运、讲文明、树新风、促和谐"全民行动，围绕"全民习礼仪、全民学英语、全民勤健身、全民守秩序、全民齐清洁、全民献爱心"六大专题，开展宣传教育实践活动；组织"亚运广州行"系列群众文化活动；组织"广州为你喝彩"文明观赛、"广州大变我文明，百万家庭学礼仪"等文明礼仪课和社区论坛283场次。

【理论学习与调研】 2010年，越秀区完善和落实以中心组学习为龙头、以处级以上领导干部为重点的理论学习制度，推进学习型党组织建设，制定实施《越秀区关于推进学习型党组织建设的实施意见》，在全省率先制定《建设学习型党组织工作考核试行办法》，采取百分制量化考核办法，形成以考核促进学习，以学习促进工作的督学机制，此做法和经验在广州市《党委中心组学习简报》和《广东省建设学习型党组织工作简报》刊发推介。

制定下发《2010年越秀区二级班子党（工）委（党组）中心组理论学习安排意见》，每季度对二级班子中心组集中学习情况进行汇总通报，全年区委中心组共组织集体学习35次，46个二级班子党委中心组共开展集体学习945次。"大塘红色讲坛"、"华乐先锋论坛"、"越秀区民营企业家大学堂"等活动成为具有地区和部门自身特色的学习品牌。

举办广府文化与商贸旅游研讨会、"越秀特色'三旧'改造之路"有奖征文等活动，共收集研讨论文46篇。组织协调有关专家学者开展专题调研，形成《文史纵横》（越秀专辑）和《诗书福地》调研成果。区委中心组成员集中开展13个专题调研，形成调研文章17篇，共28万字。

2010年9月11日，"迎亚运 讲文明 树新风"城市文明志愿服务全民行动越秀分会场启动仪式

2010年6月30日，大塘街举办“庆七一、迎亚运、创文明”红歌会广场汇演

【社会宣传】 2010年，越秀区利用越秀信息网、越秀宣传网等信息网络平台和基层宣讲团等理论宣传平台，开展中国特色社会主义理论体系和创先争优活动的宣传。联合市社会科学界联合会举办“公益科普进社区”系列讲座，“平安亚运——基层组织怎样应对突发事件”、“当前时事政策”等课程受到干部群众的欢迎；举办“羊城学堂走进社区——广府文化专场”活动；区亚运宣讲团在机关、企业、学校、社区开展宣讲辅导报告31场次，参加人员超过1.2万人次。

【新闻宣传】 2010年，越秀区利用平面媒体、传统电视、移动电视、互联网四大平台，引导新闻媒体多角度、多层面深入报道全区各项工作。全年报纸等平面媒体关于越秀的新闻报道、评论2500余篇，电视台、电台报道800余条。由区新闻信息中心拍摄播发新闻620条，在区信息网审核发布新闻1.13万篇。

把亚运宣传与越秀推介相结合，以两大主体功能区建设、“三旧”改造为重点，宣传全面提升经济发展、社会管理、民生服务水平的有力举措和特色亮点工作。《21世纪经济报道》4个版面介绍“越秀区两大功能区建设”；定期召开新闻发布会，对外公布杨箕村拆迁改造工作信息；推介报道“文德路升级改造”、“惠福路美食花街”、“2010中国流花国际服装节暨广东时装周”等经贸工作；大力报道“新年创文首评越秀再拔头筹”、“垃圾分类模式引领全市”等社会热点工作。

重点开展对东濠涌水环境治理的新闻报道。初期与《南方网》联合推出21期“寻访东濠”系列报道，回顾历史，展示规划；中期结合东濠涌博物馆建设，与《羊城晚报》联合推出“寻找水岸广州”系列征文活动，调动群众参与河涌整治的积极性；后期结合东濠涌博物馆开馆和东濠涌净水厂建成使用，引导媒体报道东濠涌治理总体成效，深入挖掘其特色。10月4日，《南方日报》在头版头条“创先争优”专栏刊登“东濠涌复活广州水城记忆”报道。广州电视台以《流年似水——东濠涌》为题连续报道东濠涌治理情况。全年有关东濠涌水环境治理的新闻报道、评论共1000余篇。

加强城区环境综合整治新闻宣传的针对性，突出阶段性策划报道。初期以信息公开为主，报道整治规划、施工提示等，达到征集群众意见、争取居民理解的目的；中期以跟进群众投诉、媒体监督为主，协调相关部门及时回应各方意见，提高工程质量；后期以展示整治成果为主，大量报道广州城市原点、驷马涌广场、林则徐纪念园等亮点工程。

【创建全国文明城市工作】 2010年，越秀区把亚运与“创文”工作有机结合，继续开展迎亚运、创文明全民行动。明确以“考”促“建”的工作思路，制定区街道公共文明指数测评实施办法，促进各街道和相关职能部门强化日常城市管理。加强舆论引导，多手段开展“创文”宣传，争取居民群众支持。全年发出各类“创文”宣传单和海报近50万份，“创文”小礼品40多万份。

迎“国检”工作　作为市迎“国检”主战场，全区共有9个社区、2条商业街、2条主干道、2个交通路口以及一批广场、公园、博物馆等公共场所接受国家测检组测评，受检项目超过全市的30%。实地考察取得优异成绩，为广州市取得2010年度省会、副省级城市公共文明指数测评第四名、未成年人思想道德建设测评第二名的成绩作出贡献。全年越秀区“市检”总成绩位列全市第三名。

未成年人思想道德教育　在全区中小学生中普遍开展公共文明教育；组织全区9万多名未成年人参加“传唱优秀童谣、做有道德的人”网上签名寄语活动和中小学生诵读中华经典美文活动；完善“绿色网园”建设；健全“学校、家庭、社区”三位一体教育网络，举办创建百所优秀家长学校活动；开展校园周边文化市场专项整治行动。

社会志愿服务　发动高校大学生和广大市民广泛参与“迎亚运、创文明”志愿服务活动；引入志愿者形象识别系统，设计“越秀区志愿者”标志，制作专用服装和帽子共计4.5万件（顶），统一全区志愿者形象；开展“大拇指”文明系列活动，全区所有社区均成立社区志愿服务工作站；在华乐、登峰等外国人聚居区，成立“洋志愿者”队伍；开展公交搭乘礼让、文明路口、关爱空巢老人等志愿服务；组织全国百名优秀志愿者网上推荐活动，倡导“当志愿者光荣、做志愿服务光荣”的价值导向。

“创文”主题实践活动　组织“文明新风尚引领计划”、“健康新生活计划”、“关爱温暖行动计划”等主题行动；开展“创文”主题月、主题日系列活动；举办广州市道德模范巡回演讲报告会（越秀区专场），大力宣传邵建明等4位区内“第四届广州市道德模范”的典型事迹；开展“我推荐、我评议身边好人好事”活动，向市推选身边好人31位，其中白云街居民李伯宜荣登中国好人榜，被评为“助人为乐”好人。

2010年8月14日，中央文明办负责人到越秀区参观考察

【文化工作】　2010年，越秀区巩固创建“全国文化先进单位”工作成果，健全以“十分钟文化圈”为重点的区、街、社区三级公共文化服务网络，营造健康有序的文化市场和产业发展环境。

打造微型博物馆　探索以政府为主体、社会广泛参与的博物馆建设管理新模式，打造出东濠涌博物馆、东平大押典当博物馆、广卫街广府文化会馆等16个各具特色的微型博物馆，在居民群众中掀起一股“微博”热潮。省委宣传部主编的《广东宣传》和市委主编的《广州情况》先后推介越秀区的做法。

群众文化活动　大力推进“文化慈善”、“文化低保”、“文化自助”三大文化民生工程，擦亮“书香越秀”文化服务品牌。六榕街旧南海县社区、梅花村街共和西社区被评为广州市“书香社区”。协助市成功举办第九届中国艺术节，组织相关的比赛或活动近30场。开展《珠水粤韵》大型主题音乐会、广州城市原点揭幕仪式、“亚运歌曲大家唱”群众性歌咏比赛等一系列群众文化活动。举办社区论坛、社区文艺演出等主题活动

1200余场。

广府文化宣传 挖掘和利用历史文化资源，推进“北京路广府文化商贸旅游区”建设，擦亮“广府文化源地、千年商都核心”城区品牌。完成广州城市原点建设、广州城隍庙修缮、大佛寺扩建等广府文化标志性工程。推进南粤先贤馆建设，申报五仙观广府文化研究推广基地。推动广佛肇三地文化交流共建活动，举办“粤语新童谣大赛——2010年越秀·禅城·端州传承广府文化”活动，在新年花市展览三地传统手工艺精品。

（宣传部　王班）

编制工作

【概况】　2010年，区机构编制工作以扎实抓好区政府机构改革的组织实施为重点，稳步推进事业单位分类改革，加大机构编制监督检查力度，加强事业单位登记管理，为全面提升区经济发展、社会管理、民生服务水平提供体制机制保障。全年承办机构更名、加挂牌子、调整领导职数和人员编制等机构编制事项，印发越编字文件56份、越编办文件88份；管理、更新在编人员名录近1.7万人；办理实名入编412人次、出编246人次；办理议事协调（临时）机构审核6个；办理人大建议、政协提案共4件。

行政单位机构调整。成立区城市更新改造工作办公室作为区政府正处级派出机构，专责统筹协调全区城市更新改造工作，保障旧城改造、城中村改造、综合治理等工作顺利开展。中国国际贸易促进委员会广州越秀区支会更名为中国国际贸易促进委员会广州市越秀区委员会。区委组织部设立人才工作科，与干部培训科合署办公。区公安分局设立反恐怖大队，与国内安全保卫大队合署办公，毒品犯罪侦查大队更名为禁毒大队。区人口和计划生育局业务科分设为政策法规科、发展规划与信息科。区文化广电新闻出版局设立文物科，与文物管理委员会办公室合署办公。区司法局安置帮教工作科调整为社区矫正工作科。区人力资源和社会保障局设立就业培训科，挂区就业工作领导小组办公室牌子。区食品药品监督管理局药品医疗器械监管科分设为医疗器械监管科和药品安全监管科。区审计局设立政府投资审计科。区环保局监督管理科加挂辐射与总量控制科牌子。区委老干局内设机构设置调整为：办公室（纪委办公室，与监察室合署办公）、组织科、宣传调研科、综合科、生活保健科、财务工资科、关工委办公室。区人民检察院设立案件管理中心，与检察委员会办公室合署办公。

事业单位机构调整。区老干部活动中心挂区企业离休干部管理服务中心牌子。区军队离休退休干部第二休养所设立办公室和业务科。区卫生培训中心更名为区卫生发展中心。广州市越秀区正骨医院更名为广州市正骨医院。撤销广州市越秀区人民医院。

以政府机构改革为契机，按照原下属事业单位所承担任务与该机构职责相对应的原则，把涉及撤并、职责调整的部门所属事业单位划归划入职责的部门管理：区重点项目拆迁办公室、区市政和水利维护管理一所、区市政和水利维护管理二所、区建设工程招投标管理办公室、区建设工程质量安全监督站、区市政和水利管理所（挂区河涌管理所牌子）6个事业单位由区建设和水务局管理。区余泥渣土排放管理所，区环卫局退休人员管理中心（更名为区城市管理局退休人员管理中心），区环卫局车队（更名为区城市管理局车队），区环卫局环卫监督管理一所、二所、三所（更名为区城市管理局环境卫生监督管理一所、二所、三所），区环卫局环卫设施管理所（更名为区城市管理局环境卫生监督管理四所），区环卫局养护所（更名为区城市管理局养护所），区迎亚运人居环境整治建设工程项目管理办公室9个事业单位由区城市管理局管理。区劳动保障监察大队、区社会保险基金管理中心、区公费预防实施管理委员会办公室（挂区城镇职工基本医疗保险制度改革工作办公室牌子）、区退休职工管理委员会办公室、区劳动就业服务管理中心、区劳动就业训练中心、区劳动争议仲裁委员会办公室、区人事争议仲裁委员会办公室、区人才服务管理办公室（挂区人才交流服务中心牌子）9个事业单位由区人力资源和社会保障局管理，其中区劳动争议仲裁委员会办公室与区人事争议仲裁委员会办公室合并为区劳动人事争议仲裁委员会办公室。广州市东山湖公园、区绿化养护管理第一工区、区绿化养护管理第二工区、区公园管理中心（挂广州市人民公园、广州市儿童公园、广州市越秀区海珠广场管理办公室牌子）4个事业单位由区园林绿化局管理。

行政单位编制调整。区审计局设总审计师1名。区统计局设总统计师1名。区安监局增加行政编制1名。区人民法院立案庭增加领导职数1名。从区教育局、区建设和水务局、区城市管理局和22个行政街各抽调行政编制1名共25名，从城管综合执法分局抽调行政执法专项编制1名实行集中单列管理，用于区纪检监察派驻组。

事业单位编制调整。区信息化办公室更名为区电子政务办公室，事业编制由13名调整为5名，领导职数由3名调整为2名。黄花岗科技园管委会增加动态管理副处级领导职数1名。区军队离休退休干部第二休养所办公室和业务科两个内设机构各设领导职数1名，增加事业编制18名；区军队离休退休干部第四休养所增加事业编制4名；区军队离休退休干部第五休养所增加事业编制13名。区劳动人事争议仲裁委员会办公室配事业编制9名，领导职数3名。区旧城改造项目办公室调整3名事业编制到区房地产登记所；单独设置区河涌管理所，配事业编制10名，领导职数3名。区市民意见办理中心增加事业编制2名。区卫生发展中心增加事业编制3名、领导职数1名；明确广州市正骨医院、区妇幼保健院、区中医医院各配领导职数5名，区第二中医医院、诗书街社区卫生服务中心各配领导职数4名；收回广州市越秀区人民医院事业编制398名。根据2009年在校学生数核定区属学校编制：普通中小学6844名、特殊教育学校149名、职中304名；参照《全日制、寄宿制幼儿园编制标准（试行）》有关规定，重新核定区12间公办幼儿园教职工编制共531名；支持和配合教育小班化试点工作，东环中学教职员编制按112名单列管理。

【审核“三定”规定】 2010年，区机构编制部门重点做好“三定”规定审核工作，合理界定各部门职责，规范内设机构设置。截至11月22日，完成区属26个部门和22个行政街“三定”规定印发工作（区公安分局“三定”规定由市统一部署）。此次政府机构改革通过转变政府职能，加强对全区经济社会事务的统筹协调，更为注重社会管理和公共服务，进一步明确和强化政府各部门责任，核定主要职责339项，涉及职能转变调整事项65项，其中取消职责2项，增加职责12项，加强职责32项，划入职责13项，划出职责6项。结合行政审批制度改革，优化审批职能配置，取消行政许可事项58项、非许可审批事项82项、备案事项89项。

【合理界定各部门主要职责】 2010年，区机构编制部门按照“一件事情由一个部门管理，上下衔接，有利工作”的原则，确定政府各部门主要职责。将区发改局承担的民营企业管理与服务有关职责划给区经贸局；将原区建设市政局承担的公园管理职责划给区园林绿化局；将区卫生局承担的餐饮业、食堂等消费环节食品安全监管职责划给区食品药品监管局。明确职业卫生监督管理工作分工，区卫生局负责规范职业病预防、救治工作；区安全生产监督管理局负责查处职业病危害事故和有关违法违规行为。明确烟花爆竹安全监督管理职责分工，区安全生产监督管理局负责查处不具备安全生产基本条件的烟花爆竹经营单位，查处烟花爆竹经营生产安全事故；区公安部门负责发放烟花爆竹运输通行证，确定烟花爆竹运输路线，管理烟花爆竹禁燃、禁放工作，侦查非法生产、买卖、储存、运输、邮寄烟花爆竹的刑事案件。

在确定各部门主要职责的基础上，强化城区管理，增加和加强涉及群众切身利益、关系国计民生方面的职能。在社会管理和民生工作领域，区卫生局增加组织实施基本药物制度职责，加强对医疗服务、公立医疗机构监督管理职责；区民政局加强社会救助职责，统筹区一级社会救助体系建设，加强医疗救助职责，完善区辖内居民医疗救助体系；区国土房管分局加强住房保障工作职责；区教育局加强社区教育职责，承担推进义务教育均衡发展和促进教育公平的责任；区人力资源和社会保障局加强促进就业职责，加强组织实施劳动监察和协调农民工职责。在环境资源领域，区国土房管分局增加矿产资源和测绘监管职责；区环保局加强民用核技术应用与辐射环境安全监管职责，加强环境治理、污染减排和环境综合执法，承担落实全区污染减排目标的责任。在市场监管领域，区发改局（物价局）加强价格监测和成本调查、监审职责；区安监局加强对全区安全生产工作综合监督管理和指导协调职责；区文化广电新闻出版局加强著作权保护职责。

【事业单位分类改革准备工作】依据事业单位社会功能，按行政类、公益一类、公益二类、公益三类、经营服务类、待定类6个类别，模拟划分全区272个事业单位，并初步拟订每个事业单位改革方向。联合相关部门，根据法定职能和法律法规，审核通过33个事业单位提出认定为行政类的申请。

【事业单位登记管理工作】 2010年，区事业单位登记管理局年检事业单位301个，年检率100%。办理事业单位设立登记1宗，变更登记84宗，注销登记10宗，补领证书1宗。

（编委办 徐慧敏）

统一战线

【概况】 2010年，越秀区统一战线顺应形势，拼搏进取，发挥独特优势，调动积极因素，为区加快转变经济发展方式和服务广州亚运会作出应有贡献。统一战线各界人士围绕民生问题、社会问题开展调查研究，取得一批调研成果。其中，8个民主党派联名提交的“加强文化引领，打造北京路广府文化商贸旅游区”调研文章在区政协大会发言，4篇有关统战工作的理论研究文章在《广州统一战线》发表，1篇在《台湾工作通讯》发表。

是年，区委统战部举办“古越今秀话商都，四海同心迎亚运”活动，组织全区统一战线各界人士参观广东奥林匹克体育中心游泳馆、广州歌剧院、广州亚运城等涉亚场馆，举办以“迎接亚运会，创造新生活”为主题的登山活动，激发他们迎接亚运、参与亚运的热情。

【促进非公有制经济“两个健康”发展】 2010年，越秀区成立非公经济组织思想政治工作领导小组，引导非公有制人士自觉以科学发展观为指导，践行社会主义核心价值体系，培养一支非公有制经济代表人士队伍，促进非公经济健康发展和非公经济人士健康成长。在区工商联成立非公有制经济组织党工委，开展“我是党员我带头，我是党员我奉献”活动。设立民营企业家大学堂，举办越秀民营企业转变发展方式研讨班，邀请省委党校的专家学者为民营企业家与行业商会会员授课，促进民营企业转变经营管理模式，提升自主创新能力。

2010年8月20日，越秀区统一战线“迎亚运盛会，看广州新貌”参观亚运场馆活动

组织广州民营企业家代表出席越秀区转变经济发展方式暨“三旧”改造项目高峰论坛，共同为民营企业健康发展出谋划策。

【落实多党合作和政治协商制度】 2010年，越秀区完善区级领导（中共党员）与民主党派和无党派人士联系交友、邀请民主党派负责人列席政府全体（扩大）会议、邀请民主党派负责人参与区委专项调研工作、政府部门与民主党派对口联系等制度。区委领导班子在召开民主生活会之前先听取党外人士意见，采纳合理建议，定期向党外人士通报全区党风廉政建设和反腐败工作情况。开展“特约四员”专项培训，发挥党外人士民主监督作用。推动落实民主党派与街道挂钩联系制度，召开工作总结交流会，打造民主党派调查研究、了解民意、创新工作的平台。

【加强党外干部人才建设】 2010年，区委统战部走访区财政局、区民政局、珠光街、北京街等重点党外代表人士所在单位，了解各单位党（工）委在与党外干部合作共事方面的经验和做法，掌握全区党外干部队伍建设的实际情况，发掘党外后备干部人才，撰写《关于加强我区党外干部队伍建设的情况汇报》，向市、区各民主党派领导通报情况。向区委推荐一批优秀党外后备干部，将党外后备干部人才纳入全区党政人才规划。是年，1名副处级党外干部被提拔担任区监察局正处级领导，1名党外干部被选拔担任政府部门正职领导。

【落实党的民族宗教政策】 （详见“社会篇”相关条目）

【推进港澳和海外统战工作】 2010年，区委统战部利用出席港澳地区各类春茗团拜等传统活动的机会，广泛开展交友活动。邀请港澳经济界人士出席越秀区转变经济发展方式暨“三旧”改造项目高峰论坛。组织80多位区政协港澳委员参加北京路广府文化商贸旅游区建设启动仪式，考察东濠涌人居环境整治成果，让他们了解越秀、关注越秀、服务越秀。邀请越秀海外联谊会港澳理事参加“古越今秀话商都，四海同心迎亚运”联谊活动，参观广州大剧院、广州亚运城等亮点工程。邀请港澳台人士出席广州亚运会开、闭幕式，做好各项接待工作。区政协澳门委员针对亚运整治工程提出建立五仙观博物馆的提案，香港委员提出完善弱智儿童帮扶机制的提案，均被区政府采纳并实施。

【越秀区各界知识分子联谊会积极开展社会活动】 2010年，越秀区各界知识分子联谊会创新会务活动方式，通过举办金融知识讲座、参观会员书法展等，增强团队凝聚力。组织会员参加区人大、政协会议及各类研讨会、座谈会，为区经济社会发展建言献策。深入开展“关爱外来工，奏响和谐曲”健康知识讲座等社会服务活动，服务居民群众，促进社区和谐。

（统战部　罗建城　杜凌坤）

涉台事务

【概况】 2010年，区台办围绕两岸关系和平发展的主题，加大对台宣传力度，扩大交流的广度和深度，丰富交流内涵。及时调整区对台工作领导小组工作平台，增强对台工作力量。指导台商协会越秀分会换届，协助市台协青年联谊会越秀分会成立，做好台商服务工作，推动越秀台商更好地融入本地经济商圈。

【涉台宣传】 2010年，区台办编辑制作“走近台湾”系列画册、校园赴台之旅纪念册、互动交流实况光盘等宣传品，免费在两地校园发放。在中新网、《台湾工作通讯》、《越台视窗》、《台湾联合报》等媒体发表29篇反映台商在越秀区经商和生活情况的文章。其中，关于“台商个体工商户在穗开业”的文章被评为广东新闻二等奖。全年接待台湾媒体采访3批12人次，订阅150余份涉台刊物分发到各部门和单位。参加全国“如何开展新形势下的县级对台工作”大讨论征文活动，撰写的文章被评为优秀论文三等奖，并在首届全国县级对台工作大会上交流。2010年，区台办连续第五年被国台办、"两刊"杂志社评为全国对台宣传工作先进单位。

【多元化交流】 通过多年的积淀和探索，越秀区与台湾的交流已形成有规模、有品牌、有特色、有内涵的越秀风格。2010年7月15日，区台办与区教育局联合主办首届"缤纷夏日 管韵互动"管乐主题交流活动，越台两地5所中小学校参与交流演出。8月2日，区教育局领导和市第七中学师生56人赴台参加桃园县平镇高中举办的"两岸中学生资优学生与学习影响功能研讨会"主题交流活动。是年，全区公务赴台交流团组6批69人次，接待台湾交流团组5批132人次，越秀区居民赴台旅游交流约6万人次。

2010年7月18日，台资企业国泰人寿保险公司向越秀区5.5万名亚运志愿者赠送人身保险

【对台经济】 2010年，区台办针对转变经济发展方式和企业转型升级问题，组织台商协会与人社局、国税局、地税局进行互动交流，提升台商维护职工权益意识。组织税法专题讲座3期，促进台资企业依法纳税。成功引进世界500强企业之一的台湾国泰财产保险公司进驻越秀区。在全市率先推动台商个体工商户开业。引导9家台湾服装企业观摩"流花国际服装节"，推动台湾服饰进入流花商圈销售。是年，全区台资企业253家，其中台商协会越秀分会会员企业102家，非会员企业151家，新增企业32家，停业企业6家。

【台胞台属服务工作】 2010年，区台办认真执行台胞子女享受国家教育优惠政策，推荐21名台胞子女入读区中、小学校。为属地台属办理寻亲、赴台探亲、协调处理两岸三地遗产等事项6批500余人次。强化台湾同胞投资保障，配合上级台办进行专项执法检查4批500余人次。协调处理各类台商投诉案件，全年受理投诉、转办案件18宗，结案率100%。

【完成亚运、亚残运涉台工作】 2010年，区台办组织台商青年会参加区港澳台侨迎亚运誓师大会、东濠涌绿地骑自行车活动。协调台资企业国泰人寿保险公司向5.5万名亚运志愿者赠送人身保险。发出亚运邀请函26份，亚运期间接待内外宾客4批60余人次，为宾客提供安全有序、热情有礼的服务。妥善处理2宗中华台北跆拳道运动员被取消比赛资格的突发事件，消除不利影响，保证比赛顺利进行。发动青年台商在亚运比赛期间为中华台北队提供服务，到各场馆执勤50余次。

【市台商协会越秀分会情况】 2010年3月12日，市台商协会越秀分会举行第四届理事就职典礼暨会员大会，洪兜当选理事长。本届理事会设理事长1名、荣誉理事长4名、常务副理事长6名、副理事长8名、理事21名，会员企业106家，推荐14人到广州市台协担任第九届理事会理事、常务理事及分会会长。是年，帮扶区20名困难家庭子女每人助学金2000元，为孤寡老人安装平安宝50台。

【市台协青年联谊会越秀分会成立】 2010年8月26日，市台协青年联谊会越秀分会成立并召开第一届会员大会，洪彰渊当选第一届理事长。青联会以区内台商第二代为主体，设理事长1名、副理事长3名、理事6名、成员61人。该分会的宗旨是促进青年台商借助分会平台交流、学习和提高，弘扬父辈拼搏精神，创建更大的业绩。

（台办　王晓芳）

民主党派

【组织情况】　2010年末，越秀区8个民主党派组织共有成员1475人（其中，年内新发展21人）。

民革越秀区工作委员会（主委为陆伟刚），下属6个支部共168人。

民盟越秀区基层委员会（主委为张远木），下属15个支部共231人。

民建越秀区基层委员会（主任为张正彪），下属10个支部共230人。

民进越秀区总支部委员会（主任为周乔建），下属34个支部共429人。

农工党越秀区基层委员会（主委为曾楚华），下属2个总支6个支部共147人。

致公党越秀区基层委员会（主委为郭葱葱），下属9个支部共138人。

九三学社越秀基层委员会（至2010年12月26日，主委为吴茂珠；2010年12月26日起，主委为陈杰文），下属6个支社共110人。

台盟越秀支部（主委为刘进贤），成员共22人。

【参政议政】　2010年，各民主党派积极参加区委、区政府、区政协、区委统战部召开的征求意见座谈会、情况通报会、民主协商会、双月座谈会等活动，就越秀区各项重要工作、重大决策进行充分协商，促进区委、区政府决策的科学化、民主化。是年，各民主党派成员担任区人大代表的有24名，占区人大代表总数的7%；担任区政协委员的有87名，占区政协委员总数的24.5%。提交的人大议案、政协提案、书面建议和社情民意信息105份。其中，《加强文化引领，打造北京路广府文化商贸旅游区》、《关于加快推进东濠涌沿线城市更新改造工作的建议》等4份提案被评为区政协优秀提案。各民主党派成员深入基层开展调研，撰写《基层民主党派思想政治工作的新思考》、《拓宽政治参与渠道，有序引导新的社会阶层参政议政》等一批理论文章和实践报告。26名担任区第六届特约“四员”的民主党派成员参与全区特约人员工作专题培训班和经验交流座谈会，并主动对聘请单位的工作开展民主监督，提出意见和建议。

【开展社会服务活动】　2010年，各民主党派成员立足本职、服务社会。在支援西南大旱与玉树地震期间，各民主党派成员积极捐款捐物，为灾区同胞献爱心。民革越秀区工作委员会向光塔街困难户捐款；民盟越秀区基层委员会向梅州地区的学校、学生捐书捐款；民建越秀区基层委员会为矿泉街、东风街贫困居民捐赠生活用品；民进越秀区总支部委员会到龙门县麻榨中心小学开展听课评课、结对拜师活动；农工党越秀区基层委员会在大东街举行第三届中学毕业班考前辅导会，在广州市第十中学为高一新生家长举办心理讲座；九三学社越秀基层委员会积极开展送医、送药义诊活动。

【为广州亚运会献计出力】　2010年，各民主党派围绕广州亚运会这一中心工作，发动广大成员积极参与亚运会各项服务和保障工作。举行参观亚运场馆活动、登山比赛、英语知识讲座、羽毛球赛、退休会员游园会等“迎接亚运会，创造新生活”系列活动，广泛宣传广州亚运会。投身亚运会场馆建设、赛时保障、志愿服务、医疗卫生服务等工作：民革越秀区工作委员会曾凯东负责亚运期间的通信安全工作，陈晖负责多个亚运园林绿化工程的质量监督、检测工作；民盟越秀区基层委员会盟员参加亚运志愿者服务工作；农工党越秀区基层委员会主委曾楚华身兼越秀区卫生系统赛时运行指挥部副指挥员、广州棋院外围医疗保障组组长工作，副主委易震伟担任涉亚场馆周边的餐饮、公共场所单位前期卫生设计审查工作；九三学社越秀基层委员会副主委陈杰文担任亚组委场馆器材部运行处处长工作。

（统战部　杜凌坤）

责任编辑　余俊峰

政权·政务·政协

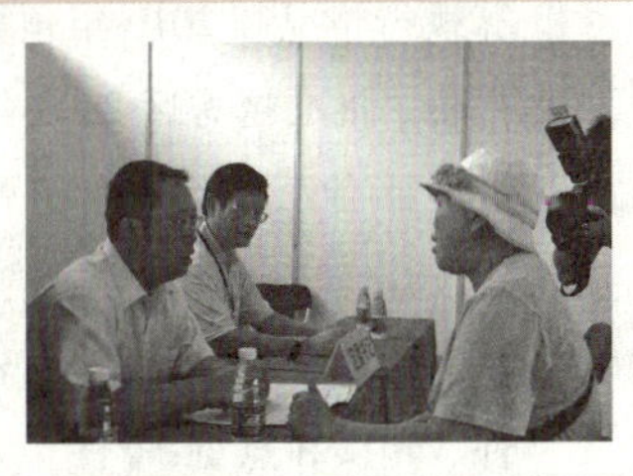

广州市越秀区人民代表大会

【广州市越秀区第十四届人民代表大会第七次会议】 于2010年3月8～11日召开。出席会议的区人大代表348名，会议听取区长武延军作的《政府工作报告》，区人大常委会副主任叶伟雄作的《广州市越秀区人大常委会工作报告》，区人民法院院长郭英汉作的《广州市越秀区人民法院工作报告》和区人民检察院检察长何元秀作的《广州市越秀区人民检察院工作报告》，并进行审议。同时，审查和批准越秀区2009年国民经济和社会发展计划执行情况和2010年计划草案的报告、越秀区2009年预算执行情况和2010年预算草案的报告，批准越秀区2009年国民经济和社会发展计划和越秀区2010年预算。

会议期间，收到代表议案1件、建议和意见31件。大会将六榕街代表团提出的第1号议案《关于推进社区管理服务改革先行先试，满足群众多元化社区服务需求的议案》、大新街代表团提出的第2号议案《关于完善社区独居老人养老服务的议案》合并为《关于推进社区管理服务改革先行先试，满足群众多元化社区服务需求的议案》，授权越秀区第十四届人大常委会审议，决定授权越秀区人大常委会审议该议案的办理情况。31件建议、意见转交有关部门处理。

2010年3月10日，召开广州市越秀区第十四届人民代表大会第七次会议

【讨论决定重大事项】 2010年，越秀区第十四届人大常委会举行10次会议，审议议题35项。审议内容包括“一府两院”有关经济和其他重大事项的报告，如：听取区政府关于开展财政资金绩效评价工作的汇报；《越秀区关于加快经济发展方式转变的若干意见及配套实施办法》；关于办理《抓住迎亚运城市建设契机，积极开展污水治理和河涌综合整治工作议案》的实施方案，《关于落实〈抓住迎亚运城市建设契机，积极开展污水治理和河涌综合整治工作议案〉的实施方案》的初审意见；关于甲流H1N1流感防控工作的情况汇报；关于提请审议将东湖街更名为东山街问题的报告；关于我区开展食品安全和“三品一械”安全保障工作情况的报告等。通过审议作出相应的决议、决定，交由有关部门贯彻实施。

【议案督办工作】 2010年，根据区十四届人大七次会议主席团授权，区人大常委会第49次会议听取和审议区政府关于《大力推进社区管理服务改革先行先试，满足群众多元化社区服务需求的议案》的实施方案，作出决议；区人大常委会第55次会议听取了区政府办理情况的报告。常委会组成人员和代表通过视察、检查等方式，加强跟踪监督，提出整改意见和建议，促进议案实施方案的落实，使该议案办理工作取得明显成效。

【代表工作】 2010年，越秀区人大常委会全年办理区人大代表提出的议案和建议31件；邀请40名代表列席常委会会议；组织60名代表参加执法检查；举办代表培训和专题法制讲座2期，共62人次参加。继续扩大代表对常委会工作的参与，改进视察方式，努力拓宽代表沟通选民、了解民意的渠道，进一步完善代表公示、接访选民、联系选民制度，增强闭会期间代表工作实效。探索创新代表教育、约束和监督机制，完善代表会议、代表活动考勤通报制度，提高代表履职的自觉性。根据新形势、新要求，加强代表在法律法规、国际国内形势、经济社会动态、“一府两院”相关专业知识、履职技巧等方面的培训，进一步提高代表履职能力，为更好发挥代表作用打下坚实基础。进一步提高代表议案、建议质量和办理实效，严格按照《广州市人民代表大会代表议案条例》规定，围绕促进区科学发展和人民群众普遍关心、事关全局的问题，在深入调查研究的基础上，认真论证，充分协商，形成有分量的代表议案和建议。继续探索、完善建议督办方式，认真做好沟通、协调和反馈工作，增强办理透明度，不断提高办理实效。试行代表建议、意见评优制度。继续开展代表向选民报告履职情况工作。加强对代表工作室的工作指导，健全代表工作室工作人员学习培训制度和沟通联系机制，及时通报工作情况，交流和推广工作经验，拓宽工作视野。建立信息联网和网上互动平台，提高工作室工作效率。全年组织市人大代表越秀区联组及22个区人大代表联组代表600多人次参加闭会期间活动20多次。区人大常委会第53次会议听取6名市人大代表的履职情况报告，45名区人大代表向所在选区选民报告履职情况。区人大常委会通过组织专题视察、专题调研、听取办理情况报告等方式，落实本届历次代表议案的跟踪落实。区十四届人大七次会议31件代表建议全部得到圆满答复。

【人事任免】 2010年，越秀区人大常委会依法任命本会及“一府两院”国家机关工作人员53名，免职28人；任命越秀区人民法院人民陪审员12人。常委会第49次会议作出接受贡儿珍辞去越秀区人大常委会主任职务的决定，接受武延军辞去越秀区人民政府区长职务的决定，推选叶伟雄代理越秀区人大常委会主任的职务，审议通过杨雁文代理越秀区区长。

【监督工作】 2010年，越秀区人大常委会以亚运重点建设项目推进和城市管理、改造等工作作为重点，加大监督力度，组织代表对越秀区污水治理和河涌综合整治工作进行专题调研和视察，听取和审议区政府落实污水治理和河涌整治议案情况的报告；听取区迎亚运重点工程推进情况的报告，实地视察东濠涌沿岸、林则徐纪念公园等地。组织市、区两级人大代表深入十个街道对迎亚运人居环境综合整治工程进行监督，听取并反馈基层群众对环境综合整治工程的心声和诉求；组织代表视察青云书院、大小马站书院群、万木草堂等文化建设项目，积极推动将北京路广府文化商贸旅游区规划建设纳入广州建设重点项目，推进历史文化名城保护建设；杨箕村“城中村”专题视察改造，听取情况汇报。提出要始终坚持政府主导、保障村民利益、防止改造烂尾、确保资金到位和安

2010年3月10日，区人大代表视察北京街书院群

全监管、建立应急预案应对经济形势变化的影响等意见和建议。开展《中华人民共和国安全生产法》和《广州市安全生产条例》的执法检查，听取区安监局对区安全生产工作的汇报。开展对区亚运食品和“三品一械”（药品、保健食品、化妆品和医疗器械）安全保障工作情况的视察。视察区公安分局亚运安保准备工作情况并听取汇报。组织人大代表听取区创建“广东省推进教育现代化先进区”的情况汇报，并深入到惠福西路小学、十中等15所学校视察，提出整合资源、促进教育的高质均衡发展等意见和建议。

（区人大办公室　杨红）

越秀区人民政府

【决策会议】　2010年，越秀区人民政府召开常务会议22次，区长办公会议83次。

2010年越秀区政府常务会议议题

会次	会议议题
第101次	研究审议2009年新增财力安排等事项
第102次	研究与中移动广州分公司共建“数字越秀”的信息化战略合作等事项
第103次	研究越秀南复建房地块及越秀中路128号至160号、钱路头3号至33号地块拆迁等事项
第104次	研究审议《政府工作报告（送审稿）》等事项
第105次	研究区重点建设项目等事项
第106次	研究区部分中小学合并调整等事项
第107次	研究审议区属国有企业资产处置计划等事项
第108次	研究审议《越秀区关于加快经济发展方式转变的若干意见及配套实施办法（送审稿）》等事项
第109次	研究审议《越秀区政府办理人大代表建议和政协提案办法》等事项
第110次	研究审议《关于我区开展食品安全和“三品一械”安全保障工作情况的报告》等事项
第111次	研究审议《办理〈推进社区管理服务改革先行先试，满足群众多元化社区服务需求〉议案的实施方案》等事项
第112次	研究审议《关于越秀区2009年决算（草案）的报告》等事项
第113次	研究区上报广州市十二五重大项目等事项
第114次	研究审议区专职社区工作者管理办法等事项
第115次	研究认定和表彰区名校长及名教师等事项
第116次	研究区扶贫开发“双到”驻村干部工作经费和生活补贴等事项

（续表）

会次	会议议题
第117次	研究审议《关于安排越秀区绿道建设资金的请示》等事项
第118次	研究审议《关于东濠涌实施管理情况的报告》等事项
第119次	研究在区发展公园、东濠涌及火车站建设视频监控和治安卡口系统等事项
第120次	研究聘请越秀区政府城建规划顾问等事项
第121次	研究审议《越秀区国民经济和社会发展第十二个五年规划纲要（讨论稿）》等事项
第122次	研究审议《2011年越秀区流花地区春节旅客运输组织工作方案》等事项

2010年越秀区区长办公会议议题

时间	主要议题
1月20日	专题讨论研究拆除新泰康装饰城剩余违法建设相关事宜
1月22日	专题讨论研究联合整治无证经营娱乐服务场所相关事宜
1月22日	专题讨论研究海珠广场ABC地块项目相关事宜
1月27日	专题讨论研究创意大道项目建设相关工作事项
1月29日	专题讨论研究联合整治无证经营娱乐服务场所有关工作
2月22日	专题讨论研究迎亚运环境综合整治工程有关工作
2月24日	专题讨论研究加快推进府学西街打通断头路项目房屋拆迁相关事宜
3月4日	专题讨论研究创意大道项目建设相关工作事项
3月4日	专题讨论研究迎亚运绿化广场和打通断头路等项目拆迁工作
3月11日	专题讨论研究有关小北路、东风路、沿江路、越秀北路等样板路沿线招牌广告整治工作
3月17日	专题讨论研究中山文献馆景观整治相关工作
3月19日	专题讨论研究承包的保洁公司工人队伍维稳工作
3月24日	专题讨论研究垃圾分类处理推广工作
3月24日	专题部署2010年第一季安全生产工作
4月8日	专题讨论研究东平大押典当博物馆建设有关问题

（续表）

时间	主要议题
4月8日	专题讨论研究区教育综合改造二期工程拆迁项目问题
4月13日	专题研究处理白云双燕实业公司涉嫌违法用地问题
4月28日	总结城市管理和迎亚运工作经验，部署下一步工作计划
4月28日	专题研究加快推进101人防工程建设项目相关工作
5月7日	专题讨论研究迎亚运人居环境部分重点项目相关问题
5月14日	专题讨论研究东濠涌博物馆设计方案
5月17日	专题讨论研究华乐街隧道灯箱广告整饰相关工作
5月18日	专题部署第二季度防范重特大安全事故工作
5月25日	专题讨论研究杨箕村“城中村”改造、维稳工作
5月25日	专题研究创意大道项目建设相关工作事项
5月27日	专题研究部署区亚运工程文明施工巡查工作
6月2日	专题讨论研究迎亚运工程进度和道路升级改造有关问题
6月2日	专题讨论研究北京南路高第街金鸿顺拆迁地块信访维稳工作
6月3日	专题研究部署强制拆除新泰康装饰城剩余违法建设商铺工作
6月3日	专题讨论研究创意大道项目建设工程
6月4日	专题研究处置登峰（村）集团公司部分股东因社保、医保事宜集体上访工作
6月12日	专题讨论研究禺山—惠福东美食长廊迎亚运综合整饰工程工作
6月23日	专题讨论研究小班化教育试点工作
6月24日	专题讨论研究旧城改造重点工作
6月24日	专题讨论研究迎亚运工程环评工作
7月2日	专题讨论研究禺山—惠福东路美食长廊建设工作
7月12日	专题讨论研究亚运城市行动保障相关工作
7月19日	专题讨论研究东风街驷马涌文化体育广场改造整治工程
8月2日	专题研究部署二沙岛宏城花园违法建设清拆工作

（续表）

时间	主要议题
8月3日	专题讨论研究惠福东路美食街建设工作
8月6日	专题讨论研究亚运志愿者服务相关工作
8月9日	专题讨论研究北京街社会管理服务体制创新工作
8月11日	专题讨论研究创意大道工地现场检查项目进度
8月12日	专题研究部署惠福东美食花街建设工程
8月12日	专题研究部署整治新同乐眼镜城工作
8月16日	专题讨论研究广州城隍庙修复工程有关事项
8月18日	专题讨论研究区第16届亚运会总部饭店外围保障运行团队安全保障、交通保障和新闻联络工作
8月19日	专题研究部署第三季度防范重特大安全事故工作
8月25日	专题讨论研究惠福美食花街建设工作
8月25日	专题讨论研究追加城市道路保洁服务经费有关问题
8月26日	专题讨论研究大小马站书院群复建保护工作有关问题
8月26日	专题讨论研究东投公司区属股东单位办理白云区新市镇棠涌村“佳地新都”相关商住房产权工作
9月1日	专题讨论研究处置登峰（村）集团公司部分股东因社保等问题集体去市上访工作
9月3日	专题讨论研究迎亚运整治工程动拆迁工作进展情况
9月9日	专题讨论研究东华西路洛桑美地小区相关事宜
9月13日	专题讨论研究惠福美食花街建设工作
9月15日	专题讨论研究迎亚运综合整治工作
9月16日	专题讨论研究南越王宫博物馆南侧中山四路商铺局部拆除和修缮工作有关问题
9月18日	专题讨论研究北京路灯饰和招牌广告问题工作
9月20日	专题讨论研究惠福美食花街建设工作
9月27日	专题讨论研究文德路大塘小区居民拆迁历史遗留问题
9月27日	总结2010年第三季度城市管理工作经验，部署下一步工作计划

（续表）

时 间	主 要 议 题
9月29日	专题讨论研究迎亚运整治工程动拆迁工作
10月8日	专题研究部署光亮工程推进工作
10月11日	专题讨论研究惠福美食花街管理工作
10月13日	专题讨论研究景腾大厦停车场出入口建设相关事宜
10月15日	专题讨论研究亚运赛时保障交通组织工作
10月21日	专题研究部署13号超强台风“鲇鱼”防御工作
10月25日	专题研究部署创意大道项目工地和全区在建工地在亚运停工期间的安全工作
10月28日	专题讨论研究“光明广场”信访包案专题工作
10月28日	专题讨论研究加强亚运保障工作开展无证照经营整治相关工作
10月29日	专题研究部署第四季度防范重特大安全事故工作
11月2日	专题讨论研究亚运赛时保障交通组织相关工作
11月5日	专题讨论研究亚运赛时保障交通组织工作
11月8日	专题讨论研究“广州亚运美食文化节越秀区活动周暨惠福美食花街启动仪式”筹备工作
11月19日	专题研究处置东山湖公园退休员工因社保等问题集体信访工作
12月9日	专题讨论研究洛桑美地小区相关工作
12月20日	专题研究环市路迎亚运整治工程意外事件
12月27日	专题研究处置建业大厦小业主因房产办证、出租利益分配等问题集体上访工作

【重大活动】 2010年，越秀区政府办公室主办重大活动20项：越秀区专职社区工作者文艺汇演，2010年迎春花市开市仪式，越秀区城市更新改造办公室挂牌仪式和检查花市工作，慰问花市工作人员，国家专利技术展示交易中心（广州越秀）揭牌仪式，2010年度越秀区民防工作会议，越秀区“为民之星”报告会，越秀区人力资源和社会保障工作会议，越秀区政府第四次廉政工作暨政务公开工作会议，越秀区2010年纪念“六·五”世界环境日宣传活动，2010年越秀区总部经济发展工作大会，2010年越秀区庆祝第二十六个教师节暨表彰大会，越秀区“情系岭南”——百场优秀戏剧曲艺演出启动仪式，“越秀区广府文化旅游嘉年华”启动仪式，越秀区申报广州市义务教育规范化学校终期督导验收自评报

2010 年越秀区人民政府颁发的文件选目

文件号	文件名称
越府〔2010〕5 号	关于调整区政府领导分工的通知
越府〔2010〕12 号	关于印发越秀区 2010 年政府重点工作任务分解的通知
越府〔2010〕92 号	关于公布第二批越秀区文物保护单位的通知
越府〔2010〕96 号	关于为中国移动通信集团广东有限公司等总部企业颁发绿色通道服务卡的决定
越府〔2010〕97 号	关于表彰奖励广州人和新天地公共设施有限公司等总部企业的决定
越府〔2010〕101 号	关于禺山路至惠福东路部分路段实行全日步行街管理的通告
越府〔2010〕103 号	关于认定越秀区第三批名校长名教师的通报
越府〔2010〕116 号	关于调整区政府领导分工的通知
越府〔2010〕124 号	2010 年冬季征兵工作通告
越府〔2010〕129 号	关于公布越秀区第二批区级非物质文化遗产项目名录的通知

告会和意见反馈会，“奥运冠军助威团越秀志愿行”活动，“情系文化 善心流传”——越秀区文化民生工程系列活动启动仪式，万木草堂120周年庆典暨康梁文化研究基地揭幕仪式，“食在广州 乐享惠福”——广州亚运美食文化节越秀区活动周启动暨惠福美食花街开街仪式，黄花岗科技（信息园）十周年志庆暨新园区挂牌活动。

【办理人大代表议案、建议和政协委员提案】 2010 年，越秀区政府办理人大代表议案、建议和政协委员提案 168 件。其中省人大建议 1 件；市人大建议 6 件，市政协提案 13 件；区人大建议 31 件，区政协提案 96 件，提案转意见 21 件。办复率、满意率（含基本满意）均为 100%，切实为群众解决热点、难点问题。

【友好交流】 2010 年，区政府

2010 年 2 月 11 日，区政府举行迎春花市开市仪式、区城市更新改造办公室挂牌仪式

与杭州下城区、成都锦江区、上海黄浦区、北京朝阳区、珠海香洲区、西安碑林区、武汉武昌区、青岛市南区等32个城区进行友好交流。

【政务公开】 2010年，区政务公开工作主要有：一是完善政府信息发布协调、保密审查和依申请公开等制度，更新政府信息公开指南、政府信息公开目录和信息，实行专人发布、专人审核、专人管理，及时主动公开各种无密级的通告、通知、通报、意见等政府信息。二是加强政务信息网建设，启用“网上服务大厅”，实现37类453项业务在线办理。搭建便民短信平台，发送政策法规、办事指南、办事预约等信息，接受民众建议和投诉。以广州亚运会为契机，大力建设无线城市，在公安、劳动等办事大厅以及部分商业网点、旅游景点、图书馆、人才市场、医院候诊大厅等公共场所提供免费上网服务。三是优化政务公开服务项目，在全区22个街道启用社区综合受理系统，实现91项服务事项综合受理。在北京、建设、广卫、矿泉4个街道开展社会管理服务改革试点，将劳动保障、民政、计生和残联等56项业务延伸到社区居委会，实现居民就近办理。四是完善监督机制，将全区23个部门152项审批事项、22个街道1134项公共服务事项全部纳入电子监察系统实行实时监察，在5个单位14个服务窗口试点安装满意度评价器，接受群众满意度的评价。

【区机关事务】 2010年，区机关事务管理工作主要有：一是加强财务规范管理，进一步明确财务报账规定和标准，认真审核原始凭证，严格落实领导“一支笔”审批制度。及时做好每季度计划上报，使机关各单位经费使用额度及时到账，通过对经费支出用途的前期监控，进一步完善和发挥会计监督功能。二是加大物业管理力度，顺利完成办公大楼走廊、消防通道和车库等公共区域的粉刷翻新和区综治信访维稳中心工程的监管工作。制定《越秀区机关大院治保方案》、《越秀区机关大院消防方案》，更新监控系统主机硬盘和楼层摄像头，加强机关大楼安全保卫工作。加大宣传力度，深入开展节能降耗工作，严格控制机关大楼中央空调开关时间，减少照明、办公设备及电梯的电力消耗。将办公大楼东侧花坛改建成洗车场，制定专项管理规定，解决区机关公务车洗车难问题。稳步推进机关食堂油烟、噪音工程改造，解决机关食堂噪音、油烟扰民问题。三是加强小汽车定编管理。按照市小汽车定编办和市环保部门的要求，对区属44个行政事业单位157辆定编黄标车辆进行统计，协助区属单位办理黄标车辆报废和更新业务，报废更新黄标车143辆。

政府法制

【概况】 2010年，越秀区政府法制工作以推进依法行政、建设法治政府为目标，以区委、区政府的中心工作为重点，结合新形势新要求，切实加强规范性文件的审查与备案、行政执法监督、行政执法责任制梳理、行政执法协调和行政复议等工作；完成新一轮行政审批制度改革；做好政府法制研究和宣传工作；切实提高制度建设质量，有效促进政府各部门依法行政，推动全区经济社会各项工作顺利开展。

【制度建设】 2010年，越秀区制定《广州市越秀区2010年依法治区工作要点》，进一步明确依法行政工作目标和要求。要求区各执法部门主要领导认真落实行政执法首长负责制，亲自指导和参与日常依法行政工作，并明确本单位依法行政工作的责任分工，确保依法行政工作级级有人抓、层层抓落实。进一步健全公众参与、专家咨询、政府决定“三结合”的民主决策机制，聘请法律专家学者担任政府顾问，为政府科学民主决策提供参谋。严格落实向人大报告工作和政协通报情况制度，自觉接受区人大和区政协的监督。

2010年2月8日，区政府召开区人大代表、政协委员、政府顾问座谈会

【行政审批】 2010年，在越秀区22个街道、31个职能部门全面铺开、顺利完成新一轮行政审批制度改革工作。原有行政许可事项171项、非行政许可事项211项、备案198项，通过新一轮行政审批制度改革工作的清理，保留行政许可事项111项、非许可审批事项58项、备案106项；取消行政许可58项、非许可审批事项82项、备案89项；改变行政管理方式的行政审批备案事项78项，其中实行行业自律管理的非许可审批3项，备案3项；按一般业务管理的非许可审批4项，备案68项；按程序转报的44项，精简率52.59%。

【行政监督】 2010年，越秀区全年受理各类投诉案件2件，办理信访复查复核案件19件。根据《广东省〈行政执法证〉管理办法》，进一步规范和完善全区行政执法证的审查、办理程序。办理行政执法证9批343个，新领、换证343个。

【行政复议】 2010年，越秀区建立行政复议工作定期集体讨论制度，坚持依法受理、依法审查和依法决定，严把立案关、证据关、法律关、公平公正关和文书关，力求法律效果、政治效果和社会效果的统一。全年受理行政复议申请13件，涉及城管执法、计生、公安、环保、劳动关系等方面，经行政复议，全部按时办结。

【规范性文件管理】 2010年，越秀区按照《广州市行政规范性文件管理规定》，不断完善管理程序，设计格式文书和表格，加强对区属各部门和各街道办事处的帮助和指导，建立网上不定期巡查制度，完善对外统一公布制度。全年审核区政府规范性文件12件，审查部门规范性文件19件，上报市政府备案区政府规范性文件5件。建立规范性文件定期清理制度，通过区政府信息公开门户网站和广州市行政规范性文件全文检索系统，动态跟踪管理区政府和各职能部门规范性文件的公布情况。

【政府法律事务】 2010年，区政府法制部门发挥专业优势，主动参与区政府的重大决策活动。全年完成区领导交办的各类事项30件；办理各街道、各部门有关法律问题的征求意见50件。

（区政府办 张万春 邹轶）

信 访

【概况】 2010年，越秀区信访局围绕“迎亚运、保稳定、促和谐”的目标，按照建平台、强基础、优服务、创品牌的思路，大力发挥信访部门“综合协调、参谋助手、督查督办”三大作用，充分发挥信访工作在促进社会和谐稳定和当好党委政府参谋助手的作用。

全年受理群众来电、来邮、来访、来信6036件。其中，办理区长专线电话1784件，受理区长信箱邮件1570件，接待来访1340批3002人次，受理来信1342件。全年未发生涉及越秀区群众进京上访被省、市通报的情况，省、市记录涉及越秀区群众到省集体上访3批66人次、市集体上访13批232人次。群众诉求主要集中在城市管理、亚运整饰、拆迁安置、劳动社保、民政救济、环境保护等方面。

【排查矛盾隐患】 2010年，越秀区信访局协同区属各单位和街道，先后在春节前、各级“两会”前、清明节前、国庆前、亚运会前等重点敏感时段，多次牵头组织开展全区性的矛盾纠纷大排查（仅亚运会前就排查出重点案件204宗）。排查范围包括一段时期内暂时难以完全解决的民生问题，近年来出现的难点、重点、热点信访，涉法涉诉的信访，三级信访终结后信访人仍未息诉罢访的信访等。对排查出来的问题，建立台账，逐一研究对策，逐一落实责任，逐一化解到位。对于其中的重点案件，有的提请区委、区政府作为区、街（职能部门）两级领导包案，有的报省、市请求解决，有的交办给区内责任单位、属地街道做好解决信访问题和属地稳控工作。

【启动领导包案活动】 2010年，越秀区信访局筛选出42宗突出信访维稳案件，列入区、街道（职能部门）领导包案处理范围。针对各重点信访问题，建立专门台账，逐案登记问题发生原因、处理情况、责任单位、责任人和下一阶段工作措施、解决期限，做到情况清、措施明、督办准。通过采取有效举措，积极主动地化解大部分重点信访问题，使重点案件取得阶段性成效。例如，较场西路雅马哈摩托车维修中心下岗员工被解除劳动合同未获经济补偿、大塘小区C栋和D栋回迁楼水电配套设施、海谊华厦业主办理房产证纠纷等一批大案、要案的信访问题都已解决或已取得实质性的进展。

【构建信访工作新机制】 2010年，越秀区建立市民意见三级办理系统，分设区级市民中心、街道市民窗口、社区市民心声站。全区22个行政街道、56个区属职能部门的78个市民窗口和266个居委会的市民心声站都实现跨区域、跨部门的实时网络互联互通，形成随时接访、全区受理、集中分派、首问首办、代接代访、全程监督的群众信访工作新机制。

【越秀区综治信访维稳中心】 于2010年8月成立。区信访局主动投入人力、物力参与区综治信访维稳中心各项软硬件建设，整合资源，多方筹措资金，加大对接访场所的建设力度，有效地改善群众接访环境。如设置专门的群众候访区，配置身份证自动登记系统、排队叫号服务系统，安装安检门禁系统、闭路监控系统等安全设施，提供冷热两用饮用水、候访专用椅凳、液晶电视等服务设施，上墙图文并茂的信访行为规范和依序上访要求等工作制度，打造出便民高效、规范有序的接访环境，使接访质量得到新提升。

中心成立并运作后，牵头组织实施联合接访，定期组织召开信访维稳联席会议，有效地把综治、公安、司法、城管、建设等职能部门捆绑起来，实行联合组织、联合调度、联合协调、联合督办，形成指挥有力度、调处有效率、处置有举措的联合接访工作新机制，使处理信访问题实现职能上的融合、力量上的整合、工作上的配合和信息上的汇合，为妥善处理信访事项提供坚实的工作平台和组织依托，实现中心的高效运作。中心有效处理信访事项2285件。

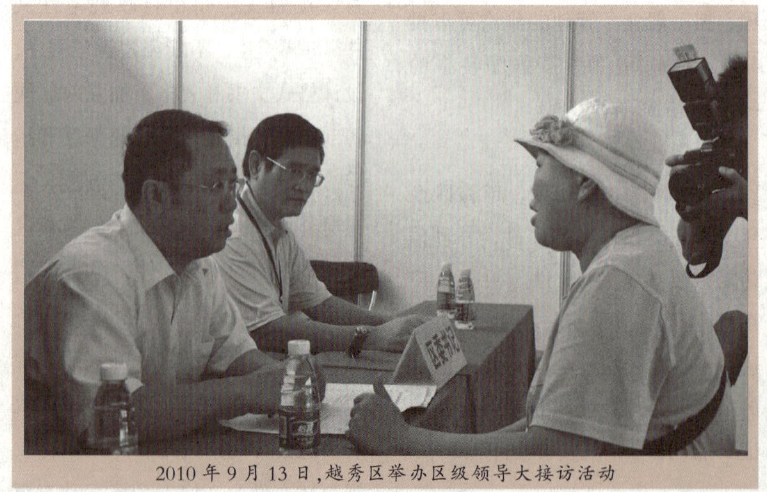
2010年9月13日，越秀区举办区级领导大接访活动

【成立进京到省去市信访劝返工作组】 2010年，越秀区结合信访工作新形势，年初组建进京到省、市信访劝返工作组，配备一名正处级领导分管此项工作。制定下发《越秀区信访劝返工作组人员管理办法》，建立日沟通、日报告和日研判等值班制度，加强信访信息沟通和协调，使信访劝返工作依法依规有序开展，实现越秀区没有群众进京非正常上访的工作目标。

【做好亚运会、世博会维稳工作】 2010年，越秀区在亚运前夕，先后组织开展三次领导公开接访活动，接访群众1126批2141人次。区信访局牵头组织开展亚运特别防护期区、街（职能部门）领导挂点联系信访突出问题排查行动，制定印发《越秀区亚运会期间信访维稳工作方案》、《亚运会期间越秀区非正常上访处置方案》、《关于广州亚运会开幕式（含演练）非正常上访处置工作预案》等工作方案。做好亚运赛时劝返分流工作，成立劝返分流中心，开展劝返分流工作模拟演练。筹建“亚运会亚残运会期间信访应急小分队”，合理配置人员值班，实施“每日四报制度”。亚运赛时和亚运特别防护期信访稳定工作取得明显成效，实现在亚运会期间涉及区属群众进京上访和到涉亚场馆非正常上访为零的工作目标。加强世博会期间对信访维稳工作的领导，实现区户籍群众进京到沪非正常上访为零的目标。

【完善制度建设】 2010年，区信访局结合新时期信访工作特点和工作实际，重新整理编印《广州市越秀区信访工作制度汇编——业务工作指引》、《广州市越秀区信访工作制度汇编——机关内部管理》，明晰《党支部会议制度》等18项机关规范化管理及内部管理工作职能，制定出台《越秀区领导干部接待群众来访日制度》等18项业务工作制度，为信访局各项工作逐步走上规范化建设轨道提供重要保障。

【信访案例】

协调联动，妥善处理迎亚运人居环境整治工程信访事项 自实施亚运人居环境整治工程以来，2010年关于工程投诉的信访案件数量陡然上升，先后收到各类工程投诉131宗，涉及房屋安全、生活安全、财物损失等各方面。越秀区信访局多方努力协调区建设和水务局、区国土房管局、区卫生局等相关职能部门，实地召开现场工作协调会，认真履行督查督办职责，妥善解决一大批工程信访投诉事项，促使工程进一步成为实实在在的民心工程，惠泽民生。亚运前后，先后收到市民群众写来的感谢信53封，其中受到市、区领导亲自批示2封。

（区信访局 徐海荣）

2010年越秀区相关单位信访工作情况

单位	总量（件）	办结率（%）	备注
纪委监察	581	93.3	
台办	18	100	
区人大	138	100	
区侨办	362	99	
区总工会	21	100	13批18人次
区妇联	329	100	61人次
区侨联	83	100	

（续表）

单位	总量（件）	办结率（%）	备注
区残联	372	100	
区检察院	238	100	
区法院	130	100	
区规划分局	189	100	10 批次
区建设和水务局	2745	100	
国土房管局	2711	98	
区人口和计划生育局	10757	100	
区人社局	43535	99.95	

人　事

【概况】 2010 年，越秀区人事人才工作以改革创新为动力，不断强化人才优先、需求导向、主动服务理念，积极实施人才强区战略，增强人事制度的活力，创新和完善与越秀区经济社会发展相适应的人事管理制度，为全区经济社会的发展提供人事人才保障。

【公务员管理】 2010 年，越秀区认真实施《公务员法》及其配套法规和制度。会同组织部门在全区范围内对科级干部的选拔任用工作进行督促检查，拟定《越秀区科级领导干部竞争上岗办法》，进一步规范科级干部选拔任用工作，全区政府序列（不含公安）开展科级干部竞争上岗工作的单位 32 个，晋升科级职务 38 人。把好公务员“入口关”，坚持依法、公平、科学考录，不断加大从基层考录公务员的力度。是年招录公务员 49 人，有基层工作经历的比例达 69%。协助做好全区公开选拔科级领导干部 19 人和选调机关公务员 4 人。大规模开展公务员培训，在办好网络大学堂的同时，探索自主办学办班，开创“理论学习 + 实践锻炼”的新录用公务员培训模式。调整落实鼓励在职学习政策，发放学历资助约 53.8 万元，惠及 87 人。

【事业单位人事制度改革】 2010 年，区人力资源和社会保障局通过加强人员培训、制定详细工作指引和定期调研检查等举措，协助全区事业单位完成岗位设置工作。配合卫生局做好社区卫生服务机构的人事管理工作，进一步完善与中山医共建共管的四个社区卫生服务中心的管理，对其管理模式上进行重新调整，完成原 18 名医务人员的人事关系转移。强化对区属事业单位科级领导职位选拔的指导工作，全年有 38 人通过竞争上岗方式聘任为科级领导职位。结合区的中心工作，多途径、多渠道大力引进各类人才。是年全区提供 136 个招聘职位，已同意聘用 108 人。通过破格或打破身份引进人才的方式，努力满足用人单位的人才需求，特别是对区现代产业发展所需的计算机、创意产业等方面的特殊人才，注重政策的倾斜，积极向市人事部门申请指标。为区教育、卫生、文化系统引进人才 4 人、非公企业人才 2 人。

【人才资源管理】 2010 年，区人力资源和社会保障局利用“高层次人才系统”开展各项工作，定期为区属享受国务院政府特殊津贴人员发放医疗补贴，推荐 2010 年享受国务院政府特殊津贴人选。在全市率先推出“越秀区专业技术人员继续教育公修课网络远程培训”平台。联合黄花岗科技园做好博士后工作站申报及中央海外高层次人才

"千人计划"初步人选推荐工作。认真做好专业技术人员的服务工作，面向代理人员和代理企业实现专业技术资格考试、培训、继续教育以及最新政策等人事人才资讯信息的及时传递，全年发送信息约5000人次。开展继续教育课时验证、填报技巧指导、录入资料网上审核、代收代缴评审费及纸质材料送评委会一条龙服务，切实做好专业技术（执业）资格认定和评审工作。协助做好2011年会计专业技术资格考试报名和2010年会计考试初中级合格证书发放工作，为区域专业技术人才提供继续教育网络培训现场报名。

【高校毕业生就业工作】 2010年，区人力资源和社会保障局就应届毕业生接收和促进毕业生就业政策方面，为区内企业提供政策咨询和业务办理指导，完成外地生源应届毕业生的接收和报到手续办理及本地生源改派毕业生19人，为2009届毕业生做好转正定级及初级专业技术资格认定申报。鼓励企业提供岗位优先聘用应届毕业生，按照毕业生见习补贴办法，协助2家企业申请见习补贴1万多元。全年申报异地人才入户6人，申报接收异地生源应届毕业生5人，为区内企业引进各类适用人才。依托南方人才网，为代理企业和区内部分入园企业发布招聘信息，收集人才应聘信息，协助约10个企业发布34个职位，为企业和各部门提供1211条应聘信息。

【完善工资分配制度】 2010年，区人力资源和社会保障局对教育系统义务教育学校教职员津贴补贴进行全面绩效工资制度改革，对财政安排当年预算内标准教育原有津贴补贴总量重新进行梳理与规范，对在职人员人均津补贴总量根据不同岗位职务层次设定新标准，退休人员生活补贴根据在职人员月绩效性补贴标准进行相应调整，提高在职和离退休教职员工福利待遇。完成2010年机关在职人员正常晋升档次工资6519人，部分滚动晋升级别工资1180人，事业单位在职人员正常晋升薪级工资10592人；审核机关离退休3905人，事业单位离退休11696人增加基本退休费。审核补建社保人员47人。审核机关事业单位办理退休手续201人。审核机关事业单位人员病故一次性抚恤金与丧葬费84人。审批遗属生活困难补助9人。审核机关事业单位工作人员因公受伤11人。

【军转干部及随军家属安置】 2010年，区人力资源和社会保障局及时落实市关于接受安置军转干部的一系列政策规定，顺利完成2009年度65名军转干部和28名随军家属的安置任务。认真落实企业军转干部的维稳解困工作，全年审核确定符合申请办理领取企业军转干部困难补贴的企业军转干部58人，其中市属企业42人，省属企业失业军转干部16人。

（区人社局　卢苹屏）

侨　务

【概况】 2010年，越秀区侨务以"迎接亚运会，创造新生活"为主线，着力整合侨力资源为区中心工作服务，依法护侨、为侨服务，维护侨益。认真落实各项侨务政策法规，努力做好维护侨胞合法权益；认真落实领导工作责任制，做好维稳信访工作，积极化解矛盾。坚持信访工作制度，及时处理每宗侨务信访案件。处理来访、来信、来电362件次，出具归侨侨眷身份证明，落实华侨侨房政策，办理身份确认一批。

帮扶困难归侨侨眷。联合区民政局、人社局、教育局、财政局等部门共同转发市侨办等六个部门《关于做好困难归侨扶贫救助工作的实施意见》，首次以制度的形式规范落实区困难归侨生活保障各项工作。与区"六侨"单位联合，春节前和国庆、中秋前分别召开"越秀区侨界归侨侨眷迎春茶话会"和"迎国庆贺中秋茶话会"，慰问全区困难归侨侨眷，送上慰问金、慰问品。陪同市侨办领导，慰问2名特困侨胞家庭。组织广州市荣誉市民王道源、陈怀德、赵涛峰为越秀区东山福利院捐赠32寸液晶电视机98台，现金15万元。

加大侨捐监管工作力度。建立

2010年1月18日，市侨办主任陈斯达和区侨办领导到建设街、六榕街慰问生活困难的归国华侨

《越秀地区侨捐项目监管联席会议制度》，组织区辖内省部属、市属、区属及街道各单位，召开越秀地区监督管理工作会议，通报侨捐项目监督管理工作情况，建立由区侨办统筹协调，统一指挥，各受赠单位及主管部门配合，所在地街道协助的监管模式。制定下发《越秀区开展侨捐项目管理暨“四透明、一反馈”活动实施方案》，在全区范围内（包括省部属、市属单位）开展“四透明、一公开”活动。及时对广州市裕达隆基金会、广州医学院的侨捐项目进行实地了解和业务指导。

做好重点侨情对象工作，加强与海外侨胞联系。春节前夕，及时慰问区重点侨情对象、市荣誉市民、海外侨胞代表、侨领及广大归侨侨眷。5月，接待马来西亚诗巫广惠肇公会汤永鸿会长一行，双方在文化、商贸、旅游等方面交流的基础上，表达进一步加强合作交流的意向。7月，与省侨办联合开展海外华裔青少年“中国寻根之旅”活动。来自美国加州洛威尔高中30名优秀华裔学生以走进中国校园、走进学生家庭的方式与区培正中学、广州市第七中学进行为期10天的两地三校学生交流学习。10月，推荐区留学回国创业人员李志坚参加国侨办组织的2010年“归侨侨眷杰出人士世博行”活动。

【大力宣传华侨人文景观】 2010年，区侨务和外事办公室抓住亚运会契机，与《广州侨商报》联手，全面搜索全区华侨人文景观，系列报道区重点、有影响力的华侨文物景观。其中，广州市首个“亚运社区”——具有华侨文化历史景观的六榕街社区，以及坐落在广州市胸科医院的“旧金山华侨千人墓”，引起省侨办的重视，提出省、区联合共同争取将景点列为爱国主义教育基地的建议，更好地保护华侨文物景观，发挥它们的独特作用。

【纪念《侨法》颁布实施20周年宣传活动】 2010年9月，区侨务和外事办联合区“六侨”单位、大塘街道办事处举办越秀区侨界纪念《中华人民共和国归侨侨眷权益保护法》（简称《侨法》）颁布实施20周年宣传活动。市、区领导向22个街道的侨务干部颁发荣誉聘书，聘请他们为越秀区为侨服务志愿者和《侨法》宣传大使，向侨胞代表派发为侨服务卡，并进行侨务政策法规咨询活动。

【侨商会公益活动】 2010年1月，由区侨务和外事办提议，区侨商会出资，组织全区200多名困难归侨侨眷和侨务干部观看“2010粤剧新年盛会”演出。9月，发动区侨商会连续第二年开展捐资助学活动，为10名归侨子女筹集3万元学费。11月，发动部分侨商到区对口扶贫点——信宜市合水镇石硖村进行实地考察和慰问贫困户，捐赠11万元善款用于当地建桥修路。当地村委会为到访的侨商会善长仁翁颁发“荣誉村民”证书。

外　事

【概况】 2010年，越秀区外事办进一步完善因公出访年度计划报备、财政预算审核和绩效审计制度。全力做好“迎接亚运会、创造新生活”各项工作。以发展国际友好城区交流为重要举措，开拓区对外友好交流新局面。着力在提高外事服务水平上下工夫，努力为区各部门和企业提供对外交流的联络服务，较好地完成区主要领导外访开展招商引资及城区推介工作，促进区外向型经济的发展。

【外事管理】 2010年，区侨务和外事办严格执行中央和省市外事部门关于进一步加强因公出访管理工作的各项规定。制定《越秀区2010年对外友好交流计划》，联合区财政局制定因公出访的财政预算，指导区属各单位做好因公出访资金的预算制定。在办理因公出访的审核、报批和签证的过程中，联合区财政局、区纪委、区委组织部以及区人社局分别从出访任务、财政预算执行、政治审查、纪律监督等方面从严把关，确保因公出访团组健康、有序、顺利地开展对外友好交流工作。大力配合审计部门，对区因公出访团组的预算、计划和执行情况进行专项审计。审计结果表明，是年，每一批因公出国团组都按照程序经区分管领导和主要领导审批同意办理相关报批和签证手续，都按照原定计划和目标出行，达到预期目标。

是年，全区办理因公出国10批75人次，港澳出境65批169人次。

【亚运、亚残运会接待工作】 2010年，根据《越秀区2010亚运城市行动计划工作方案》区侨务和外事办公室作为越秀区亚运、亚残运会外事旅游接待保障组牵头单位，负责区亚运、亚残运会外事和内宾的保障和接待工作。

11月10、11、12日，参与亚运部长级外宾接待工作。分别接待文莱、印度、萨摩亚三个国家的外宾。亚运会期间，负责深圳、珠海两市市委市政府主要领导的对口接待；负责区辖内4家清真寺宗教活动涉外事件的处置工作。在“主麻日”和“古尔邦节”活动当天派驻干部实行现场监控。协助接待印度尼西亚奥委会主席、伊朗体育代表团主席、巴勒斯坦主席府秘书长以及印尼驻广州总领事、科威特驻广州总领事等贵宾。

与相关部门协调配合做好国际奥委会主席罗格及夫人和亚奥理事会主席艾哈迈德·法赫德·萨巴赫亲王一行9人到越秀区的流花服装市场以及南越王墓博物馆进行参观和购物的接待活动。

2010年11月13日，副区长罗丽华接待参加亚运会的印度体育部部长帕蒂尔一行

【友好城区交往】 2010年，越秀区国际友城工作取得长足发展，先后与澳大利亚新南威尔士州坎特伯雷市、新西兰怀托摩市、土耳其安卡拉羌卡亚区、英国大伦敦红桥区、加拿大蒙特利尔市玛丽区、南非韦森堡市建立友好交流关系。其中，1月，区人大副主任吴茂珠率领代表团访问澳大利亚和新西兰，与新西兰怀托摩市签订《进一步加强友好交流关系意向书》。2月，常务副区长冯军率领越秀区政府代表团访问英国和土耳其，会见大伦

敦红桥区陈德樑市长，与红桥区签署《进一步加强友好交流关系协议书》，正式确立双方的友好交流关系；访问土耳其安卡拉羌卡亚区期间，双方同意在城区建设、商贸合作方面进行更加深入的友好交流与合作，并签署《进一步加强友好交流关系意向书》。5月，加拿大蒙特利尔市市长兼玛丽区区长杰拉德·谭保利率领市政府、经贸及华侨代表团访问越秀区，双方就今后在文物古建筑保护、城市中央商务区建设等方面的合作和交流事宜进行探讨，两区正式签署《进一步加强友好交流关系意向书》；区政府副区长罗丽华率领越秀区政府代表团访问南非韦森堡市，双方签署《进一步加强友好交流关系的意向书》，促进两地在商业、贸易、文化和城市建设方面的交流，并推动两地商会之间的联络，寻找合作商机。11月，越秀区从美国方面推荐的三个城市中选取新泽西州大西洋郡埃格港市作为友城发展的目标。经区政府研究，报区人大常委会同意，越秀区拟于下年与埃格港市建立友好交流合作关系。

【外事活动】 2010年4月，越秀区政府区长武延军率领经贸、财税等职能部门负责人赴南美洲进行经济调研，并开展一系列商贸推介活动。在阿根廷布宜诺斯艾利斯老虎州市举办的经贸推介取得成功，双方就进一步加强全方位的友好交流达成合作意向。5月，越秀区委书记贡儿珍及区贸促会的领导应邀参加广州市在新加坡举办的“中新知识城”项目及“东盟—广州经贸周”活动。英国伦敦红桥区陈德樑市长带领商务贸易代表团一行18人访问越秀区，开展商贸和卫生防疫对口交流。区外事办联手区工商联组织的区属18家企业与英方15家企业代表参加贸易洽谈会，各参会企业通过相互介绍、深入洽谈了解彼此合作意向，从中寻求合作商机。会后，多家企业达成初步的合作意向。

（区侨务和外事办　叶飞　谭志谦）

档　案

【概况】 2010年，越秀区档案局围绕区的中心工作，切实履行职责，突出服务主题，在档案公共服务、档案资源建设、档案信息化建设等方面取得新成绩。

区档案馆及区属单位档案室整理归档文书档案21992件，科技档案2231卷，其他门类档案54192卷，照片档案2574张。新增劳动仲裁档案进馆，接收1684卷。整理归档民政局2006年婚姻档案35811卷。完成馆藏131个全宗695卷应鉴定档案的鉴定工作。检查库藏档案3000多卷，整理修复537卷，修复页数1058页。参与全区重要会议和重大活动的拍摄，形成9447张照片。

【依法治档】 2010年，区档案局坚持开展年度执法检查，采取自评、巡检相结合的方法加强档案工作的规范管理。加强区政府机构大部制改革和“三旧”改造中档案的管理，制定下发《关于做好机构改革中档案工作的通知》和《转发市

2010年11月2日，广州市档案局局长何伍爱参观越秀区迎亚运图片展

档案局〈关于做好我市“三旧”改造档案工作的通知〉的通知》，明确机构变动部门档案的归属和流向。在全区继续开展区属单位档案工作规范化管理的达标、复评活动，其中区卫生局、区民防办完成档案达标复查，区发改局、区少年宫、广州航道局城区航标与测绘所档案综合管理达省一级标准，知用中学、农林下路小学达省特级标准。

【档案信息化建设】 2010年，区档案局根据区“十一五”发展规划的目标要求，推进档案“三库”（档案目录数据库、多媒体数据库和档案全文数据库）建设。2010年年底，完成2006年前婚姻档案177990卷（100多万页）和部分文书档案（48万页）的全文数字化工作。完成部分遗缺小全宗档案的文件级条目录入工作，对馆藏档案条目和全文扫描文件进行数据备份。继续开展馆藏档案数据库整理工作，调整婚姻档案部分全宗的目录号、案卷号。

【档案公共服务】 2010年，区档案局接待群众来馆查阅档案1827人次，2440卷次，接受市民咨询1549次，网上信箱来信7宗，处理满意率100%。现行文件阅览服务持续开展，新增现行文件21件，分别在网上发布、在区现行文件阅览室提供阅览服务。为“东濠涌博物馆”提供河涌治理的民国政府档案、老照片、历史地图等共97份，并在《羊城晚报》“羊城沧桑”版发表题为《广州河涌整治话旧》文章，提供历史照片11幅。

全力做好亚运档案工作，加强亚运档案管理。举办“古越今秀迎亚运”图片展，宣传越秀区为迎接亚运会进行城市综合整治所取得的成绩。制定《越秀区迎亚运环境综合整治工程档案整理指南》下发至各有关单位，对《越秀区迎亚运人居环境整治工程项目竣工验收工作方案》提出具体修改意见。全面提升和规范民营企业档案管理，为民营企业金辉建筑公司各部门档案员进行业务培训，对元景安全评介检测公司、普邦园林配套工程公司等民营企业开展档案指导工作。

【档案编研及教育培训】 2010年，越秀区档案局在广州市档案局的统一指导下，完成《人文广州丛书》分册《千年文脉看越秀》的编纂、印刷出版工作。完成2010年《越秀区大事记》编写。参加广州市档案局出版的《春来南国花如绣》一书的编写。与广州市城建档案馆、省市档案馆等单位合作出版《图说城市文脉——广州古今地图集》。4月与区教育局举办教育系统档案员业务培训班。7月举办“越秀区迎亚运环境综合整治档案整理专题培训班”。

（区档案局 马微微）

地方志工作

【概况】 2010年，区地方志办公室继续贯彻落实《地方志工作条例》以及《广东省地方志工作规定》，顺利通过市地方志办和市人大法工委联合检查，推动越秀区修志工作规范化。完成《越秀区志（1991—2005）》的出版发行，充分发挥其资政、存史、教化功能；《越秀年鉴（2010）》全新改版发行；启动地方志资料年报工作，以政府名义发文建立地方志资料年报制度；收集地情资料，参与区地方文化建设，为政府和社会提供决策参考；收集和编写《广州亚运会志》（越秀区部分）资料；筹划地情书系列街志编纂工作；着手完善地方志网站以及更新网页；完成《广东年鉴》、《广州年鉴》、《广州民营经济年鉴》以及省、市、区交办的其他各项工作任务，并完成办公室搬迁工作。《越秀年鉴（2008）》分别获得全国地方志系统第二届年鉴编纂质量二等奖、2010年广东省第一届年鉴编纂质量二等奖。

【打造精品年鉴】 2010年，区地方志办领导干部达成共识，树立年鉴常编常新理念，全力打造一本有浓厚越秀特色的精品年鉴。

改变装帧风格。从2010年起，确立年鉴系列装帧风格——凸显越秀区深厚文化底蕴。以“千年商都、文化越秀”主题作为《越秀年鉴》新封面基本元素，计划5年一系列。《越秀年鉴（2010）》封面设计吸取《南京年鉴》、《上海年鉴》、《江苏年鉴》等年鉴封面装帧设计和工艺的经验，改变原来设计取材、色调和工艺的固有风格，选取音乐家冼星海雕塑像作为封面，周围配以乐谱，封底选取南越王墓透雕龙凤纹重环玉佩作图标，凸显越秀区浓厚的文化底蕴。印刷材料改用环保纸，文字排版将以往两列排序改成三列排序；按图书出版规范要求，规范书眉标题要求和补白处理。

规范编辑流程。为提高越秀年鉴质量，增强时代感，区志办注重审稿质量。除制定和完善年鉴编辑流程、规范年鉴编辑行为以及反馈给各单位外，增加年鉴副主编、主编交叉审稿及4个责任编辑相互交换审稿的环节，审稿按穗志办〔2010〕13号《广州市志（1991—2000年）》编校工作细则要求审校年鉴稿件，纠正语句、病句及容易被忽视的问题如标点符号、数字和计量单位的使用。按区保密局要求和《新闻出版保密规定》，实行区保密局、年鉴编辑部和区属各部门三个渠道严把保密关，严格审核《越秀年鉴（2010）》出版的内容是否涉及国家保密事项，删减有可能涉及国家秘密的信息内容。

注重内容精炼。年鉴编辑人员，借鉴省、市及兄弟城区年鉴的编辑方法，结合部门、行业特色，深入挖掘和选取有价值的资料信息进行编辑及组织材料录入。重点记述迎亚运工作、社区建设、城区建设与管理等年度特色工作内容，强化概况、年度条目基本要素完整性，严格控制涉及保密的计划生育、公安等内容载入。简约、归类记述行政事务性工作，减少事务性资料，突出各单位主体工作，注意一事一目，内文简洁对题。

【《广州亚运志》（越秀区部分）工作有序开展】 2010年，区志办根据《广州亚运会志》编纂工作实施方案（穗志办〔2009〕34号）要求，结合越秀区在迎接亚运会中承担“所属场馆的建设与改造、环境综合整治、赛时场馆外围安保”等方面工作，制定《广州亚运志》（越秀区部分）编纂工作方案。从编纂要求、记述内容、进度要求，区相关部门承担资料供稿分别作出详细安排。在政府召开全区档案工作会议上，部署区属有关部门做好《广州亚运志》（越秀区部分）资料收集工作，借区委、区政府组建区亚运城市行动协调办公室之机，派出一名干部参与亚运协办工作，及时收集到各类涉亚资料约150份。其中区内重大活动、会议领导发言稿和相关材料32份，涉亚会议纪要24份，亚运会亚残运会开闭幕式、区内13个专项保障组和7个保障团队的工作方案、预案、总结56份，向市亚运总指挥部的情况汇报、工作总结8份，《越秀赛区赛时保障专刊》35期，迎亚运人居环境整治工程图片2000多张，为编写《广州亚运志》（越秀区部分）和越秀区亚运资料汇编留下宝贵的文字和图片材料。年底，编写《广州亚运志》（越秀区部分）资料1.3万字，精选图片20帧。

【启动地方志资料年报工作】 2010年，区志办贯彻落实广州市人民政府办公厅《印发广州市地方志资料年报制度的通知》（穗府办〔2006〕1号）的精神，5月制定《越秀区地方志资料年报工作实施意见》，明确年报是为修志工作积累、保存资料，记载越秀区经济社会的发展情况，从年报的编写要求、内容、进度等都作了具体要求，8月完善年报实施意见，制定《越秀区地方志资料年报制度》，通过区政府发到区属各单位，开展全区的年报工作。

【开发利用方志资源参与区地方文化建设】 2010年，区志办充分利用地方志地情资料丰富的特点，为政府和社会提供服务。参与“广府文化源地　千年商都核心”——迎亚运北京路广府文化商贸旅游区建设的广州城隍庙、大佛寺、天字码头历史、孙中山文学馆与番山亭、民国时期修建文德路风波等历史遗迹资料的考证；完成登峰、矿泉“城中村”街道的地情资料历史文化资源的调研报告，刊登于区委办编印的《越秀区调研文摘》；参与修订编纂《广州城廓记》碑铭文，并配置“清代广州城”微缩立体景图说明；修改考证由广卫街提供的“广州古城十八门微雕简介”、“广州市城市原点标志简介”；为区宣传部、文联组织的《文史纵横》（越秀专辑）撰写5个条目，“城隍庙庙会”、“民国时修筑文德路风波”、“广州最早的汽车图书馆”载录入该书；为市志办出版的《广州创新报告》提供8个条目。此外建立街道地情资料信息员队伍，引导信息员注意收集本街地域经济及域内地情资料，促进地情资料收集积累和信息互动。

（区地方志办　黄毅华）

电子政务

【概况】　越秀区电子政务办坚持“统一规划、统一平台、统一管理”的原则，继续探索实践“条块结合”电子政务模式，努力建设“越秀号”信息服务直通车，在加强城市管理、改善公共服务与提高行政效能等方面取得新的成效。2010年，越秀区在广州市2009年度电子政务绩效评估中被评为优秀，在2009年度全国区县网站绩效评估中位列第16位（广州市12个区县排第2名），6月被市科信局批准为广州市信息化综合示范区试点，IDC机房在IT运作维护方面正式通过ISO20000服务标准体系的认证，成为国内首个政府机构通过该项认证的单位。

【夯实网络基础设施建设】　越秀区率先在全市各区实施网络畅通工程建设，2010年全区电子政务网络率先实现市、区、街、社区居委会四级全光纤覆盖。妥善解决基层计算机配置率低的问题，区属各部门、街道及社区居委会工作人员实现人均配机1∶1的比例。

【构建数据中心】　2010年，越秀区通过建设区数据中心，率先实现市、区数据中心对接，实现区自行开发系统之间数据共享。开发“越秀信息通”方便街道和部门提取未接入区直通车平台的省市业务系统的业务数据。该数据中心能提供劳动、民政、残联、工商、信访和质监等35个部门的229个数据主题、4000多万条数据。2月，发布《越秀区政府数据中心数据资源目录》，供全区部门和街道查询，并定期提取相关数据以支持业务工作。现有10个部门从区数据中心得到70个数据主题，为部门开展业务起到了很好的辅助作用。

【办公信息化】　2010年，越秀区全区机关工作人员5500人使用OA系统进行公文交流，区电子公文处理量超过549万次，流转664万次，人均每日4份，OA系统应用的深度和广度均居市属各区之首，达到政务公开、创建节约型机关和无纸化办公要求。区264个社区居委会全面应用广州市社区管理软件，全区22个街道全面实现电子户册管理，建立老年人健康档案等9个社区工作台账，提供89项为民服务事项。每个街道通过社区综合业务受理系统的月均受理量为153宗，通过社区管理软件月均更

越秀网上服务大厅市民办事场景式服务页面

新数据3800次。社区信息化实现社区网络建设率、人口基础数据库建设率、业务数据共享率、社区系统推广应用率、工作人员信息化使用率5个100%。

【“越秀号”信息服务直通车建设取得新进展】 2010年，“越秀号”信息服务直通车建设以推动政府公共服务便捷化为抓手，全面构建信息共享、业务协同的电子政务体系，取得突破性的进展。全区22个街道以及区劳动就业中心23个“越秀号”便民服务自助服务区全面开通。市民可分别在街道自助服务区享受到区自行设计的网上服务大厅提供的15个业务部门25个场景式服务，包含545个业务分支、163项表格下载。自助服务区同时还可提供“在线办理”服务，市民和企业可通过网上服务大厅在线办理43类（市民26，企业17）共453项（市民205，企业248）业务，如科技项目在线申报、企业劳动年审资料自助录入、建筑施工企业工人工资支付保证金资料自助录入、就业培训报名网上申报等。

【搭建联合预审及政务短信平台】 2010年，越秀区搭建联合预审平台，实现各部门对企业申请信息、资料和各审批部门审批意见信息共享互认。9月15日起，在工商、卫监、环保三个单位试用（重点在工商名称登记、前置审批、发证等流程实现联合预审），在试用三个多月的时间内，平台对213家企业进行联合预审。

全区开通单位账号127个，其中部门账号55个，街道账号22个，社区居委账号50个。同时通过建立接口与其他11个区内系统对接，以业务触发短信。全年，区发送各类健康、计生、就业等便民短信及政务短信超过200万条。短信平台系统已成为政务信息化建设的重要一环。

（区发改局　唐蔚）

中国人民政治协商会议广州市越秀区委员会

【中国人民政治协商会议第十三届广州市越秀区委员会第五次会议】 于2010年3月8～10日召开，出席会议的政协委员有354人，港澳特约委员51人。

会议听取并审议通过陆伟刚代表十三届越秀区政协常务委员会所作的工作报告；听取和审议通过周乔建代表十三届越秀区政协常务委员会所作的关于十三届四次会议以来提案工作情况的报告；听取并讨论政府工作报告及其他报告；增补何小红为十三届越秀区政协常务委员；审议通过提案委员会关于区政协十三届五次会议提案审查情况的报告；审议通过区政协十三届五次会议决议。本次大会形成各界别、民主党派、委员活动小组及有关团体的大会发言材料19份；征集提案122件，立案101件，转作委员意见送有关部门研究处理的21件，立案率为82.8%。大会发言和提案既涉及面广泛，又关注热点，其中在擦亮广府文化品牌方面提出“建议尽快抢救复建越秀古书院群，使古书院群成为北京路广府文化商贸旅游区中的精品”、“加强文化引领，打造北京路广府文化商贸旅

2010年3月8日，召开中国人民政治协商会议第十三届广州市越秀区委员会第五次会议

游区”等建议。

【履行政协职能】 2010年，区政协深入学习领会省委、市委、区委《政治协商规程（试行）》，努力发挥全体会议、常委会议、主席会议协商议政的作用。十三届五次会议期间，各界别委员提交有情况分析、有思路对策、聚焦热点的大会发言材料19篇。政协常委会议不断改进议政协商形式，实行“两个结合”，即会议议政与现场视察相结合，区情通报与委员议政相结合。根据区“亚运”筹备重点工作和区经济社会发展重要问题，围绕东濠涌整治情况、大小马站书院群复建规划、综合整治工程等议题，在常委会议、主席会议上多次进行专题协商，并及时综合整理委员的意见、建议，形成会议纪要，编印《社情民意》专刊2期。

【提案工作】 在十三届五次会议期间和大会闭会后，收到提案122件。经提案委员会审查，立案的有101件，全部办复，委员们对提案的办理情况表示满意和基本满意的达99%。

区政协把提高提案质量作为加强和改进提案工作的首要任务，切实在提案质量上下工夫，切实抓好会前征集、会中立案、会后督办三个环节。注重发挥界别的整体优势，激发区内民主党派、各界别委员撰写提案的热情，引导民主党派、委员结合区情，围绕重点、热点、冷点、难点、空白点，多提“精品”提案，切实提升提案质量。对立案的提案进行认真梳理、细致分析，确定重点提案，由主席、副主席和提案委员会分层次领衔督办，通过提案人与承办单位面对面的协商、视察、沟通情况、深化建议，使提案办理有质量、有实效。抓好提案的督办和跟踪、反馈，推动提案成果转化。对重点提案采取多次提案、连续督办、主席跟踪督办等形式。推动“扩大行业商会权限，充分发挥行业商会作用”等问题的解决，切实提升提案办理效果。主动协调各方力量，形成合力，市、区两级政协联手撰写、督办提案。如对大小马站古书院街的复建问题，区政协多次深入调研，广泛听取意见，努力争取市政协学习和文史资料委员会及省政府参事室支持，以“尽快复建大小马站书院群，抢救广州书院文化”为题撰写市政协提案，形成省政府参事建议，以直通车形式向省、市党政领导反映，获省委主要领导批示，有效促成大小马站书院街的复建工作从市移交到越秀区，使这个延宕多年的项目重新摆上议事日程，被区政府立项为“三旧”改造重点项目。

【专题调研、视察、专项建议】 2010年，区政协围绕两大功能区的建设及“三旧”改造等中心工作，重点对“打造麓湖生态休闲区”和“旧厂房、旧仓库改造提升工作”、“旧城改造中如何保护广府历史文化资源”、“商业老字号发展”等课题，先后开展专题调研和专题视察。通过与市政协联合视察，积极推动和赞助城隍庙的复建、大佛寺广场的扩建。在调研视察中，区政协注重了解和查找在未来建设、发展中可能遇到的困难，结合区情着力寻找发展的难点，提出合理的、符合区域实际的、可操

2010年10月21日，“千年说越秀”文史丛书在广州市城市原点揭幕仪式上首发亮相

作性强的意见、建议。如在专题调研和常委会议专题议政基础上形成的《加快推进“越秀核心产业功能提升区”建设，全力打造麓湖生态休闲区》调研报告，重点从可行性和区管理权属等角度分析打造麓湖生态休闲区可能遇到的问题，向区委、区政府提出相应的建议。

【参与和服务亚运】 2010年，区政协近百名政协委员和政协机关干部踊跃担当亚运会、亚残运会城市志愿者，广泛参与广州亚运东道主志愿服务活动，6名委员光荣担任亚运会火炬手，展示政协委员良好的精神面貌和风采。区政协围绕建设“平安亚运、平安越秀”的目标，组织20名市、区政协委员，参与区开展的人大代表、政协委员深入基层听取“迎亚运”环境综合整治意见的活动；围绕社会信访维稳及“平安亚运”的主题，组织委员进行专题视察，就如何确保亚运会期间和“后亚运”长治久安等提出专项建议。区政协举办“迎亚运、贺新春”书画联谊活动。文化、体育、教育等界别的委员通过自发创作各种诗词、歌曲，参与策划组织各种楹联、童谣和体育比赛等行动，宣传广州、宣传越秀，迎接亚运会。区政协委员和机关干部在广州市政协举办的2010年迎亚运“政协杯”系列赛上，获乒乓球、羽毛球两项团体赛冠军，扑克牌（拖拉机）比赛双人组季军。

【宣传信息和理论研究工作】 2010年，区政协通过新闻媒体、内部刊物、网络等渠道宣传政协工作，全年通过区政协网及市、区媒体和内部刊物刊发信息160余篇，编印《越秀政协》简报23期，编辑出版《越秀政协（2010年版）》画册。举办“迎亚运、贺新春”书画联谊活动、“广府文化中心——越秀文化旅游资源的保护和开发”专题讲座等，以诗书画、文化交流为载体，宣传广州、宣传越秀。区政协理论研究分会围绕“人民政协作为我国政党制度重要载体的特色优势”主题开展理论研讨，收到论文16篇，选送14篇参加广州市政协理论研究会相同主题的理论研讨。

【文史工作】 2010年，区政协发动文教界的专家学者和委员，深入挖掘区内历史文化名人、古迹、典故、轶事和传说等，编纂成系统反映越秀历史发展的《史海千年说越秀》（越秀文史第二十至二十四辑），与《商海千年说越秀》、《学海千年说越秀》一起，为120万字的“千年说越秀”系列文史丛书的完成画上圆满句号。在2010年10月21日广州市城市原点标志揭幕仪式的同时，举行丛书首发仪式。

【帮扶工作】 2010年，区政协坚持广泛发动委员开展扶贫济困、爱心救助、捐建贫困山区希望小学等社会公益活动，帮助区内外困难群体解决生产、生活、教育等实际问题。区政协领导亲自带队深入调研，制定对口帮扶点信宜市合水镇排垌村帮扶措施，积极寻求政协委员及海印集团、香港佐丹奴国际有限公司、香港汇丰银行广州分行和狮子会等企业、社团支持，筹集51万元资金用于改善当地教育条件、水利设施等。港澳地区委员在全面摸查区低保户、低收入家庭的子女就读中、小学的情况后，开展“助学献爱心”资助百名特困家庭中小学生的活动，筹集28.3万元资助191名困难学生一年的学习生活费用。此外，委员们还积极捐资在湘西、广宁等地兴建山区希望小学，帮扶区内外困难群众，资助山区贫困学生，改善区养老院硬件，踊跃参与抗震救灾、广东扶贫济困日等慈善捐赠活动，有效促进社会和谐。是年，区政协委员或所属企业捐赠社会款物近550万元。

（区政协　李密）

责任编辑　邓小敏

群众团体

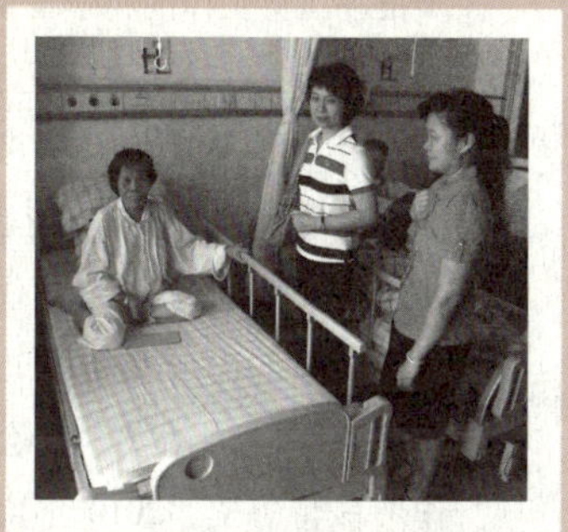

越秀区总工会

【概况】 2010年，越秀区总工会深入学习落实科学发展观，认真贯彻“组织起来，切实维权”的工作方针，全面履行工会职能任务，团结带领各级工会和广大职工开拓创新、真抓实干、建功立业，进一步推动工会工作的科学发展。

是年，越秀区总工会被评为2010年度工会工作目标考核模范标兵单位，广州市工会亚运会、亚残运会文明观众组织工作先进单位，获得2010年度广州市工会工作“五一”创新奖、工会经审工作考核特等奖、2010年度广州市组建工会和发展会员工作考核特等奖、广州市职工迎亚运文明礼仪形象大赛优秀组织奖、广州市工会报刊征订工作特等奖。

越秀区总工会有2091家下属基层工会，其中独立基层工会1780家，联合基层工会311家，基层工会涵盖单位20388家、工会会员209813人。

【工会组织建设】 2010年，区总工会创新工会组建思路，成立越秀区黄花岗科技园工会联合会，召开第一次代表大会，选举产生工会主席及委员会委员等；在广州远程教育中心试行工会主席直选工作；跟踪督促获评“2009年度广东省诚信示范企业”组建工会工作。年内全区新增基层工会291家，基层工会涵盖单位1779家，外商投资企业63家，重点组建世界500强跨国公司工会2家，新发展会员21121人，其中新发展建筑工地工会15家，新发展会员360人；加强工会规范化建设，评出“合格职工之家”企业1512家，合格率为84%。

【维护职工的合法权益】 2010年，区总工会参与政府关于涉及劳动者合法权益等事项的研究，参与环卫工人权益问题的相关会议和调研等；依法进行劳动法律监督和劳动争议调处工作，参加区“人民调解、排查调处工作法律咨询日”、“安全生产月宣传咨询活动”，参与“开展整治非法用工　打击违法犯罪专项行动”、“环卫作业合同履行及环卫工人合法权益专项检查”。针对职工信访中涉及的企业违法问题，及时与区劳监大队、维稳办、调处办等有关部门沟通协调，解决职工上访问题。

推进建立集体协商和签订集体合同制度，2010年越秀区工资集体协商机制覆盖率70%，覆盖企业14363个、职工125483人，签订集体合同75份，覆盖企业数14363个、职工125483人。

落实企业厂务公开，事业单位、国有及其控股企业、集体及其控股企业职代会建制率和厂务公开率100%，非公有制企业职代会建制率81%。实行厂务公开民主管理的基层工会1780家，覆盖企业17596家、职工81850人，公开率85%。参与和配合政府有关部门进行安全生产专项检查，参与7宗生产安全事故分析调查。

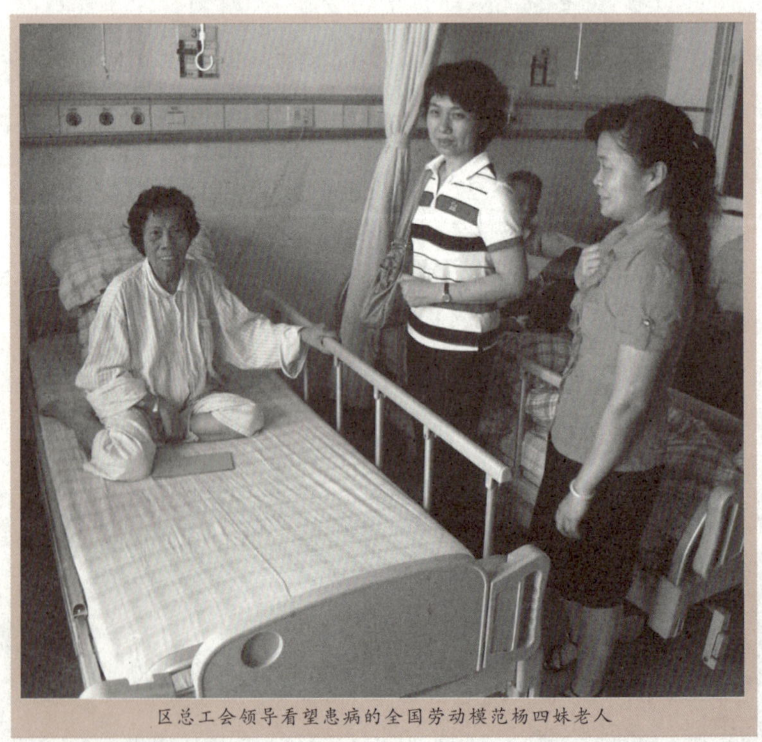
区总工会领导看望患病的全国劳动模范杨四妹老人

【帮扶困难职工】 2010年，区总工会继续开展广州市“三个互助保障计划”工作，区31名职工申领患病补助金44.3万元；开展2010年越秀区困难职工“送温暖”活动，走访困难职工219户次，送出慰问金86600元；推进2010年越秀区困难职工摸查登记工作，归档立册150户，做好困难职工档案的管理工作和市职工解困济难基金的救济审核工作；向在册困难职工和外来务工人员赠送3000元“爱心电影卡”；做好“越秀区职工解困济难基金”与“越秀区特急救济专项资金”发放工作，发出救济资金17.24万元，为17名困难职工续交“平安钟”费用4080元。

开展下岗失业人员专项摸查工作，协同区、街劳动就业部门，与市交委、市客运交通管理处合作，举办27期出租小客车驾驶员从业资格证培训班，参加人员1986人，其中参加考证1397人，合格1081人，实现就业926人。

【开展女职工各项工作】 2010年，区总工会参与创建国家文明城市、迎亚运、创先争优活动，有120多名女职工参加巾帼志愿者队伍，为社区群众提供无偿服务。在“六一”儿童节前夕，协助做好本系统内14周岁以下职工遗孤、特困职工子女、单亲困难女职工子女情况摸查，组织区内4名特困职工子女参加市总工会女职委举行的“迎亚运、促和谐，我教孩子学礼仪”活动。积极开展企业女职工专项集体合同的签订工作，有53家企业签订合同，在集体合同中有女职工权益专项条款的企业6620家，覆盖女职工53895人；做好女职工的体检工作，增强女职工疾病的预防意识。

【提高干部职工素质】 2010年，区总工会组织干部职工参加广州市总工会举办的“迎亚运，争做好市民，当好东道主，广州百万职工迎亚运”系列活动；组织广州水泵厂、广州顺丰速运有限公司等干部职工及各街道居民观看亚运、亚残运比赛；配合区内单位开展科普、劳动法律法规宣传教育活动，发放职工维权指引和节能宣传册等各种宣传资料；配合区禁毒办在全区职工中开展宣传教育活动，组织区内职工参观广州市禁毒教育馆；组织各基层工会干部职工参加工会业务培训班学习，全面提高理论水平和实践工作能力。

【开展劳动竞赛活动】 2010年，区总工会开展以“迎亚运、促发展、立新功”为主题的劳动竞赛活动，把职工职业技能竞赛、职工经济技术创新及创建工人先锋号活动相结合，推动企业进步，提高职工科技文化素质。深入发动443个基层单位参加“安康杯”竞赛活动，提高职工安全意识和业务技能。

【越秀区第二届职工运动会】 2010年，越秀区总工会和区体育局共同主办越秀区第二届职工运动会，设10个大项、33个小项。以区各机关、各街道以及非公有制企业为单位组成60多个代表团，120支男、女代表队3000多名运动员参加田径、足球、篮球、乒乓球、羽毛球等项目的比赛。区公安分局、区教育局、区卫生局代表队分获机关及企业组总分前三名；白云街、诗书街及大东街代表队分获街道组总分前三名。

【外来务工人员教育服务】 2010年，越秀区总工会要求全区各个职能部门和街道按照标准努力提升外来职工的居住环境；在工地大力推行“金雁职工之家”心理调适活动计划，由区建设和水务局工会牵头，对工地职工的各种诉求有步骤地进行调解和引导；推广矿泉皮具建筑工地农民工业余学校，对施工人员进行三级安全教育、安全交底，定期举行消防演练。

【广州市职工济难基金会第六次筹款活动】 2010年，越秀区总工会召开系统工会和直属工会主席动员会，40个直属工会组织积极发动基层和职工参加筹款活动，捐款万元的单位15个，接近万元的单位6个，共捐款432320.74元，其中职工个人捐款241649.14元，单位工会捐款190671.6元，名列市属区榜首。

（区总工会　田媛）

中国共产主义青年团广州市越秀区委员会

【概况】 2010年，共青团广州市越秀区委员会充分利用团的组织优势，以亚运志愿服务和创文明城市这两项重点工作为依托，全面推进“越秀新青年行动”，开创越秀区共青团工作新局面。

越秀区共青团有基层团委17个，直属团工委22个，直属团支部6个，团（总）支部961个，专职和兼职团干部1008人，团员16353人。

是年，共青团越秀区委员会被评为“广州亚运会、亚残运会志愿者工作优秀组织单位”、“广州亚运会、亚残运会社会全面整体防控志愿者工作先进集体”、“广州亚运会、亚残运会志愿者创先争优主题实践活动先进集体”；越秀区公安分局广场派出所团支部被评为“2010—2011年度广东省五四红旗团支部（总支）”。

【青年志愿者工作】 2010年，全区有300多支青年志愿者队伍，近10万名志愿者。是年，团区委、区青年志愿者协会带领全区广大青年志愿者，先后出动志愿者170480人次，服务总时间69.52万小时。其中，志愿服务春运出动4200人次，服务总时间2.52万小时，提供路线咨询服务46.63万次，提供导乘引路服务38.42万次，提供电话服务7.32万次，派发春运宣传单5.27万张、雨具3.95万包，提供爱心茶水服务679万次，接送特殊人群（孕、残、老、幼等）185次。

9月，由越秀区委、区政府、羊城晚报主办，区人力资源和志愿者组承办“第16届亚运会冠军助威团越秀志愿行”活动，奥运举重冠军陈小敏、羽毛球世界冠军余锦豪、太极拳世界冠军崔文娟出席活动。11月，共青团越秀区委员会举办“亚运·我们的越秀·志愿者”——越秀区亚运志愿者主题日活动。开展“大拇指微笑行动在越秀”活动。

是年11月11日，国务院总理温家宝在越秀团区委制作的东道主书签上签名，勉励市民和志愿者当好东道主，为亚运奉献；12月1日，省委书记汪洋亲切接见唯一的城市志愿者代表——来自越秀区的卜子游，勉励广大越秀区志愿者继续努力，不断奉献；12月8日，市委书记张广宁授予越秀区城市志愿服务中心“广州市助残爱心志愿服务示范岗”的荣誉称号。

【开展特色主题活动】 2010年春运期间，团区委组织青年志愿者4200人次开展“迎亚运　青春暖流”春运志愿服务，服务总时长超过2.52万小时，累计接受服务人数92万人次；2月，组成100人的“花事新生活”志愿服务队在越秀区西湖、东湖两个迎春花市开展引导花农进场、咨询、义卖及残疾人游花市等服务；结合“3·12”植树节，先后组织3000多名青年团员和少先队员开展“减碳先锋行齐植碳汇林——迎亚运创造越秀低碳绿色新生活”活动，广泛传播“迎接亚运会　创造低碳绿色新生活”的精神，引导广大青少年将“减碳”、“环保”的理念付诸实践，建立区“青少年碳汇林”；4月，组织区辖内近200名青年团员和30名青年志愿者开展“缅怀先烈，继承传统”绿色祭奠活动，同时开展网上祭奠先烈活动；“五

2010年7月17日，团区委组织迎亚运机动车限行措施志愿服务演练

四”期间，在英雄广场开展“五四青年心，亚运志愿情”——“亚运广州行”文明行动日群众文化活动暨亚运倒计时200天启动、纪念“五四”运动九十一周年系列活动；召开“2010年越秀区‘五四’表彰大会暨广州市杰出青年事迹演讲报告会”。

【青少年工作】 2010年，团区委持续开展少先队“金钥匙万人读书日”活动，成立图书志愿者服务队，开展“中华名言朗诵比赛”、“中小学生合唱节”活动；继续办好“博士讲坛”、“越秀书院论坛”等青少年精品文化项目；健全“青春健康使者”活动机制，开展青年岗位建功活动，切实服务青年成长成才；深化“青年文明号”创建工作，抓好“青年文明号”示范点的建设；推进“青少年违法犯罪社区预防计划”试点工作，开展“青少年远离毒品”主题活动；深化社区青少年维权岗工作；继续推进“金不换工程”，重点帮助有特殊困难的青少年群体；开展“当好小主人，创造新生活”——广州青少年学生迎亚运主题实践活动，开展以学校为中心，覆盖社区的“魅力少先队 飘扬红领巾”集体跳花色橡皮筋比赛展示，越秀区“亚运小记者”团香港采访，“做好东道主 争章我能行”雏鹰争章，2010越秀区“我与小树同成长”大型家庭植树，“浓情凝亚运 从广府文化开始”社区现场速写、暑期绘画摄影比赛，广州市青少年亚运助威操比赛越秀区选拔赛，广州奇奇运动会越秀区选拔赛等活动；庆祝建队节“亚运城市服务一小时”统一队日活动等“红领巾迎亚运”系列活动，专题创作《精彩大越秀 童心迎亚运》大型综合节目，掀起“人人支持亚运会、人人参与亚运会、人人奉献亚运会”的热潮。

【亚运志愿服务活动】 2010年亚运、亚残运期间，团区委设置78个志愿服务站点（其中包括1个服务中心，4个绿道示范驿站，39个新生活驿站，9个市、区合作新生活驿站，25个共建站），877个文明岗位，投入志愿者16.14万人次（其中亚运9.09万人次，亚残运7.05万人次），累计志愿服务时长64.56万小时，为128.89万人次提供志愿服务（其中亚运77.67万人次，亚残运51.22万人次），开展特色活动300余场。全区22个街道志愿者服务中心每天也组织2000多名社会志愿者开展流动志愿服务。区志愿者服务中心开展“万国旗竞猜”、“玩转淘街，挑选二手电器我帮您”、“亚残运场馆知识话你知，赛事导航我帮你”等活动；人民公园站开展“千年商都源地，广州原点话你知”免费导游服务、“玩转北京路”购物小贴士、“志愿服务，残疾人与您同在”等活动；五仙观广场站开展“畅游广州祖庙残疾人绿色通道”服务；流花湖公园站开展“残疾人保健操我教您”、“太极柔力球，舞动迎亚运”武术表演、“全民齐挥毫，对联庆亚运”书法大赛、“孩子眼中的亚运”画画大赛等；麓景西路站开展“法律咨询”服务；世贸站开展“白领健康生活由亚运开始”主题服务；黄花岗公园站开展“亚运歌曲带唱”、“亚运助威操带跳”等活动；广东体育馆站开展“亚运手语我教您”、“低碳生活从我做起”等活动；烈士陵园站开展“发扬烈士遗志，争创和谐新广州”系列爱国教育活动；六榕寺站开展“残疾人自强不息技艺展示”、“丝袜花编织技艺传授”等服务；光明广场站开展“玩转北京路，我帮您圆梦”活动；广州大道中站开展志愿者义诊活动；二沙岛绿道驿站开展“御寒小贴士”、“冬季出行必备知识”等活动；海珠广场绿道驿站开展“助残知识知多少”有奖竞赛；御龙广场站开展残疾人运动比赛；艺博院广场站，与智灵学校合作，开展残疾人文艺表演；火车站广场开展“残疾人无障碍乘车”服务，提供“盲人朋友，我带您上车”、“肢残朋友，我背您上车”、“智障朋友，我扶您上车”等助残服务。

（团区委 符玉君）

越秀区妇女联合会

【概况】 2010年，越秀区妇联下

属妇女组织包括：街道妇联22个，社区妇代会267个，区直机关事业单位妇委会6个，新经济新社会组织妇委会36个，妇女联谊会2个。

【维护妇女权益】 2010年，“三八”妇女节期间区妇联联合区综治办、司法局、人口和计生局、公安分局、法院，在安华美博城广场举办越秀区“三八”妇女维权周宣传服务活动；开展反家暴征文活动，在全区妇联干部中掀起一次反对家庭暴力的大讨论，一批优秀论文获推荐上报市妇联；重点宣传《广州市妇女权益保障规定》，订购2000本读本下发基层，先后组织3批共80多名妇女干部参加广州市妇女新法培训班；发动3650人参加妇女权益网上竞赛；以全区综治信访维稳中心建设为契机，借助中心的综治、司法、劳监、信访四大部门工作人员联合办公平台，对家庭纠纷、家庭暴力等妇女投诉形成快速反应机制，强化区、街、社区维权网络建设，与中心联手处理家庭矛盾纠纷。全年区妇联信访总量329件，办结率100%。

【提高妇女综合素质】 2010年，区妇联举办“合理饮食与科学健身”健康知识讲座，全区110多名处级女领导干部参加学习；举办主题为“迎亚运盛会，展巾帼风采”的妇女健身操大赛，35个单位约650名妇女群众参加比赛。以提升妇女儿童文明素养为核心，按照“一个妇女影响一个家庭，一个家庭带动一个社区”的思路，开展创建巾帼文明岗、评选五好文明家庭等群众性精神文明创建活动。深化“巾帼文明岗”创建工作，2010年组队参加市巾帼文明岗培训班，清查历年巾帼文明岗，健全底册，全区现有市级岗227个，省级岗11个。2010年，全区评选推荐出1481户市文明家庭和86户市书香家庭，六榕街旧南海县社区被评为“全国创建学习型家庭示范社区”。组织“巾帼文明岗”、“亮牌示范”、“服务亚运、奉献亚运”等活动，在各文明岗中开展“微笑服务”、“优质服务”活动，全区各行业涌现出一批妇女先进群体和先进个人，广东省巾帼文明岗2个、广州市“三八”红旗集体9个、广州市“三八”红旗手8名。

2011年3月16日，区妇联在诗书街伦文叙广场举行“三八”维权周活动

【基层妇联组织队伍建设】 2010年8月，区妇联与区委组织部联合下发《关于街道妇联主席、副主席任职有关问题的通知》，明确和规范街道妇联主席、副主席的职级、管理、任用程序，解决街道妇联主席由处级女领导干部成员兼任的问题。编印《越秀区街道妇联换届选举工作参考材料》，指导16个街道妇联换届或改选工作。指导基层妇联开展“全国妇联基层组织建设示范社区”创建工作。大东街东源社区和北京街龙藏社区被授予“全国妇联基层组织建设示范社区”称号。组织基层妇干参加市、区举办的各类培训。

【儿童工作】 2010年，“六一”期间区妇联举办以“精彩越秀，童迎亚运”为主题的系列活动。组织区教育局、民政局、总工会、团委、残联等妇女儿童工委成员单位到区辖内培智、启智、智灵等特殊教育学校慰问残疾儿童；联合区教育局、团区委等单位在东山少年宫小云雀剧院举办越秀区少年儿童“迎亚运、庆六一”大会，邀请区内困难儿童参加；与广州医学院大学生志愿者联合举办“迎接激情亚运会，共创文明新生活”——“爱心组合”庆“六一”活动暨志愿工作交流会，组织大学生志愿者和接受助学辅导的小朋友一起举行游园会。做好重症儿童救助、困难女高中生学费报销、春雨助学、单亲特困家庭助学、一对一爱心助养、“爱慕希望女孩”助学金发放等工作。是年，帮扶困境妇女 169 名、困境儿童 74 名，帮扶资金 10.61 万元。从区儿童福利基金中划拨 3 万元，在区对口帮扶信宜市钱排镇北内村小学设立“越秀扶贫助学基金”，帮助困难村民孩子完成学业。

【拓展家庭教育】 2010 年区妇联继续把家教工作重点从学校延伸到社区，指导街道妇联以提高妇女特别是母亲的综合素质为目的，开展“争做合格家长、培养合格人才”、“我们的节日”、“廉政文化进家庭”等活动。联合区教育局、区关工委等部门做好社区优秀家长学校的检查、推荐、评选工作，经市专家组实地查验，人民街、中山六路幼儿园、建设大马路小学等 7 所家长学校被列入“2010 年度广州市 100 所优秀家长学校”。

【推进妇女儿童发展规划终期目标实现】 2010 年是越秀区（2001—2010 年）妇女、儿童发展规划终期目标实现的最后一年，区妇联先后多次召开区妇儿工委成员单位会议，分析难点指标，研究突破方案，明确责任，落实措施，最大限度地使区妇女儿童切身利益在社会整体利益格局中得到实现。针对区原来婚检、婚姻登记、优生优育等服务项目地点分散的问题，区民政、卫生、计生、财政等成员单位通力合作，整合资源，在广东省内率先推出免费婚检、婚姻登记、优生优育、法律咨询“一门式”服务，建立“一站式”婚育服务大厅，极大地方便群众，促使区 2010 年婚检率达到 62.71%，比 2004 年上升近 60 个百分点。妇女发展规划 23 项可量化指标，越秀区 100% 达标或超过终期目标要求；儿童发展规划 25 项指标中，除“低出生体重发生率”和“出生缺陷发生率”2 项指标未能达标，其余 23 项全部达标。

【开展“百万家庭学礼仪”活动】 2010 年 6 月 9 日，在区机关办公大楼二楼多功能厅举办主题为“迎亚运盛会，学文明礼仪”的基层妇干文明礼仪讲座，全区 300 多名基层妇干参加学习，正式在全区启动“百万家庭学礼仪”活动。各个基层妇联组织依托家长学校、妇女之家等阵地，组织发动辖区内各街道、社区和机团单位，以各种形式向妇女和家庭广泛宣传文明礼仪知识，举办 136 场文明礼仪讲座和 180 场社区论坛，发动 39 户家庭参与“绿色亚运，和谐生活”——2010 羊城家庭植树春游活动。

【开展“爱我家园、服务亚运”行动】 2010 年，以“迎接亚运会，创造新生活”为口号，打造巾帼志愿者、巾帼文明督导员、爱心大联盟三支妇女志愿者队伍，积极参与美化家园行动、第二届羊城家庭文化节等系列活动。妇女志愿者深入社区大力宣传亚运知识，宣传科学健康文明的生活方式，引导妇女和家庭为发展低碳经济、绿色经济、循环经济，促进生态文明建设发挥作用，为亚运会和新一轮创建文明城市营造文明祥和的人文环境。亚运、亚残运期间，全区近 4 万名妇女参与志愿服务，其中投入社区和亚运场馆服务的妇女志愿者 1.9 万名，投入亚运安保 7583 名，投入亚运文明交通岗 1442 名，投入亚运志愿服务站点 1.16 万名。区妇联承接动物公园亚运城市志愿服务“新生活驿站”的工作，妇女志愿者团队精心美化站点，在志愿服务中展示越秀特色，多次组织“亚运亲子接龙赛”、“大手牵小手亚运亲子赛”等趣味体育活动，吸引众多群众参与。越秀区图书馆、越秀区（流花地区）旅客咨询中心和广州宾馆等单位作为区妇联的嵌入式亚运志愿服务共建点参与志愿服务，在近2个月的志愿服务中，上岗总人次达456人次，服务对象达1.67万人。动物公园“新生活驿站”、越秀区（流花地区）旅客咨询中心被亚组委评为志愿者服务模范岗位，3名妇女志愿者被评为“广州市亚运志愿者先进个人”。

（区妇联　陈淑明）

越秀区工商业联合会

【概况】 2010年，越秀区工商联紧紧抓住亚运盛会的契机，落实“三促进一保持”精神，发挥政府管理非公有制经济的助手作用，做好非公有制经济人士的思想政治引导工作、非公有制经济的服务工作，促进行业协会商会改革发展，引导非公经济人士参与越秀区国家中心城市核心区和“首善之区”典范建设。

是年，新成立报刊亭行业协会和酒类行业协会，新增会员143人。至年末，区工商联联系指导的行业商会共25个，其中区级行业商会20个，市级行业商会4个，省级行业商会1个，会员总数3760人，形成会员和行业商会“跨越省、市、区三级，涵盖辖区主要行业”的格局，成为广州市各区中规模最大、组织最完善的行业商会组织系统。

【搭建企业家综合素质培训平台】 2010年，区工商联组织“越秀民营企业家大学堂”系列讲座，举办以转变发展方式为主题的企业家研讨班和“健康迎亚运，创造新生活”养生知识专题系列讲座。通过会刊《越秀商会》和工商联网站2个宣传平台，大力宣传各级党委和政府的重要政策，交流会员和行业商会的信息。2010年编辑出版13期《越秀商会》，宣传政策文件5篇，定期更新工商联网站信息，通过网站发布行业商会信息100多篇，发布政策文件20多篇、法律知识20多条。

【继续构建服务平台】 2010年1月，区工商联组织召开越秀区工商联（总商会）民营企业“展风采·创未来”动员大会，市、区领导及来自越秀区各行业商会的近600名民营企业家出席。10月，承办“越秀区广府文化旅游嘉年华”系列活动之一“广府缤纷购物节”，组织广东省皮具箱包流通协会、广州市海味干果行业商会等9个商会的16家代表企业参与，活动三天，参展商营业额达130多万元。年初设立越秀区工商联（总商会）法律服务中心，为会员提供免费法律咨询服务，接待法律咨询54起，走访会员企业10多家，主导处理会员维权案件1宗。越秀海印小额贷款股份有限公司2010年放款9.21万元，为区内近400家中小企业、近10个专业市场的商户、区工商联（总商会）百余名会员及部分行业商会提供金融服务。为企业搭建银企沟通桥梁，为5个商会的会员企业成功达成贷款（意向）9800万元。

【引导会员参政议政】 2010年，越秀区工商联会员中有省人大代表3人，市人大代表5人，市政协委员5人，区人大代表23人，区政协委员29人。是年，区政协工商联组提交提案12件。围绕如何进一步改善小企业的融资环境、推动小企业的可持续发展，走访非公企业并开展调研，形成《关于建立小企业贷款风险补偿基金的建议》的政协提案。参与全国政协副主席、全国工商联主席黄孟复主持的重点课题“中小企业发展环境和员工工资正常增长机制研究”的调研工作。参与区委组织的“越秀核心产业功能提升区的调研报告”、“越秀区文化发展规划（2010—2020）研究报告”等年度重点课题调研活动。

【参与慈善公益事业】 2010年，越秀区非公人士参与各类社会捐款1300万元。3月响应市委统战部举行的“广州市民营企业家抗旱救灾‘献爱心、送甘泉’”活动，邵建明主席、丘育华副主席等为灾区人民捐献出1.3万箱水，价值39万元人民币。4月越秀区工商联系统向玉树地震灾区捐款1200万元，黄健生副主席带领会员黄庆辉等人赴玉树地震现场参加救援。区工商联和广州海印实业集团有限公司向广州军区广州总医院勤务汽车分队和体检中心各捐赠 10 万元，支持改善勤务汽车队以及总医院体检中心的建设。

【开展非公企业党建工作】 2010 年 2 月 5 日，中共越秀区非公有制经济组织工作委员会在区工商联大厦挂牌成立，区工商联党组书记孙英锐任区非公经济组织党工委书记。全区有非公有制经济组织 19741 家（不含个体工商户），员工近 20 万人，其中党员 2991 名，已建立党组织 305 个，114 家规模以上非公企业全部建立党组织，实现 100% 全覆盖。是年，结合各时期工作重点开展“庆七一，聚党心”演讲比赛，“我为亚运添光彩”，“参与亚运、服务亚运、奉献亚运”，参观学习党建先进单位立白集团等活动；开展“我是党员我带头，我是党员我奉献”活动，非公企业党员提出合理化建议 399 条，技术革新 41 项，带来经济效益 434.62 万元；区内各非公经济企业党员干部为群众和社会做好事、实事 304 件，完成急难险重任务 107 件，向有关部门及单位提供 120 台共计 75 万元抢险设备。

【推动行业商会委托授权试点】 2010 年，建立行业商会委托授权机制是越秀区推动行业商会建设上水平的重要突破点。年初，越秀区工商联通过政协提案提出建立行业商会委托授权机制试点的设想，4 月向区政府提交专题报告，就试点内容及具体组织实施方法等向区政府提供决策参考意见。下半年，在 3 个协会商会实施委托授权试点：委托区饮食业商会承接区内国家级酒家等级评定推荐、预审和年检初审工作；委托区肉菜市场商会承接区内肉菜市场行业培训工作；委托区酒类行业协会办埋区内酒类许可证材料核收和培训等工作。

2010 年 2 月 5 日，中共越秀区非公有制经济组织工作委员会挂牌成立

【扎实开展扶贫“双到”工作】 2010 年，越秀区工商联与区工、青、妇组成越秀区第十二扶贫小组，落实面向信宜市钱排镇北内村的“双到”扶贫开发工作。多次深入对口扶贫村，对定点扶贫开发单位实施种养业规模提升、供销服务优化、村集体经济升级、智力扶贫和慈善关爱等 5 个帮扶措施，在扶持贫困户养兔、种植三华李，援建北内村小学和扶持北内村集体经济等 8 个扶贫项目中落实区财政扶贫资金近 15 万元，自筹 1.2 万元对贫困户进行节日慰问。发动区饮食业商会及肉菜市场商会参与扶贫开发工作，通过企业统购方式解决贫困村农产品销售问题。

（区工商联　李铭）

越秀区科学技术协会

【概况】 2010 年 6 月，越秀区被中国科协确定为 2011—2015 年度全国科普示范城区创建单位；8 月，越秀区召开创建示范城区工作动员大会，在区全民科学素质工作领导小组的基础上成立创建全国科普示范城区工作领导小组，制定创建实施方案，量化、细化工作目标和任务，明确各单位职责，把实施《全民科学素质行动计划纲要》和创建工作纳入有关部门党政领导目标责任考核体系以及年度工作目标

考核、奖励、表彰范围。是年，国务院办公厅全民科学素质行动计划纲要落实情况督查组，到广东对

2010年8月3日，召开越秀区创建2011-2015年全国科普示范区动员大会

《纲要》实施工作进行督查，越秀区科普工作得到充分肯定和高度评价。

越秀区科协基层科技团体34个，其中街道地区科协22个，专业学会、协会11个，企业科协1个。

【科普培训】 在全区各中小学开展“热爱科学、放飞梦想”2010年越秀区第二届中小学科技节活动，坚持全年每月都举办各类型的科普进校园活动及科技竞赛活动，为全区中小学生免费举办航海模型、车辆模型、航空模型、电脑机器人、生物、无线电测向6项科普培训及各类科普讲座活动300多场次。

为失业人员免费开设烹饪、会计、电脑操作等36项专业技术培训；在社区教育学院每周定期开展丝网花制作、书法培训等课程；与广州大学等高校合作建立越秀区大学生见习基地和学士后流动站，为有就业愿望且暂时尚未就业的高校毕业生提供实践、实习机会。

先后联合省、市科协及区有关单位，为越秀区领导干部和公务员举办广州科普讲坛之“喜迎亚运，倡导低碳生活，保护环境”科普讲座、广东科普大讲堂——神农健康大讲堂、“咽音”保健讲座等。

【科普活动】 联合省科协在人民公园举办“减灾从社区做起”2010年“防灾减灾日”宣传周科普宣传进社区大型广场活动，在都府社区举办“走进低碳生活，科学文明迎亚运”广东省2010年全国科普日大型广场科普活动；联合市科协在海珠广场举办“科技创新喜迎亚运”2010年越秀区科技活动周青少年科普宣传活动；在北京路举办“科技亚运、健康生活”广州市2010年全国科普日大型广场科普活动；联合团区委举办2010年“青春社区行”大学科普志愿者社区服务活动；在英雄广场举办“科技亚运、创新越秀”2010年越秀区科技活动周大型广场科普活动；组织区属各单位干部及子女举办“低碳生活体验之旅”2010年越秀区青少年科普夏令营活动；举办“低碳新生活、和谐新越秀”2010年越秀区低碳生活及亚运知识竞赛活动等。另外，区属各科技团体也积极举办各类型的科普进社区活动。

【科普宣传】 2010年，区科协及区属各有关单位组织编印《低碳生活知识100条》、《全民节能减排手册》、《青少年科学应急避险知多少》、《甲型H1N1流感的预防》、《预防甲型流感，共筑健康社区》、《灭蚊——预防登革热》等科普读物，制作一批“实施全民科学素质纲要，创建全国科普示范城区”环保袋，免费派发到广大群众手中。区科协联合区园林绿化局，在二沙岛绿道建设中迎合环保低碳的社会需求，运用宣传栏、指示牌、声光电等技术加强绿道科技、文化宣传功能，宣传低碳生态科普知识，建成集参观、学习、科普和休闲为一体的“绿道生态科普园”，成为越秀区科普文化建设项目新亮点。

【社区科普益民计划试点工作】 2010年中国科协在全国6个地区

开展"社区科普益民计划"试点工作，广州市是其中之一，越秀区作为广州市的试点区从6月开始与市科协合作开展相关工作。"社区科普益民计划"以社区为重点、科普为手段、益民为目的，通过奖励社区优秀集体和个人、资助社区科普基础设施建设，推动着社区科普深入开展，以提升公民科学素质，促进和谐社会建设。

市、区科协联合制定《广州市社区科普益民计划（试点）工作方案》，确定优秀科普示范街道、优秀科普示范社区、优秀科普模范家庭、优秀科普志愿者、优秀科普共建单位5个社区科普益民计划奖励对象，以及基层优秀科普场馆、社区科普文化广场、优秀民生科普项目和优秀科普农贸市场4个社区科普益民计划资助对象。

在开展创建广州市科普进社区示范街的基础上，以试点工作为契机启动五人工程建设：以外来务工人员为主要服务对象的"金雁社区科普建设工程"；打造绿色环保人居环境的"低碳社区科普建设工程"；完善社区科普教育体系的"社区科普教育建设工程"；涵盖各行各业社区科普人才队伍的"科普人才队伍建设工程"；整合一批社会企事业单位优秀科普资源的"社会科普资源共享共建工程"。

发挥各街道社区的资源优势，推动"一社区一品牌"创建活动，打造一批具有各街地域特色的科普阵地项目，如广卫街都府社区负离子体验屋、洪桥街三眼井社区的环保光电长廊、大新街大德中社区的太阳能实践基地、大东街青龙里社区的体育科普特色项目等。

（区科协　邝俊华）

越秀区文学艺术界联合会

【概况】　2010年，越秀区文学艺术界联合会（下简称"文联"），下属有文学、美术、书法、摄影、集邮、动漫、曲艺、管乐、音乐、舞蹈等文艺社团19个；有街道地区文联6个（白云、农林、登峰、诗书、人民、东湖）。辖内荟萃国家级、省级文艺界、社科界名人200多名。区文联坚持做好协会规范管理工作，除指导协会做好会员登记、造册、依时换届和财务制度管理外，还规范指导协会举办的文艺活动，保证各协会活动有看头、有特色、有亮点。

是年，区文联委员和下属各文艺协会获全国、省、市美术、书法、摄影、音乐、曲艺等各艺术门类奖项共50个。其中，区文联委员谢伟国与黎田老师合作的文艺专著《粤曲》获广州市人民政府颁发的第七届"广州文艺奖"二等奖；区岭南诗书画联谊会会员刘俊和获全国第十五届"群星奖"广州市美术书法摄影提名展铜奖，作品《古诗选录》被广东书法院永久收藏；区文联主席李咏祥创作的国画作品《秋韵》被广州市国家档案馆永久收藏；区文联委员雷哲隽获广东省音乐家协会颁发的"2010年度广东省优秀音乐家奖"。著名诗词家刘斯翰创作"越秀十美"诗词10首，在《诗词报》发表刊登。

【地区文联协会活动】　2010年，区文联坚持"以文化人、以文惠民"，推动城区文化大发展大繁荣。诗书地区文联启动"广府状元文化节"，举行"诗书阳光社区文化广场"开幕式暨《文史纵横》（越秀专辑）首发式活动；人民地区文联举办"活力广场·文明乐园"群众文艺展演活动；作家协会组织会员深入社区开展文学创作，积极参加市作协举办的各类培训班；动漫画协会主办第三届大型动漫展，吸引全国各地和港澳台动漫爱好者及日本Mtrix公司参与，同时参与协办香港CWHK第二十九及第三十届动漫展和澳门ILLUSION FEATHER同仁文化展等业内交流活动；管乐协会举办"海峡两岸中小学管乐交流活动"；珠江摄影学会积极参与"古越今秀——越秀区迎亚运环境综合整治摄影大赛"，坚持月月有创作、季季有评比；集邮协会每月坚持举办会员活动日，成功举办"越秀区迎接亚洲体育运动会邮展"；侨艺书画会举办"笔歌墨舞，亚运腾欢——何镇波、何镜波、何活、何炜坡书法展"等。

【文化艺术交流活动】 2010年6月28日至7月3日，区文联组织部分艺术顾问、越秀文化发展咨询委员会委员一行12人赴安徽省艺术创作采风与交流。区岭南艺术研究会在广州举办“两岸四地（香港、澳门、台北、广州）合唱艺术交流”；区海日书画研究会与花都区政协在花都区图书馆举办“广州市越秀区海日书画研究会成立二十九周年作品展”；区墨趣书画研究会与增城老干部局联合举办“荔乡·墨趣迎亚运书画展”；越秀书画家协会与肇庆市老年书画研究社举办书画艺术创作交流活动；区老演员合唱团与花都区“花之都合唱团”在星海音乐厅联合举办“星海歌潮——阳光之约”合唱音乐会。

【成立“广州市越秀文化发展咨询委员会”】 2010年5月7日，“广州市越秀文化发展咨询委员会”（以下简称咨询委员会）在广州大厦会展厅举行成立仪式。广东省文化厅、省文联，广州市委宣传部、市文化广电新闻出版局、市文联，越秀区委、区政府、区政协等领导应邀出席本次活动。咨询委员会是在越秀区委、区政府领导下和区委宣传部指导下，由从事文化、艺术研究的专家、学者（包括艺术、社会科学、新闻、出版、文化创意、文化策划和从事研究民间民俗文化、文化产业的人士）组成，是越秀区文化发展宏观与综合决策的高层专家咨询机构。会上聘请方治齐、方锦龙、叶春生、卢延光、冯丹峰、刘斯翰、许钦松、杨光治、李权时、李明华、李醒韬、连登、岑桑、张磊、张小平、陈中秋、陈泽泓、周大鸣、顾涧清、黄森章（按姓氏笔画为序）20名专家为首批咨询委员会委员。咨询委员会办公室设在区文联。咨询委员会委员参与“北京路广府文化商贸旅游区”建设规划，参与市政协在越秀区开展的“弘扬岭南传统文化，建设国家中心城市”调研，以及区委、区政府主办的“广府文化与商贸旅游研讨会”、“羊城新八景评选之‘城市公众论坛’越秀区专场”活动。

【举办“同声同气·广府情怀——粤语新童谣创作大赛”】 2010年7月，由越秀区委宣传部主办、区文联承办的“同声同气·广府情怀——粤语新童谣创作大赛”，引起社会广泛关注。11月23日，区委宣传部、区文联邀请广府文化研究、文学、语言学方面的专家杨光治、陈中秋、龚伯洪、伍巍为本次大赛评委，对初评入围的粤语新童谣作品进行复评工作。评选以“新”、“浅”、“顺”、“健康”为标准，最终评出成人组和青少年组一等奖各2名，二等奖各5名，三等奖各10名，优秀奖若干名。

【承办“创文明·迎亚运——广州市区、县级市全民健身运动美术、书法、摄影作品巡回展”闭幕式】 2010年10月22日，由广州市文联、越秀区委宣传部主办，区文联承办的“创文明·迎亚运——广州市区、县级市全民健身运动美术、书法、摄影作品巡回展”闭幕式在广东画院二楼展厅举行。巡回展从6月起，分别在广州市12个区、

2010年10月22日，举行“创文明·迎亚运——广州市区、县级市全民健身运动美术、书法、摄影作品巡回展”闭幕式剪彩仪式

县级市交流展出。展览以迎亚运为主题，展出160幅美术、书法、摄影作品。省、市、区文联主席及越秀区委、相关部门领导，越秀地区书画名家，区文联第七届委员会委员等300多人参加活动。

【编撰出版《广州越秀古街巷》】 2008—2010年，越秀区文联和文艺领域的文化名人、专家学者一道发掘、抢救、保护越秀地区古街巷的历史文脉资源，编撰出版岭南文库知识书系《广州越秀古街巷》第一、第二、第三集。系列丛书每集分“历史故事”、“民俗故事”、“风物故事”、“人物故事”四个部分。通过真实地记述千年越秀古街巷的故事，尤其是那些在城市的变迁中已经湮灭的街巷，让人们在阅读中回味历史、尊重历史，在生活中重新了解历史、认识历史，让厚重的广府文化代代相传。

（区文联　李莹晖）

越秀区归国华侨联合会

【概况】 2010年，越秀区侨联有基层侨联会26个，其中街道侨联会22个，局侨联会2个，地区侨联会2个（华乐地区侨联会、广州华侨新村归国华侨联谊会）。另有侨联小组共400个，其中局侨联小组1个，香港联谊小组1个，澳门联谊小组1个，基层侨联小组397个。下设越秀区侨界青年联合会，有会员82人；越秀区侨联义工队，有义工40人。

各级侨联从工作着力点和落脚点入手，努力探索新方法、新路子，通过开展“创先争优”促发展。区侨联、区教育局侨联等14个基层侨联组织获评2010年度“广州市侨联系统先进集体”，马婉贤等10名侨联干部被评为“广州市侨联系统先进工作者”。

【送温暖活动】 2010年，区“六侨”单位（区人大侨工委、区政协港澳台侨委、区侨办、区侨联、致公党越秀基层委员会、区侨商会）联合举行“越秀区归侨侨眷迎春座谈会”、“越秀区侨界中秋慰问座谈会”，向90多位困难归侨侨眷送上慰问金、慰问品5万多元。区侨商会10多位侨界企业家向10名归侨侨眷困难家庭在学学生送上助学金3万元；区侨联委员、广州黄振龙凉茶有限公司常务副总经理谭丽珍捐赠节日礼品2万元；区侨商会副会长、区侨联委员、宾度控股集团董事总经理何少敏为侨胞捐赠“粤剧名伶群英会”票款3万元。区侨联侨界热心人士为青海玉树地震捐款4.5万多元。

【助侨公益活动】 2010年2月，市委常委、统战部部长孔少琼，市侨联主席邓向端，区政府副区长罗丽华，区政协副主席陈晓觉，率市、区侨联干部上门慰问、看望和鼓励区侨联爱心服务义工队员以及助养的孤儿，慰问活动得到侨资企业广州兰狮运动用品有限公司、亿深电脑公司的热心资助。3月，在越秀区召开侨联八届二次全委（扩大）会议上，方贵龙、陈明亮、李云光、陈恩安、王亨利、雷子文、周志强、魏德向13户侨胞困难家庭在学子女捐赠助学金1.3万元。“六一”节之前，区侨联、区教育

受到区侨联帮扶的困难侨胞向区侨联赠送锦旗

局侨联与真光小学联合举办“老少同乐迎六一，四好少年迎亚运”的“六一”慰问活动，区侨联向真光小学赠送“山花璀璨”国画纪念品。越秀区侨联机关和委员代表，前往“明爱园”——越秀区侨联义工队助养孤儿基地，看望和慰问义工队成员薛贵瑞、陈德容夫妇以及他们助养的7位孤儿。区侨联义工队（苏豪路易士·嘉玛形象设计机构员工）10多人，每月前往越秀区启智学校、培智学校开展义工服务活动日。是年，为两校智障学生理发300多人次，捐赠图书和学习文具一批。

【侨企服务】 2010年，区侨联深入侨属企业，围绕加快转变经营发展方式的要求，探讨和研究侨企在转型发展中的现状和对策；与有关金融机构联合举办“侨属企业融资发展”专题研讨会，为侨属企业提供最新融资信息和渠道；邀请区领导在侨联全委扩大会议上介绍区在城市更新改造中招商引资的项目计划和方式方法。引导和鼓励侨属企业和海归人员来区投资创业；牵头组织区涉侨涉台企业与有关部门联合举办“涉侨招商引资专题协商会议”，为涉侨招商引资创造有利的环境和条件；先后为广州商道咨询有限公司完善“留学人员实习基地”功能，为国际咏春总会落户越秀区、为美国华商巨额投资问题等提供沟通和协调服务。

【宣传《侨法》活动】 2010年是《中华人民共和国归侨侨眷保护法》（简称《侨法》）颁布20周年，区侨联举办专题座谈会、图片展等纪念活动，推动《侨法》的宣传普及工作，促进依法维护归侨侨眷合法权益的工作。9月，大塘街侨联在承办“越秀区侨界纪念《侨法》20周年专题活动”中，结合新形势要求和本街实际，建立侨益维权工作网，聘请侨法宣传维权服务志愿者，向归侨侨眷发放“侨益维权咨询服务卡”。大新街、梅花村街、白云街侨联等单位重视来信来访工作，依法护侨，为侨胞排忧解难。区侨联积极帮助侨胞解决侨房发还、拆迁、归国入籍、居住和生活困难等实际问题。全年共受理来信来电来访83宗，结案率100%。信访工作的有效做法在广东省侨联信息工作会议上受到表彰。

【参政议政】 2010年，区侨联先后组织侨界政协委员前往宝生园和爱群大厦（作“广州老字号企业现状”专题考察）、广州增城新粤小额贷款公司（作“中小企业融资情况”专题考察）、金沙洲（以大型居住新城使用封闭式垃圾自动收集系统，作“绿色亚运，环保社区”专题考察）等地方开展视察活动并召开座谈会。3月，参加越秀区政协十三届五次会议的侨界政协委员提交提案4个，其中，“关于加快推进东濠涌沿线城市更新改造工作的建议”、“建议尽快抢救复建越秀古书院群，使古书院群成为北京路广府文化商贸旅游区中的精品”，获越秀区政协“2010年度优秀提案奖”。

【组织完成迎亚运任务】 2010年，越秀区各级侨联以亚运会为契机，向归侨侨眷、海外侨胞、港澳台同胞广泛宣传广州亚运会、亚残运会、广府文化、城区建设新面貌。组织和接待港澳台、加拿大、美国等地侨胞参观游览亚运场馆、花城广场、二沙体育学院、东濠涌亲水景观。在广州亚运会、亚残运会保障工作中，区侨联先后成立由归侨侨眷与海归企业人员组成的侨联志愿者越秀分队、越秀区港澳台侨界志愿者队、亚运亚残运侨界安保队伍、侨界文明观赛拉拉队4支志愿者队伍，在社区和亚运、亚残运场馆的志愿者岗位上，较好地完成了各项任务。华乐街侨界的外籍志愿者队伍更是被全国性的媒体广泛报道。侨友艺术团在全区亚运专题展演中获三等奖，陈志英等10人被广州市侨联评为“为亚运作贡献，为广州添光彩”先进个人。

【海内外联谊活动】 2010年4月，区侨联应邀参加在澳门举办的缅华泼水节，积极联络澳门缅华互助会、澳门归侨总会、澳门街坊总会，就增进两地华侨社团之间在华侨文化方面的交流达成共识。8月，区侨联、区教育局侨联组织区属中小学学生参加由中华全国归国华侨联合会、中华全国台湾同胞联谊会、《快乐作文》杂志社、《人民日报》海外版、中国国际广播电台、中央电视台联合举办的“第十一届世界华人学生作文大赛”，选送参赛作文212篇，在全球23个国家（地区）的600多万华人学生的竞争中，获得特等奖的1人（全省唯一一个）、一等奖2人、二等奖14人、三等奖13人，区侨联、区教育局侨联获大赛组织奖。9月，区侨联接待由理事长余郁成先生率领的台湾华夏文化教育艺术交流协会来穗观光访问团成员一行10人，积极宣传推介广州的辛亥革命史迹和广府文化，双方就两岸华侨社团在辛亥革命100周年纪念活动中进一步合作交流交换意见，就越秀区侨界与台湾桃园县在文化教育艺术方面的交流达成相关意向。12月，区侨联获广州市侨联颁发的“海内外文化联谊工作”一等奖。

（区侨联　王志光）

越秀区残疾人联合会

【概况】　2010年越秀区残联以残疾人为本，正确履行政府赋予的“代表、服务、管理”职能，全面推进基础工作，康园工疗机构建设做到人员专业化、经费管理规范化。残疾人事业取得新的发展，残联建设得到进一步加强，残疾人得到更多的实惠。区康园工疗站服务中心被市政府残工委授予“残疾人之家”荣誉称号。

越秀区办理第二代残疾人证的16297人，占全区户籍人数的1.5%；其中：肢体残疾6267人、智力残疾2497人、精神残疾4505人、视力残疾1604人、听力残疾1044人、言语残疾97人、多重残疾283人。全年有614名康园工疗学员进站接受工疗，市、区下拨经费451万元。

【残疾人康复】　2010年，越秀区有23646名残疾人，残疾人康复服务建档数23646人，残疾人康复服务建档率100%；开展社区康复服务263个，辖区内社区康复协调员285人；接受白内障复明手术1028人，有手术指征的白内障致盲患者602人；低视力者2113人，配用助视器的低视力者2072人；0~6岁聋儿25人，0~6岁听力语言残疾儿童康复训练25人；0~17岁智力残疾574人，0~17岁智力残疾儿童康复训练409人；肢体残疾人9296人，肢体残疾人康复训练7972人；适合装配假肢的下肢缺肢者41人，已装配假肢的下肢缺肢者39人；建档立卡的精神病人7243人，已接受监护的精神病人7196人，精神病患者监护率99.35%，精神病患者肇事肇祸总次数11人，精神病患者肇事肇祸率0.15%；需要配置残疾人基本辅助器16400件，已获得残疾人基本辅助器具人数16150人；残疾人及其亲友残疾预防、康复知识普及15336人；残疾人全面康复服务转介2321人，残疾人全面康复服务转介有效2250人；残疾人及其亲友康复服务满意19397人，满意率82%。

为区户籍0~6周岁儿童实施康复救助25人；申请划拨救助经费7.3万元，全年为各类残疾儿童提供康复服务2527人次，提供康复课时7924节。

【残疾人就业】　2010年，区残联进一步依法推进按比例安排残疾人就业年审工作，全年办理年审单位3065个，比上年增长150%，职工总人数53998人，已安置残疾人447人，应收残保金2047万元，实际已收缴残保金1468万元，同比增长111%。继续做好残疾人的就业、失业登记工作。全年收到求职登记表134份，推荐残疾人见工283人次，就业85人，新办残疾人失业证552个，续期343个，遗失补办15个，在就业援助月期间，为105名失业残疾人发放慰问金1.05万元。

【扶残助残】　2010年，共慰问困难残疾人465名，慰问经费12.7万元；向3818名残疾人发放专项补助金445万元；办理2009学年590名残疾学生和残疾人困难家庭学生扶残助学专项补助金的审核工作。为一、二级重度残疾人新办免费乘车卡460个；为88名持低收入证的残疾人办理慢性病救助证，办证总数为773个（低保685个，低收入88个）；审批6名申请特殊困难救助的残疾人资料，其中1人符合条件，发放救助金额5000元。做好残疾人专用机动车申购管理工作。全年办理相关业务154人次，组织残疾人专用机动车驾驶员进行安全学习以及“迎亚运”交通整治培训。继续开办残疾人专用车维修服务站，以政府购买岗位和服务的形式，为3430名残疾人专用车主提供维修和救援服务。优质高效地做好第二代残疾人证办理及管理工作，对全区12860名持有二代证的残疾人资料进行系统整理并存档，新办证2305个，被广东省残联评为第二代残疾人证置换工作先进单位。“创文”期间组织12批次上路巡查，对违规行驶的残疾人专用机动车驾驶员进行登记、劝导。

【实施智力、精神和重度残疾人居家照顾服务】 为落实“残疾人社会保障体系和服务体系建设”，2010年，区残联积极探索残疾人托养工作，开展实施“阳光家庭”计划，通过专业社工和志愿者的介入，推进全区100户智力、精神和重度残疾人的居家照顾服务。是年，建立个案112个，提供服务6008小时，有效缓解残疾人家庭的生活压力，提高生活质量，增强生活信心。

【参加广州市第四届残疾人职业技能竞赛】 2010年，区残联组织24名选手参加广州市“第四届残疾人职业技能竞赛”，在28个奖项中共获得7个奖项（一等奖3个、二等奖2个、三等奖1个、优秀组织奖）的良好成绩。在广州市12个区（市）中，越秀区总分排第二名，有4位选手被省残疾人职业技能竞赛组委会推荐参加中残联在南京举办的第四届全国残疾人职业技能竞赛，区残联获得“第四届广州市残疾人职业技能竞赛优秀组织奖”。

【确保“两个亚运同样精彩”】 2010年，区残联切实做好区精神病人的管控工作，将经区公安分局评定为肇事和肇祸精神病一类、区卫生局评定为精神病风险3～5级共60名对社会危害较大的重性精神病人送到精神病院集中治疗，确保“平安亚运”。与区建设和水务局密切配合，完成4个社区及12户残疾人家庭的无障碍改造。向全区12874位残疾人发放补助金643.7万元，做到不漏、不错一人。做好信访维稳工作，全年受理来信、来访、来电372件，比上年增加24件，上升6.9%，想方设法解决残疾人反映的问题，对暂时未能解决的问题，则做好解释和指引工作，为亚运会、亚残运会的召开营造良好的氛围。开展宣传教育实践活动，做好文明观众的组织工作，亚运、亚残运会期间共组织文明观众1164人次。

（区残联　程玉霞）

2010年3月30日，区残联在大东街文化站举行区“阳光家庭”计划启动仪式

越秀区个体劳动者协会、私营企业协会

【概况】 2010年，越秀区个体私营企业协会紧紧围绕服务个体、私营经济发展，以开展“会员服务年”为载体，以改革创新为动力，不断加强协会规范化建设，不断提升协会服务能力和水平，各项工作

取得新成效。是年，越秀区个体私营企业协会被中国个体协会评为全国基层个体私营企业协会建设先进单位和示范单位。

【会员工作】 为会员免费办理工商营业执照开业308户、变更2325户、歇业237户、注销45户、企业年检和个体验照50516户，协助会员解决消费投诉65件。围绕工商业务工作，广泛提供代办便民服务，成立57个会员小组，配合做好各类宣传及服务工作，在23个会员服务窗口及各大专业市场设立现场办公服务点，帮助会员解决突出问题和困难。发挥基层分会和会员联系紧密的优势，形成横向到边、纵向到底的协会服务网络，将服务会员的工作落到实处。根据会员在实际经营中遇到的各类劳动争议问题，联合越秀区劳动保障部门共同举办"劳动争议仲裁案例分析会"，聘请经验丰富的仲裁专家，运用大量具体、典型的实例，采取台上台下互动的授课形式，帮助会员解决许多经营的难题。白云、东湖、流花、西湖等22个分会分别结合会员企业经营实际，组织学习《侵权责任法》、《流动人口计划生育工作条例》、《产品质量法》、《广告法》和商标知识专题讲座等。全年举办普法培训讲座28期，参加人数5600人次。加大协会"两金"宣传力度，开展"献爱心、送温暖"活动，扩大助困会员受惠覆盖面。全年，发放会员住院手术补助及抚恤金1.1万元，为获得"三好学生"的会员子女发放教育奖励金6650元，慰问困难会员253户，发放慰问品价值达5.5万元。建立会员联系制度，通过定期上门走访、电话联系，组织座谈会或职能部门见面会等形式，及时了解会员的需求和呼声，引导会员依法表达利益诉求。大力支持协助会员解决北京路名盛广场158户小业主的经营难题等。2010年，发动会员为青海玉树地震灾区捐款达150多万元；在"广东扶贫济困日"活动中，筹集善款近80万元，捐款数额为全市协会系统之首。

【精神文明创建】 2010年，区个体私营企业协会配合"创文"迎检工作，教育引导会员诚实守信、亮照经营，自觉抵制销售假冒伪劣商品。配合工商部门组织开展"守合同重信用"、"诚信商户"、"共建诚信文明单位"推荐评选活动，引导会员树立"诚信立身、信誉兴业"的经营理念。2010年，有238家企业获评"守合同重信用企业"、150户个体商户获评"诚信商户"、28家企业获评"共建诚信文明单位"。积极开展双拥共建工作，为部队官兵改善生活条件，赠送10台价值2万多元的分体空调。

【引导会员当好亚运东道主】 2010年，区个体私营企业协会引导会员积极参与"迎亚运、讲文明、树新风、促和谐"活动。组织举办以"迎亚运·展风情"为主题的摄影作品展览，引导会员关注社会，陶冶情操，树立"当好亚运东道主，争做文明广州人"的集体意识。协会团员青年志愿者积极行动，配合工商部门做好亚运期间的食品安全、无照经营整治、商标广告整治、知识产权保护等宣传督导工作；参与工商所在繁华商业路段开展亚运宣传导购员等志愿活动，为各方亚运来宾提供导购及识别商品真伪等服务；向经营业户派发

建军节前夕，区个体私营企业协会向共建部队赠送空调设备

“守法经营告知书”、“倡议书”，号召广大会员商户积极参与“百城万店无假货”和开展“商家微笑诚信经营”活动，引导会员自觉践行公共道德，做热情、文明、守法的东道主，以实际行动参与亚运、支持亚运、服务亚运、奉献亚运。邵建明会长作为优秀企业家代表，当选为广州亚运火炬手。

【多举措为个体、私营经济发展服务】 2010年，区个体私营企业协会搭建信息平台，利用协会网站、老板报、宣传栏等，及时发布生产经营信息，传递工商等部门的新政策法规、便民措施等信息。开展会员之间同行业、跨行业、跨区域的经济往来与合作，推荐会员代表参加第二届新粤商高峰论坛，组织有实力的会员企业到唐山、英德等地进行经贸考察。通过考察，协会多位会员已与当地政府达成有关物流、地产、饮食、旅游商贸等多个项目的合作意向。组织会员参加香港潮流商品（广州）展览会商贸配对活动，密切与区贸促会、区工商联、区纺织商会、女企业家商会、现代服务商会、百货商会等行业商会的联系，积极组织和参与各商会举办的联谊活动、招商洽谈等，参加活动35场次2500人，为会员寻找项目、推广产品、扩大销路、引进技术等生产经营活动牵线搭桥，引导会员与外地企业优势互补，共同发展。为会员搭建信贷服务平台，解决企业融资难题，积极与越秀区海印小额贷款有限公司联系，建立合作关系，组织融资洽谈会10场，是年为会员企业放贷11亿元，受惠会员企业430户。

（越秀区个私协会　周树勤）

责任编辑　邓小敏

政法

政法工作综述

【概况】 2010年，越秀区政法工作坚决贯彻落实中央和省市政法工作部署，紧紧围绕“平安亚运”的总目标，全力推进社会矛盾排查化解、社会管理创新、公正廉洁执法三项重点工作，努力保持社会大局和谐稳定，有效维护社会公平正义，积极为区经济社会平稳较快发展和亚运会、亚残运会成功举办营造良好的社会环境，是经受考验、不辱使命、铸就辉煌的一年。

社会治安持续好转 全年全区立刑事案件6578宗，比上年下降5.2%，其中“两抢”案件下降35.3%，“两盗”案件下降25.8%；破获刑事案件4445宗、毒品案件420宗，刑事拘留2522人，行政拘留4447人，抓获逃犯300多人，是年17宗命案全部侦破；打掉各类犯罪团伙165个，及时侦破一批影响重大的案件。居民群众安全感满意度进一步提升。

社会大局和谐稳定 以街道综治信访维稳中心为枢纽，大力推进综治信访维稳中心建设的上下延伸，向上建设区级综治信访维稳中心，向下建设社区及机团单位工作站，初步形成贯通区—街道—社区三级全覆盖的综治信访维稳网络，基本实现“小事不出社区，大事不出街道，矛盾纠纷不上交”的目标。全年排查人民内部矛盾纠纷5741宗，调解成功5548宗，成功率96.6%；妥善处理群体性事件1209起45344人次；成功办结一批重大涉法涉诉信访案件，为一批生活困难的信访群众家庭提供87万元的涉法涉诉救助，缓解他们的生活困境，帮助他们解决实际问题；侦破“11·7”、“11·14”故意传播虚假恐怖信息案；特别在亚运期间，通过早抓“排查化解”，狠抓“调解调处”，深抓“稳控严管”，全区没有发生重大涉稳事件和危害国家安全的重大事件，确保社会大局和谐稳定。

2010年3月28日，区综治委在人民公园南广场举办区社会治安综合治理宣传日活动

公平正义得到彰显 政法各部门坚持把维护社会公平正义作为促进社会和谐的生命线。区法院深入开展“执行治理年”活动，全年结案26787件，结案率95.91%，无超审限案件，为亚运会、亚残运会成功举办提供优质的司法服务和有力的司法保障。区检察院全年受理提请逮捕各类刑事犯罪案件1291宗1656人，提起公诉1317件1774人，立案侦办一批职务犯罪案件。区司法局通过降低法律援助门槛，不断扩大法律援助工作的覆盖面，使困难群体打官司难的问题得以有效缓解，消除大量不稳定因素，全年办理各类法律援助案件447宗，接待来访来电1026人次，其中刑事案件152宗，民事和行政诉讼案件269宗，代拟法律文书和非诉26件；涉及农民工法律援助案件86宗。民政部门以保障民生为首要任务，完善社会救助保障体系。2010年全区支付低保金2988.54万元，其中分类救济金343.55万元；基本医疗救助金支出569.78万元；慈善门诊金支出11.8万元；困难群众领取慈善捐助超市物品9535人次，折合人民币约122.7万元，实现应保尽保，有效解决困难群众基本生活需要。此外，城管、民政、卫生、公安等部门组成的流浪乞讨人员救助队加强对流浪乞讨人员的劝导指引和救助工作，有力地保障弱势群体的权益。

队伍素质稳步提升 2010年，越秀区政法各部门始终把坚持党的领导作为队伍建设的首要环节，自觉增强服务群众的本领。区公安分局开展“亚运安保”教育培训活动，努力打牢工作基础；检察、审判机关推进专业化建设，不断提高办案水平；司法、民政部门注意总结工作经验，促进工作规范化，大力提升工作效率。特别是在亚运期间，广大政法干警站在讲政治、讲大局的高度，全力以赴完成安保任务。除公安专业安保力量外，区政法各部门派出2000多人次参与开、闭幕式期间二沙岛安保、东风路面治安防控、沿江路楼宇控制等安保辅助工作。是年，全区政法各部门受全国表彰的集体3个、个人2名，受全省表彰的集体7个、个人18名，受全市表彰的集体和个人一大批。其中，区委政法委崔德星被评为“全国先进工作者”，区法院被中央政法委、最高人民法院评为“全国集中清理执行积案活动先进集体”、“全国法院22届学术讨论会组织工作先进奖”。

【亚运安保出色】　2010年，亚运期间，越秀区组织12万人参与社会面整体防控；投入5.5万人次的安保力量顺利完成前期清查整治、14次开闭幕式预演及正式安保任务；对近18万人次的观众、2500车次的进场车辆实施安检；完成一级警卫任务32次，二级以上任务48次，确保亚运会、亚残运会16间指定酒店和6000多名亚运来宾生命财产的绝对安全，实现涉亚酒店、场馆、人员的零发案、零纠纷、零事故、零投诉，圆满完成平安亚运的任务。

【社会管理成效显著】　2010年，越秀区出租屋和流动人员管理继续保持“四增两降两无”的良好态势，即流动人员登记率同比增长2.93%、出租屋登记率增长4.7%、流动人员办证率增长143.4%、出租屋租赁登记备案率增长10.81%，出租屋内的刑事案件下降14.02%、治安案件下降21.57%，全区20多万套出租屋内没有发生一起重大特大责任案件和事故；特殊人群管理成效显著，抓获“三非”外国人347人，遣送346人；流浪乞讨人员救助服务到位，亚运期间基本杜绝社会面流浪乞讨现象，亚运救助工作名列全市前茅；特殊人员教育改造质量进一步提高，刑释解教人员、社区矫正对象帮教率99%、安置率98%，亚运期间全区972名刑释解教人员和176名社区矫正对象无脱管和重新犯罪；“迎亚运、保平安”整治交通秩序百日会战战果明显，排查机动车133710辆、驾驶员181982人，查扣非法摩托车107台，查处轻微交通违法车辆748辆、非法营运车辆437辆；适时开展安全生产和消防安全大检查，排查消防隐患14520处，办结消防行政案件580宗，罚款124.34万元，是年全区没有发生重特大道路交通死亡责任事故、较大以上火灾和群死群伤事故、重大食品安全和安全生产事故。

（区政法委　温文学）

公　安

【概况】　2010年，越秀区公安分局以实现“平安亚运”为总体工作目标，不断加强公安基层基础建设，进一步创新警务工作理念和工作模式，完善社会治安防控机制，扎实推进社会治安综合治理，加大对各类不安定因素的化解和对各类事件的处置，始终保持对各类违法犯罪的高压态势，全面落实亚运安保各项工作，打赢广州亚运、亚残运会多场安保硬仗，确保全区政治稳定、治安秩序良好，实现亚运安保工作“大事不出，小事也不出”。在2010年12月国家统计局广东调查总队开展的满意度测评工作中，区公安工作群众满意度得分为92.46，全市排名第二；公众安全感群众满意度得分93.32，全市排名第一。

【打击刑事、经济犯罪活动】　2010年，越秀区刑事发案下探至历史新低，同比下降6.5%；实际破获刑事案件破案率45.6%，同比上升2.2%，其中两抢、入屋盗窃等突出犯罪得到有效遏制，同比分别下降35.3%和25.8%。立足“四快机制”，加强部门联动协作，切实深化命案和打黑除恶工作，始终保持打击绑架、恐吓、勒索犯罪的高压态势，及时侦破“3·5”电话恐吓爆炸客机案、“1·15”英德宾馆命案、“11·6”淘金路杀人案等多起社会影响重大的案件，命案破案率100%。创新案件侦破机制，强化信息研判工作，在主攻暴力恶性大案的同时，针对社会治安形势，开展专项打击行动，严密打击涉车犯罪、入屋盗窃和抢劫、网络电信诈骗等重大侵财型犯罪，连续打掉洪锦祥特大“网上订机票诈骗”团伙，柳中旺特大旅游诈骗团伙，王立超、梁丽华两个冒充警察抢劫犯罪团伙，以及二沙岛系列盗窃汽车案、“8·7”重大抢劫案等一批社会影响重大案件。全力推进“跨区域办案协作平台”建设，强化与外单位横向协助以及外地公安机关的跨区域协作，充分利用“大情报”系统，发挥公安机关全部打击资源，开展上网追逃工作。全年抓获各类网上在逃人员401名，同比增长19%。

在打击经济犯罪活动方面，深入开展打击假币犯罪、假发票犯罪、银行卡犯罪和侵犯知识产权犯罪等四大类案件的打击行动，全年破获各类经济犯罪案件103宗，抓获嫌疑人126人，累计为国家、集体和个人挽回经济损失500多万元。成功抓获省厅督办的涉嫌虚开增值税专用发票用于骗取出口退税、抵扣税款发票犯罪的在逃人员刘某。

【监所管理】 2010年，越秀区公安分局积极构筑监管安全防范体系，认真开展“大排查大整治”、监管执法专项检查行动，集中整治执法过程中存在的问题，及时发现并消除隐患，顺利实现“双无”（无安全责任事故，无民警严重违法违纪）的目标。开展监所深挖犯罪活动，大力发动在押人员检举揭发，通过扩线破案71宗。7月，首次举办拘留所“家属开放日”活动，按照“大封闭、小开放”的管理思路，专门邀请部分被拘留人员家属参观了解拘留所的基本情况和工作流程，打破封闭的教育模式，形成所内教育和社会教育的有机结合，帮助被监管人员顺利回归社会。

【治安管理】 2010年，越秀区公安分局大力整治涉亚场馆周边地区和警情高发地区治安秩序，清除违法人员落脚黑点，强化对区内商业批发市场、废品回收站等治安复杂部位的管理，堵住销、窝赃渠道，消除治安隐患。加强对区内娱乐服务场所的管理，开展经常性和突击性的检查，加大对“黄赌毒”违法犯罪活动打击力度，严格执行娱乐服务场所管理规定，确保涉亚场馆及周边地区不发生“黄赌毒”突出问题、不形成治安问题热点。2010年收戒吸毒人员469人，检查各类重点场所3256间次，查处娱乐服务场所涉毒案件5宗，取缔涉毒娱乐场所3间，责令9间次娱乐场所、102间旅业和桑拿场所进行停业整顿和内部整改。继续狠抓流花地区治安整治不放松，组织开展“百日行动”，始终加强“一街、四社区”（矿泉街和素波、大马站、兰圃、果菜西社区）等市重点整治街道、社区和亚运重点防护社区的治安整治，确保矿泉街和4个重点社区刑事发案均实现两位数以上的大幅下降。加强校园周边治安

2010年5月21日，举行区公安分局六榕街派出所社区警务女子中队荣获广东省“巾帼文明岗”揭牌仪式

整治工作的决策部署，率先建立上下课时段“一校一警车”治安防控制度，通过开展校园周边治安整治，充实校园周边防范力量，完善校园人防和技防水平等一系列措施，确保全区校园及周边安全稳定，全区没有发生一起校园恶性伤害事件。

【交通消防管理】 2010年，越秀区公安分局围绕亚运交通安全攻坚战和“创文”工作，全力推动道路交通和消防安全整治，收到良好效果。在全区范围内开展核查汽车、车主和驾驶员工作，有针对性加强对涉亚场馆周边和全区12个重点社区的内街内巷及群众投诉乱停放黑点进行集中整治，继续开展非法摩托车专项治理工作，查扣非法上路二轮摩托车610辆、机动残疾三轮车37辆、电动车24辆、人力三轮车108辆。大力开展交通安全宣传，派发文明出行手册、温馨提示、文明交通宣传单张等宣传资料25万份，全年区内居民和辖管车单位同等责任以上的道路交通死亡责任事故死亡18人，同比下降25%，没有发生一宗一次死亡3人以上的重特大道路交通死亡责任事故，顺利完成预期目标。积极推进火灾隐患排查和治理，坚决杜绝群死群伤火灾事故的发生。全年组织开展高层居民建筑、人员密集场所、“三小”场所和出租屋等场所各类专项消防整治23次，检查各类场所近4万间次，办结消防行政案件589宗，罚款128.97万元，对10间场所责令停产停业，拘留6人，警告10人。对2间场所实施临时查封强制执行措施，及时消除消防隐患，有力震慑消防违法行为。是年全区发生建档火灾7宗，同比下降20%；死亡1人，无人员受伤，直接财产损失46.6万元，火灾形势总体平稳，没有发生较大以上火灾和群死群伤事故。

【实有人口管理】 2010年，越秀区公安分局开展“深化服务促发展”等一系列主题活动，努力提高群众满意度，全力践行“人民公安为人民”的服务理念。全年受理公民因私出国（境）申请528112件，受理二代居民身份证54040张，顺利完成户口整顿工作，被评为广东省第六次全国人口普查户口整顿工作先进单位。强化流动人口管理，全力推行居住证制度工作，全区受理录入居住证299322人，“推居”工作走在全市前列；联合区出入境管理办、国土房管分局等单位定期开展“联合巡检”工作，确保区抽查流动人口平均登记率和办证率均达95%以上，出租屋平均登记率100%，结合开展“洗楼”专项行动，最大限度挤压违法犯罪流动人员的活动空间。创新外国人管理服务新模式，全区建外国人管理服务站14个，登记点34个，确保散居外国人临时住宿登记的“三率”（申报率、及时率、准确率）达到99%。结合“创平安，迎亚运”工作，大力开展“飓风10”、“护卫”等行动，加大对外国人涉嫌“三非”（非法入境、非法居住、非法就业）等违法犯罪行为的查处力度，外国人的守法率不断得到提高，守法率保持在95%以上。

【队伍建设】 2010年，越秀区公安分局紧扣亚运安保中心任务，制定《亚运安保思想政治工作总体方案》和《亚运安保攻坚战期间思想政治工作方案》，充分发挥思想政治工作的保障和促进作用。9月18日，在中山纪念堂举行亚运安保千人誓师大会，全警动员，全情投入亚运安保工作。组织开展政工干部随警作战，充分发挥政治工作对业务工作的思想指导作用。不断完善工作考核机制，一线基层单位全面实行网上绩效考核制度，工作执法、服务质量和纪律作风“三考合一”，并将考核结果与个人评先评优、立功受奖、职务晋升挂钩。落实从优待警，为有特殊困难的民警办理福利补助163人次，慰问伤病民警及家属272人次。发掘和树立民警队伍闪光点和先进典型，涌现出大批乐岗敬业、积极奉献的先进模范。是年，立集体二等功9个、三等功21个，立个人一等功5人、二等功40人、三等功407人，个人嘉奖1791人次；4个集体、2人分别获部委、省、市亚运亚残运先进称号；1个集体获“全省优秀公安基层单位”称号，2人获“全省五好所长”称号，12人获“全省优秀人民警察”称号，1人获“全国三八红旗手”称号，1人获第八届“羊城杰出青年卫士”称号，4人获广州市“百名亚运维稳安保优秀政法干警”称号。

【全面完成亚运安保各项工作】2010年，越秀区公安分局把“平安亚运”作为全年中心工作，累计投入安保民警35万人次、安保辅助力量420余万人次，支援武警7.2万人次，同心戮力，奋勇拼搏，克服警力紧张、任务繁杂、情况多变等困难，按时按质完成广州亚运整个系列各项安保工作。全面推进涉亚场馆住地安防设施建设和安保筹备工作，保证场地符合亚运安保工作要求。建立情报信息收集研判机制，加强亚运风险评估，在此基础上先后制定总体实施、亚运场馆、开闭幕式、火炬传递、要人警卫、应急处突等专项方案。抽调专门警力组成由分局领导带队的安保运行团队进驻4个比赛场馆和13家接待酒店开展安保工作，科学合理安排警力投放，在保证亚运安保工作需要前提下，同时兼顾社会面治安防控和应急处突的警力需要。分期分批开展全警培训和专业培训，严密组织亚运测试赛演练、场馆应急处理突出事件演练、反恐防爆综合演练和亚运开幕式预演安保工作，提高全体民警亚运安保岗位专职化水平。通过层层设防和人流管控措施，确保海心沙主会场外围及“一河两岸”五座桥梁交通、人流秩序井然，亚运会、亚残运会开闭幕式活动顺利进行。亚运期间，各亚运安保岗位先后开展近110万人次人身安检和近19000车次车辆安检，查缴违禁限带物品近5000件，督促和指导场馆、酒店整改各类隐患近1000处，有力确保辖区四个亚运比赛场馆、近50场次亚运比赛安全顺利进行。此外，还先后开展亚运、亚残运火炬传递和区内重大民俗活动安全保卫工作，成立安保团队进驻海心沙和奥体中心开展开闭幕式彩排和正式演出共20场次的安保工作，圆满完成各项警卫任务，确保在区活动要人、嘉宾的绝对安全。经过艰苦奋战，区公安分局取得亚运安保的最终胜利，实现平安亚运与精彩亚运的和谐统一。

【全面启动社会面整体防控】2010年，在市委市政府和上级公安机关的统一部署下，越秀区公安分局在亚运会开幕式倒计时100天前全面启动社会面整体防控响应工作。根据《广州亚运会社会面整体防控工作方案》的整体要求，区公安分局认真细致开展社会面整体防控工作，依托“三道防线、四张网络”（三道防线：入穗边界设卡、环城通道控制、重点目标核心防护；四张网络：社区防控网、路面巡逻防控网、企事业单位防控网、视频监控防控网）的防控布局和“以民警为主体、以辅助力量为补充、社会义务力量广泛参与”联防共管的防控机制，通过以党政机关工作人员、高校学生、环卫工人组建志愿巡逻队等形式，在全区发动社会义务力量10万多人、专职社会巡防队伍11138人，会同武警部队官兵、警校学员一起分时段分批次投入安保力量，根据区内治安情况科学排布社会面防控岗位，提高路面见警率，实行车巡与步巡、武装巡逻与便衣巡逻、定点防控与跳跃式查控、白天巡逻与夜间巡逻相结合的战术，实现社会面防控“以面保点、线网联动”的整体效应。同时，提高治安视频监控和警情信息研判对治安打防工作的指导和强化作用，确保社会面整体防控工作防得好、控得严，不留死角。全区案件类原始警情与上年同期相比下降22%，有效净化了社会面治安环境。

【创新社会管理措施】2010年，随着外国人特别是流动外国人的大量增加，越秀分局结合广州亚运会安保工作的要求，提出外管工作以“底数清、管得住、服务好”为目标，通过建立外国人管理服务工作站、创新“实有人口管理”方式、“查处整治结合”手段、“零距离服务”模式等，使外国人服务管理不断向街道社区延伸。先后总结出以加强居住外国人管理服务的登峰外管模式，以及以涉外商贸城为中心强化流动经商外国人管理服务的矿泉外管模式，精心打造出矿泉街、登峰街2个创新示范点。2010年6月公安部创新社会管理全国会议期间，登峰街、矿泉街2个外国人管理服务工作站作为广州市公安局创新实有人口管理工作的示范点，接受全国各地各级与会领导的视察，公安部孟建柱部长也亲临示范点，对区公安局创新实有人口管理工作给予充分肯定和高度评价。会议结束后，又增设华乐派出所、华侨新村贺毅警务室、广卫街都府社区、雅荷塘社区等4个创新示范点，接待全国各地公安机关参观考察。6～12月，分局6个示范点共接待全国各地公安机关考察团120多批5000多人次。

2010年6月，全国公安机关社会管理创新座谈会会议代表参观矿泉街外国人服务管理工作站

【落实科技强警战略】　2010年，越秀区公安分局围绕“五个一网”（视频监管一网控、办案办公一网通、信息研判一网综、服务措施一网办、工作执法一网考）建设，推广基层科技应用，全力提升分局公安工作信息化水平。分局主干网络实现“千兆单链路”到“万兆双链路”的跨越式发展，亚运前完成建设并投入使用800M对讲机系统网络。开发“违法犯罪人员管理系统”，完善警用地理信息系统警情录入和视频监控系统建设，坚持以满足区社会治安视频监控和城市综合管理的使用需求为导向，协助区视频办开展视频监控系统建设，年底建成1755个新增监控点，是年通过视频监控协助破获刑事案件243宗，抓获嫌疑人280人，破获治安案件177宗，抓获嫌疑人291人，提供各类有价值线索986条。投入购买应急通讯指挥车、警务通、执法仪、验证通等亚运安保设备，按需配置到基层各单位，提高科技强警水平。在西湖花市保卫中首次采用人流智能监控统计系统，为花市人流统计和控制工作提供精确的技术保障。在矿泉街试点建设并使用视频智能预警系统，提高打防工作效能。

（区公安分局　陈永雄）

检　察

【刑事犯罪检察】　2010年，越秀区检察院全力参与亚运安保“护城河”工程，保障广州亚运会、亚残运会安全顺利举行。受理公安机关提请批准逮捕案件1291件1656人，同比件数上升0.4%，人数下降2.5%；批准逮捕1111件1372人。受理公安机关移送审查起诉案件1412件1896人，同比件数下降0.6%，人数上升2.4%；提起公诉1317件1774人。其中，批准逮捕黑恶势力，严重暴力、多发性侵财和毒品等犯罪案件832件994人，起诉974件1261人；批准逮捕经济犯罪特别是涉众型经济犯罪等案件76件104人，起诉93件181人；批捕聚众扰乱社会秩序、编造虚假恐怖信息等妨害社会管理秩序犯罪案件88件107人，起诉106件168人。

【职务犯罪检察】　2010年，越秀区检察院在实践中逐步探索完善“开发式”办案模式，科学整合开发各类侦查资源，形成查办职务犯罪大案要案的良好态势。立案侦查贪污、贿赂案件32件33人，滥用职权、玩忽职守犯罪案件3件6人。运用“抓系统、系统抓”的工作方法，拓宽侦查视野，把握犯

2010年12月8日，区检察院开展检察开放日活动

罪特点和规律，在重点行业、热点领域深挖窝案串案，实现办案规模效应。查办电力、公共传媒、社保、医疗卫生、工程建筑等民生领域的职务犯罪案件25件26人，查办窝案串案27件28人。重点保护国有资产不受损失，加大对贪污、挪用公款犯罪的打击力度，查办国有企业工作人员挪用公款大案8件。在确保查办受贿犯罪力度不减的同时，加强对行贿犯罪的严肃查办，做到同步部署、同步查处。查处行贿、单位行贿案件11件12人。积极转变办案思维，摈弃依赖口供办案的传统侦查方式，采取“以事查人，由证促供”的侦查模式，开展深入细致的前期调查取证工作，切实提高侦查突破的针对性和实效性。

【职务犯罪预防工作】 2010年，越秀区检察院各部门共同参与，关注重点领域和热点行业，开展具有中心城区特色的职务犯罪大预防工作。协助有关方面对总投资额达数十亿元的13项重大工程建设项目开展专项预防，包括亚运场馆广州棋院建设工程、河涌综合整治工程、国立中山图书馆改造工程、广州市天然气利用工程等。以全市检察机关“预防职务犯罪工作进机关、进国企、进高校、进社区、进农村”活动为载体，开展法制宣传、法律咨询、廉政教育、综治维稳工作。在华乐街白云社区建立首个社区检察官法律服务站，方便居民群众申诉、举报、咨询。

【控告申诉检察】 2010年，越秀区检察院以层级定责、点面研判、双向排查、内外联动“四个到位”推进信访维稳工作，落实检察长接访、亚运期间无休日开门接访、视频接访、联合接访、带案下访等便民惠民措施，与职能部门、街道综治信访维稳中心建立对接联系工作机制，推动解决信访问题。受理群众来信来访238件，其中上级检察机关或区政法委等部门交办案件12件、集体访7件，均依法妥善处理。受理刑事申诉案件4件，立案复查3件，立案办理刑事赔偿申请案件1件。协助区相关部门疏导协调，促使泰康装饰城集体信访案最终息诉罢访。探索建立审查逮捕环节风险评估预警机制，从源头上防止和减少涉检信访的发生。

【刑事诉讼监督】 2010年，越秀区检察院以突出维护法律的正确实施这一重点进行监督，增强监督的实效性。对应当立案而不立案的刑事案件，督促侦查机关立案4件6人；对因事实证据存疑或依法可不捕、不诉的，依法不批准逮捕案件184件292人，不起诉31件38人。对应当移送起诉而未移送的，追加起诉被告人52人，追加起诉漏罪28宗。向办案部门发出检察建议书11份、纠正违法通知书12份。切实加强对职务犯罪轻刑化问题的监督，依法提出抗诉7件7人，已获市检院支持3件3人。对提起公诉的刑事案件749件965人提出量刑建议，其中书面量刑建议3件3人；已判决的案件中，量刑建议被法院采纳的有726件。检察长列席区法院审判委员会会议，参与重大疑难案件的讨论，就案件的事实认定和证据采信与否发表意见，检法两家的相互配合、相互制约进一步加强。

【民事行政诉讼监督】 2010年，

越秀区检察院着力构建以抗诉为中心的多元化民行检察监督格局，注意抗诉与再审检察建议、纠正违法通知书、检察建议等其他监督手段的综合运用和有效衔接，发挥各种监督手段的整体效能。坚持不懈抓好抗诉案件质量，是年，区检察院建议提请抗诉的7件民事行政案件得到法院改判，取得良好监督效果。对法院正确的判决、裁定，耐心做好申诉人的服判工作，息诉案件78件。与区司法局建立“检调对接”工作机制，整合司法调解、人民调解资源，形成和解息诉工作合力。

【监所检察】　2010年，越秀区检察院落实同步跟踪监督在押人员诉讼进度工作机制，区看守所保持无超期羁押。结合“全国监管场所‘3·16’整治看守所非正常死亡事故”专项行动，建立健全在押人员患病情况排查机制，防止看守所非正常死亡事故发生。加强监外执行和社区矫正法律监督，了解监外执行罪犯信息及社区矫正情况，防止出现脱管、漏管现象。坚持监督看守所减刑、假释和保外就医工作，实行“三公开”（公开条件、公开考核、公开名单），并跟踪监督考核工作，防止“暗箱作业”或弄虚作假。加大清理久押不决案件力度，成功清理完毕区看守所久押不决案件2件10人。

【三项实招破解刑事审判监督难题】　2010年，越秀区检察院大力破解刑事审判监督难题。一是完善制度突出重点，提升抗诉工作实效。不断强化抗诉意识，规范业务流程，对拟提出抗诉的案件，在实体上全面、认真审查案件证据材料，严格审查决策，保证抗诉质量。建立“判前监督”案件质量预警通报制度，以保证对法院裁判的有效监督。二是全面铺开量刑建议，提供抗诉参考依据。制定相关规则，对量刑建议的适用范围、量刑建议的种类和幅度、提出量刑建议的诉讼环节和方式等内容作出明确规定。对一般案件在庭审时提出量刑建议，对典型案件采取庭前提出书面量刑建议。三是检察长列席法院审委会会议，有效加强审判监督。列席区法院审判委员会会议4次，参与5件重大疑难案件的讨论，就案件的事实认定和证据采信发表意见并得到法院的采纳，实现对刑事审判活动的有效监督。

【建立检调对接机制化解社会矛盾】　2010年，越秀区检察院以创新检察监督机制为契机，以“检察和解优先，调抗结合”为切入点，将民行检察监督职能向化解社会矛盾纠纷延伸，签署《关于越秀区人民检察院、越秀区司法局实施“检调对接”机制的意见》。检察院负责纳入检调对接机制的案件办理、告知、派员引导监督、反馈调处结果、督促落实调解协议等职责；区司法局负责受理检察机关移送调处的信访及案件、组织人民调解员调解、反馈调解结果、督促落实调解协议等工作职责。检、司两家及各人民调解委员会各司其职、通力合作，针对民事行政申诉案件及符合和解条件的其他案件，开展检察和解与人民调解工作。探索建立联席会议制度、联络员制度、信息通报制度和案件移送、跟踪回访制度，建立和完善检调对接工作台账制度和调解档案制度，规范检调对接工作流程和相关文书格式，同时建立健全相关监督机制，促进检调对接工作规范、有序运作。

【纪检同步督察办案“四个注重”确保安全】　2010年，越秀区检察院对自侦部门立案查办的职务犯罪案件进行全程跟踪、同步督察。做法：一是注重警示教育，提高思想认识。结合典型事故案例，深入开展警示教育，让干警牢固树立理性、平和、文明、规范的执法理念，增强人权意识、责任意识、廉洁意识，克服麻痹、懈怠、侥幸心理。二是注重完善制度，构建责任体系。设计和完善岗位风险防范方案和办案安全防范机制，督促各办案部门制定多项配套制度和规定，以制度规范办案程序，建立起从案件初查到办结的安全防范层级责任制。三是注重无缝对接，确保办案安全。纪检监察部门与自侦部门无缝对接，办案前共同制定安全防范工作预案，抓住易出问题的岗位风险点，办案中派出专人不定时到办案区域进行现场巡查，办案后，派员列席参加自侦部门案件总结会，检验廉洁办案成效。四是注重薄弱环节，及时整改到位。纪检监察部门在同步督察中，抓住办案中易出问题的薄弱环节，加大监督力度，提出纠正意见，督促整改落实。

【检察案例】

·案例一·

2010年3月1日，泰康装饰城商户14户16人到越秀区检察院集体上访，控告某房地产开发有限公司，请求越秀区检察院督促公安机关立案侦查。经查，来访人举报的情况部分失实，公安机关在对该案进行审查后认为不符合刑事立案条件，以治安案件对该案进行处理。区检察院协助区有关部门积极开展疏导说服工作，经多方努力，16家商户最终签署和解协议并全部搬离，这个老城区核心地段的烂尾地在烂尾十多年后终于得到真正盘活，经过该地段的地铁六号线也得以顺利展开施工。区检察院成功化解泰康装饰城被拆迁户集体访一案被评为广州市检察机关“法律监督成果”之“推进社会矛盾化解十佳精品案例”。

·案例二·

2006年4月至2009年4月间，被告人施训凯等9人先后以广东某经贸发展公司、香港某黄金有限公司广州代表处、广州某投资咨询有限公司名义，在没有取得买卖或代理买卖境外期货业务资格的情况下，以投资境外黄金期货、境外白银期货可获高额回报为诱，通过业务员招徕客户到该公司进行境外黄金期货、境外白银期货炒卖活动，期间诱使谭某某等90多人到其公司进行炒卖活动，收取交易保证金人民币1000多万元、港币36万多元、美元2万多元，所有交易均通过公司提供的网络系统进行，无实物交割。

该案经区检察院提起公诉，9名被告人全部获判有期徒刑。

（区检察院　王爱莲）

审　判

【概况】　2010年，越秀区人民法院受理各类案件27928件，结案26787件，收、结案件数量继续位居全市基层法院之首；法官人均结案194.1件，结案率95.91%。在全省法院开展的排头兵达标竞赛活动中，达标率并列全市基层法院第二。

【刑事审判】　2010年，越秀区人民法院新收各类刑事案件1333件，连同旧存受理1344件，审结1331件。依法严厉打击涉枪、抢劫、抢夺、盗窃、毒品等危害公共安全、影响群众安全感的犯罪活动，维护社会稳定。组织打击非法制贩烟草专卖品犯罪专项宣判会，维护市场交易秩序。依法审判媒体和公众高度关注的被告人张汉强非法拘禁中山大学附属第二医院医生案、国龙公司合同诈骗案等大案、要案。

【民商事审判】　2010年，越秀区人民法院新收各类民商事案件12583件，连同旧存受理13251件，审结12638件。妥善处理涉及亚运整饰工程、旧城改造及地铁施工等

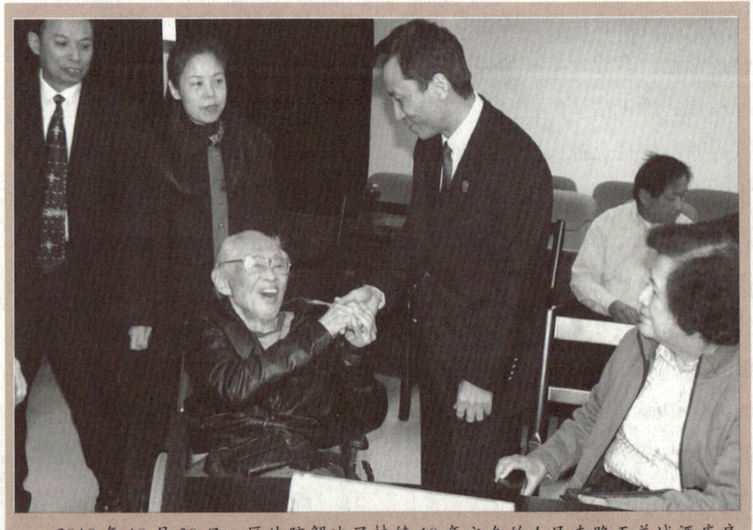

2010年10月30日，区法院解决了持续10年之久的人民南路五羊城酒店房产权纠纷

市政重点工程的各类纠纷，为平安亚运提供良好法治环境。争取多方支持，彻底解决历史遗留问题，邀请人大代表参与调解，成功调处历时六年，曾三度中止诉讼，省市督办、涉军、涉维稳的五羊城酒店房屋搬迁纠纷案。依法审结舆论广泛关注的残疾人优惠一元乘车纠纷案，充分实现政治效果、法律效果和社会效果的统一。

【行政审判】　2010 年，越秀区人民法院支持依法行政和维护行政相对人权益并重，有效化解行政争议，新收行政案件 503 件，连同旧存受理 572 件，审结 498 件。对涉及宗教场所建设、烂尾地块盘活变更规划、旧住宅楼电梯加装规划报建、旧城改造拆迁补偿等案件，深入开展协调安抚说服工作，全年行政案件和解撤诉率 36.75%。经省法院批准，行政庭连续两年荣获集体二等功。

【执行工作】　2010 年，越秀区人民法院创新方式方法，加大执行力度，力破执行难题，执结各类案件 12299 件。成功执结新泰康装饰城搬迁清场系列案，促使 13 户租户在强制搬迁前夜，与申请执行人达成和解协议全部自行迁出，保证地铁六号线工程建设顺利推进。将维护社会稳定的大局意识贯穿执行工作始终，成功执结六榕寺扩建拆迁系列案等涉及市区重点工程项目案件，得到党委政府充分肯定。因清理积案工作成绩突出，是年，越秀区法院被中央政法委、最高人民法院评为全国集中清理执行积案活动先进集体。

【调解工作】　2010 年，越秀区人民法院组织法官“走出去”指导人民调解活动，成功调解大新街新濠大厦烂尾楼工地停车场负三层溺水死亡赔偿事件，使双方僵持 9 天的谈判达成一致，即时交付 23 万元赔偿款圆满解决纠纷。尝试开展“请进来”协助调解方式，邀请区司法局、街道办一起，对赵某某等 72 人与广州红海公司和美晨公司劳动纠纷系列案进行调解，促成 60 多人达成和解而撤诉。调解工作室全年调解结案 1011 件，其中当事人即时履行完毕 487 件，占 48.17%。

【信访工作】　2010 年，越秀区人民法院在 2009 年率先创设法官信访档案的基础上，制定实施《信访工作规则》和《法官信访档案制度实施办法（试行）》，使信访工作制度化、规范化、科学化、长效化，走出一条颇具特色的向源头要成效、以规范保长效的涉诉信访工作新路子。是年，处理来信 63 件，处理来访 67 件 103 人次，信访总量在 2008、2009 年连续两年大幅下降的情况下，同比又下降 20.25%。省法院简报报道这一经验做法，郑鄂院长作出“我院能否学习借鉴”的重要批示并要求予以推广。

【审判监督】　2010 年，越秀区人民法院在专项调研基础上，及时调整工作部署，通过设立法官个人案件质量档案、内网争议案例论坛、典型案件专项通报制度，成功打造集查错、纠错、评错、罚错于一体的案件质量监督管理评查工作机制。越秀区法院作为全省唯一一家基层法院，被最高法院选入 2010 年全国 18 个试点、联系单位之一。

【研发运行拍卖保证金联网交易系统】　2010 年，越秀区人民法院与深圳发展银行共同研发运行拍卖保证金联网交易系统，通过法院与银行数据的网络互通，实现拍卖保证金信息在法院、银行与竞买人之间的及时准确传递，大大提高了工作效率。3 月系统启动运行，截至 12 月，收退拍卖保证金 2412 笔，收退保证金金额累计达 4.068 亿元。这一创新做法有效提高了法院拍卖业务的完成速度和质量，得到拍卖中介机构和竞买人的普遍认可，并受到广东省高级人民法院的充分肯定。

【依法对未成年被告人适用非监禁刑】　2010 年，越秀区人民法院在刑事审判中引入心理干预机制，并将“在押未成年人表现评定表”作为未成年人特别是外地籍未成年人犯罪案件适用非监禁刑的重要参考。以获选广州市青少年司法社工服务项目试点单位为契机，加强与社工团体合作，开展对缓刑未成年犯的教育、感化、挽救工作。建立健全非监禁刑未成年犯社区矫正长效工作机制，与各社区矫正办公室实现无缝对接，促进社区矫正工作制度化、规范化。全年未成年人罪犯非监禁刑适用率47.06%，比排头兵达标竞赛活动目标值高出33个百分点，居全市基层法院第一。

【加强法院文化建设】 2010年，越秀区人民法院制定《落实党风廉政建设责任制任务分解工作方案》、《关于开展司法作风建设活动工作方案》等制度，严肃审判执行工作纪律、政务管理纪律和党风廉政纪律，落实一岗双责，确保司法廉洁公正。举办以“携手共建公正、廉洁、科学、高效的越秀法院”为主题的天平杯辩论比赛，开展党风廉政建设板报创作评比活动等，增强警示教育针对性和多样性。深化素质提升机制，加强司法能力建设。组织中层正职以上领导干部到北京大学学习培训，开展“百万案件评查”和裁判文书评比活动。组织为期两个半月的青年法官庭审技能竞赛活动，由资深法官评判年轻法官，认真查找不足，总结提高，增强庭审驾驭能力，促进青年法官成长。克服案多人少困难，参加亚运值勤，动员组织150余名志愿者参加开闭幕式值勤和交通路口值勤，充分展现法院干警队伍良好精神风貌，圆满完成任务。深化文体带动机制，加强法院文化建设。以调研宣传文体工作为主导，鼓励干警自我提升。2010年全国法院系统第22届学术讨论会，越秀区法院有4篇论文分别获得二等奖和三等奖，荣获论文组织工作先进奖，区法院获评全省法院调研先进集体。改版编撰新《越秀审判》，信息工作位居全市基层法院第一。是年，区法院获评全省法院第二批文化建设示范单位。

（区法院　邢曼）

司法行政

【概况】 2010年，越秀区司法行政工作以“化解社会矛盾、社会管理创新、公正廉洁行政”为重点，以推进“五五”普法检查验收、全力化解矛盾纠纷、落实刑释解教人员安置帮教、创新社区矫正工作模式、实现法律援助全覆盖、建立高端社会律师智库、建设学习型组织、推进信息化管理为八项主要工作。司法行政工作职能得到充分发挥，为亚运会的成功举办和全区经济社会平稳较快发展提供有力的法律保障和法律服务。

【排查调处】 2010年，越秀区先后组织开展今冬明春社会矛盾排查调处集中行动、校园安全隐患和校园矛盾纠纷排查调处行动、“迎亚运，保平安，人民调解化解矛盾纠纷专项攻坚活动”以及“平安亚运百日大会战”活动，举办“越秀区人民调解亚运安保工作业务培训班”，努力提升各级调解调处人员分析和化解矛盾纠纷的工作能力，确保实现“平安亚运”。成功调处中山二院与死者朱某某家属的死亡赔偿纠纷、名盛广场负层商铺物业管理纠纷、市儿童医院与死者何某某家属的医患纠纷、陆军总医院与死者程某某家属的医患纠纷、上海合家购物有限公司广州分公司经济纠纷、登峰足球场人身意外死亡赔偿纠纷、登峰街辖内涉及释解人员的拆迁纠纷等，实现亚运期间矛盾纠纷全化解、零积压的目标，有效地维护社会的稳定。是年，全区各级人民调解组织调解民间纠纷4240宗，调解成功4187宗，成功率98.8%，发生重大、群体性纠纷93宗，调处成功86宗，调处成功率92.5%。

【社区矫正和安置帮教】 2010年，越秀区重点规范社区服刑人员接收及解除矫正的工作流程，制定“广州社区服刑人员解除矫正审批表”，社区矫正工作向制度化、规范化、法制化发展。建立社区矫正工作者队伍、联络员队伍、志愿者队伍和专业社工队伍之间的无缝连接体系，从源头上杜绝脱管、漏管和重新违法犯罪。越秀区成立社区矫正和安置帮教“亚运安保行动”工作领导小组，全面加强辖内社区服刑和刑释解教人员的帮教管控工作，加强安置帮教工作信息管理平台的建设和完善力度，对近千名的刑释解教人员进行信息化、科学化管理，强化“七帮一”的帮教小组，努力做到帮教全落实，举办越秀区社区矫正、安置帮教亚运安保工作业务培训班。开展形式多样的社会帮扶活动。先后组织春节、国庆、中秋节前帮扶，对各街道摸查上报的450名困难刑释解教人员开展“献爱心、送温暖”帮扶活动。是年，越秀区22个街道接收矫正对象223人，解除矫正47人，在册的176名，没有脱管、漏管和重新违法犯罪现象。全区在册刑释解教人员972名，其中刑满释放706人，解除劳教266人。刑释解教人员帮教率和安置率分别达到99.9%和98%。

【律师公证】 2010年，越秀区司法局通过多种方式为构建法律智库进行前期准备工作。着手建立“司法行政机关主导、法律服务行业实施、社会支持参与、个人志愿奉献”的公益性法律服务机制，在“所所结对”互利共赢的原则上，调动结对律师参与社会管理、公共服务的工作热情和工作积极性，不断拓宽法律服务领域，为党委、政府在涉法需求方面当好参谋助手。加强亚运期间对律师参与处理涉法涉诉信访案件和群体性事件、敏感案件的协调指导，妥善处理泰康装饰城14住户的拆迁案件、越秀区亿民贸易中心租赁合同纠纷案、区环保局的劳资申诉等多宗敏感案件的律师代理工作。区司法局指导协调越秀公证办证处积极参与亚运整治拆迁工作，先后为五仙观广场拆迁扩建工程、杨箕村改造、地铁六号线工程、大佛寺广场扩建、越秀南地块旧城改造等办理拆迁公证和保全证据公证。全年办理7宗公证投诉、5宗律师投诉案件的调查处理，以及62宗律师事务所业务的审查呈报工作。

【法律援助】 2010年，越秀区继续建立健全农民工法律援助绿色通道，拓宽申请渠道，简化受理审查程序，设立农民工法律援助联络员，法律援助处共受理涉及农民工法律援助案件86宗。越秀区法律援助经济困难标准随广州市职工最低工资标准同步调整，大大降低困难群众申请法律援助的门槛，进一步扩大法律援助案件受理范围。越秀区法律援助处继续修订和完善《街道法律援助工作管理暂行办法》，将法律援助系列行政法规和规章制度汇编成册，印制《越秀区援助指引》和八类案件法律援助指南。在实际工作中与区调处办相互协调配合，积极参与社会维稳工作，主动介入调解调处工作，建立法律援助优先的机制，发挥律师的专业优势，积极引导矛盾纠纷通过法律途径解决，对诗书街眼镜城群体性纠纷、省中医院纠纷的解决提出建设性意见。是年，办理各类法律援助案件447宗，其中刑事案件152宗，主要涉嫌抢劫、抢夺、盗窃；民事和行政诉讼案件269宗；代拟法律文书和非诉26件；接待来访来电1026人次。

【法制宣传】 2010年，越秀区以“12·4”全国法制宣传日十周年纪念活动为契机，开展声势浩大的法治越秀宣传教育周活动。区普法办抓住教育强区的资源优势，按照“一区一品牌”的工作要求，确立创建青少年法制教育品牌的工作思路，顺利启动“法在心中·伴我成长”越秀区中小学法制教育品牌创建项目，为提高越秀区广大青少年的法制观念和法律素养开辟新阵地。

【网络建设】 2010年，越秀区司法局全面推进越秀司法行政网的普及使用。多次召开网络整改座谈会，进行6次较大的技术更新，进一步补充和完善各大功能模块，更换调解调处模块，完成与区信息号直通车的信息共享，新增社区矫正模块和安帮对象到期及手机短信提示功能，建立和完善越秀司法行政网应用和管理的相关制度，各科、室、处、所基本完成业务数据录入工作，初步达到司法行政工作数据化管理要求，进一步提高工作效率。

【社区矫正工作政府购买服务】 2010年，越秀区司法局组织工作组，到香港善导会及其下属机构考察社工服务的工作内容、工作形式、工作路径，探索越秀区开展社区矫正工作政府购买服务新路子。7月，与广州市社会工作协会签订《越秀区社区矫正社会工作项目协议书》。由广州市社会工作协会内设机构“广州市清源社会工作服务中心”建立完善的组织管理架构，组建专业的社工队伍，为辖内18个街道、100名辖内社区服务对象提供社会工作服务。通过社会工作者提供专业化服务（个案辅导、小组活动、社区工作等方法相结合），推动越秀区社区矫正工作的开展，提升社区矫正的服务效果。清源中心自启动以来，已接收并建立矫正人员服务档案79例，实施社工服务67例，在亚运安保期间成为一支重要的社会防控力量。

【成立法律服务中心】 2010年12月22日，越秀区法律服务中心正式揭牌成立。越秀区法律服务中心以区法律援助的核心业务为基础，采取组织律师、公证人员、法律服务工作者、司法鉴定机构等专家团参与运作的模式，更专业、便捷地为困难群众尤其是徘徊在法律援助条件边缘的弱势群体提供服务。在该组织架构下，能够充分运用相关资源，协调律师事务所、公证机构、法律服务所、司法鉴定机构、高校法律资源等，参与法律服务中心运行，以提供便捷、专业的法律服务。同时，加强和发挥街道法律援助工作站的网络平台作用，提供就近便捷的宣传和法律援助。区司法局会同民政局制定《越秀区法律援助全覆盖服务工作实施意见》，对全区10万多低保低收户发放法律援助资料和联系卡，便于群众不出街道社区便可获取法律援助信息、获得法律援助服务。

（区司法局　古定辉）

责任编辑　邓小敏

军 事

综　述

【概况】　2010 年，越秀区人民武装部以科学发展观为指导，加速推进反“台独”应急防卫作战准备各项工作，全力备战广州亚运会安保执勤，国防后备力量整体建设水平和完成多样化任务能力明显提升，圆满完成年度工作任务。

党委建设　党委班子始终把严格落实党管武装的原则，制度摆在抓武装工作的首要位置。统筹武装工作与地方建设的关系。领导区内基层单位将武装工作纳入单位的年度计划，将武装工作经费纳入年度预算，将武装工作的检查评比融入创优评先的范畴。按照上级部署，年内重点抓基层民兵预备役营（连）“四个基本”建设工作。抓好组织保障。组织区内各基层武装工作单位坚持在战备演练、民兵训练、国防后备力量整组、征兵等重大工作中提供人力保障，调整综合素质强的干部负责武装工作，把懂武装、爱武装的同志配备在武装工作岗位上。严格落实党管武装工作制度。坚持武委会、议军会制度，区委、区政府领导多次听取武装工作情况汇报并主动深入武装工作第一线了解调研，专题研究解决武装工作中的重点难点问题。

思想政治教育　区人武部着眼民兵预备役队伍履行新世纪、新阶段的历史使命，不断深化思想政治教育，为打得赢、不变质提供强大的精神动力。深入抓科学发展观的学习贯彻，全年组织四个专题理论学习；扎实开展“建设学习型党组织、创建学习型军营、培育知识型军人”教育、“迎亚运、树形象、作贡献”专题教育、党风廉政教育、法制教育等经常性教育活动；突出抓经常性思想教育。按照年度工作的阶段性特点，分时段、有针对性地在干部职工中开展战备教育、计划生育教育、职能教育、保密教育、安全常识教育、预防犯罪教育、遵纪守法教育等。

【军事训练】　2010 年，区人武部贯彻真打实备要求，突出适应性、针对性训练，增加信息化训练内容，加强民兵分队对组织指挥和重点需求专业知识的学习。5 月，组织 450 人参加警备区亚运安保力量备勤点验；7 月，组织 450 名民兵参加警备区亚运安保集训，训练成效明显。10 月，参加上级组织的军地联训联演，全面形成遂行任务的能力。

【组织民兵完成亚运安保任务】　2010 年，区人武部在亚运会和亚残运会召开期间，组织所属民兵安保中队 444 人，市、区应急分队各 50 人，共计 544 名民兵参加亚运安保执勤。圆满完成 5 座大桥、7 处隧道和 78 个地铁口的执勤守卫，期间执行重大应急备勤任务三次，处置维稳情况 25 起，抓获抢劫人员 1 名。

【双拥共建】　2010 年，区人武部发挥桥梁纽带作用，进一步密切军地联系，配合各级党委、政府积极为驻军和共建部队办实事、办好事，加大科技、智力拥军力度，促进军地共创和谐城区的良好局面。在春节、建军节等节日，区委、区

2010 年 6 月 25 日，全国双拥办检查组到越秀区检查指导创建全国双拥模范城和创建活动考评试点工作

政府广泛开展慰问驻军及拥军优属活动，邀请驻军单位参加新春文艺招待会、茶话会，组织召开驻军部队立功受奖官兵表彰大会、军政座谈会等活动。6月，越秀区代表省、市接受国家双拥办副主任李辉带队检查，调研“双拥工作评比细则”的可行性，越秀区双拥工作受到工作组的高度评价。是年，区人武部配合区综治维稳部门化解5起军警民纠纷和复转退军人聚集上访事件，协调和妥善处理多起军人军属涉法矛盾和纠纷。参与防灾工作，部领导参加区“三防”指挥中心24小时应急值班，组织民兵应急队伍800人次参加抢险救灾工作。干部职工为救灾扶贫等社会公益活动捐款3.43万元。

民兵、预备役部队建设

【民兵预备役建设】　2010年，区人武部按照“任务牵引、突出重点、协调发展”的原则，对国防后备力量的组织结构进行进一步的优化，着重对区辖军兵种现役部队预编兵员、预备役部队、基干民兵、国防动员各专业队伍、国防后备力量的组织结构进行调整优化，着力理顺民兵预备役与人防、交通战备、经济动员等国防专业队伍的关系，较好地避免“一兵多职、交叉重叠”的问题。国防后备力量应急动员工作得到稳步推进，进一步完善国防动员应急机制，健全国防动员指挥机构，编组指挥人员，按计划、分步骤地开展国防潜力、重点目标调查摸底工作。

【武器装备管理】　2010年，区人武部坚持依法管装用装，实现武器装备管理的规范有序。完善“年度武器保养工作计划”，理顺擦拭保养工作秩序；对《越秀区民兵武器装备管理规定》作重新修订，并下发到区属各武装单位贯彻落实；人武部领导坚持每月检查武器库室，对武器装备管理的安全环境、保养条件实施不间断监控；按照民兵武器装备“三化”管理要求，细化装备管理工作程序，把装备管理的各项制度量化到物资收发、登记统计、库存物资保管等各个环节。结合“安全教育整顿和隐患排查”工作，组织人员对武器仓库的报废弹药进行清理，并严格登记造册。

【战备工作】　2010年4月，区人武部编写完成《越秀区军事志》和《越秀区兵要地志》。按照应急防卫作战和亚运安保可能担负的任务，重点研练各类民兵应急队伍的战术战法和组织指挥。9月，组织参加“民兵亚运安保力量室内和现地带实兵演练”，在全年重要节假日及重大活动期间，区人武部严格落实战备值班制度，确保做到遇有情况，随时出动。

兵　役

【征兵工作】　2010年，区人武部针对征兵对象主体的调整，将高学历适龄青年和应届毕业生作为冬季征兵工作的重点，主动作为，积极探索，狠抓各项工作的落实，严把“四关”，圆满完成市征兵办赋予区211名新兵的征集任务，其中包括驻澳门特区部队12名、女兵6名。征集的新兵高中以上文化程度达99.9%，其中，本科33人，大专61人。征兵期间，编发6期《征兵工作简报》，张贴布告3000多份、宣传标语6000张，发放宣传提纲12000多份，各类报道29篇。区人武部连续28年被广州市政府评为“征兵工作全优单位”。

（区人武部　傅瀚）

人民防空

【概况】　2010年是新中国人防事业创立60周年，也是越秀民防转变机制、抓住机遇、面对挑战的关键之年。越秀区民防工作深入贯彻落实科学发展观，紧紧围绕区委区政府的中心工作，开拓创新，突出重点，扎实推进民防事业科学发展，各项工作取得明显成效。率先成立广州市第一支区属人防专业队，8月，在从化市田心村率先建成“广州越秀从化田心人口疏散基地”，在全市民防工作中起到示范作用。越秀区民防办公室被广州市国防动员委员会评为全市人民防空先进单位。

人防组织指挥体系建设　在越秀区民防办公室办公楼建设集图像、数据、语音信息传输于一体的应急指挥平台，实现市、区民防两级指挥信息系统的互联互通。人防101工程在推进中受到各种条件的限制，遇到很多实际困难。在区政府的统一协调下，该问题得到进一步的落实，101工程建设稳步推进。投入300万元建设区第一台，具备图像、数据、语音信息传输功能，拥有视频、有线传输、卫星传输系统的机动指挥车，做到事发现场信息与地面指挥所之间的即时传输，为领导对突发事件的了解和决策提供有力的技术保障。

人防专业队伍　按照新时期军事斗争准备的特点及人防向民防转变，针对人防专业队建设人员不落实、工作不具体、任务难执行现象，突出平战结合、便于指挥、易于协调，重新编组抢险抢修、医疗救护、防化防疫、消防、治安、通信、运输七种人防专业队伍。

人防工程建设管理　2010年，抓好人防工程防洪排涝工作责任的落实，抽调工作人员和街道专干组成检查组，对辖内曾出现险情及有可能出现险情的街道进行重点检查，检查全区296个地下空间，发放《广州市人防工程及地下空间防洪排涝措施和技术指南》，检查和督促各产权单位完善防洪排涝设备。同时，成立15人的“区民防应急抢险队”，汛期做到全天候24小时值班。做好人防工程维护改造，服务亚运会。投入14.29万元对越秀公园内人防工程进行绿化美化改造；结合市政绿化工程，对东风路主干道3个坑道排气口进行迁移，2个洞口管理房进行装饰。继续稳步推进地下空间开发建设进程。北京路地下商贸走廊人防工程建设取得明显成效，一德路地下人防工程建设规划稳步推进。进行人防工程“十二五”规划越秀区部分的规划调研，补充和完善人防工程越秀区“十二五”规划。坚持人防工程服务于城市建设和社会经济发展，实现人防工程由单一战备型向平战结合效益型转变，全年人防工程平战结合收入同比增长8%，创区人防平战结合收入的新高。

【完善警报通信网络】　2010年，区民防办加大经费投入，对辖区内警报器进行全面升级，使区属81台警报器的控制实现由单一无线控制，向有线、无线联合控制的转变。在2010年羊城天盾演习中，首次使用新装备的机动指挥车进行现场指挥，建立现场应急指挥系统，使市、区两级人防指挥通信网络做到图像、数据、语音信息的互联互通，提高信息化指挥水平；其次是警报控制手段上有创新；再次是在演练方式上有创新，首次利用地铁，组织运送人员到战时指定的隐蔽区域疏散，提升应急疏散的时效性和隐蔽性。

【多形式开展人防宣传】　2010年，越秀区民防办公室开展多种形式的人防宣传工作。利用创建文明城市和法治越秀活动的有利时机，编辑和制作人防建设光盘宣传资料；利用“亚运”年，结合迎亚运工作和全民健身运动的开展，会同越秀区总工会、越秀区体育发展中心共同举办“越秀区第二届职工运动会——民防杯乒乓球比赛”，设置24块人防宣传展板，对人防法律法规、发展历程、人防知识、人防工程、警报通信、平战结合等方面作全面的展示；利用平面媒体、信息平台、人防杂志做好人防宣传，在区政府信息平台和人防杂志上及时上传和发表民防工作动态，发表文章、信息41篇；继续抓好全区中学生人防防护基本知识教育的日常化，人防知识普及率常年保持100%。

（区民防办　赵玫）

责任编辑　邓小敏

第二、三产业

经济综述

【概况】 2010年，越秀区以科学发展观统领全局，以迎亚运和转变经济发展方式为中心，逆中求变、危中寻机，城区经济初步实现企稳回升的良好态势。制定《关于加快经济发展方式转变的若干意见及配套实施办法》，编制核心产业发展目录，成功承办第六届中国总部经济高层论坛，引进多家总部企业，总部经济稳步发展。

全年完成地区生产总值1639.83亿元，比上年增长10.1%。二、三产业结构为3.01∶96.99。339家总部企业实现增加值735.39亿元，增长11.20%；民营企业实现增加值332.39亿元，增长11.3%；现代服务业实现增加值1015.98亿元，增长9.9%；创意企业实现营业额720.88亿元，增长12.3%。

工业 全年完成工业总产值54.14亿元，比上年增长6.5%，其中规模以上工业企业实现工业总产值49.38亿元，增长6.3%。

商贸业 全年实现商品销售总额4352.77亿元，比上年增长40.3%；实现社会消费品零售总额837.02亿元，增长22.9%。全区有商品交易市场312个，实现成交额523.19亿元，增长12.21%，其中专业市场257个，实现成交额511.57亿元，增长12.25%。

外经贸 全年实现外贸出口66.88亿美元，比上年增长22.09%。新签外商投资项目218个，增长11.79%；合同利用外资3.23亿美元，增长7.22%；实际利用外资3.02亿美元，增长10.50%。

现代服务业 全年现代服务业实现营业收入3120.56亿元，比上年增长9%，占全区营业收入的52.06%；实现增加值1015.88亿元，增长9.90%，占第三产业增加值的比重63.87%，占全区GDP的比重61.95%。

固定资产投资 全年社会固定资产投资总额达603.39亿元，居全市各区之首，比上年增长1.43%。其中基本建设投资472.41亿元，增长1.7%。全年房地产实现投资130.56亿元，下降17.65%。全区房地产企业实现商品房销售面积190.12万平方米，增长8.26%；商品房销售合同金额213.71亿元，增长15.09%。从投资主体来看，国有单位投资451.32亿元，占总体投资的74.80%，比上年增长5.24%，民营经济投资91.58亿元，占总体投资的15.18%，下降22.89%；港澳台投资42.63亿元，占总体投资的7.06%，增长19.5%；外商投资17.86亿元，占总体的2.96%，增长53.91%。

【越秀区七大核心产业及经济布局】 2010年，区经济贸易局通过调研和谋划，审时度势拟定越秀区十二五经济发展规划。2011—2015年越秀区七大核心产业为：商贸业、金融业、物流服务业、商务服务业、文化创意产业、信息服务业、公共服务业。

区经贸局根据国内外经济发展新动态以及越秀区的区情，转变经济发展方式，因地制宜，规划“一带六区”的产业空间布局，即环市东智力总部区、黄花岗创意及网络经济区、流花时尚品牌运营区、北京路广府文化商贸旅游区、沿江路金融商务区、东山口休闲商业区。

【经济运行呈现良好态势】 2010年全区GDP增速呈现两头低、中间高的倒“V”形发展态势，一季度GDP累计增长10.3%；二季度冲高，累计增幅提高11.0%；三季度有所放缓，累计增长10.5%；四季度在基数较大的影响下，增幅继续回落，累计增长10.1%。

从GDP构成来看，第二产业实现增加值49.38亿元，比上年增长11.1%；第三产业实现增加值1590.45亿元，增长10.0%。在亚运整治工程和基础设施建设的拉动下，建筑业实现较快发展，增长17.3%，拉动经济增长0.4个百分点；受益于扩大内需政策和亚运会召开，批发零售业、住宿餐饮业和其他服务业得到较快发展，分别比上年增长21.4%、14.7%和9.7%，分别拉动经济增长3.5、0.5和3.4个百分点；国内经济环境的持续回暖和对外贸易形势不断改善，推动交通运输、仓储和邮政业平稳增长，比上年增长8.0%，增幅提高1个百分点；国家为了控制通货膨胀和房地产价格过快增长，对流动性非常敏感的金融业及房地产业适度收紧，金融业的增长速度有所放缓，比上年增长8.2%，增幅回落12.5个百分点，房地产业出现负增长，下降6.1%，跌幅比1－9月扩大4.0个百分点。从行业比重看，其他服务业、金融业、批发和零售业这三个行业分别实现增加值575.27亿元、376.39亿元和309.98亿元，分别占GDP的35.08%、22.95%和18.35%。

【全社会固定资产投资增幅回落】2010年越秀区受上年基数较大、重大项目工程完工以及亚运会召开期间停工等因素的影响，全社会固定资产投资增幅回落。全年完成全社会固定资产投资603.39亿元，增长1.4%，增幅比上年回落9.9个百分点。其中，基本建设和更新改造投资完成472.41亿元，增长1.7%，占全社会固定资产投资额的近八成。分行业看，制造业、公共管理和社会组织、水利环境和公共设施管理业、住宿和餐饮业等行业投资增长较快，分别增长28.6倍、2.8倍、40.2%和9.7%。

按项目所在地统计，全年实现投资218.59亿元，比上年增长21.6%。顺利完成327项、总投资额64亿元的迎亚运环境整治工程。区顺利完成负责整治的4条河涌，共整治8.28公里，累计完成投资11.60亿元，投资完成率100%，东濠涌整治工程成为全市治水的样板工程。

受宏观调控政策影响，房地产投资增速进一步放缓，全年完成投资130.98亿元，比上年增长0.3%。商品房销售呈负增长，全年实现销售面积182.07万平方米，下降4.2%；实现商品房销售合同金额222.87亿元，增长4.3%。

列入抽样调查的51家企业营业收入为0.88亿元，比上年增长19.8%；国庆黄金周7天，60家定点调查商户实现营业额1.75亿元，增长32.8%，金银珠宝、服装、医药保健等商品成为消费热点。

2010年各行业增加值比重

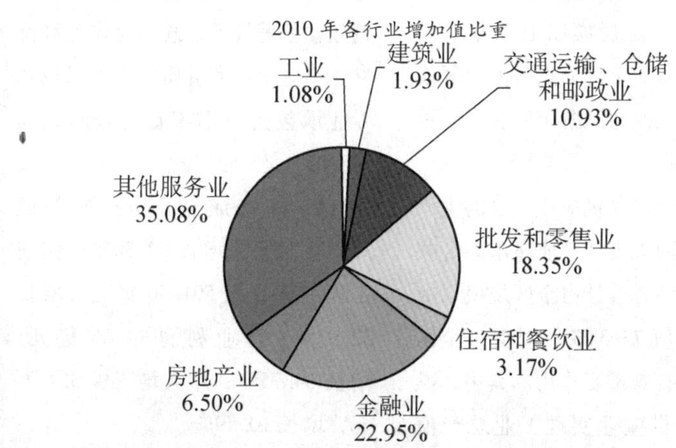

【现代产业体系带动作用明显】2010年越秀区总部经济、现代服务业、创意产业等现代产业体系在经济发展中带动作用明显。

总部经济贡献度大　是年，在越秀区成功召开第六届中国总部经济高层论坛，引进世界500强企业蒂森克虏伯、香港大昌行及英皇集团、广州利合房地产开发有限公司（亚运城）等一批知名企业进驻越秀区设立区域总部，擦亮“总部经济实践研究基地”品牌，总部经济的龙头引擎作用明显。2010年越秀区评定的总部企业累计339家，实现增加值735.39亿元。广州市《关于加快发展总部经济的实施意见》及相关配套文件出台，对于越秀区提高总部经济质量，提升总部企业对区域经济发展的贡献度将产生较好的政策导向作用。

现代服务业平稳发展　全年现代服务业实现增加值占第三产业增加值的比重为63.87%。增长势头较好的是商务服务业、专业技术服务业、新闻出版业、广播电视电影和音像业及卫生、教育等几个行业。这些行业的发展不仅是转变经济增长方式、加快产业结构优化调整的重要手段，也是实现区财政收入有效增长的重要途径。

创意产业增长势头较好　全年创意产业实现营业收入720.88亿元，比上年增长12.3%，占全区营业收入的9.43%，比重提高1.56个百分点。作为创意产业主要基地的黄花岗科技园区全年实现技工贸总收入230.39亿元，增长25.8%，实现税收收入7.01亿元，增长26.3%。越秀区创意产业初步形成创意创作、产品制作、传播媒体、创意产品展示、体验和销售平台、交易消费市场、服务体系等较为完整的产业链体系，为创意产业持续发展提供强大合力。

工　业

【概况】　2010年是“十一五”规划和“十二五”规划的承启之年，越秀区以科学发展观为统领，以“迎接亚运会，创造新生活”为主线，以坚定不移地推动经济方式转变为方向，使全区工业经济保持平稳发展态势，企业运行情况良好。

全区工业总产值51.41亿元，比上年增长6.5%，规模以上工业实现总产值49.38亿元，增长（按可比口径计算，下同）6.30%，增幅提高4.4个百分点。从全年增速走势看，一季度增长14.66%，上半年为13.85%，三季度为10.16%，呈现明显的“前高后低”态势。整体看，工业生产经过上半年较快增长，三季度稳步回调，全年基本实现平稳较快增长。

【工业经济效益】　2010年，越秀区规模以上工业实现主营业务收入56.32亿元，比上年增长21.80%，增幅提高19.8个百分点；实现利润总额1.01亿元，而上年利润总额为－0.12亿元，利润实现扭亏为盈，增幅显著；实现利税总额3.91亿元，增长73.52%，增幅提高37.30个百分点。企业亏损面进一步好转，全区规模以上工业亏损企业户数为6家，下降25%。

【高新技术产品产值】　2010年，越秀区规模以上工业企业实现高新技术产品产值2.24亿元，比上年增长56.06%，比规模以上工业总产值增幅高49.76个百分点；占规模以上工业总产值的比重为4.5%，提高1.4个百分点。

【支柱行业】　2010年，越秀区燃气生产和供应业、水的生产和供应业、印刷业是区工业三大支柱产业。2010年，三大支柱产业实现工业总产值43.03亿元，比上年增长8.20%，比规模以上工业总产值增幅高1.9个百分点，占全区规模以上工业总产值比重为87.14%。

燃气生产和供应业、水的生产和供应业两大支柱产业属市政公共服务业，两者合计占全区规模以上工业总产值73.34%，对促进全区工业生产有着重要作用。其中，燃气生产和供应业实现工业总产值17.58亿元，增长34.59%，占全区规模以上工业总产值35.60%；水的生产和供应业实现工业总产值19.13亿元，增长3.38%，占全区规模以上工业总产值38.74%。

【扎实开展节能工作】　2010年3至4月，区经贸局会同市经贸委、节能专家组，对广州燃气集团有限公司和广州市自来水公司节能目标和节能措施落实情况进行现场评估考核。2006—2009年燃气集团公司完成“十一五”节能进度目标的320%，考核等级为“完成”；自来水公司完成“十一五”节能进度目标148%，考核等级为“超额完成”。

建筑业和房地产业

【概况】　2010年，越秀区固定资产投资高速增长，为建筑业发展提供了良好外部环境。借助亚运相关工程的拉动，越秀区建筑业承接工程量及全年完成产值大幅增长，经营效益显著提升，总体运作态势良好。全区190家资质以上总承包和专业承包企业本年新签合同金额675.05亿元，比上年增长10.14%；完成建筑业总产值356.38亿元，增长22.70%；实现工程结算收入591.50亿元，增长22.93%；营业利润14.66亿元，增长64.75%；年人均工资3.4万元，增长10.79%。

2010年，越秀区受宏观调控

政策及亚运停工影响，房地产开发数据全年高开低走，投资增幅从一季度的12.08%回落至0.32%。从投资的物业类型来看，住宅完成投资78.59亿元，比上年增长10.20%，其中90平方米以下住宅和140平方米以上住宅投资分别增长46.92%和28.54%；办公楼、商业营业用房和其他用途房屋完成投资721亿元、24.90亿元、20.27亿元，分别下降28.33%、8.67%、7.49%。经济适用房投资继续加快，全年累计完成投资16.84亿元，是上年的3倍。

【建筑业生产指标】 2010年，越秀区建筑业从产值到材料消耗各项指标都高于2009年，与亚运基建及环境整饰工程息息相关的指标增幅都较大。建筑工程产值增长较快，比重提高。按构成分，建筑工程产值312.47亿元，安装工程产值40.19亿元，其他工程产值3.72亿元，比例为8.8∶1.1∶0.1。三者中建筑工程产值所占比重最大，比上年提高1.7个百分点，增速也最高，增长25.14%；亚运整治工程拉动装修装饰产值大幅增长。2010年越秀区建筑业企业累计完成装修装饰产值70.89亿元，增长40.15%，占建筑业总产值比重19.89%，提高2.5个百分点。分行业看，建筑装饰业企业累计完成产值44.92亿元，增幅高达50.79%，占全区建筑业总产值的比重从上年的23.39%提高到29.12%。从企业主要建筑材料消耗情况看，水泥、玻璃和铝材等与亚运环境整治相关的建材消耗量比上年大幅增长（详见下表）。

【企业素质和专业技术队伍状况】 2010年越秀区超亿元建筑企业个数达到67家，比上年增加11家，其中产值超10亿元的骨干建筑企业10家，增加3家。2010年超亿元企业累计完成建筑业总产值326.56亿元，增长27.79%，占全区建筑业总产值的比重高达91.63%，有力提升了区建筑业的产业集中度和区域竞争力。

2010年越秀区一级以上资质施工总承包和专业承包建筑企业共88家，完成建筑业产值314.55亿元，占全区建筑业总产值的88.26%；工程结算收入536.78亿元，占全区工程结算收入的90.75%；实现工程结算利润24.64亿元，占全区工程结算利润总额的84.82%。

【建筑工程行政审批】 2010年，越秀区建设和水务局办理建筑工程施工许可证54宗，施工复函6宗，迎亚运环境整治施工复函163个；办理施工图审查备案42宗；办理竣工验收备案5宗，验收备案建筑面积4.9636万平方米；办理拆除建（构）筑物工程安全资料备案12宗；办理建筑工程夜间延长施工证明719宗（其中配合水务工程办理涉水工程夜间延长施工证明198宗）；办理房地产开发项目手册年检100宗；协助市劳动保险部门办理劳动保险52宗1147.50万元；协助劳动部门收缴工人工资支付保障金71宗2221.89万元。

2010年越秀区建筑业生产情况主要指标一览表

指标		单位	2010年	2009年	同比
建筑业总产值		亿元	356.38	390.448	22.70%
其中：装饰装修产值		亿元	70.89	50.58	40.15%
其中：在外省完成的产值		亿元	57.14	56.36	1.37%
按构成分	1. 建筑工程值	亿元	312.47	249.71	25.14%
	2. 安装工程值	亿元	40.19	37.36	7.55%
	3. 其他工程产值	亿元	3.72	3.37	10.38%
年末自有施工机械设备（总台数）		台	38661	32595	18.61%
年末自有施工机械设备（总功率）		千瓦	371628	365377	1.71%
主要建筑材料消耗量					
其中：水泥		万吨	327.10	193.16	39.34%
平板玻璃		万平方米	34.42	28.65	20.16%
铝材		万吨	4.47	1.99	25.35%

【建筑工地管理】 2010年越秀区建设和水务局严格履行属地建设工程质量安全生产监督管理职责，加强管理制度建设，完善监管手段，积极开展广州市建筑施工隐患治理年工作，注重常规检查与专项检查相结合，加大日常巡查和重点部位、重要关口、关键环节的监控力度，强化建设工程质量、安全生产和文明施工监督管理，辖区内属该局监管的建设工程未发生四级及以上安全责任事故，辖区建筑工程施工安全生产处于受控状态。全年开展专项大检查16次（其中安全生产大检查12次），合计抽查112个项目。对拒不整改或存在严重问题的参建单位和个人在省、市建筑管理平台进行扣分，其中被省扣分处理的工程项目37个，受市不良行为扣分处理的工程项目20个，责任单位或责任主体（人）被扣分112项次，发出责令（限期）整改通知书61份，督（催）办文书13份。

【建筑工程质量安全监督】 2010年区建设和水务局共监督工程398个，监督面积835万平方米，其中：在建246项，完工未验收128项，拆卸19项，闲置停工、烂尾5项。办理质量验收17项，面积15.674万平方米。共抽查在监在建工程398项，发出抽查通知书1284份、行政执法责令限期整改通知书208份，发出停工（局部停工）通知书39份。

【建设工程招投标管理】 2010年，区建设和水务局根据迎亚运人居环境整治工程项目多、时间紧等实际情况，在加强自身工程项目的招投标管理工作的同时，积极指导、服务区其他部门实施工程的招投标工作。2010年完成招标项目96个（其中公开招标34个，邀请招标62个），招标中标价为9.43亿元，节约资金约1600.13万元。

【“烂尾楼”环境整治、房中房查处、农民工业余学校及临时性建设和限额以下小型工程管理工作】 2010年越秀区建设和水务局积极推进“业丰大厦”等23宗“烂尾楼”外立面环境整治，一定程度上改善了周边环境面貌。加大房中房查处力度，按区房中房整治的工作流程、职责分工，处理市、区有关部门移交及群众投诉49宗，其中组织各成员单位上门取证、认定6宗，发出“责令限期整改通知书”2份、“告知函”1份。加强各街道临时性建筑和限额以下小型工程管理工作的业务指导和培训，全年共监督管理小型（临时）建筑24宗。有序推进农民工业余学校相关工作，年内新增广东建工集团珠岛09号工程等4个项目农民工业余学校。年末区辖内农民工业余学校有12间，在校学员1200人。

商贸服务业

【概况】 2010年全区实现商品销售总额4352.77亿元，比上年增长40.29%；实现社会消费品零售总额837.02亿元，增长22.87%。其中，批发和零售业、住宿和餐饮业分别实现零售额716.06亿元和120.96亿元，分别增长21.8%和29.4%；餐饮市场红火，全年实现营业收入106.99亿元，增长30.6%，其中，全区限额以上批发零售业、住宿餐饮业1368家，实现营业收入530.49亿元，增长28.17%，占全区社会消费品零售总额的比重为63.38%，提高2.68个百分点，拉动全区消费品零售总额增长17.12个百分比。

2010年，全区零售额超亿元企业有50家，实现零售额441.31亿元，比上年增长31.98%，拉动全区社会消费品零售总额增长15.70个百分点。全区零售额规模达10亿元以上企业中国石油化工股份有限公司广东广州石油分公司、广州市广百股份有限公司、广州友谊集团股份有限公司等9家企业共实现零售额333.28亿元，拉动零售额增长12.48个百分点。

【商品交易市场】 2010年全区商品交易市场312个，实现成交额523.19亿元，比上年增长12.21%。其中，综合市场实现成交额11.62亿元，增长10.18%；专业市场实现成交额511.57亿元，增长12.25%，占总体成交额的97.78%。

从商品类别看，服装针织品类、日用品类、汽车配件类、干货海味类等专业市场成交活跃，分别实现成交额372.47亿元、48.62亿元、36.83亿元和16.49亿元，占全区商品交易市场总量的比重分别为71.19%、9.29%、7.04%和3.15%，分别增长12.14%、13.34%、12.69%和19.17%。其中，流花矿泉服装园区45家服装专业市场成交额329.99亿元，增长12.20%，占总体比重63.07%。永福汽配园区12家汽配专业市场实现成交额36.78亿元，增长14.41%。

【消费结构】 2010年越秀区通过从体制上和政策上调整消费结构，充分挖掘和释放居民消费的巨大潜力，居民消费结构不断优化和升级转型。从限额以上批发零售的商品销售类值看，服装类、金银珠宝类、粮油食品类、家用电器和音响器材类、石油及其制品类、体育服务器类6类商品供需两旺，零售额增长较快，全年分别实现零售额71.81亿元、16.49亿元、33.45亿元、28.20亿元、133.01亿元和4.67亿元，分别增长41.57%、36.02%、35.66%、26.13%、24.12%和22.97%，均高于全区社会消费品零售总额增长水平，以上6类热点商品零售额对全区社会消费品零售总额的贡献率为42.88%。

2010年越秀区社会消费品零售总额按规模分

单位：个、亿元、%

项目	单位个数	零售额	同比	贡献率
越秀区社会消费品零售总额	—	837.02	22.87	—
限额以上单位	1368	530.49	28.17	17.12
其中：亿元以上单位	50	4413054	31.98	15.70
其中：超10亿元以上单位	9	3332842	34.25	12.48

2010年越秀区热点商品销售情况对比

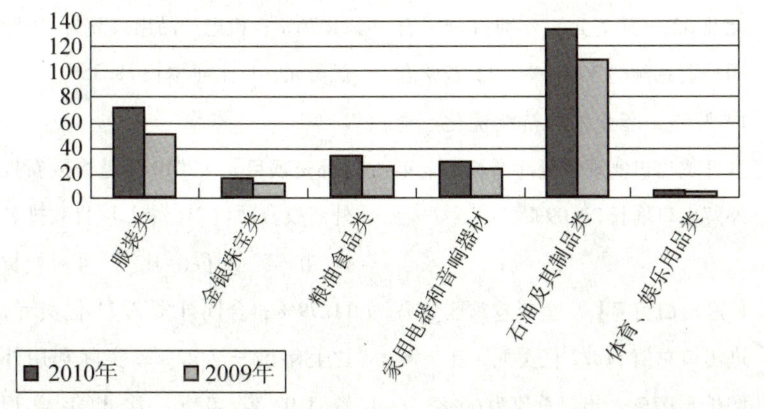

【连锁经营】 2010年，越秀区拥有限额以上批发零售业、食宿餐饮业连锁企业69家，下属有连锁门店4272个，比上年增加235个，增长5.08%。全年实现销售（营业）额513.60亿元，增长21.68%，其中，批发零售业实现销售额454.96亿元，增长22.29%，住宿餐饮业实现营业额58.64亿元，增长17.17%。

【2010中国流花国际服装节】 2010年9月6日，亚洲最大、最具活力的“2010中国流花国际服装节暨广东时装周”开幕式在东方宾馆隆重举行。盛会由广东省经济和信息化委员会、广州市经济贸易委员会、广州市越秀区人民政府、广东省服装服饰行业协会、广州服装行业协会联合主办，中国服装协会也对活动的举办给予特别支持。中国纺织工业协会、中国服装协会、中国服装设计师协会、广东省服装服饰行业协会、广东服装设计师协会、香港服装设计师协会等行业协会负责人，省市区有关领导出席开幕式。中国纺织工业协会副会长陈树津、广东省经济和信息化委员会副巡视员孙鮀生、广州市人民政府副市长甘新、广州市越秀区人民政府代区长杨雁文分别在开幕式上致辞。“激情亚运、绚丽流花、创意越秀”——“2010中国流花国际服装节暨广东时装周”的举办，使

流花—矿泉服装专业市场园区成为服装品牌竞相争艳的舞台、时尚潮流资讯发布的展台和业界同仁自由交流的平台，同时也是海内外客商品鉴亚运商机、感受“中国流花”服装生命活力的曼妙之地。

【北京路商业街综合整治】 2010年为更好地迎接第十六届亚运会在广州的召开，北京路以“千年商都”商业文化底蕴为整治主题，以恢复商业街区历史风貌为整治主线，对全路段进行综合整治。

重现岭南骑楼建筑风格　全面清理、整治北京路沿线不规范的招牌广告，包括建筑物柱子、廊底及遮挡具有保留价值的建筑物立面的招牌广告，恢复、展现原有的岭南骑楼风格建筑。

凸显千年商都历史文化元素　在北京路中山五路出入口的建筑物墙面制作6个浮雕刻字，以反映周边区域的千年历史文化史迹；在北京路与西湖路交界处，建造始建于元代、重建于清代的，被誉为中国现存最大、最完整的古代计时器——铜壶滴漏雕塑，昭示北京路千年商都的悠远历史。

重新整饰天字码头　整饰中增加“天字码头”历史的主题雕塑和以“航海”为主题的石雕花图案，力求重现其历史风貌。

营造火树银花的街区环境　改造北京路步行街段的光亮工程，增加节能且造型各异的星星灯等；在北京路南段实施新增光亮工程，对沿线建筑物、路树进行光亮布置。

对外经济贸易

【概况】 2010年，区外经贸工作围绕区加快转变经济发展方式，贯彻落实《珠江三角洲地区改革发展规划纲要（2008—2020）》，服务于建设“首善之区”典范和国家中心城市核心区发展目标，外资工作调整原有以房地产项目为主的格局，重点发展总部经济和现代服务业。外商在越秀区的投资由传统的餐饮娱乐和房地产业为主，逐步转向金融、物流、服务外包、计算机服务和软件业、租赁和商务服务业等知识密集型服务业领域。其中房地产业、商贸业及高新科技产业是区吸收外资的主要行业，合同外资分别为9718万美元、7360万美元及6259万美元，分别占全区合同外资总额的30.07%、22.77%和19.37%，产业结构持续优化。全区外贸出口实现恢复性增长，全年外贸出口增长22.09%。

【进出口贸易】 全年越秀区贸易进出口总值118.2亿美元，比上年增长8.07%，出口总值为66.88亿美元，增长22.09%，其中：一般贸易62.15亿美元，增长22.62%；加工贸易4.53亿美元，增长16.23%；进口总值为51.29亿美元。省属、市属国有企业出口回稳。是年，省属国有外贸集团公司出口达到39.63亿美元，比上年增长18.02%。市属企业出口达9.74亿美元，增长29.43%。欧盟、东盟、美国和香港是越秀区主要出口国家和区域，出口总额13.28亿美元，增长20.72%；企业对美国出口总值9.25亿美元，增长28.76%，上升至第三位；随着国家对东盟出口的各项扶持政策的出台，区内企业对东盟地区出口总值9.45亿美元，东盟超过美国成为区第二大出口地区。纺织品与机电产品依然是区出口主要商品。由于国际市场需求恢复，区主要商品（纺织原料及纺织制品、机电产品）出口呈现良好增长态势，其中，纺织原料及纺织制品出口额21.59亿美元，比上年增长21.76%；机电产品出口额为10.52亿美元，比上年增长28.35%。

【外资项目】 2010年越秀区新批外商投资项目218个，项目数排名全市第一位，比上年增长11.79%；合同外资3.23亿美元，比上年增长7.22%；实际利用外资3.02亿美元，比上年增长

10.5%，超额完成市下达的全年任务。总部经济和大项目带动效应显著。全年越秀区超500万美元的大项目（含增资）有15个，合同利用外资达2.3亿美元。成功引入世界500强企业蒂森克虏伯、麦当劳、美国上市公司康采恩有限公司、天冠融资担保、香港大昌行及英皇集团等知名企业进驻越秀区设立区域总部。

【招商服务】 2010年，越秀区加强招商服务保障，营造良好从商环境。充分发挥区经济联席会议制度的作用，使其成为招商信息交流平台。定期分析和总结经济运行情况，及时发现招商工作的不足，拓宽工作思路，为招商引资工作提供政策及制度保障。加强项目跟踪服务，对新引进的高端服务业重点项目实行"一条龙"贴心服务，建立专人跟踪制度，协助办理项目立项报批等事宜，树立"越秀服务"品牌。

以"引进来"和"走出去"相结合的方法，精心组织经贸活动，把组织国内外重大经贸活动作为招商引资的重要抓手，围绕重点地区、重点产业搭建招商平台。全年相继举办主题为"用创新谋转变，以转变促发展"的区经济形势分析早餐会、英国伦敦市红桥区商贸团广州商机交流会和以"中心城区功能提升与空间再造"为论坛主题的几项大型活动，为区招商引资工作拓宽渠道。

【广州纺织品进出口集团有限公司】 成立于1980年，是中国进出口额最大的500家企业及出口额最大的200家企业之一，年进出口额5亿美元以上，2010年公司年出口额位居国内行业第十八名。是中国海关实施A类管理的企业，获得国际权威认证机构德国莱茵TüV ISO9001:2000国际质量体系认证。

公司主营纺织品、服装，兼营轻工产品、粮油食品、工艺品、土畜产品、五金矿产、化工、机械及设备、仪器仪表、医药和有色金属等国家非专营专控商品。拥有注册商标"PET"牌、"小红帽"牌童装系列，"红莲"、"千佛塔"牌布匹系列，"BLUE TOP"牌纺织品、纺织机械系列等。经营方式有自营进出口、代理进出口、加工生产和国内批发零售、代销业务。

公司现有10个进出口业务部，在美国和香港设有子公司。与3500家供应商建立了战略合作伙伴关系。与海内外家乐福、H&M、欧尚、加太等300多个著名的进口商、零售商、采购中心、品牌商、连锁店建立了长期稳定的贸易关系，客户遍及美国、欧盟、大洋洲及中国香港等70多个国家和地区。

公司2009年投入使用的品牌中心项目将国内国际设计风格和市场流行元素有机结合起来，为公司各业务单元注入自主设计元素，提高了产品附加值，增强了公司综合竞争优势。

【广州市润通华经贸发展有限公司】 是主营进出口业务的国有独资多元化经贸企业，自营和代理各类商品及技术的进出口业务，年进出口总额达1.8亿美元以上。商品远销世界100多个国家和地区，并建立了自己的品牌。公司在广州市中心商贸繁华地段有办公大楼和多个固定的样品陈列间，在国内外客户中有良好的商业信誉，与全国几百家生产厂有长期稳固的合作关系。公司拥有一支充满活力、高素质的外销员队伍，在激烈的竞争中不断开拓新市场和新客户、新商品，每年都派出多个推销小组参加春秋两季广交会以及赴美国、欧洲、中东、南美等地参加世界性的博览会和专业展销订货会。

公司下属全资附属子公司之一的广州东润发环境资源有限公司，是广东省内唯一一家经工商行政部门批准的具有《京都议定书》清洁发展机制项目开发、碳交易资质的企业。2009年第一个为广东出口企业实施碳管理咨询，应对西方贸易"碳壁垒"。

2010 年越秀区出口商品结构一览表

序 号	名 称	金额(万美元)
1	纺织原料及纺织制品	215861.87
2	机电、音像设备及其零件、附件	105157.85
3	杂项制品	89193.70
4	车辆、航空器、船舶及运输设备	60280.27
5	贱金属及其制品	56968.87
6	革、毛皮及制品，箱包，肠线制品	25755.09
7	鞋帽伞等、羽毛品、人造花、人发品	20992.95
8	化学工业及其相关工业的产品	20271.25
9	矿产品	16036.79
10	塑料及其制品、橡胶及其制品	15626.05
11	矿物材料制品、陶瓷品、玻璃及其制品	12184.11
12	光学、医疗等仪器，钟表，乐器	10289.74
13	活动物、动物产品	5365.46
14	木及制品、木炭、软木、编结品	4901.18
15	木浆等，废纸，纸、纸板及其制品	4338.04
16	食品，饮料、酒及醋，烟草及其制品	2888.85
17	植物产品	1805.82
18	动、植物油、脂、蜡，精制食用油脂	661.86
19	珠宝、贵金属及其制品，仿首饰，硬币	130.63
20	特殊交易品及未分类商品	37.31
21	艺术品、收藏品及古物	16.91
22	武器、弹药及其零件、附件	0.43
	合 计	668765.02

2010 年越秀区出口产品输入国家、地区构成一览表

序 号	名 称	金额（万美元）
1	欧盟	132779.09
2	东盟	94467.41
3	美国	92506.08
4	亚洲其他国家（地区）	88811.07
5	中国香港	71602.51
6	拉丁美洲	54253.02
7	非洲	41398.84
8	欧洲其他地区（国家）	19682.18
9	日本	19457.91
10	大洋洲	17046.56
11	俄罗斯联邦	12541.12
12	北美洲其他地区（国家）	11864.68
13	中国台湾	6360.40
14	韩国	5398.87
	合 计	668169.74

（经贸局 吴岳军）

文化创意产业

【概况】 2010 年，全区创意产业实现年营业收入 720.88 亿元，比上年增长 12.3%，占全区营业收入的 9.43%，比重提高 1.56 个百分点。漫友文化、奥飞文化被认定为国家重点动漫企业，是广东省仅有的 2 家企业获此殊荣，另有新认定国家动漫企业 6 家，占广州市的 2/3。原创动力总经理刘蔓仪被评为“广东省十大创新人物”，原创动力的“喜羊羊与灰太狼”系列动漫作品创作与推广团队作为广州市唯一企业代表荣获省委、省政府颁发的首届南粤创新奖。有 7 家企业被认定为广州市重点软件和动漫企业，占全市的 14%。组织全区各动漫企业申报并获得市软件（动漫）产业发展资金项目 61 项和 2849.65 万元支持。创意产业原创能力更加突出，一批具有领先创意能力和自主品牌产品的重点创意企业迅速成长起来，成功创造出一批如喜羊羊、猪猪侠等具有良好经济和社会效益的优秀动漫形象。原创动力、漫友文化、奥飞文化等具有行业代表性的龙头创意企业进一步扩大，中国国际漫画节、金龙奖等品牌展会活动的国内外影响力继续扩大，区创意产业发展的规模实力、行业影响力及核心竞争力进一步增强。

【创意产业集聚区建设】 2010 年，越秀区“创意大道”重点项目建设进入全面施工阶段。是年，该项目被省发改委认定为“广东省

现代服务业集聚区”，申报并获得广州市服务业发展产业集聚区建设引导资金立项和500万元经费支持，累计获得省、市无偿资助项目资金逾6000万元，成为越秀区获得上级最大支持的产业项目。“创意大道”招商工作同步展开，吸纳创意设计、动漫网游、数字内容、文化传媒等优质企业，有10多家企业预订过万平方米办公场地。新开辟1个创意产业园区——南方文化传媒创意产业园，该园区建设项目列入广东省现代产业500强，园区一期完成招商，可提供面积逾1万平方米的办公场所，最终可提供6万平方米经营面积，将专门打造成为以文化创作出版为主题的创意产业园区。

【创意产业公共服务平台建设】 2010年3月，广州创意产业园动漫公共技术服务平台暨人才培训基地顺利通过验收，进入运营阶段。平台由黄花岗科技园管委会、广东工程职业技术学院、广州泛亚太科技发展有限公司合作建设，是华南地区首家以动漫培训、创作及制作“三结合”的项目，是“政企校”合作的非盈利性动漫公共服务平台。其发展、运营的重点是培训动漫技术人才、制作精良的动漫产品、普及最新动漫制作技术、研发应用动漫新产品等。平台由一批来自高校及企业的拥有丰富动漫制作设计经验的专业人才管理运营，以培养适合中国动漫产业发展需要的国际化动漫精英人才为宗旨，采用“学历＋技能＋认证＋就业”的人才培养模式，力争将平台打造成一个动漫培训与制作方面的示范基地。该平台为企业培训1000多名学员，并争取到省委宣传部文化产业专项资金500万元的立项支持。

【第七届金龙奖原创漫画动画艺术大赛】 本届金龙奖立足产业基础，在大赛赛制和组织上进行全新改革，成立评委专家库，使大赛规模和规格得到提升；同时在保留原有奖项的基础上，首次将新媒体动漫划分为单一的类别，特别增设最佳网络动漫和最佳手机动漫2个奖项。此届活动共收到来自全球华语地区近6800部优秀动漫作品，比上届增加36%。2010年越秀区政府与金龙奖组委会联手启动旨在拯救和传承传统动画与连环画技艺的“金龙奖公益基金”，开创全国动漫公益事业先河。本届金龙奖COSPLAY全国超级大赛中，国内原创动漫人物首次成为“主角”，一改以往同类活动中以COS日本、欧美动漫游戏角色为主的情形。区创意产业荣获3项“金龙奖”，占广州获奖总数的43%。

【广州漫友文化科技发展有限公司】 是金龙奖原创漫画动画艺术大赛的主办机构，2010年被认定为国家重点动漫企业，是广东省仅有的2家企业之一。该公司在越秀区发展和壮大，致力于动画、漫画、青春文学杂志、图书的市场运作以及国内外版权的输出与引进，现已取得显著成绩。“漫友文化”已成为华语动漫传播领域最具知名度与美誉度的强势品牌之一。漫友文化运营的华语动漫杂志《漫友》以及《漫画世界》，秉持“内容为王、读者第一”的办刊理念，成为涵盖动漫及青少年流行文化的载体。漫友文化联合海内外多家权威动漫机构及主流媒体，打造面向全球华语原创动漫“金龙奖”，该活动从2006年开始在越秀区连续举办5届，被媒体誉为“中国动漫第一奖”，公司以此为平台培育和吸引姚非拉、猪乐桃、丁冰、王小洋等数十位具有较高知名度和创作水平的原创漫画明星及青春文学作家，漫画原创作品源源不断，创立了独具中国特色的漫画运营模式。

【广东原创动力文化传播有限公司】 是越秀区培育发展起来的优秀创意企业，主营国产原创动画电视电影的创作制作、发行、销售及相关知识产权产业化开发等。企业综合实力位居国内前列，成为中国内地最大的动画制作机构之一，先后获得“国家认定动漫企业”、“国家动画产业基地”、“中国版权产业最具影响力企业”等荣誉。该公司“喜羊羊与灰太狼”系列动漫作品创作与推广团队，2010年荣获省委、省政府颁发的首届南粤创新奖，其成功创造的《喜羊羊与灰太狼》系列动漫影视作品及相关衍生产品遍及欧美、日韩和东南亚等动漫产业发达地区，获得一系列国内外奖项和荣誉，如动画电影《喜羊羊与灰太狼之虎虎生威》获得第三届中国国际漫画节暨第七届华语动漫金龙奖的“最佳动画长片”奖，《喜羊羊与灰太狼之牛气冲天》获第十三届“华表奖优秀动画片奖”，《喜羊羊与灰太狼》系列动画还荣获中宣部第十一届精神文明建设“五个一工程”(2007—2009 年)“优秀作品奖”等。

“喜羊羊与灰太狼”系列动漫著名品牌形象及其衍生产品和知识产权，取得了巨大经济和社会效益。第一部喜羊羊与灰太狼电影《牛气冲天》创造国产动画电影1亿元票房奇迹，第二部《虎虎生威》最终票房1.28亿元；同名杂志画册迄今为止年产值将近6000万元，喜羊羊图书出版1300多万册，产值达1.5亿元。喜羊羊与灰太狼2个卡通形象更获邀成为2010年广州亚运会动漫志愿者形象推广大使。

信息服务业

【概况】 黄花岗科技园坚持以信息技术及其服务业为主导产业，信息服务业迅猛发展，其中以通信技术、增值服务软件、系统集成、网络游戏为主营业务的信息技术及其服务业企业约占企业总量的75%。吸引和培育用友软件、友邦资讯、从兴电子、诚毅科技等信息服务领域的领军或知名企业20多家，还有50多家国内外总部企业或其分支机构、上市企业落户越秀区，形成以大型通信运营企业为中心，分别从事网络设备供应，提供服务、系统集成、软件开发等业务的现代信息服务业产业链集群。2010年，园区累计拥有获国家认定的高新技术企业近百家，有2家企业认定为国家重点软件企业，4家企业认定为国家动漫企业，7家企业认定为广州市重点软件和动漫企业。2010年园区实现技工贸总收入230.39亿元，比上年增长25.79%，其中信息服务业企业实现技工贸总收入和税收分别为133.23亿元和3.56亿元，约占园区总量的57.83%和50.82%。是年，园区税收超100万元的规模企业中，信息服务业企业占52.52%。

2010年，黄花岗科技园新引进68家企业，约有50%是信息服务类企业，其中久邦数码是中国第一家开创免费独立WAP模式的门户网站，也是国内第一个独立于运营商主站的移动互联网门户站点和最大的手机网站；迅通计算机是一家自主研发生产数字视频监控安防产品的企业，被评为中国安防行业十大创新品牌。

【广州市久邦数码公司科技有限公司（3G门户）】 是黄花岗科技园骨干企业，于2003年6月4日在广州成立。旗下的3G门户于2004年3月上线，成为中国第一家开创免费独立WAP模式的门户网站，也是中国第一个独立于运营商主站的移动互联网门户站点。目前3G门户拥有70多个频道，累计注册用户1.4亿，日活跃用户超过2000万，日PV过11亿，自主研发10多款涉及浏览、阅读、音乐、视频、手机应用等领域的客户端软件，成为国内整合媒体平台、应用平台、商务平台等各种模式为一体的最大手机互联网平台。

【广州从兴电子开发有限公司】

2010年12月30日，广州高新区黄花岗科技园(信息园)十周年志庆暨新合作园区揭牌仪式在博士俱乐部举行

于1999年成立，多年来专注于计算机系统集成与应用软件开发领域，业务涵盖通信、电力、政府等行业，为客户提供完善的信息管理、业务支撑、通信技术应用等大型系统设计、研发、集成以及运营维护等服务。立足于领先优势的海量数据处理技术，公司打造出全球最大的电信级计费系统和数据仓库系统，自主研发出“多机并行处理”、“动态安全认证”、“负载均衡”等多项业界领先技术。2010年被认定为国家重点软件企业和省、市、区创新型企业，被评为广东省自主创新百强企业。

【广东胜思网络科技有限公司】 是一家融研发与运营于一体的综合网游服务商，拥有集游戏、交友、聊天、休闲、娱乐等为整体的大型综合娱乐平台。2009年10月获得香港中讯控股有限公司旗下的网游产品《石器时代2》在中国内地的运营权，进一步优化了《石器时代》。胜思网络平台接入《飞天西游》、《乐土》等多款网页游戏，并建立区级工程技术研发中心。

服务外包业

【概况】 服务外包业是以IT技术为依托，利用外部专业服务商的知识劳动力来完成原来由企业内部完成的工作，从而达到降低成本、提高效率的一种服务模式。黄花岗科技园依托区内良好信息服务业和创意产业基础，积极承接国外服务产业转移，为服务外包企业营造项目对接、人才培训等良好的外部发展环境，通过发展服务外包促进园区产业向价值链高端转移。2009年，黄花岗科技园列入“中国服务外包示范基地广州示范区”4个示范区之一。区内有友邦资讯、美银电子、新一代数据中心、超干软件、盛华信息、诚伯信息等服务外包企业，分别从事软件开发、动漫产业制作、财务处理、呼叫中心等服务外包产业。园区企业广州诚伯信息有限公司和广州盛华信息有限公司进入中国服务外包100家成长型企业行列，2010年全区服务外包企业累计71家。

【黄花岗科技园获“2010年度广州市服务外包示范区建设优秀奖”】 2010年，黄花岗科技园通过强化“两个集聚”（企业集聚、人才集聚）和“三个支撑”（政策支撑、技术支撑、服务支撑），加大对服务外包企业发展的引导和扶持力度，新开辟3个服务外包园区，引进汇丰环球、友邦资讯等一批优秀的服务外包企业。2010年全区服务外包实现合同金额3.63亿美元，比上年增长81.50%，执行金额3.01亿美元，增长194.28%；新增34家企业在商务部服务外包管理统计系统上进行业务合同登记；7家企业被认定为广州市技术先进型服务企业，占全市的35%，全区技术先进型服务企业累计15家，约占广州市一半。黄花岗科技园服务外包工作取得优异成绩，被广州市授予“2010年度广州市服务外包示范区建设优秀奖”。

【友邦资讯科技有限公司】 是友邦保险集团香港总部的分支机构。1994年10月在广州东风东路767号东宝大厦二十四楼设立地区总部，宗旨是为友邦保险集团在亚太地区的下属公司提供应用软件开发和资讯服务。该公司服务遍及中国内地、香港特别行政区、台湾地区以及澳大利亚、印度、印度尼西亚、日本、韩国、马来西亚、新加坡、泰国、英国、美国及越南等地。

10多年来，友邦资讯科技有限公司为友邦保险集团不断开发及维护各种应用系统，包括IBM MVS，IBM AS/400以及Windows平台。其系统应用于寿险、意外险、财产险、团体险及退休金等业务。

公司不断拓宽业务领域，2002年扩建数据资料处理部门，专门从事企业后勤业务的外包服务。公司秉承以客户为中心的目标，务求提供高质、创新及经济的资讯服务。2004年通过CMMi Maturity Level 3认证。公司2009年被评为国家重点软件企业，享受国家对重点软件企业的一系列优惠及奖励政策。

【新一代数据中心有限公司】 是由香港金朝阳集团有限公司于1999年投资设立的一家专业级

IDC，位于广州市东风西路191号国际银行中心二、三、十七层。

新一代数据中心规划建设为近1万多平方米的国际一流的专业IDC，正式运行的约有480个机柜近2000多平方米（二楼），在建的近2400平方米（三楼）。由香港专业机房公司设计，采用最先进的CISCO设备，整个机房环境按国际一流标准建设，包括防静电地板、FM200气体灭火装置、空调系统、双路供电系统、发电机系统、发电机及智能UPS保障系统、漏水检测系统等，整个IDC设有主机托管中心、传输中心（含SDH及DWDM、IDC管理平台、配线架等）、网管中心、客户操作中心等，是一个全智能数据中心。在服务器操作安全上，软件识别技术可提供服务器强有力的接入控制；数据中心在保障机器安全的同时，配备有最精密的防火墙和防病毒程序。

该公司除有整机租用、服务器托管、虚拟主机等主体业务服务外，还提供带宽品质管理、QOS服务、VPN服务。服务器负载均衡服务，电子商务加速服务，入侵检测、系统检测、系统漏洞扫描、防黑客服务，打印网站访问流量报告服务，数据备份服务等其他相关增值业务。

交通运输业

【概况】 越秀区是广州市交通中心枢纽。区内有与市外联系的重要交通集散地——火车站，有省汽车客运总站、市汽车客运总站、越秀南汽车站，有市级交通主干道环市路、东风路、中山路、沿江路、人民路、解放路等，地铁一号线、二号线、五号线贯穿全区且在区内交汇。2010年，辖区有货物运输企业1693家（包括非专业），营运车辆9976辆，机动车维修企业210家，驾驶员培训企业（总部）6家，经营性停车场729家。交通行业监管规范有序，交通行政执法和交通管理取得显著成绩，获市、区先进单位、标兵单位等荣誉共13项。

【行政审批】 2010年规范办理货运、维修、驾培、停车场企业各类行政许可及资质审验等相关业务累计1.5万余宗。全面推开DMS邮政寄递许可证件服务，提高行政效能和服务水平；完善办证大厅软、硬件设施，营造良好服务环境；健全完善行政审批实施配套制度，促进行政审批进一步规范运行。通过实施一系列为民举措，交通服务窗口被评为“市级巾帼文明岗”。

【车辆维修和驾培管理】 2010年，区交通局深化维修企业规范自律管理，全面铺开教练车改色工作，杜绝非法教练车经营而萌发不安全因素。在重点做好辖区道路运输企业日常安全监管的同时，配合环保部门开展营运车辆尾气治理工作，确保迎亚运尾气治理任务圆满达标。全年整治无证维修点档36家（次），对9家无证维修点实施暂扣作业工具。查处并取缔非法经营机动车驾驶培训训练场9家，处罚违章驾培机构3宗，发出整改通知7份。

【非法营运整治】 2010年，区交通局结合“创平安、迎亚运”道路运输市场综合整治、“交通整治百日会战”等专项行动，联合多部门开展重点区域非法营运整治。出动市、区运政、公安执法人员1422人次，查处非法营运大客车、异地营运出租车、改装车、三轮摩托车等非法营运车辆222台，配合查处其他交通违章车辆780台。有效打击辖区非法营运行为，维护辖区运输市场安全、有序发展。

【安全生产管理】 2010年年初，区交通局与辖区交通运输企业全部签订2010年度安全生产目标管理责任书，层级落实安全生产责任制。全年检查运输企业238家次、维修企业706家次、驾培总部企业24家次、停车场860家次，全部建立规范安全检查台账。全年参训交通运输企业240家、安全管理人员491人。组织每月安全学习例会，开展“安全生产月”、“交通安全情系大家”等宣传活动，营造安全生产良好氛围。

【停车场管理】 2010年成立由区

交通局牵头，区交防大队、建设、物价、城管等有关职能部门组成的联合执法小组。全年查处违规咪表停车场16个、内街内巷违规占道停车场14个，取缔、铲除停车位106个。推进路内临时停车场联合审批工作，全年新增临时停车泊位3178个。建立路内临时停车场市、区、部门、街道四级管理机制，停车场行业文明服务水平得到提升。是年，区交通局被评为市交通系统创建文明行业“标兵单位”，多人获评“先进个人”、“优秀联络员”。

【打好春运持久战】 2010年春运40天，区交通局出动执法人员200余人次、车辆50余台次，每天24小时不间断地在流花地区开展执法整治，加强对越秀南客运站营运秩序监管和交通秩序疏导。春运期间共检查车辆200多台，查处非法营运车辆9台，纠正处理交通违章车辆62台，配合公安部门捣毁“黑票点”2个，维护广大旅客和合法经营者的利益。

【妥善处理“水浸车”事件】 2010年4月、5月，区内发生因强降雨引起的内涝灾情，受浸停车场4个，受浸车辆140台。区交通局牵头处理区“水浸车”事件，全体交通系统人员取消休假，加班加点做好水浸车善后协调工作。受浸车辆140台中有131台获保险公司依法赔偿，9台未购买保险车辆也得到相关职能部门安抚处理，未发生因受浸车辆处理不善而引起的上访事件。

【圆满完成亚运交通保障各项任务】 2010年区交通部门充分发挥统筹协调沟通作用，牵头组织辖区公安、交警大队、市政建设、残联、民族宗教等职能部门和街道办事处，圆满完成亚运开幕式珠江巡游活动、亚运期间伊斯兰教古尔邦节活动、亚运赛时场馆外围交通组织及停车保障各项任务。累计安排落实1012个亚运专用保障车位；汇编印制《越秀区交通组织及赛时保障组2010广州亚运会保障工作手册》；制作亚运场馆各外围停车点保障工作人员工作证；扎实开展应急演练实战练兵。将亚运停车安保工作下沉到街道，落实组建由街道牵头、各相关单位分别派驻驻点人员的保障小组，切实抓好亚运场馆外围停车场各项保障工作。联合教育局、街道、交警等相关部门，组织200余名志愿者，以“友爱车厢、文明站场、文明驾车”和“文明红绿灯”为主题，在火车站、各汽车客运站以及站场周边交通路口开展亚运城市文明志愿服务行动。亚运、亚残运会期间，交通秩序畅通，停车保障安全有序，实现“平安亚运”的总体目标。

旅　游　业

【概况】 2010年，越秀区旅游局“以打造广府文化源地、千年商都核心”品牌为宗旨，以构建“广府文化旅游核心区”为目标，认真落实区委、区政府以及市旅游局关于亚运城市行动计划各项工作要求和部署，积极整合区域文化旅游资源，加大越秀亚运旅游亮点的宣传力度，举办各种特色活动，大设广府文化亚运旅游盛宴，开创文化旅游发展的新局面。

截至2010年，越秀区辖内有星级酒店64家、旅行社及分社115间、旅行社服务网点312间、旅游景点34个。全年越秀区城市接待总人数7308万人次、其中过夜人数3003万人次，一日游人数4305万人次，旅游业总收入88.75亿元。

【特色旅游线路】 2010年制定《越秀区亚运旅游宣传推广发展思路》，整合北京路区域内的广府文化旅游元素，辐射和带动区域特色旅游。

以市场为导向，用“旧景点，新看点”的思路，全新包装旅游产品迎亚运。打造越秀经典一日游——“广府文化源地、千年商都核心”、广府文化源地之旅、广州传统中轴线之旅、中国近代革命史迹游、老广州风情体验之旅、宗教文化之旅、千年商都核心之旅、“越秀十美”特色游8条文化旅游线路，形成多样化的主题游，以市场为导向，串联越秀区内众多文化旅游景点，丰富越秀旅游。打造东濠涌水文化片区、麓湖生态文化旅游区、宗教文化区、东山洋楼文化街区、长堤传统风情街区、二沙岛文化艺术风情区、流花时尚品牌运营区、环市东中央商务区、北京路广府文化商贸旅游区9个主题旅游片区，利用各具特色的越秀旅游圈，推动旅游产品多样化发展。

发掘旅游新资源，以旅游营销的理念将城市建设的新面貌宣传推广，重点将北京路广府商贸旅游区、东濠涌亲水文化区、广州城市原点、城隍庙等亚运建设成果作为旅游新景点，举办“越秀越精彩——越秀区亚运新增‘五景区十景点’发现之旅”专题旅游推介展。整合辖内的红色旅游资源，组织辖内符合条件的旅游景区积极申报“广东省红色旅游示范基地”。

【特色旅游宣传推广】 2010年，区旅游局积极推出越秀亚运旅游亮点。“亚运人家”首先在越秀区投入运营，让访穗外国游客深入广州市民家中了解广州民风民俗，各界反响热烈。有序组织亚运惠民礼包“广州游”系列活动。在各景区、酒店、旅行社开展“微笑使者百日志愿行动”和“文明景区百日志愿行动”等活动。

塑造越秀旅游新形象。分别在广州火车站广场、北京路商业步行街两个繁华地段建立国际标准化旅游服务问询中心。在火车站广场、北京路名盛广场免费投放户外大型越秀旅游形象专题宣传推介广告。在全市首创用系列手绘旅游地图的形式生动推介广府特色的风情旅游，陆续推出《游走越秀》、《玩转北京路》和《东濠涌旅游指南》等手绘旅游地图，激发民众游越秀的热情。拓展旅游推广平台，将“越秀美食之旅”编入《吃遍广州》一书出版发行；积极组织辖内旅游企业参加“广州市国际旅游展销会”、“TPO日本共同旅游推介会”等旅游展览会，利用会展平台扩大越秀的知名度。

北京路广府文化商贸旅游区

打造品牌旅游节庆活动。在北京路广府文化商贸旅游区举办第二届“越秀区广府文化旅游嘉年华”活动。从9月底至亚运会期间历时两个月，举办越秀越精彩图片展、摄影展、广州手信评选、广府华彩粤剧展演、亚运美食文化节等特色活动，打造广州亚运的广府文化旅游盛宴，提高旅游宣传影响力。

【旅游规范化管理】 2010年，区旅游局根据新颁布的《旅行社条例》，对辖内206间旅行社分社及服务网点重新审核更换新备案登记证，进行系统备案和信息化管理。制定《越秀区亚运旅游接待工作安全应急预案》，加强旅游安全监管。会同市、区相关部门，开展“百日整治大行动”等综合检查，形成安全生产联动机制；重点开展非星级酒店迎亚运服务质量监督工作，专门成立区迎亚运非星级酒店服务质量督查团队，依照有关要求对辖内361间非星级酒店在安保、消防、食品卫生、规范经营等方面进行地毯式督查，确保越秀区住宿业以良好的状态投入亚运接待工作。区旅游局根据亚运城市行动计划的要求，为确保广州亚运会有280家星级酒店的标准，加快酒店迎亚运星评工作，重点指导广州国泰宾馆等5家酒店申评。完善区内旅游设施保障工作，系统地开展旅游交通标志牌建设、景区及酒店公共服务表示标准化改造、星级旅游公厕评定等工作。

2010年越秀区辖内旅行社、分社一览表

序号	旅行社名称	经营地址
1	广东国旅国际旅行社股份有限公司	广州市越秀区解放北路618~620号十五楼
2	广东省中国旅行社股份有限公司	广州市越秀区沿江中路195~197号沿江大厦
3	广东省中国青年旅行社	广州市越秀区中山一路23号一、二楼
4	广东铁青国际旅行社有限责任公司	广州市越秀区中山一路94号
5	广州东方国际旅行社有限公司	广州市越秀区流花路120号
6	港中旅（广东）国际旅行社有限公司	广州市越秀区中山五路219号中旅商业城二十三楼3单元2302房、4单元2301和2302房、5单元2301房
7	广东省香江旅游公司	广州市越秀区环市西路183号
8	广东熊猫国际旅游有限公司	广州市越秀区东风中路363号国信大厦六楼01~02室
9	广东粤侨国际旅行社有限公司	广州市越秀区越秀北路87~89号四、五、八楼
10	广州交易会国际旅行社有限公司	广州市越秀区流花路117号交易大厦四楼
11	广东省天马国际旅行社有限公司	广州市越秀区东风中路501~507号东部18层1828房
12	广州市丽景国际旅行社	广州市越秀区环市东路华侨新村爱国路1号地下
13	广东中信国际旅行社有限公司	广州市越秀区竹丝岗二马路39号之一1号楼中航大厦十楼
14	广东南湖国际旅行社有限责任公司	广州市越秀区广卫路18号1~8层
15	中青旅广州国际旅行社有限公司	广州市越秀区中山一路57号五楼
16	广东羊城之旅国际旅行社有限公司	广州市越秀区越秀中路159号首层
17	广州花园国际旅行社	广州市越秀区环市东路368号
18	广东风光国际旅行社有限公司	广州市越秀区沿江中路195~197号2302房
19	广州康辉国际旅行社有限公司	广州市越秀区沿江中路313号康富来国际大厦五楼
20	广州市领航国际旅行社有限公司	广州市越秀区环市东路326号广东亚洲国际大酒店1406A室
21	广州国之旅国际旅行社有限公司	广州市越秀区北校场路19号主楼1913房
22	广州教育国际旅行社有限公司	广州市越秀区中山四路172号地下
23	广州美联国际商务旅行社有限公司	广州市越秀区原道路44号之一首层
24	广东南方传媒国际旅行社有限公司	广州市越秀区人民北路686号
25	广州市汇粤国际旅行社有限公司	广州市越秀区东风中路268号广州交易广场1904室
26	广东天天假期国际旅行社有限公司	广州市越秀区恒福路288号三十六楼
27	广州康泰国际旅行社有限公司	广州市越秀区环市东路496号120房

（续表）

序号	旅行社名称	经营地址
28	广东永安国际旅行社有限公司	广州市西湖路99号民政大厦三楼303室
29	广州天马国际旅行社有限公司	广州市越秀区环市东路371～375号北塔2501A房
30	广东省三茂铁路国际旅行社	广州市环市东路374号
31	广东省从化温泉中国国际旅行社	广州市越秀区解放北路603号广东迎宾馆中门右侧
32	广东省珠江国际旅行社	广州市越秀区沿江中路沿江大厦首层、二层
33	广东省国际体育旅游公司	广州市广州大道北408号二楼
34	广东粤新国际旅行社有限公司	广州市环市东路329号四楼
35	广东绿色国际旅行社	广州市天河区燕岭路28号燕岭大厦一、二层
36	广州岭南国际旅行社有限公司	广州市越秀区东风东路767号东宝大厦601、602室
37	广州大都市国际旅行社有限公司	广州市越秀区广卫路2号之一自编1216房
38	广东省广弘中旅国际旅行社有限公司	广州市越秀区先烈南路33号401、405、407、408、413、415室
39	广州澳信国际旅行社有限公司	广州市越秀区环市东路417号东方广场五楼L单位
40	广州市职工国际旅行社	广州市东风西路230号
41	广州市环宇国际旅行社有限公司	广州市豪贤路172号豪贤商务大楼A座7层706、708室
42	广州艳阳天旅行社有限公司	广州市教育路113号汇力商务楼808室
43	广州市广视旅行社有限公司	广州市西湖路99号民政大厦305室
44	广东省口岸旅行社有限公司	广州市农林下路40号王府井大楼九楼1909房
45	广东四通旅行社有限公司	广州市越秀区东风西路195号B座1023C房
46	广东省中科旅行社	广州市连新路171号广东科学馆205室
47	广州远景旅行社有限公司	广州市越秀区西华路525号1611、1612房
48	广东华侨友谊旅行社有限公司	广州市广州大道中900号金穗大厦二十八楼C
49	广东省广梅汕铁路旅行社	广州市越秀区梅花路18号首层
50	广州海明旅行社	广州市广卫路23号首层铺位之二
51	广州市黄金假日国际旅行社有限公司	广州市越秀区越秀南路185号创举商务大厦703室
52	广州林海旅行社有限责任公司	广州市建设大马路13号陶然酒店301、311室
53	广州市假日通旅行社有限公司	广州市文明路65号
54	广州春秋假日旅行社有限公司	广州市越秀区起义路173号302房
55	广州阳光假日旅行社有限公司	广州市东风东路836号一座1503
56	广州运通国际旅行社有限公司	广州市东风西路158号C22房

（续表）

序号	旅行社名称	经营地址
57	广州金穗国际旅行社有限公司	广州市中山二路3号五楼D室
58	广州领前旅行社有限公司	广州市越秀区环市东路淘金坑40号102房
59	广东友好旅行社有限公司	广州市东风中路501～507号东建大厦西座七楼南面701、703、705号
60	广州市华龙国际旅行社有限公司	广州市沿江东路421号东城大厦B座1508室
61	广州市广厦旅行社	广州市北京路374号广州大厦八号楼3306室
62	广州云景国际旅行社有限公司	广州市环市东路367号白云宾馆二楼B3
63	广州市贵豪旅行社有限公司	广州市中山一路小东园14号408房
64	广州永乐旅行社有限公司	广州市环市东路368号花园大厦746、752房
65	广州市金马国际旅行社有限公司	广州市越秀区起义路173号701D、702A
66	广州市成顺旅行社有限公司	广州市环市东路417号五楼C房
67	广州凤凰国际旅行社有限公司	广州市越秀区新河浦路86号之六2楼
68	广州畅游国际旅行社有限公司	广州市德政北路538号十八楼1810室
69	广州新途旅行社有限公司	广州市沿江中路195～197号沿江大厦1910～1912室
70	广州市恒安旅行社有限公司	广州市流花路120号东方宾馆3号楼3109、3110
71	广州市四季风旅行社有限公司	广州市越秀区瑶台瑶池大街22号三楼
72	广东中旅假日旅行社有限公司	广州市环市东路371～375号世贸大厦北塔2501室
73	广州市浪程国际旅行社有限公司	广州市越秀区东湖路33号四楼自编438室
74	广州市全球风行国际旅行社有限公司	广州市越秀区寺右新马路108号25A－1房
75	广州泛海旅行社有限公司	广州市广州大道中611号917房
76	广州众汇国际旅行社有限公司	广州市越秀区盘福路朱紫后街1号431～432室
77	广州市乐游旅行社有限公司	广州市越秀区先烈中路102号华盛大厦南塔1311～1312房
78	广州中洋旅行社有限公司	广州市越秀区东风东路836号东峻广场四座2303、2305室
79	广州市创游国际旅行社有限责任公司	广州市越秀区中山一路25号316房
80	广州市翔游旅行社有限公司	广州市越秀区东风中路501号东部三层303、306A室
81	广州市灏明旅行社有限公司	广州市越秀区东风中路501～507号东建大厦十八楼东部1802房
82	广东金色国际旅行社有限公司	广州市越秀区沿江中路313号707房
83	广东省职工国际旅行社	广州市越秀南东园横路3号
84	广东活力商务国际旅行社有限公司	广州市越秀区应元路12号后座一楼103房
85	广州鹅潭旅行社	广州市越秀区沿江东路406号
86	广东好时光旅行社有限公司	广州市越秀区环市东路326号亚洲国际大酒店2317房

（续表）

序号	旅行社名称	经营地址
87	广州市白云山旅行社有限公司	广州市越秀区德政北路401～409号华兴大厦610室
88	广东国航假期旅行社有限公司	广州市越秀区农林东路30号
89	广州市环球国际旅行社有限公司	广州市越秀区环市中路300号天秀大厦B座1908单元
90	广州市星宸国际旅行社有限公司	广州越秀区淘金路淘金街19号101房
91	广州中游国际旅行社有限公司	广州市越秀区麓景路7号老干中心综合楼1809房
92	广州市易达旅行社有限公司	广州市越秀区沿江中路195～197号1909房
93	广州缤纷旅行社有限公司	广州市越秀区环市东路371～375号S1808室
94	广州一马旅行社有限公司	广州市越秀区合群西路7号4568、4569室
95	广州市太易旅行社有限公司	广州市越秀区署前路33号2号楼403、405室
96	广州市无国界旅行社有限公司	广州市越秀区环市中路207号自编C811房
97	广州巨邦旅行社有限公司	广州市越秀区解放北路899号9B05房
98	广州芒果网国际旅行社有限公司	广州市越秀区东风东路753号天誉商务大厦东塔2403室
99	广州天下若比邻旅行社有限公司	广州市越秀区环市东路367号白云宾馆主楼426房
100	广州常青藤国际旅行社有限公司	广州市越秀区中山一路57号1405室
101	广州市心友汇国际旅行社有限公司	广州市越秀区达道路12号306房
102	广州亚洲国际旅行社有限公司	广州市越秀区沿江中路298号中区3002室
103	捷旅假期（广州）有限公司	广州市越秀区先烈中路102号北2907房
104	广州新游力旅行社有限公司	广州市越秀区先烈中路83号凯城华庭B座410室
105	美丽华旅行社（广州）有限公司	广州市越秀区中山三路33号中华广场11期B－4002房
106	广州市航程旅行社有限公司	广州市越秀区北校场横路12号802A室
107	广州市旭日国际旅游有限公司	广州市越秀区环市中路316号金鹰大厦八层819房
108	广州市捷达假期旅行社有限公司	广州市越秀区中山三路33号中华国际中心B座4923
109	佛山市天宁国际旅行社有限公司广州分公司	广州市越秀区解放北路668号201房
110	深圳市世纪假日国际旅行社有限公司广州分公司	广州市越秀区东风中路437号越秀城市广场南塔2305房
111	北京康庄国际旅行社有限公司广州分公司	广州市越秀区寺右一马路二号大院三楼306C房
112	丽星邮轮旅行社（上海）有限公司广州分公司	广州市东风西路191号1109C房
113	上海景域旅行社有限公司广州分公司	广州市越秀区广卫路19号之二807室
114	中城国际旅行社有限责任公司广州分公司	广州市越秀区东风中路268号广州交易广场自编22层09单元
115	北京太美国际旅行社有限公司广州分公司	广州市越秀区德政北路538号北向1105房

2010年越秀区辖内星级宾馆、饭店一览表

星级	单位名称	地　址
白金　五星	花园酒店	环市东路368号
五	中国大酒店	广州市流花路122号
五	东方宾馆	广州市流花路120号
五	广州中心皇冠假日酒店	环市东路339号
五	广东亚洲国际大酒店	环市东路326号之一
五	白云宾馆	环市东路367号
四	华厦大酒店	侨光路8号
四	凯旋华美达大酒店	东山明月一路9号
四	广东迎宾馆（白云楼碧海楼）	解放北路603号
四	广信江湾大酒店	沿江中路298号
四	远洋宾馆	环市东路412号
四	广东大厦	东风中路309号
四	文化假日酒店	环市东光明路28号
四	广州大厦	北京路374号
四	喜尔宾大酒店	越秀南路208号
四	流花宾馆	环市西路194号
四	云山大酒店	先烈中路云鹤北街8号
四	广州金桥酒店	广州市寺右新马路93号
三	广州宾馆	起义路2号
三	爱群大酒店	沿江西路113号
三	新大地宾馆	站前路108~122号
三	珠岛宾馆	沿江东路451号
三	三寓宾馆	东山三育路23号
三	湖天宾馆	东风西路156号
三	友谊宾馆	人民北路698号
三	东方丝绸大厦	东风东路752号
三	湛江大厦（雷州酒店）	站前路88号
三	新世界大酒店	人民北路520号
三	丽都大酒店	广州市北京路182号
三	天龙大酒店	广州大道中918号
三	（广州）珠海特区大酒店	海珠北路11~15号
三	广州越天酒店	解放北路960号

（续表）

星级	单位名称	地　址
三	广东邮电大厦	中山二路 18 号
三	广州五羊城酒店	人民中路 322 号
三	惠福大酒店	惠福西路 8 号
三	广州华茂中心	盘福路 63 号
三	广州富丽华酒店	长堤大马路 316 号
三	浙江大厦富春宾馆	先烈中路 85 号
三	东悦酒店	麓景路 8 号
三	长城酒店	寺右新马路
三	山西大厦	三元里大道瑶泉街 6 号
三	月亮湾 酒店	广州大道 中明月一路 18 ~ 23 号
三	三茂大酒店	环市东路 374 号
三	裕华大厦	广州市环市东路 320 号
二	新华大酒店	人民南路 2 ~ 6 号
二	东亚大酒店	长堤大马路 320 号
二	白宫酒店	人民南路 13 ~ 17 号
二	新亚大酒店	人民南路 10 ~ 12 号
二	新北京大酒店	西濠二马路 10 号
二	广东大酒店	长堤大马路 294 号
二	新粤新大酒店	环市东路 329 号
二	华粤大厦	先烈南路 33 号
二	东海大厦	环市东路 318 号之一
二	海印体育宾馆	较场西路 11 号
二	新侨酒店	中山二路 40 号
二	白云城市酒店	环市西路 179 号
二	北城酒店	广州园西路 23 号
二	沙河宾馆	先烈东路 296 号
二	德政大厦	广州德政南路 48 号
二	重庆大厦宾馆	广州市农林下路 76 - 1 号
二	广视大厦	麓湖路 8 号
二	鸿运宾馆	站西路 37 号
二	华建大酒店	先烈中路 102 号之二
一	北京旅店	沿江西路 105 号

总部经济

【概况】 2010年越秀区认定的总部企业达到339家，其中，属于世界500强的地区总部或分支机构47家，属于中国500强的地区总部或分支机构42家，引入世界500强企业蒂森克虏伯、美国上市公司康采恩有限公司、香港大昌行及英皇集团等知名企业进驻并设立区域总部，成为越秀区总部经济发展的新生力量。全年总部企业实现增加值735.39亿元，比上年增长11.2%，高于全区生产总值增速1.1个百分点。初步形成以环市东国际中央商务区为核心区，以东风路、中山路和沿江路三大特色商务带为支撑的总部企业聚集发展空间格局。

【落实发展总部经济的各项政策】 在对以往各项经济扶持政策进行梳理总结和补充完善的基础上，8月份举办“2010年越秀区总部经济工作大会”，并公布《越秀区关于加快经济发展方式转变的若干意见及配套实施办法》。全年认定总部企业339家，奖励中小学优质学位23个；奖励贡献突出的总部企业21家，奖励金额422万元；为186家总部企业发放“绿色通道服务卡”。企业在持卡有效期内可享受越秀区政府各职能部门提供的“绿色通道服务”和优质学位。

落实广州市“总部企业贡献奖”。经广州市认定的总部企业，自认定当年起对上一年度缴入市、区库税收1000万元以上且年环比新增税收500万元以上的，区政府按照新增量的30%给予奖励或补贴，奖励或补贴金额以500万元为上限。连续五年获500万元奖励或补贴的总部企业，另一次性给予1000万元的奖励或补贴。以上奖励或补贴资金可由总部企业自行分配给企业经营决策人员及其他有关人员，也可作为财政拨付给总部企业扩大再生产和经营活动的支持资金。对缴入市、区库年环比新增税收额名列全市总部企业前10名的，对企业一位主要负责人，以市政府名义予以税后100万元奖励。当年依法纳税额排名前50名，并对区财政贡献额100万元以上（含100万元）且同比增长超过15%的优质企业，按照超出上年15%以上部分的10%予以奖励，奖励额度最高不超过50万元。

2010年8月31日，举行越秀区总部经济发展工作大会

【拓展总部基地】 继中华国际中心、电信广场、越秀城市广场、天伦大厦、时代地产中心先后发展为越秀区“总部经济发展基地”之后，2010年3月越秀区正式将珠江国际大厦列为区总部经济发展基地，区内总部经济发展基地的数量拓展至6个，标志着越秀区“总部带动、整合提升”的产业发展战略又取得新成效。

【2010年总部经济发展工作大会】 8月31日，中共越秀区委、越秀区人民政府在广州大厦隆重召开2010年越秀区总部经济发展工作大会，越秀区委、区政府有关领导，区各职能部门和街道负责人，以及近200名总部企业代表出席会议。会议由副区长卞勇主持，区委书记武延军讲话，代区长杨雁文宣读表彰总部企业的决定，百胜餐饮广东有限公司作为总部企业代表致

辞。大会总结年内越秀区总部经济发展工作取得的成绩和经验；表彰区内新认定的339家总部企业支持越秀区经济社会发展所取得的业绩，并向186家优秀总部企业和21家符合奖励政策的总部企业分别颁发绿色通道服务卡和财政奖励通知；部署下阶段总部经济发展的具体工作。区有关职能部门在会场外设咨询台，提供政策咨询服务，听取与会企业意见。会议中，政、企积极互动沟通，体现出越秀区构建服务型政府的理念。

【第六届总部经济高层论坛】 由北京市社会科学院主办，北京市社会科学院中国总部经济研究中心、广州市越秀区人民政府、北京方迪经济发展研究院共同承办的“第六届中国总部经济高层论坛”于2010年12月29日在广州市广州大厦举行。全国政协副主席厉无畏，中国入世谈判首席代表、博鳌亚洲论坛原秘书长龙永图，国务院参事、中国科学院可持续发展战略研究组组长、首席科学家牛文元等出席论坛并讲话。来自全国各地的专家学者、政府官员及知名总部企业代表300余人参与论坛。本次论坛主题为“发展总部经济，推动经济发展方式转变”，研讨总部经济发展的内在规律，交流中心城市、城区通过发展总部经济、推动产业升级和经济转型的实践经验，对促进中国总部经济发展、增进城市间了解和友谊具有重要意义。

2010年12月29日，越秀区承办第六届中国总部经济高层论坛

【广州友谊集团股份有限公司】 公司的前身是创立于1959年的“广州友谊商店”，1978年在广州友谊商店的基础上成立广州市友谊公司，1992年进行股份制改造，成立股份有限公司。2000年，公司成功上市，成为一家国有控股的大型综合性商业上市企业。广州友谊商店成立初期接待对象是外国人和外籍华人，凭护照供应。后逐步开放到华侨和港澳台胞，1980年对国内外宾客全面开放。以中高收入层面人士和国外宾客为目标顾客。每年接待1万多批外国旅游团、1000多万人次的国内外宾客，先后接待过百多位外国首脑等贵宾。1980年4月起使用外汇兑换券，至1995年取消，以后以人民币结算。

公司以零售为主，兼营批发和小量进出口贸易。经营品种由开业时1000多个至2000年扩展到8万个。商店引进各类国际知名品牌，开设各类名优品牌专柜，组成上档次、有规模的专柜群区。商店与国内外众多名优商品生产厂家和港台、欧美、日本知名商品经销商、代理商建立各种业务联系，以购销、代销、展销、设立专柜等形式与2500家供货商开展贸易合作。2001年始，公司先后实施环市东商店“北扩”工程、“西建”工程、时代商店扩场工程，2005年1月正佳商店在天河正佳广场开业，2007年7月南宁店在广西南宁市开业，经营规模进一步扩大。

“广州友谊”的营销活动颇有特色。每年以四季转换和国内外重大节日为契机，组织各种有特色的主题促销活动。至2010年，“广州友谊”拥有近11万平方米自有物业、4家门店、3家控股子公司以及4家参股公司。该公司在广州市百货零售企业中纳税总额排名第一。作为广东省连锁经营龙头企业，公司的经济效益、服务水平、企业管理水平均居百货零售企业的前列。

【广州百货企业集团有限公司】是省、市重点发展，广州市政府授权国有资产经营的大型商业企业。1996年6月由原广州市第一商业局撤销建制后成建制组建，2001年重组，整合托管广州大部分国有百货物资企业。公司现有经营百货零售、批发代理、物流配送、专业市场及物业管理的全资控股经营企业10多家，2008年营业额118.4亿元，利润总额2.99亿元。经营规模为中国商业企业百强二十二位，广东省商业企业排名第三位。

集团下属的广州市广百股份有限公司，连续多年雄踞中国连锁企业百强；新大新公司，曾获得“亚洲最佳百货公司”、“中国商业名牌企业”的殊荣；广州商业储运公司是华南地区商业储运最大规模、全国首家通过ISO9000国内国际质量双认证的配送物流企业；还有南方大厦、李占记等一批名牌、老字号企业以及汽车、家电、化工原料等品牌代理企业，业务在全国、省市占有一定市场份额。

其中，广州百货大厦坐落于广州老城区传统中轴线上最繁华的商业宝地、北京路步行街的核心地段（西湖路12号）。广州百货大厦于1991年2月8日开业，1993年至2000年连续8年在广州地区单间大店销售额排名第一。2000年广百大厦专柜增至262个，形成以品牌导向为主的经营特色。之后，广百与下属各门店一起，在销售总额上屡创新高，成为广东省百货业的龙头企业。2002年4月，广州百货大厦通过股份制改造，成为广州市广百股份有限公司。同年5月1日，与广百大厦层层连通的广百新翼落成开张，构建成一间集购物、饮食、娱乐、展示于一体的大型购物中心——广百广场。广场一至九层建有高科技家电会展中心、运动城、珠宝城、名鞋之都和“现代街市”形式的大型超市。

广州百货企业集团有限公司以百货连锁、物流配送两大发展和培育的核心主业为带动，通过资本营运、市场开拓、资源协调、技术创新，推动企业股份制改造，集团公司以超百亿的规模发展成为华南地区最具规模的大型流通企业集团。

民营经济

【概况】 2010年全区个体工商户69777家，比上年增长14.44%，个体从业人员85536人，增长13.33%；私营企业26395户，增长4.50%。民营经济实现增加值332.39亿元，增长11.3%，占全区生产总值的20.27%，比重提高1.49个百分点。民营企业实现税收40.29亿元，占全区税收的13.77%。年内认定的339家总部企业中，有民营企业58家，比重为17.11%。

【大力扶持中小企业发展】 2010年，越秀区加快经济发展方式转变，着力留驻一批符合该区发展方向的优质企业。区委、区政府于2010年制定《越秀区关于加快经济发展方式转变的若干意见》，提出关于认定和奖励优质企业、优秀民营企业有关规定。区政府为符合条件的区优质企业派发“绿色通道服务卡”，企业在持卡有效期间，可依据《越秀区为符合条件的企业开辟“绿色通道”服务和提供优质学位的实施办法（试行）》，享受越秀区政府各职能部门提供的“绿色通道”服务。

2010年，越秀区为缓解企业资金紧张的局面，区经贸局将各项扶持政策迅速传达到企业；将企业审核资料送区财政局和市中小企业局审核；联系区财政区局，将广东银达担保投资集团有限公司等5家企业获得国家、省、市的资金拨付到企业；推荐广州厚德技术有限公司等30家企业作为市中小企业成长工程计划项目候选企业，为区内企业纳入市扶持企业政策奠定基础；组织区内企业申报广东省小企业创业基地。

2010 年越秀区私营企业情况

指标		户数（户）	投资者人数（人）	雇工人数（人）	注册资本（元）
合计	越秀	26395	50900	79287	2064899
	全市合计	204144	370456	969181	26060670
	占全市比重（%）	12.93	13.74	8.18	7.92
其中：城镇	越秀	26385	50880	79226	2063839
	全市合计	199018	338757	926831	25179636
	占全市比重（%）	13.26	15.02	8.55	8.20
其中：新增	越秀	2792	5034	14778	142686
	全市合计	40321	68778	162244	3634519
	占全市比重（%）	6.92	7.32	9.11	3.93

注：越秀区的数据主要来自在广州市工商局越秀分局注册登记的企业。

2010 年越秀区个体工商户情况

指标	户数（户）	从业人员（人）	资金数额（元）
越秀	69777	85536	92075
全市合计	596854	953510	999560
占全市比重（%）	11.69	8.97	9.21

注：越秀区的数据主要来自在广州市工商局越秀分局注册登记的个体工商户。

资料来源：广州市工商局越秀分局

陆续联系沟通各大银行和担保公司设在越秀区的分行或营业部，了解银行对中小企业融资的金融产品情况，走访企业，三方共同探讨政、银、企合作的有效方式。为具备资质的服务机构向省、市申请扶持资金，支持服务机构提升服务水平。沟通了解中小企业投资融资、经营管理、市场营销培训需求，配合服务机构与相关企业开展对口培训工作。将服务重心下移，走访广州环境保护设计院等优质中小企业，摸清企业发展情况，对企业所面临的问题提出对策。掌握区中小企业第一手资料，为开展后续工作提供基础数据。

此外，区财政局、质监局、工商分局也分别为中小民营企业提供扶持资金，免费为企业提供培训管理人才、便捷办证等方面的服务。

【民营企业“融资难”取得新突破】 2009 年，越秀区工商联牵头开展省、市小额贷款公司试点工作，筹备成立全市中心城区首个小额贷款公司，帮助中小型企业拓宽融资渠道。6 月 10 日，越秀海印小额贷款股份有限公司正式开业。

小额贷款公司自开业以来，一直秉承“踏踏实实做人，认认真真做事”的企业文化，公司全体员工上下一心、默默耕耘，不断摸索前进，模范履行社会责任。公司研发了联银贷、应急贷、过桥贷、贷押贷、组合贷、信用贷等贷款产品。尤其是与各银行联合研发了“联银贷”，成功解决资金“瓶颈”难题，走出银企合作全新模式。小额贷款公司自成立之日至2010年年末的一年半时间内，为满足区内近400家中小企业、近10个专业市场的商户、百余名行业商会会员的融资需求提供“高效、高质、灵活”的服务平台，放款6.5亿元，为区内中小企业的生存和发展作出了积极贡献。

【顺丰速运（集团）有限公司】 成立于1993年3月，是一家主要经营国际、国内快递及报关、报检、保险等业务的港资快递企业，在内地及香港、台湾地区建立了庞大的业务服务网络。经过十几年的发展，至2008年5月底，顺丰有分公司38家，服务网络覆盖31个省、直辖市、香港特别行政区和台湾，覆盖的地级市和县级市分别为177和941个。公司拥有6万多员工和近4000台自有营运车辆。营业规模在国内快递行业中位居第二（仅次于EMS），在民营快递企业中位居第一，2003年成为国内首家包机夜航的民营速递公司，拥有6架全货机（5架B737，1架A300），共21个航段、19个航班，利用客机腹舱载货的散航班532个。

2004—2006年，“SF”商标先后成为广东省、广州市著名商标；2007年顺丰集团成为中国物流与采购联合会理事单位，被评为十佳电子商务物流创新企业。2008年顺丰集团被中国物流与采购联合会授予“中国物流改革开放30年旗帜企业”，评为“AAAAA物流企业”。2009年成为中国快递协会副会长单位，被评为“中国物流示范基地”。2010年顺丰开通收派服务，覆盖韩国全境，在新加坡设立营业网点，覆盖新加坡（除裕廊岛、乌敏岛外）绝大部分区域，跻身“2010中国物流企业50强”第十四名。

黄花岗科技园

【概况】 2010年，黄花岗科技园管委会以建设越秀核心产业功能提升区和黄花岗创意及网络经济区为契机，大力发展区域特色新兴产业，形成以信息服务业、文化创意产业、健康医药产业、服务外包产业和教育现代服务产业为主导的五大特色产业，园区经济保持平稳较快增长，年末有企业1599家，比上年增68家，其中第二产业7家、第三产业1592家，高新企业92家。全年园区实现技工贸总收入230.39亿元，增25.79%；年税收7.01亿元，增26.26%，其中高新企业实现营业收入90.28亿元，税金4.78亿元。

【园区发展】 2010年，越秀区以黄花岗科技园为核心，实施科技园区向北扩至恒福路，向南延伸到东风东路，向东覆盖至水荫路、广州大道的扩容方案，积极利用周边旧厂房、空置地块拓宽园区发展空间。年内新开发建成包括创意产业、教育服务业、服务外包业等不同产业主题的7个新园区，分园区数量达到20个，可经营面积逾60万平方米，园区数量和规模比上年分别增长53.85%和71.43%。进一步推动园区环境改造工程，汇华园区升级改造后的多功能会展中心为科技企业提供会议、培训、新闻发布等功能；建设华盛园区20层立体停车场，缓解园区停车难问题。

【招商引资】 2010年，科技园加大对外宣传力度，以科技和创意产业园区发展环境为重点，组织参加“香港资讯科技博览会”、“深圳文博会”、“第十三届留交会”等推广活动，注重通过企业口碑强化

"以商引商"，如以广东省电网公司为核心吸引众多电力网络信息技术服务企业落户越秀区。对符合越秀区产业发展导向、具有行业龙头示范带动作用的企业实施贴身服务和突破性房租资助。全年新引进68家企业，注册资金总额近5亿元，信息服务、创意类企业占70%以上，注册资金超千万元企业占20.59%。其中，久邦数码是中国第一家开创免费独立WAP模式的门户网站，也是国内第一个独立于运营商主站的移动互联网门户站点和最大的手机网站；迅通计算机是一家自主研发和生产数字视频监控安防产品的企业；嘉诚国际物流从事第三方物流服务，正在筹备上市的有关工作。

【广州高新区黄花岗科技园（信息园）成立十周年】 2010年是黄花岗科技园（信息园）成立十周年。黄花岗科技园自1991年批准成立，始终坚持"创新、特色、发展"思路，在全国较早开辟具有区域特色的"写字楼高新技术产业"发展模式，建成园区20个，可提供办公场地逾60万平方米。初步形成信息服务业、健康医药产业、文化创意产业、服务外包业以及教育现代服务业五大产业集群。

十年中，园区吸引和培育一批自主创新示范企业和优秀留学人员企业，其中获国家认定的高新技术企业近百家；留学人员创办企业近220家；落户园区发展的国内外上市企业及其关联企业和分支机构近20家；成功培育漫友文化、原创动力等一批全国典范性企业。科技园（信息园）累计培育企业从2000年的238家增加到2010年的1600家，增长近6倍；技工贸总收入从2000年的25.8亿元增加到2010年的200亿元，增长近8倍。2010年12月，相继成功举办黄花岗科技园（信息园）成立十周年及新园区揭牌、高新区和知识产权发展论坛、软件技能比赛、羽毛球赛、卡拉OK、登山、拔河等系列志庆活动，多方位展示园区发展成果及科技企业精神风貌。

【开辟越秀教育现代服务产业园区】 2010年科技园依托辖区雄厚的教育基础和丰富的教育资源，与广东工程职业技术学院、广州市科技贸易职业学院两家高校达成合作意向，开辟"越秀教育现代服务产业园"。通过促进科技与教育融合，创建一个以现代教育技术开发为支撑，以教育商务服务为保障，以教育职业技术培训为重点，整合与现代教育相关服务为一体的教育现代服务业园区，并拟将教育现代服务业打造成为黄花岗科技园又一特色新兴产业。

【推动科技金融服务工作】 2010年，黄花岗科技园加强与上级部门如市金融办、证券公司的沟通，推动企业上市工作，推荐一批企业上市候选名单，鼓励科技企业通过资本市场做大做强。至2010年末，落户园区发展的国内外上市企业总数达10家，上市公司关联企业及分支机构近20家，另有近20家科技企业积极筹备上市。多次举办银行、风投、担保等金融机构与科技企业的业务对接，民营科技企业累计获得银行贷款逾亿元，引导企业通过应收账款、信用、专利等知识产权的质押担保方式取得融资，突破融资瓶颈。

贸易促进与经济协作

【区贸易促进工作概况】 2010年，区贸促会围绕区经济工作的重点，积极开展各项工作。针对国际金融危机带来的影响，以各种形式帮助企业解决在经营中遇到的问题和困难，尽力为他们排忧解难。为企业"牵线搭桥"，帮助企业"走出去，引进来"，在企业与企业、企业与政府之间发挥桥梁和纽带作用，以改善越秀区"招商、安商、富商"的投资软环境，推动区的经济发展。

举办论坛交流和培训讲座 2010年，主办（包括联合举办）各种座谈交流、政策宣讲会11场

次；协办或发动会员企业参加市贸促会或相关机构举办论坛、讲座、培训和交流会13场次。邀请专家、学者与企业负责人进行交流，分析金融危机给企业带来的影响与今后的走势，以帮助企业认清形势，寻找对策，树立克服困难的信心。

贸易洽谈和交流合作　1月，组织企业参加东盟经贸周活动，动漫行业商会和现代服务业商会分别与新加坡中国商会签署合作备忘录。组织行业对口企业与英国工商会企业交流对接，建立合作关系。4月，组织辖区内软件和服务外包企业参加在香港举办的穗港客服中心发展合作交流会；组织60多家企业参加第二届中国国际金融服务贸易洽谈会、广州国际代理商洽谈会和中国（广州）国际低碳产品和技术展示洽谈会等系列活动。5月，应马鞍山市政府和贸促会的邀请，发动部分会员企业参加市贸促会组织的赴马鞍山经贸交流和考察活动。7月23日，广州市贸促委与越秀区贸促会共同举办“2010年人力资源法规政策宣讲会”，请政府部门的人力资源专家介绍劳动用工管理法律责任类型、劳动合同实务处理以及对劳资纠纷的风险防范与薪酬制度改革等相关政策，对新型典型劳动争议案例进行评析。8月，组织印尼环境推介会。接待由市外事办、市贸促委引荐的立陶宛维尔纽斯市代表团中的房地产企业代表团并与之座谈。组织企业参加市贸促委举办的信用证风险及节省方案研讨会，利用多种途径帮助企业在实际应用中规避风险，节约成本。

【区经济协作工作概况】　2010年，区扶贫开发办成立，设在区经协办。区经协办主要负责区扶贫开发“双到”具体工作，在做好“双到”工作的同时，充分发挥桥梁作用，多次组织区内33个驻穗单位和相关企业参加市政府组织的广博会、中小企业博览会及各种经贸招商活动和广货北上等经济交流会。

扶贫工作　越秀区开展对口帮扶茂名信宜市9个镇12个村，共计2007户贫困户、8438贫困人口。截至11月30日，区投入帮扶资金总额500万元，各挂村单位自筹资金190多万元，对贫困户的帮扶措施与规划全面展开。越秀区12个挂村单位对茂名地区240个帮扶点、信宜市50个帮扶点中，帮扶工作成绩显著，得到市巡查小组的高度评价，越秀区人社局被作为先进典型上报市。针对广西干旱灾情，分别为广西隆林、西林两县制定村级引水工程16个，项目资金140万元，2010年年底工程全部竣工并交付使用。

2010年越秀区管驻穗办名录

机构名称	地　址	电话	传真
北京新丝湾文化艺术传播有限公司驻广州办事处	广州市越秀区中山四路246号信德商务大厦708～712房	83231070	83231071－805
博罗县人民政府驻广州办事处	广州市越秀区光塔路33号之一403房	83343507	83331650
电白县人民政府驻广州办事处	广州市越秀区寺右北一街二巷1号茂名大楼508房	87393328	87392353
东莞市琪胜鞋业有限公司驻广州办事处	广州市越秀区环市东路371～375号世界贸易中心南塔1302室	87757301	87628860
佛冈县人民政府驻广州办事处	广州市越秀区德政中路388号五楼	83305510	83361282

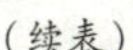

（续表）

机构名称	地址	电话	传真
福州乔治白服饰有限公司驻广州办事处	广州市天河区黄埔大道中122号502室	85521876 85521975	85521989
高要市人民政府驻广州办事处	广州市越秀区八旗二马路11号八楼	83819895	83819895
高州市人民政府驻广州办事处	广州市越秀区寺右新马路北一街二巷1号三楼	87392009	
贵州省仁怀市茅台镇国礼酒业有限公司驻广州办事处	广州市越秀区环市中路327号十楼1003房	83596564	83596564
海南济民药业有限公司驻广州办事处	广州市越秀区东风东路739号自编4号510房	22268800 22318803	22318801
海南中瑞医药有限公司驻广州办事处	广州市越秀区环市东路339号A附楼13A房	83313332	83330239
化州市人民政府驻广州办事处	广州市越秀区寺右新马路北一街二巷1号六楼	87370386	
惠东县人民政府驻广州办事处	广州市越秀区大新路206号	81884949	81884949
江门市新会区人民政府驻广州办事处	广州市越秀区海珠中路215号	81883413	81862910
乐昌市人民政府驻广州办事处	广州市越秀区环市东路淘金坑65号	83574213	
梅县人民政府驻广州办事处	广州市越秀区水荫路45号大院17栋401室	37580662	37580263
梅州市财政局驻广州办事处	广州市越秀区恒福路338号西梯九楼B	83587254	83587243
南雄市人民政府驻广州办事处	广州市越秀区东风东路617号439室	83810842	
仁化县人民政府驻广州办事处	广州市越秀区东风东路617号六楼	83812524	83812524
乳源瑶族自治县人民政府驻广州办事处	广州市越秀区站西路北街4号	86664605	
汕头市龙湖区人民政府驻广州办事处	广州市越秀区东华东路东湖新村49号一楼B座	83795109	
上海艾深市场营销策划有限公司驻广州办事处	广州市越秀区中山六路238号1009房	81095100	
上海博邦知识产权服务有限公司驻广州办事处	广州市越秀区东风东路753号天誉商务大厦东塔1502室	22816016	22816018
上海远传广告有限公司驻广州办事处	广州市越秀区人民北路686号广东广播中心905室	36236991	36236630

（续表）

机构名称	地址	电话	传真
深圳市启泰国际货运代理有限公司驻广州办事处	广州市越秀区环市中路316号金鹰大厦1519室	23316565	22180056
始兴县人民政府驻广州办事处	广州市越秀区环市东路427号	37618187	
苏州裕昌木业有限公司驻广州办事处	广州市越秀区寺右新马路寺右南二街一巷44号二层、三层之一	37571701	37571795
台山市人民政府驻广州办事处	广州市越秀区小北路239号十二楼	83561270	83564957
翁源县人民政府驻广州办事处	广州市越秀区小北路138号	83552772	83552772
益阳市粮食局驻广州办事处	广州市越秀区站西路马棚岗89号301～304、401～402	86678006	86678006
英德市人民政府驻广州办事处	广州市越秀区中山三路北横街11～17号三楼	83827856	83857626
沅陵县人民政府驻广州办事处	广州市越秀区寺右新马路15号601室	61288701	61288702
遵义市鸿运通酒业有限公司驻广州办事处	广州市越秀区三元里大道583号906室	36199118	36199118

（区旅游局　黄俊岚）

经济管理

发展和改革

【概况】 2010年，区发改局紧紧围绕实施《规划纲要》总体目标要求，编制区“十二五”规划、区域宏观经济政策，贯彻落实《珠江三角洲地区改革发展规划纲要》相关工作，全面完成年度工作计划确定的各项工作任务。区经济动员办公室荣获广州市2010年度交通战备道路保障方案编修工作先进单位。

2010年，区发改局积极转变经济发展方式，以功能区建设为抓手，加快构建现代产业体系，全力落实亚运、亚残运的相关工作，扎实推进城区建设和民生福利工作，全区经济和社会发展呈现平稳较快的发展态势。全年实现地区生产总值1639.83亿元，比上年增长（以下简称增长）10.1%，超过增长8.5%的预期目标。实现社会消费品零售总额837.02亿元，增长22.9%；财政一般预算收入33.62亿元，增长6.0%；城镇登记失业人员就业率79.11%；人口自然增长率为1.33‰。

【重点建设项目投资管理】 2010年，区发改局编制《2010年越秀区重点建设项目计划》及《2010年广州市（含投资商）在越秀区投资建设项目计划》。跟进重点建设项目进度，试运行重点建设项目管理系统，督促建设项目按期推进。区重点建设项目和广州市（含投资商）在越秀区投资建设项目总体进展情况良好，年度计划总投资84.97亿元，完成投资44.81亿元，计划投资完成率53.74%。年度计划项目23个（含子项目297个），完成年度计划项目5个（含子项目236个），完工率79.46%，比上年明显提高。参与工程建设领域突出问题专项治理，出台《越秀区发展和改革局贯彻落实〈规范工程建设项目决策行为和招标投标活动指导意见〉实施方案》，认真抓好落实。清理2006年至2010年工程建设项目决策情况，检查61个项目。主动与建设业主沟通，确保建设项目手续完备。编制《越秀区纳入市重点建设项目计划目标责任制实施方案》，强化对纳入市重点建设项目的监管力度。全年办理财政性投资项目立项手续38项。

【金融服务管理】 2010年，区发改局认真履行对海印小额贷款公司的日常监管，督促该公司严格按照《越秀区小额贷款公司管理暂行办法的通知》，合法经营，采取有效措施，确保运行高效、稳健。越秀海印小额贷款公司全年共放贷280笔，放贷金额9.292亿元。根据省、市金融办要求对该公司进行风险评级，评定为一级。继续完善银企沟通机制，联手中国银行越秀支行，参加越秀区大型经贸活动，联系区“三旧改造”办与该行对接，拓宽银企沟通渠道。帮助南昌银行选址越秀区设立分行，解决在场地施工、消防安全评估、申报各类审批手续和工作人员安置等方面的困难。为广州华安达实业有限公司等4家优秀民营企业办理发放贷款贴息84万元，确保扶持民营企业发展政策落到实处。

【粮食行业管理】 2010年，区辖涉粮企业140多家，其中国有企业3家，其余为私营企业。涉粮企业大多以购销商品粮为主，主营大米、面粉，无加工、仓储、转化企业。区发改局严格按照《广东省粮食流通统计制度》的要求，强化政策宣传力度，培训粮食企业统计人员，提升统计质量。按时做好旬报（上、中旬）、月报，建立经营台账，做好粮油市场价格监测，严把统计质量关，确保数据真实可靠。实地专项检查辖区内6家参与政策性粮食竞价拍卖的企业，掌握企业在参与政策性粮食竞价拍卖过程中的需求及存在的困难和问题，提出切实帮助企业排忧解难的建议。开展粮食统计执法全面检查工作，通过企业自查、现场核查等方法，认真核对统计数据、财务出入库登记等，圆满完成市级普查、省级复查、国家抽查等各项检查工作。7月开始启动本届政府落实粮食安全责任制考评工作，撰写《越秀区落实粮食安全责任制情况报告》，考评达标。修订《越秀区粮食应急预案》，为粮食应急预案启动提供操作指南。跟踪服务42家粮食应急网点和应急车队，配备信息化设备，做好各网点年检工作，提高应对突发事件能力。

开展粮食专项检查

【经济动员工作】 2010年，区发改局按照省、市统一部署，认真开展区国民经济动员“十二五”规划的编制工作，在力求规划具有前瞻性、科学性、针对性和可操作性的基础上，按时保质完成规划编制任务。编制完成区国民经济动员综合预案，使区国民经济动员“十二五”规划各项任务通过预案形式得以保障实施；组建由13个职能部门和22个街道分管领导参加的经济动员联络员制度，为推动经济动员工作迈上新台阶奠定组织基础；通过收集、分析和整理相关数据，初步建立辖内八个主要行业资源潜力数据库架构，并为区国民经济“十二五”规划提供数据支撑。

【经济分析与调研】 2010年，区发改局密切关注国内外宏观经济走势，及时了解掌握全区经济动态和苗头性问题，撰写经济运行分析，牵头组织召开经济运行分析座谈会，对全区经济发展阶段性情况及存在问题进行讨论研究并提出对策，为区领导经济决策提供参考意见和依据；开展中心城市发展模式研究，通过分析中心老城区发展现状与瓶颈问题，结合国内外中心城区发展经典案例，归纳一般规律，研究越秀区今后发展的新思路，为“十二五”规划编制提供支撑。根据区产业发展实际和未来趋势，经过科学研究论证分析，提出越秀区今后将重点发展商贸服务、金融服务、商务服务、文化创意、科信服务、物流业、公共服务业七大核心产业。根据上海黄浦区和杭州下城区先进经验，编写《上海黄浦区打造金融中心对我区的启示》、《上海黄浦区旧城改造对我区的启示》、《杭州下城区人才政策对我区的启示》。开展经济社会发展热点、难点问题调研，完成《云南腾冲翡翠专业市场调研报告》。

【“十二五”规划纲要编制】 成立越秀区“十二五”规划编制工作领导小组，在全面总结分析越秀区“十一五”期间经济社会发展情况的基础上，紧密结合当前国内外发展形势和区情实际，提出越秀区“十二五”期间经济社会发展思路、目标定位和主要任务，于2010年12月完成《广州市越秀区国民经济和社会发展第十二个五年规划纲要》（初稿）的编制工作，广泛征求人大代表、政协委员、民主党派、专家顾问和各职能部门意见后经反复修改，提交区委、区政府审议。

【贯彻落实《珠江三角洲地区改革发展规划纲要》相关工作】 按照省、市统一部署，切实加强组织领导，创新思路、周密部署、精心组织，全力抓好实施《规划纲要》各项工作。根据广州市《规划纲要》提出的目标定位，按照省委、省政府“一年开好局，四年大发展，十年大跨越”的总体要求，健全和落实工作机制，定期召开领导小组会议，研究越秀区贯彻工作措施，形成全区“一盘棋”的联动机制。制定《越秀区实施〈规划纲要〉2010年度工作计划》，对

2010年全区实施《规划纲要》工作进行全面部署和细化分解。编制《越秀区实施〈珠江三角洲改革发展规划纲要（2008—2020年）〉实现“四年大发展”工作方案》，提出“科学发展，先行先试；强化功能，综合提升；重点突破，全面推进；明确任务，落实责任”四点工作要求，以及“构建现代产业体系、优化产业空间布局、构建优质民生保障体系、打造文化名城核心区、推进教育现代化建设、推进公共卫生服务均等化、加快推进城市改造更新进程、营造和谐乐居城区环境”八大重点任务。2010年，越秀区紧紧围绕实施《规划纲要》的总体目标要求，全面完成年度工作计划确定的各项工作任务，经济实现恢复性增长。

【编制出台区域宏观经济政策】为加快促进越秀区经济发展方式转变，扶持企业做大做强，2010年8月出台《越秀区加快经济发展方式转变的若干意见及配套实施办法》，通过评定奖励优质企业和优秀民营企业，落实贷款贴息、房租补助、上市奖励、优质学位、绿色通道等措施，为企业发展营造良好的发展环境。

（区发改局　唐蔚）

财　　政

【概况】　2010年，区财政局坚持依法理财，统筹兼顾，增收节支，较好地完成全年各项任务，为越秀区圆满完成亚运服务保障工作、加快区各项经济和社会事业发展提供有力的财力支撑。

全年区财政一般预算收入实现336234万元，比上年增长6.0%，完成年度预算计划105.9%；财政一般预算支出429553万元，比上年增长11.2%，完成年度预算计划105.2%。区级基金收入完成12772万元，支出完成8119万元，分别比上年增长17.3%和71.6%。一般预算收入和基金收入均超额完成年初增长目标。

【推进财源建设】　2010年，区财政局坚持把组织收入和培植税源作为财政工作重中之重来抓。

落实财税联席会议制度，加强与税务部门沟通，采取有效措施落实收入组织工作。全年在区域税收下降的情况下，区库税收收入完成情况较好，增长5.8%，其中印花税比上年增长41.3%，增收12295万元。加强对区域税源分析预测，及时掌握重点税源变化情况，摸清计划外迁的企业数量和税收，配合政府部门全力做好稳定税源工作。完善非税收入激励机制，促使非税收入应收尽收，全年财政部门征收的非税收入增长7.4%。

发挥财政职能，促进区域经济发展，在区财力十分紧张的情况下，设立专项扶持资金。2010年安排6072万元为辖区内企业提供贷款贴息和房租补贴，加大新兴产业、自主创新、节能减排等领域企业的投入，落实总部经济扶持政策，扶持民营企业做大做强，促进区产业转型和结构升级。

从源头上加强税收征管。在2009年基础上增设市城投、市房管局2个代征点，对市政工程和土地所有权出让合同相关税收进行征收管理；充分利用亚运投资建设契机，与涉及亚运工程项目较多的职能部门加强协作，简化代征手续，提供优质服务，促进职能部门代征税收大幅增加；多部门联动开展协税护税专项行动，选取6个街道作为代征税收试点，联合税务、工商、公安、城管等部门，对辖区内欠税漏管的餐饮业、无证照户等进行多次专项清查行动，营造公平税负环境。全年代征税款7938万元，增收7870万元，清理漏征漏管户4694户。

【民生和社会各项事业支出】2010年，区财政局集中财力坚持民生优先，确保区委、区政府各项惠民政策全面落实，全年用于民生和社会各项事业支出37.55亿元，占总支出的87.42%。

社会保障支出109474万元，增长15.7%。城镇低保标准从365元提高到410元，贫困重度残疾人专项补助在原标准基础上提高20%，对在册低保、低收入困难家庭成员分别按50元、30元标准发放5~7月、11~12月的临时物价补贴，为80岁以上老人发放长寿保健金等。全年支付城镇最低生活保障金、低收入人群临时物价补贴、长寿保健金等3879万元，安排居家养老、残疾人康复以及再就业补助等经费2313万元，投入各项社会养老保险和医疗保险政府资助3683万元。

医疗卫生支出26405万元，比上年增长12.8%，包括医疗保障经费13011万元，特困人员基本医疗补助555万元，按人均25元标准安排的社区公共卫生服务及基本医疗补助2224万元，社区卫生服务中心建设经费707万元。另外，还安排卫生系统住房货币补贴补助资金3000万元。

教育投入145902万元，主要是落实教师（含离退休）工资待遇实现"两相当"；另外还安排义务教育阶段学杂费3258万元，教育信息化建设和校舍维修工程经费2879万元，教育综合改造和校舍安全工程经费13000万元。

文化体育支出4805万元（含基金支出2823万元），增长25.95%，其中投入各街道文化站工作经费727万元，区图书馆和社区书屋经费570万元、体育竞赛及群众体育活动经费238万元。

公共安全支出81167万元，增长15.7%，街道出租屋管理经费10341万元，包括落实公安机关公用经费保障机制，支付治安维稳、装备购置等经费17834万元，安排检察院防腐反贪专项经费695万元。

城乡社区事务支出35764万元。落实迎亚运各项区配套资金，其中投入环卫保洁经费15704万元，市政设施维护经费4099万元，市政园林绿化养护支出3783万元。

亚运会和亚残运会保障经费投入12157万元，包括亚运安保维稳经费9840万元，发放特殊群体亚运补贴674万元，亚运卫生防疫保障和食品药品监督经费758万元等。

另外，对口援建四川地震灾后恢复重建资金投入3172万元，安排百色、梅州、信宜等地区扶贫资金501万元。

【完善预算执行管理】 2010年，区财政局坚持把财政管理贯穿于预算管理、资金分配、资金支付、绩效评价、资产管理、监督问责等环节。优化部门预算流程，制定《越秀区部门预算管理办法》，提升预算编制、预算执行、预算监督等各项工作管理水平，提高预算约束力；初步建立预算支出执行责任制度，确保财政支出严格按照预算执行，提高预算支出执行的均衡性。

【完善国库支付工作】 区财政局制订《关于区财政国库集中支付业务流程修订意见》，在局内部健全资金审核、支付环节流程，通过国库支付系统，率先建立网上政府采购集中支付信息化监管，形成相互配合、相互监督、相互制衡的工作模式。全年通过国库集中支付系统支付财政资金50.87亿元；在实现财政国库支付系统与预算单位联网的基础上，2010年代理银行与区财政局之间的网络全部联通，财政、国库、代理银行和预算单位之间信息能及时传递，实现预算执行监控的明细化、动态化；全年8个公务卡结算改革试点单位开卡95张，消费777笔，消费金额158万元。

【亚运重点建设项目管理】 2010年，区财政局严格执行迎亚运环境整治、水治理等重点项目资金管理办法，制定《越秀区迎亚运人居环境整治建设工程项目建设管理费专项经费使用指引》、《越秀区整治办关于老城区迎亚运人居环境整治工程变更管理实施方案》等管理细则，做好亚运专项资金安排、拨付等各个环节的优化调整，加快资金拨付速度。制定应急预案，确保亚运资金安全、及时拨付，保证亚运各项工作顺利开展。全年收审迎亚运整治项目概、预、结算和合同案1269宗，审核金额32.24亿元，核实金额共28.57亿元，核减额3.67亿元，核减率为11.36%。

【财政支出绩效评价工作】 2010年，区财政局从区属各单位申报的2009年100万元以上财政支出项目中选取5个项目，作为区2010年自我绩效评价的工作对象，涉及财政资金4912万元，继续采取单位自评和重点抽评相结合的方式进行。在此基础上，将抽取的“越秀区教育信息化建设项目”委托社会中介机构进行综合评审。

【政府采购管理】 2010年，区财政局强化对政府采购各环节的审核，切实抓好新出台的《广东省实施〈中华人民共和国政府采购法〉办法》和《广东省政府采购工作规范（试行）》的贯彻落实。有针对性地提出规范区政府采购若干问题的意见，在市属各区中率先推行政府采购计划管理，拟定政府采购计划编制、报送、审核和调整的流程，并从第三季度起正式推行。全年区政府采购预算为46402万元，实际采购金额为45205万元，节约财政资金1197万元，节约率2.58%。

【行政事业单位资产管理】 2010年，在对区行政事业单位物业资产存量和使用状况进行详细摸查、分析和调研的基础上，区财政局向区政府提出区属行政事业单位的所有物业（公安、教育、卫生、街道等单位的物业以及产权属市的物业除外）应统一管理和处置等意见，得到区政府的认可。做好行政事业单位资产登记、保管、使用、报废等资产处置管理，合理调配资产，采取措施要求各单位加大盘活闲置资产力度，最大限度发挥资产使用效益。加强行政事业单位物业出租管理，要求各单位出租物业必须按规定通过区信息网公布招租信息，实行公开招租，保障国有资产保值增值。

【财政监督管理】 2010年，区财政局对筹办亚运会财政资金实行“预算管理、集中支付、专项监督”，动态监控亚运资金的运行。结合区监察部门第三方检查、工程领域突出问题专项治理及审计部门专项审查，对项目实施情况及资金支出情况进行监督。对6个行政事业单位、6家国有企业、5个社会团体开展小金库专项治理，以及会计管理工作等。

（区财政局 马伟荣）

国有资产管理

【概况】 2010年，越秀区国有集体企业169户，资产总额38.62亿元，负债总额27.85亿元，净资产10.77亿元。其中：区属国有企业105家，资产总额36.38亿元，负债总额26.54亿元，净资产9.84亿元；街属集体企业64家，资产总额2.24亿元，负债总额1.31亿元，净资产0.93亿元。

【国有资产保值增值情况】 2010年越秀区区属国有企业实现租金收入9800万元，盘活空置物业1.23万平方米，新增租金收入217万元，追收债权2300万元，物业资产转让收入6600万元，上缴国资收益4000万元。

【国有企业改革与发展】 2010年，区国有资产管理局指导区属企业建立职工收入与企业经营业绩相挂钩的薪酬激励机制，充分发挥企业职工的积极性、能动性，提高工作效率。开展重组北秀开发公司调研工作，为理顺公司管理体制做好决策准备。拓宽国有企业经营思路，搭建融资经营平台，适度介入区“三旧”改造、城投建设、股权融投资等项目，以新思路开拓国有企业的经营业务。

【国有资产监督管理】 2010年越秀区国资局以国有资产保值增值为核心，强化风险意识，建立严格的约束激励机制，强化过程监督，对企业薪酬制度、产权转让、债权债务行为等加强监督。加强国资队伍建设，宣传和贯彻落实《国有企业领导人员廉洁从业若干规定》，督促企业健全国有企业反腐倡廉制度，强化国资队伍建设。运用科技手段实现信息化管理，完善和修改区国有、集体企业资产网络管理系统，动态监管企业出租、经营情况，及时掌握企业物业资产出租数量、面积、金额及空置情况，确保国有资产保值和增值。

【国企改革新举措】 2010年，区国资局对当前存在的区属公司空置物业，想方设法积极盘活，提高出租率，降低管理费用；重点加快企业住宅物业处置工作进度，降低管理成本，实现国有资产收益最大化，提高对区财政的贡献度。考核区属国有企业年度工作任务、财务预算等情况，制定2010年度工作任务和财务预算指标，推动工作任务的完成，实现经营效益增长目标，加快促使企业历史遗留问题的解决。

（区国资局　梁国光）

国家税收

【概况】　2010年，区国家税务局在发挥税收职能、推进依法治税、提高征管质效、提升服务水平、增强行政效能、构建和谐团队等方面的工作取得新的成效。坚持以聚财为国、执法为民为宗旨，加强干部队伍建设，完善绩效管理，拟订《2010年目标达成率考核试行办法》，引入岗位评价加分机制和分系列评议制度，贯彻落实一级考核指标，优化和完善四维绩效管理体系，充分调动和发挥干部职工的创造力、战斗力和凝聚力，圆满完成税收中心任务。全年组织税收收入154.43亿元，完成年度税收任务的113.72%。其中，增值税、消费税“两税”收入48.27亿元，企业所得税等其他各税收入106.16亿元，累计实现区级收入5.9亿元，办理出口退（免）税退库54.88亿元，有力地支持了地方企业发展。

2010年7月29日，省国税局局长李永恒到越秀区国税局视察工作

2010年越秀区国税局税收收入情况表

项　目	实　绩(万元)	比上年增加(万元)	比上年增长(%)
合计	1544274	-124934	-7.48
国内增值税	478702	-117124	-19.66
国内消费税	3968	30	0.76
企业所得税	1061585	-7532	-0.70

【税收管理】　2010年，区国税局加强各税种精细化管理，确保各项税收政策的准确执行。贯彻落实增值税、企业所得税和国际税收政策，做好纳税人宣传辅导工作。顺利完成2010年度21632户企业的所得税汇算清缴工作，汇算清缴比例达100%。深入推进征、退、查一体化工作和稽查一体化工作，将征、退、查日常工作联动和稽查一体化工作联动推向常态化、制度化。

【税源管理与税收秩序整顿】　区国税局采取多种调查形式，将税源调查工作始终贯穿全年，2010年调查756户常规调查企业和11户集团企业，高质量完成年度企业所得税税源调查工作，荣获广州市国税系统企业所得税税源调查一等奖。深化“联合办案”机制，改进办案模式，整顿和规范区域税收经济秩序。全年查结案件10宗，查补收入2773.84万元；开展纳税评估96户，调增增值税税额273.26万元，调增应纳税所得额5523.03万元，实际入库2101万元。

【代征工作】　2010年，区国税局推进科学管理，调整征管方法，实行代征人员相对集中的管理模式开展日常代征工作。进一步理顺代征人员配置；抓好代征人员廉政教育，完善代征人员管理及考核奖励制度；加强对代征工作的检查，充分发挥代征人员在清理漏征漏管户和市场共建等方面的作用。

【税收管理无纸化试点工作】 2010年，区国税局全力推进税收管理无纸化试点工作。成立试点工作办公室，完善试点工作方案体系，循序渐进，按阶段稳步推进。全面梳理8种税务文书操作流程，畅通各业务环节衔接；探索个体工商户税务文书发放模式，有效降低税收成本，控制执法风险；建立培训模板，定期撰写推广工作简报，拓宽各部门交流渠道；建立税收管理无纸化专题子网站，强化内部推广工作机制。加强对外沟通和宣传，完善推广宣传工作机制，规范对外宣传口径；依托信息化建设推出多媒体操作指引，及时收集并反馈意见；拓宽与相关单位信息交换渠道，理顺业务衔接流程，为无纸化试点工作营造良好的外部环境。

【纳税服务“三个优化”】 2010年，区国税局从重点解决纳税服务调查所反映的突出问题入手，开展纳税服务“三个优化”工作。

重视纳税人纳税服务诉求。在“一书一卡”和座谈会等传统形式基础上，通过自行组织纳税人开展满意度调查，积极推行纳税服务接待日活动，在内部门户网站设置栏目定期通报纳税服务质量的反馈情况，不断拓宽纳税人意见反馈渠道，持续优化全局纳税服务工作。

优化办税环境和服务流程。推行全功能“一窗式”纳税服务，在办税服务厅内制作安装统一税务标识，升级改造排队叫号系统、双屏交互系统及自助服务系统等，为纳税人提供文明、舒适、高效的办税服务。

提供多元化纳税服务。开办出口退税提醒业务，方便纳税人对出口退税情况实时跟踪；与中区稽查局联合开展“税务学堂”进企业活动，拓宽日常税法宣传渠道，提高税收宣传的主动性。全年组织系列税收宣传活动163场次，仅接到投诉1份，同比减少88.8%，接到表扬信14份。

（区国税局 李孜）

地方税收

【概况】 2010年，广州市越秀区地税局围绕“服务大局年”工作主题，着力抓好组织收入、税费管理、队伍建设、服务发展四方面工作，实现服务内外大局、促进和谐稳定，各项工作取得明显成效。是年，区地税局第四党支部被评为“广州市机关服务年活动优质服务党支部”。

全年组织各项收入224.59亿元，占全市税费收入总额的19.74%，位居市前列。其中：税收收入138.14亿元，比上年增长3.96%，占全市计划口径税收收入的18.28%；社保费收入76.96亿元（剔除省级收入），增长12.3%，占全市社保费总额的23.66%；其他费金9.49亿元。

截至2010年12月31日，辖区内纳税户数（含除注销状态外的一般登记和扣缴登记户）为12.9万户，占全市纳税户20.1%；其中，个体户4.9万户，纳税额在500万元以上的企业为456户，1000万元以上的企业达222户。社保费缴费单位为5.1万户，灵活就业人员达7.2万人。

【税收特点】 2010年，越秀区地方税收中，营业税、企业所得税和个人所得税是区地方税收的三大主体税种，合计占全市三大主体税种的19.76%。对地方税收贡献较大的五大行业分别为：房地产业，商务服务业，批发和零售业，金融业，信息传输、计算机服务和软件业。五大行业实现税收合计76.63亿元，占全局税收总额的55.47%。越秀地税以占全市地税系统1/10的人员征收全市近1/5的税费金，以占全市4.55%的面积贡献占全市近1/5的税费金；全市平均每平方公里产生地税税收为1016万元，而越秀区达4亿元。2010年，全区一般预算收入33.62亿元，地税组织的区库收入占69.5%。

2010 年越秀区地方税收情况

税　种	实绩(万元)	比上年增加(万元)	比上年增长(%)
税收收入(合计)	1381370	52608	3.96%
营业税	483254	38089	8.56%
企业所得税	153001	-73395	-32.42%
其中:涉外企业所得税	2819	1486	111.55%
个人所得税	491302	83360	20.43%
土地所得税	6683	-982	-12.81%
印花税	42058	12296	41.31%
土地增值税	43874	-8482	-16.20%
房产税	88187	8371	10.49%
车船税	6856	-1543	-18.38%
资源税	0	0	0

【税源管理】 2010 年，区地税局成立税源管理和纳税评估办公室，统筹推进重点税源管理和纳税评估工作；将年纳税额 50 万元以上纳税户列为重点税源户，设立 4 个重点税源管理科实行分行业集中管理；将年纳税额 50 万元以下纳税户作为一般税源户，设立 10 个一般税源管理科实行“属地 + 专业化”管理。

设立个体委托代征点，将全区 4.6 万户个体工商户集中到一个管理科，理顺和优化个体征管业务，使个体工商户管理员从 38 人减至 11 人，为实现个体税源社会化管理打下基础。主要做法是：充分整合利用协税护税资源，实现委托代征站工作权限和效能最大化，减轻管户干部工作量；对委托代征站工作人员进行深度培训，引入能级考核制度，破解代征人员无法形成合力和委托代征协管工作未有效开展的难题；牵头与兄弟单位进行个体委托代征工作调研，为进一步推广委托代征工作提供参考和借鉴。

【纳税评估】 2010 年，区地税局做好企业财务报表上传和校验工作，上传任务完成率 100%。开展审计式评估，全区 33 户纳税人纳入评估范围，发现应补缴税款 338 万元。尝试用数学模型的分析指标查找征管有异常的企业名单，避免漏征漏管风险。有序开展企业所得税评估工作，对长亏不倒、长期微利企业进行企业所得税事后核定。对市地税局筛选出逾期未申报房产税、土地使用税的 1323 户纳税人进行催报，截至 2010 年 12 月 31 日，有 232 户房产税纳税户入库 1367 万元，466 户土地使用税纳税户入库 908 万元。

【税源监控】 2010 年，区地税局加强 2009 年度企业所得税汇算清缴数据筛查、催报催缴和后续管理。全区有 11026 户企业参加 2009 年度企业所得税汇算清缴，申报率 98.44%，其中，查账征收 9459 户，核定征收 1567 户，查账征收面达 85.79%。完成 11026 户企业的资料审核，补征税费 9077 万元，比上年增长 18.36%，增收 1408 万元。其中，企业所得税6327万元，年增长23.39%，增收1199万元。对9个房地产项目进行土地增值税清算，清算应纳税额1665万元；审核房地产企业二手房转让资料154份，合计入库土地增值税285万元；对辖区范围内77个房地产开发项目在税管员平台中录入资料、建立台账，做好“大集中”系统的土地增值税预征率调整及政策衔接工作。针对门前开票，开具售付汇证明等业务，对辖区内非居民企业出租房产、股息红利、特许权使用费等产生的企业所得税进行清理、复核及追缴。

【发票管理】 2010年，区地税局大力推广应用网上开票系统，保证手工开票到电子开票的平稳过渡；做好电子发票从11种更新、简并为5种的平稳过渡。截至12月31日，全区办理网上开票业务纳税人为1.37万户，占全市同期总户数的25%，全面覆盖房地产、建筑安装、广告等十大重点行业，基本覆盖年纳税额10万元以上企业，中小型企业也已逐步推广。

【专项管理和检查】 2010年，区地税局贯彻落实限售股转让个人所得税新政，确保预扣预缴税款管理到位，认真审核清算退（补）税。截至12月31日，对涉及解禁的14只限售股预扣预缴转让个税入库4425万元，纳税人清算退税1549万元。

全面推进印花税核定征收工作，全年核定征收户数约2000户，缴纳印花税42058万元，促进全区印花税比上年增收12296万元，增长41%。

加强个人所得税管理，推进个税明细申报工作，全年受理年所得12万元以上个税自行申报人数39005人，申报所得额202.1亿元，扣缴税款15.53亿元。

完善土地使用税管理，对区内工业用地进行摸查，并按新标准调整大集中系统相关数据。

区地税局承办北京路税费宣传示范街活动

认真组织2010年税收专项检查，发现有税收违法问题企业18户，查补税款109万元、滞纳金31万元；举办自查政策宣讲会，自查对象181户，自查发现有问题企业50户，查补税款263万元。

【纳税服务】 2010年，区地税局优先办理涉亚企业发票供应，开具涉亚完税凭证，委托越秀区协税护税办公室在越秀区建设局、教育局、房管局、城管局和广州城投设点征收涉亚建安工程相关税费，全年代征税款7107万元。全年开展24次领导干部接访，办理举报信访案115件。承办打造北京路“税费宣传示范街”试点工作，连办3场以“在线开票　诚信兴商”为主题的户外宣传活动。举办或参与各种规模和形式的税费宣传活动99场次，协助拍摄《地税纵横》2期。全年审批下岗再就业税收优惠减免77户、残疾人税收减免487户；对13户享受下岗失业人员再就业税收优惠政策企业进行减免税清算。审议58户企业2010年度房产税、城镇土地使用税减免资料，上报市局审批47户，减免金额1.49亿元，支持符合国家产业发展导向的产业行为，扶持困难企业发展。落实广州日报社、南方报社、羊城晚报社三家转制文化企业税收优惠政策，支持文化企业发展。

（地税局　李兴达）

审　计

【概况】　2010年，区审计局提出“巩固、提高、完善、创新”八字总体要求，明确六个审计工作要点：在本级财政预算执行审计中，延伸审计注意侧重一些“一把手”任职时间长、审计次数少的相关职能部门；将任中审计与年度预算执行情况审计有机结合起来，扩大审计覆盖面；按照《中共广州市越秀区委办公室 广州市越秀区人民政府办公室关于党政机关厉行节约的通知》（越办字〔2009〕10号）精神，检查被审单位的执行情况；在对区地方税务局税收征管情况审计中，重点关注金融危机对区税收的影响；领导干部经济责任审计中落实“两个关注”（关注车辆定编及其费用支出情况，关注工勤人员定编和费用情况）；完成区委、区政府、市审计局交办的其他任务。做好“污水治理和河涌综合整治专项资金”及“亚运人居环境建设工程”的跟踪审计；关注中小学校舍安全工程专项资金、中小学代课教师和中小学教师待遇“两相当”问题专项经费、因公出国经费等政府专项资金、经费的合理合法使用情况等。

是年，区审计局完成42个项目的审计，查出违纪违规金额366万元，应上交财政金额362万元，管理不规范金额1955万元。

【财政预算执行情况审计】　2010年，区审计局对区2009年度本级预算执行和其他财政收支情况进行审计，并延伸审计东湖街办事处、六榕街办事处、区环保局、区计生局、区科协等部门2009年度预算执行情况，以及开展区2009年度重点污染源防治工程资金、区2009年度城镇居民最低生活保障金的专项审计调查。根据预算执行和其他财政收支情况审计结果，向区人大、区政府提交《关于广州市越秀区2009年度预算执行和其他财政收支情况的审计工作报告》，为区人大监督财政总体情况提供依据。

【地方税收审计】　2010年，区审计局配合市审计局对区地方税局2009年度税收征管情况进行审计。通过对7间企业的延伸审计，查出部分企业2009年度未按有关规定申报缴纳各种税费合计1016万元。

【领导干部任期经济责任审计】　2010年，区审计局完成29户领导干部任期经济责任审计，查出应负主管责任违规金额198万元，应负主管责任管理不规范金额801万元。对发现的部分单位的部分收入未能执行“收支两条线”规定、固定资产管理不规范等问题作出审计决定。在领导干部经济责任审计中落实“两个关注”，为规范财政资金的管理和使用提供审计依据。

【公共财政固定资产投资审计】　2010年，区审计局按照审计署、省审计厅的部署，开展地方政府性债务专项审计调查。经过对全区行政事业单位的政府性债务进行审计摸查，审计结果表明，区政府和区财政局对地方政府性债务都能采取认真负责态度和积极稳健原则，严格把好债务关，严格控制，避免向外举借新债务，做到量入为出。

对全区中小学校舍安全工程专项资金进行跟踪审计。完成中小学校舍安全工程第一阶段审计调查及第二阶段审计，就建设资金及造价方面、规划及产权性质方面、时间进度方面提出审计建议。

【专项审计和审计调查】　2010年，区审计局继续跟进污水治理、亚运整饰工程审计。参加由区纪委牵头的专项资金联合检查小组，在市审计局的指导下，审计全区39个治水项目（其中：河涌综合整治4项，调水补水工程1项，水浸街治理工程34项）12.67亿元总投资。向市审计局递交4份阶段性情况报告，审计中暂未发现挤占、截留、挪用、滞留等问题。审计调查区解决中小学代课教师和中小学教师待遇“两相当”问题专项经费。指出现阶段遇到的五个方面困难，提出相关审计建议。跟踪审计“广东扶贫济困日”活动捐赠资金物资，未发现截留挪用、贪污、违规使用现象。跟踪审计区慈善会、区民政局、区红十字会办公室、区财政局及相关单位筹集和拨付广州市越秀区2010年青海玉树地震抗震救灾物资，未发现隐瞒、截留、滞拨、滞留、挤占挪用、贪污、私分救灾款物及损失浪费和弄虚作假等问题。

对全区2010年度出国经费展开调查。审计调查结果表明，区财政部门预算能按照规定将因公出国经费纳入专项预算管理，并控制因公出国经费预算规模，实现2010年因公出国经费预算零增长。区各部门和单位能根据工作需要和经费预算制定出国计划，将因公出国经费开支控制在预算内，暂未发现有挪用其他预算资金或超预算安排出国等情况。

【审计宣传】 2010年，区审计局在2009年的基础上改进《审计话您知》的内容和版面，建立审计局与被审单位的联系桥梁，实现工作内外互动，信息互通，拓宽审计成果公开和利用的平台。区相关部门领导、市审计局领导对《审计话您知》的推出都赞许有加。除了在OA上向各单位领导发放《审计话您知》，区审计局还在区政府大院和本机关大楼分别刊出2期《审计话您知》的专栏板报，面向机关干部、群众，扩大宣传面，擦亮“审计名片”。

在2009年实行审计结果报告压缩版的基础上，将财务收支审计报告、经济责任审计结果报告、审计决定三种文书进行“三合一”，整编成一篇专送区领导的审计报告。报告将重点放在审计中发现的存在问题、处理意见、审计建议三大项上，让区领导对被审单位存在的问题一目了然，此做法取得良好效果。

【提高审计队伍综合素质】 2010年，区审计局狠抓内部建设，提高审计队伍综合素质。重视思想建设和组织建设，创新学习形式，所有的政治学习都体现在具体工作中。在支部和党员中深入开展创先争优活动，开展基层党组织、优秀共产党员具体标准讨论活动。

将学习“国家审计免疫系统论”的重要观点和推进审计工作转变观念相结合，组织干部开展读书活动。该局专门将政治理论的一些新名词、新观点、新要求汇集成册，分发到每个干部手中，突出组织学习、提示学习的优势。

狠抓业务培训，在强化专业培训方面下工夫。全年有72人次参加省、市审计机关组织的审计管理系统培训、“国家免疫系统”理论案例培训、全省公立医院收费项目审计调查培训、OA现场审计实际系统培训、建设项目审计培训班、SQL数据库培训等各类业务学习。集中学习新出台的《审计法》、《审计法实施条例》和《国家审计准则》。

抓审计质量，重视审计工作规范化建设。以抓科长审计质量为入手，以点带面在全局开展审计项目质量互评，将审计工作量化管理制度化。

（审计局　陈慧）

统　　计

【概况】 2010年，区统计局紧紧围绕“调结构、促转变”的经济工作重心，开展“深化服务促发展”活动，优质高效地完成了各项统计任务。紧紧围绕区领导关注的热点难点问题和区委、区政府的工作重点，全方位、深层次地开展一系列统计调查和分析研究，撰写调研文章，为上级以及有关经济部门提供数据支持和材料参考，为区经济和社会发展作出应有贡献。

【统计分析】 2010年，区统计局撰写各类统计分析报告35篇。有2篇分析得到区委、区政府领导的批示，有3篇被区委、区政府转载，有3篇在《广州统计信息》上转载，较好地满足区委、区政府研究、判断形势和科学决策需要。该局撰写的统计分析连年获得广州市优秀统计分析报告的奖励。2010年重点完成《关于提高我区服务类消费水平的报告》、《促进越秀区又好又快发展的建议》和《关于越秀区税收收入、财政收入与经济发展关系研究的报告》3篇专题分析报告，为区委、区政府出台促进内需、加强招商引资工作政策提供参考。

配合“十二五”规划编制工

作需要，提供大量数据资料和分析材料。利用广州市以及越秀区第一次和第二次经济普查资料数据，开展“越秀区经济核心竞争力研究”和“北部地区产业发展研究”专题调研。参与《越秀区文化发展规划（2010—2020 年）研究报告》调研与撰写工作。

整理专门反映区综合整治情况的专题分析《展越秀特色，燃亚运激情》，为有关部门及时了解区亚运综合整治的效果提供反馈信息。

配合区现代产业体系以及两大功能区建设，撰写《正视差距谋发展，把握机遇促腾飞——珠三角、长三角、环渤海经济圈主要城市中心城区发展情况对比分析》、《2009 年越秀区连锁商业企业运行情况简析》、《主动转型发展，增创领先优势——越秀区商品交易市场发展研究》等统计分析，为谋划越秀区发展提供翔实的基础资料。

【民意调查】 2010 年，区统计局利用计算机辅助电话调查系统（CATI）对越秀区 22 个街道的 1123 名 20～64 岁常住居民进行抽样调查，撰写《我区提升群众安全感和优化人居环境工作再次获得居民肯定》调查报告，反映辖区居民对区“惠民 48 条及补充 25 条措施”实施成效的评价。下半年组织人员抽样调查 16～65 岁常住居民 1100 人（每街道约 50 人），完成居民对越秀区“十一五”期间社会发展状况（居民家庭收入水平和生活水平、社会发展、民生工作、居民生活状况、城市建设和管理）的评价及对未来发展建议的统计调查，完成《我区逾六成居民满意“十一五”期间社会发展状况》分析报告（详见“社会·生活”篇）。

【统计服务】 2010 年，区统计局认真做好《统计年鉴》、《2010 年统计月报》、《统计公报》、《统计信息》等的编辑出版工作。为政府工作报告、计划完成情况报告、总部企业评定、核心产业发展目录、文化产业发展研究等活动提供相关数据。全年为区委办、区府办、区发改局、区经贸局、区科技局、区人社局和区民政局等单位及区各课题小组提供各类数据 80 多次，使现有统计数据得到更好利用，扩大统计数据的社会服务面。

【基本单位清查】 2010 年，越秀区清查工作顺利完成重点核实单位和区工商分局、区民政局等部门提供的新增企业单位两部分工作内容。清查 3094 家，其中新增单位库 1492 家中存在 1058 家，重点核实单位 1602 家中存在 525 家，删除经济普查时使用临时代码单位 725 家。利用单位清查核实工作的结果，及时将辖区内新增单位纳入年报及定期报表统计，保证填报单位的总体完整性，全面反映地区经济运行情况。

【统计执法】 2010 年，区统计局利用年报培训下发 7000 份统计法律法规宣传小册子，召开 21 场次统计法律法规宣传和讲解，提高统计员队伍的法律法规知识和依法统计意识。此外，联合区监察局、区司法局，采取随机抽样和重点抽查的方式，检查全区 28 家统计调查对象单位，其中行政事业单位 7 家、企业 21 家。通过听取汇报、

2010 年 12 月 2 日，副区长卞勇到区人口普查光电录入现场检查工作

现场提问、查看原始统计材料、查阅统计台账、调阅财务报表等方式，检查受检单位贯彻执行《中华人民共和国统计法》以及统计基础工作、统计数据质量和统计人员持证上岗等情况。针对缺报或迟报的企业及时发出“统计报表催报书”100余份、“统计检查查询书”21份，立案查处存在严重统计违法行为的13个单位，其中责令限期改正1家、通报批评5家、罚款7家，有效遏制屡次迟报、拒报等统计违法行为，维护统计法律法规的尊严，保障统计数据的及时性和准确性。

【人口普查】 《国务院关于开展第六次全国人口普查的通知》决定，全国以2010年11月10日零时为标准时点进行第六次全国人口普查。2009年12月，越秀区成立区人口普查领导小组及其办公室；2010年3月，全区22个街道相继成立街道人口普查领导小组及其办公室；6月底，全区267个社区居委会全部成立社区人口普查工作小组。区人普办工作人员由区统计局、区民政局、区计生局和区公安分局抽调专职干部，以及向社会公开招聘具备大专以上学历的人员共13人组成。全区选聘“两员”5107人，其中普查指导员837人、普查员4270人。为确保各街道人普工作顺利开展，人口普查经费纳入区级财政预算。区人普办分期分批向22个街道划拨各项人口普查工作经费近1000万元。6月22～29日，针对区人户分离、外籍人口和流动人口密集等实际情况，选择登峰街童心社区作为区人口普查综合试点开展普查工作。举办45期培训班，对“两员”进行全面培训。从8月份开始，尤其是在10月份的人口普查宣传月中，区人口普查办大张旗鼓地采用多种形式宣传，确保人口普查家喻户晓。按照地域完整原则，全区人口普查划分267个普查区、4272个普查小区。数千名普查人员在区人口普查领导小组办公室的科学组织下，分普查准备、普查摸底、普查登记、快速汇总、编码阶段和数据处理6个阶段，全面铺开普查工作。至2011年3月，6个阶段全部完成，在2011年上半年公布越秀区2010年第六次全国人口普查主要数据。

（区统计局　冯嘉茹）

工商行政管理

【概况】 2010年，广州市工商行政管理局越秀分局全力以赴投入亚运、“创文”、促发展等各项中心工作，在保亚运平安、为辖区经济社会发展作出积极贡献的同时，进一步凝聚队伍合力，增进队伍团结，锻炼队伍意志。在网格化服务监管、招牌广告整治、窗口服务、知识产权保护等方面成效较突出。分局被市工商局评为“广州亚运会亚残运会服务保障先进集体”，注册科被市妇联授予“广州市‘三八’红旗集体”称号，注册大厅被市工商局评为“最佳服务大厅”，受理岗被评为“广州市青年文明号”。

全年新开业登记市场主体20309户，比上年增加32.7%；有各类市场主体110284户，其中：内资企业7718户、私营企业27765户、外资企业5044户、个体工商户69757户，增长11.6%；全区有专业市场364个，其中：农贸（肉菜）市场57个，工业品市场307个。

【企业登记管理】 2010年，区工商分局积极推进联合预审审批制度，初步建立联合审批信息平台，实现工商、环保、卫生3个部门对餐饮审批项目信息共享、审批同步，发布信息276条，处理回复率100%。在全市首个启动“工商验资E线通”系统，实现对企业验资信息的实时审核；开通网上企业名称预先核准，受理业务2137件；开通注册登记“语音自助查询系统”，支持5个咨询电话同时打入，服务量提升25倍。办理新开业港澳台居民个体工商户156户，引导30户个体工商户升级转型为企业、公司。

【经济检查】 2010年，区工商分局办结各类经济违法案件2369宗，其中：无照经营551宗、假冒伪劣156宗、商标侵权457宗、食品案件313宗、不正当竞争147宗、违法广告44宗、其他案件701宗。分局2010年度行政执法工作被市工商局评为优秀等级。坚持属地监管与专项整治相结合，由属地工商所采取巡驻结合的方式加强巡查监管，采取滚动执法、机动执法和夜间执法等方式，对商品批发零售市场、大型商场、星级酒店卖场、商业步行街等重点区域和服装、鞋材、钟表、汽配等重点市场开展逐点、逐场、逐段检查，确保辖区不出现影响恶劣的侵犯知识产权、亚运标志专有权和假冒伪劣商品行为。在亚运场馆周边地段和会议、培训等重点场所及区域开展打击传销统一行动7次，检查出租屋2152户、企业163家，处理群众投诉举报14宗。推进说理式行政处罚文书，试行自由裁量权处罚办法，进一步规范执法办案行为。

【食品安全监管】 2010年，区工商分局牵头组建供亚（残）食品企业驻点工作团队43个，参加其他部门驻点团队20多个，派驻比赛场馆、涉亚企业和酒店监管执法人员142人，收发各类供亚食品药品2189批次，共计1300多吨，没有出现涉亚食品安全事件和涉亚食品拒收、拒发、断供等问题。先后实施食品经营主体资格专项执法检查、食品安全隐患排查和食品安全“三项检查”，以及熟食制品、违法添加非食用物质和滥用食品添加剂、桶装饮用水等专项整治行动26次，检测样品26236批次，没收销毁各类不合格食品2818公斤，立案查处食品案件313宗。核发食品流通许可证4388个。开展应急响应演练6次，初步建立食品企业应急通信平台和食品应急信息发布机制，提高食品安全突发事件应急处置效能。

【商标广告管理】 2010年，区工商分局大力实施名牌带动战略，加强商标服务指导工作，全区有驰名商标2件、省著名商标42件、市著名商标102件。在全市率先以区政府名义召开辖区300多个专业市场和40多家重点超市、宾馆、行业协会代表参加的知识产权保护动员大会，大力宣传亚运标志专有权和注册商标专用权保护知识。立案查处假冒伪劣、商标侵权案件613宗，没收销毁侵权商品21万多件。牵头制定《越秀区招牌广告设置标准》及整治指引，配合各街道开展迎亚运招牌广告整饰，清理整治各类违法广告3.1万多块，纠正广告用语不规范等行为137宗，指导和协助广告发布单位转换亚（残）运会公益广告41块。小北路、农林下路成为全市招牌整治示范路，整治指引的做法被市政府转发各区参照。

2010年1月8日，市工商局越秀分局开展公务礼仪演示规范公务活动

【市场管理】 2010年，区工商分局指导全区57个农贸（肉菜）市场按时完成市场服务标志标准化改造。强化肉品安全监管，查处牲畜屠宰违法案件36宗，销毁未经检验检疫的猪、牛、羊肉品2268公斤。完善市场经营者退出机制，发现销售私宰肉2次以上的市场经营者，除立案查处外，还要求市场开办方将其清理出场，吊销市场内业户营业执照1户，督促市场开办方清退违法经营者2户，并对存在销售“私宰肉”的1个市场进行行政处罚。辖区放心肉上市量日均达977头，保持在高位运行状态。积极推进食品安全视频监控网络体系建设，辖内14个食品批发市场和57个农贸市场100%建立市场视频监控系统。

【合同管理】 2010年，区工商分局积极做好“守重企业”和“诚信商户”评选活动，新发展“守合同重信用”企业243家，评定“诚信商户”150家；按照《动产抵押登记办法》，办理动产抵押登记52宗，帮助企业融资30亿元；办理拍卖备案登记1520宗，成交金额30亿元。

【企业监管】 2010年，区工商分局定期向政府和企业群众提供辖区市场主体发展、消费维权、食品安全等信息分析，发放行政指导意见书4500多份，引导企业纠正不规范经营行为3750个。采取加大软硬件投入、开通绿色通道、停收年检费、加大宣传力度、统一工作标准、开展集中培训“六项便民措施”开展企业年检和个体工商户验照工作。应检企业26877户，确认通过年检24333户，年检通过率90.53%；应参加验照个体工商户50516户，通过验照38112户，验照通过率75.45%。向区政府提交《关于亚运前无证照经营整治情况的报告》，促进各街道整治无证照经营责任的落实。专项整治涉亚重点区域、涉及公共安全的重点行业和无证照餐饮店档、文化娱乐场所，清理整治无证照经营店档7404户，其中：取缔2166户，引导办照5238户，吊销涉毒场所营业执照3户，督促引导2家无证涉外市场领取市场登记证。

【消费维权】 2010年，区工商分局处理消费者申诉举报9586宗，为消费者挽回经济损失1100多万元。主动调解利用“特许加盟经营”等形式骗取外省人员货款、加盟费引起的纠纷170多宗，查处虚假宣传案件24宗，向公安部门移送涉嫌犯罪线索1宗，并3次向区政府作专题汇报。受理群众来信、来电、来访706件次，办结率100%。将履职与维稳通盘考虑，把矛盾解决在基层，与职能有关的信访案件明显下降。妥善处理广州市伟国通讯电子科技数码城经济纠纷、珠光市场违规扩大经营场所引发的群访事件，维护了辖区稳定。

【花市情况】 2010年，越秀区西湖、东湖迎春花市以“传承岭南文化，打造品牌花市”为目标，多种措施并举打造精品花市。西湖花市设在西湖路、教育路，南北长408米，东西长406米，设有档位数208个，其中：盆桔13档，桃花20档，盆花37档，鲜花69档，工艺品52档，其他特色档位17档。东湖花市设在大沙头三马路，南北全长各380米，设有档位数218个，其中：盆桔20档，桃花24档，盆花38档，鲜花60档，工艺品74档，其他特色档位2档。开放期间，2个花市总人流量达239万人次，比上年增长34.3%；成交额达812.25万元，增长8.3%。花市主要特点：

开市仪式精彩荟萃。以“百花吐艳喜迎春，百姓心花开满城”为主题，设置“花农说花”、“斗花会”、“花市讲古”、“花诗会”等与花市和百姓文化生活密切相关的活动及民乐、粤剧等传统节目。

牌楼设计彰显岭南文化特色。西湖花市主牌楼“广府展风采，越秀越精彩”，寓意着有“广府文化源地，千年商都核心”美誉的越秀区经济发达、百业兴旺。东湖花市主牌楼“嫦娥奔月创辉煌，创意城市添新章”，充分展示越秀区城市建设和科教事业取得的成果。

名优特色展区亮点纷呈。专门开设花市特色档位，为广佛民间艺人及传统工艺、越秀区创意动漫产品、团区委志愿者服务、残联义卖活动等免费提供展示平台；引入岭南派盆景代表流花湖公园、流花西苑等曾获国际金奖的精品盆景，提升花市文化品位，营造节日氛围。

【“五个超常规”实施亚运保障】 2010年，区工商分局以“五个超常规”，举全局之力高效组织实施亚运保障工作。

组织领导超常规。成立亚运保障工作领导小组，抽调10名骨干组成亚保办，4次召开全局性亚运保障工作会议，93次组织业务培训和专题会议，发送协调、落实有关工作的请示、报告、函件等70多份。通过OA、短信平台、无线对讲机等发出指令86份、编发工作短信323条。分局领导带岗值班，亚保办24小时值守。

人力投入超常规。牵头组建供亚（残）食品企业驻点工作团队43个，参加其他部门驻点团队20多个，牵头组建的团队数占全区食品药品供应保障驻点团队数的75%；派出驻点人员142人；分局成立30人的应急大队。分局干部职工100%参与一线巡查监管。

办法措施超常规。亚运前夕，对全区11万多户市场主体实行地毯式的排查、整治，宣传“二个全覆盖”；对全区食品经营户开展“主体资格”、“经营行为”和“制度落实”的“三项检查”。亚运会举办期间，采取所所联动、片区互动、突击执法、驻守巡查、夜间检查等方式，成立机动执法队持续不间断展开清理整治；在供亚食品企业建立“一档、一本、一制、一册”的“四个一”制度，实施“一场一策”个性化监管；对所有违法行为实行“四个一律”，提升行政执法力度；开通12315消费调解英语服务岗，调解亚运涉外消费纠纷。

督导检查超常规。建立分局领导督查制度，采取明察暗访、现场督导等方式，检查指导各工商所落实亚保工作，现场解决实际困难；成立亚保督查队，采取“定任务、定时间”的方式强化督查，定期通报督查情况，限期整改存在的问题。

宣传发动超常规。召开涉亚企业亚保宣讲会70多场次，分局领导约谈重点企业和市场管理者90多人次，张贴亚运宣传海报、“微笑诚信承诺”标识，制发《守法经营告知书》、《致经营者一封信》、亚运标识和知名商标汇编资料等近10万份。编印亚保专题简报22期、好人好事专刊3期；上报亚保工作信息150多条，被市局采用40多条，居各分局前列。

【深入推进网格化服务监管机制】 2010年，区工商分局在重新调整划分责任片区，配好段管员的基础上，全面推行网格化服务监管工作机制，着力抓好四项工作：

明晰层级职责，完善协作机制。细化“分局—工商所—监管人员—经济组织”四级服务监管层级的基本职责和要求，建立和完善“AB岗协作”、“巡办协作”、“片片互助”、“组片互动”、“所所（队）联动”、“科所结对”和“外部联动”等协作机制。

加强行政指导，丰富服务内容。制定《网格化服务工作实施意见》、《网格化服务工作指引》等指导性文件，根据不同服务对象，将服务内容细化为三大类十一小类，充分运用行政建议、预警以及温馨提示、引导式告知书等服务手段，将行政指导融入服务当中，使服务与监管相融合。

优化工作流程，明确工作要求。将巡查工作重点归纳为“一证照，二台账，三打假，四广告”，编制《段管员巡查工作指引》及《段管员巡查监管基本知识》。

强化培训与考核，提高人员素质。适时举办网格化服务监管知识和业务培训，制定《网格化服务监管综合绩效考评办法》，对工商所和段管员进行绩效考评。服务监管机制的建立和推行，有效推进各项工作的落实，特别是在亚运保障工作中经受检验，发挥重要作用。市工商局在梅花工商所召开现场会推广此做法。

【创新开展公务礼仪演示规范公务活动】 2010年1月8日，区工商分局在广东省科学馆举行“公务礼仪演示”。演示历时近1个小时，分为仪表和交往2个章节，用5个情景展示日常公务活动中着装、仪态、用语、接访、执法、服务等多方面礼仪知识。演示全部由分局干部职工编演，表现生动、情景逼真。这次演示是分局组织开展创建全国文明城市“礼仪推广月”主题实践活动的重大举措，也是巩固、深化民主评议政风行风工作成果、全面推进队伍作风建设的新行动。

（市工商局越秀分局　黄华清）

食品药品监督管理

【概况】 2010年，区食品药品监督管理局以广州亚运会食品药品安全保障工作为主线，以网格化监管模式为依托，突出整治重点，增强整治合力，全面加强食品、药品安全监督管理，有力提升食品药品整体水平，年内未发生重大食品药品安全事故，辖区医药经济秩序持续向好发展。年内全局出动执法人员6077人次，检查药品、保健食品、化妆品和医疗器械企业（简称“三品一械”企业）6392家次。查处违法违规案件和涉案信息246宗，罚没入库金额19.2万元；处理控制吸烟投诉72件，向21家餐饮单位发出“责令改正通知书”。全区有药品企业493家，医疗器械企业1035家，医疗机构248家，保健食品企业1268家，化妆品企业3798家。

广州市越秀区食品药品监管局成建制正式移交越秀区人民政府管理，2010年6月23日举行交接仪式。根据越秀区政府《印发广州市越秀区食品药品监督管理局主要职责内设机构和人员编制规定的通知》（越府办〔2010〕63号），该局除保留原职能外，增加原归口区卫生局承担的餐饮业、食堂等消费环节的食品安全监督管理职责。

【食品安全监管】 2010年，区食品药品监管局组织各街道办事处与区政府签订《广州市越秀区人民政府问题乳粉清缴工作责任状》，引导食品生产经营者依法生产经营，加强行业自律，推动行业诚信建设。组织各职能部门狠抓关键环节和重点品种，加强对违法添加非食用物质和滥用食品添加剂、“地沟油”以及乳、乳制品、含乳制品的食品安全联合清查。经整顿，辖内未发现非法生产、销售、使用食品添加剂的行为，未发现问题乳、乳制品及含乳制品。定期向社会发布食品安全的温馨提示，引导群众掌握正确采购和处置食用油、预防食物中毒等食品安全知识。联合区卫生局等职能部门，先后3次监督检查集体食堂和工地食堂，辖内各类集体食堂食品卫生状况良好。重点抓好春运及节假日期间食品安全，联合检查广州火车站、北京路等人流密集地区的食品流通、餐饮企业，对个别企业存在生熟食品混放、清洁工具摆放不规范、未办理酒类专卖证照等问题，责令其立即整改。

2010年6月23日，举行越秀区食品药品监督管理体制改革交接仪式

【药品安全监管】 2010年，区食品药品监管局依法行政，严把许可审批关，共办理药品行政许可224件，未出现因延期办理而被行政监察系统警告现象。跟踪检查辖区GSP认证的药品零售企业，117家获通过，4家企业未获通过。推进药品流通信息化建设，督促113家药品批发企业、369家药品零售企业上报数据，完成率分别为88.3%和95.8%；利用网上监管数据库快速筛查“静注人免疫球蛋白”、“含西布曲明制剂”等药品在辖内流通情况，提高行政执法效能。补充和更新企业信用档案，公布企业信用评价结果，向35家医药诚信企业颁发公告牌，定期公示不合格产品、违规经营企业。现场检查辖内所有药品经营企业，派发《关于加强亚运会亚残运会期间食品药品安全管理的通告》、药品分类管理宣传海报、“含兴奋剂药品运动员慎用”和“禁止销售蛋白同化制剂、肽类激素药品”警示牌。组织药品从业人员332人次参观市禁毒教育展览馆；清查媒体曝光和群众投诉集中的重点区域，吊销1家违法企业的药品经营许可证，取缔2处无证经营药品行为，向公安机关移送2件涉毒案件。监督检查辖内经营疫苗的药品批发企

业、广州市疾病防控中心、越秀区疾病防控中心和部分疫苗接种点，严把疫苗购进、验收、养护、配送和质量关。

【保健食品、化妆品监管】 2010年，区食品药品监管局加大保健食品、化妆品生产企业检查力度，严防假冒伪劣原料进入生产环节；调查16家保健食品生产企业的65个品种的生产及产品注册等情况。与区工商分局、区卫生局以及兄弟区食品药品监管局联合开展特殊用途化妆品、美容美发企业专项检查。

【医疗器械监管】 2010年，区食品药品监管局办理医疗器械经营企业许可证行政许可246家。通过召开会议、手机短信、网上通知等形式，组织992家医疗器械生产经营企业自查自纠，提高企业规范经营的自律意识。开展监督抽验，及时掌握辖区"三品一械"质量状况，完成"三品一械"抽验574批。督促辖内二、三类医疗器械生产企业落实《广东省医疗器械生产管理者代表管理办法》，责令企业变更不称职的管理者代表。

【建立健全亚运食品药品安全保障机制】 2010年，区食品药品监管局成立亚运赛时食品药品安全与供应保障工作行政决策组、区亚运会亚残运会食品药品安全与供应保障应急指挥组、区亚运赛时食品药品安全与供应保障工作专家小组、区迎亚运非星级酒店保障工作小组，统一指挥协调全区亚运食品药品安全与供应保障和驻点团队运行，指导辖区361家非星级酒店的监管工作。制定《越秀区2010亚运城市行动食品药品安全与产品质量保障工作方案》等10个亚运食品药品安全保障工作文件，完成《越秀区2010亚运城市行动食品药品安全与产品质量保障工作文件汇编》（三卷）及《亚运城市行动食品药品安全与产品质量组工作文件汇编增补》（一卷）文件档案，为实施亚运城市行动计划提供有效的组织、制度和行动保障。

【建立亚运驻点工作团队】 2010年，区食品药品监管局建立24个（161人）涉亚食品药品安全与供应保障驻点工作团队，形成横到边、竖到底、高效严密的2010广州亚运食品药品安全和供应保障体系。做到24小时响应和"三个一"："一档"即企业档案，全面收集供亚企业人员状况、购销渠道、产品质量等基本情况；"一本"即《越秀区食品药品安全与供应保障组驻点工作日志》，详细记录企业的运行情况；"一册"即《越秀区食品药品安全与供应保障驻点工作指引和流程》，为各团队提供标准的操作规程，对每批供亚产品均做到现场审验把关、专人装车押运、全程监控记录，确保产品质量安全。

【亚运"三品一械"安全监管】 2010年，区食品药品监管局从3月份开始分三个阶段对辖区内药品经营企业、医疗机构采取拉网式检查。把被检查企业划分为A级单位（诚实守信等级）、B级单位（基本守信等级）、C级单位（警示等级）、D级单位（失信等级）；对C级、D级单位进行重点"回头看"，跟进检查中发现的问题和案件线索，确保企业整改到位；对涉嫌违法违规行为，依法进行查处；对个别存在严重违法行为的单位，向市局提出吊证申请。聘请18位具有相关专业知识的协管志愿者，参与"三品一械"外围保障工作。局领导靠前指挥，及时发现和纠正超市、士多店无证经营药品行为；要求药品零售企业设立专柜，规范经营含兴奋剂药品行为。从珠海市食品药品监管局借调1台药品检测车参与亚运药品安全保障工作，充分利用车载设备以及药品快检箱等先进设备，快速筛查违法添加西布曲明、西地那非等违禁成分的药品和保健食品，为亚运食品药品安全保障提供有力的技术支持，提高监管震慑力。

【落实应急风险管理制度】 2010年，区食品药品监管局在全区首次开展跨部门的行业食品安全突发事件综合应急处置演练，促使应急通信更加通畅、处置工作更加有序、措施更加可行。全程参与市食品药品监管系统突发药品安全事件应急演练，提高越秀区应对突发食品药品安全事件的组织指挥、协调配合、快速反应、应急调查、高效处置的能力。协调相关职能部门开展涉亚运突发事件食品药品风险隐患排查，对排查出的54个食品药品风险隐患源进行分析，掌握成因、易发时间和地点及发生概率，有针对性地制定整改措施和处置预案，监督企业落实整改，消除食品药品安全隐患。

【督导涉亚定点单位】 2010年，区食品药品监管局强化亚运定点医疗机构和接待饭店“三品一械”质量安全保障督导工作。按照“一户一档”原则，全面搜集各定点医疗机构和接待饭店涉亚产品相关资料，建立工作档案。督促和现场指导医疗机构落实药品、在用医疗器械以及医用耗材的采购、储存、发放等工作制度；指导接待饭店管理方加强内部管理，落实整改措施。抽验定点医疗机构在用医疗器械及医用耗材样品193批次，对抽验不合格的在用器械，要求医疗机构整改后重新检验；对抽验不合格的医用耗材及时封存。抽检接待酒店使用的洗浴液等化妆品，确保质量安全。

【接受中央文明办现场测试】 2010年2月5日，中央文明办一行通过现场询问、感官检查、查阅资料等形式，抽取健民医药连锁店北京路店、长乐饼屋龟岗店、越秀区食品药品监督管理局进行实地测试检查，了解越秀区食品药品安全状况，作为编撰《全国文明城市测评体系（2010年版）新增指标》依据。中央文明办认为越秀区食品药品监管局监督到位，处理群众投诉举报基本落实“有诉必理、有案必查、快速反应、服务于民”的社会承诺，食品药品总体质量是安全的。

（区食品药品监督管理局　李炤晖）

质量技术监督管理

【概况】 2010年，区质量技术监督管理局继续按照“平安求发展、务实争上游”的工作目标，扎实有效地开展各项工作，印发《广州市越秀区质量技术监督局2010广州亚运会保障工作手册》，在完成保障亚运安全、服务辖区经济社会发展的任务中取得突出成绩。

是年，辖区生产企业154家，其中3C认证类企业4家（均为电器），生产许可证管理类企业148家（验配眼镜147家、防伪标志1家），其他产品生产企业2家。在册贴牌委托加工企业70家，其中3C认证类玩具企业9家，服装29家，其他32家。食品生产加工企业6家。特种设备11325台，使用单位1854家。集贸市场66家，宾馆酒楼173家，加油站11个，液化气销售点11家，医院112家，共有强检计量器具13263台。

【质量监督管理】 2010年，区质监局深入开展眼镜、玩具行业专项整治，眼镜行业无证查处率100%、抽查合格率92.5%、建档率100%。联合区整规办、工商、街道不定期开展“3C”产品专项整治活动，重点打击未经认证擅自生产、销售企业，严查超期、超范围使用认证证书、认证标志行为。对问题企业多次开展回头查，完成监督抽查后处理工作29宗，其中立案5宗，查处金额9087元，整改复查完成率和立案查处率100%。组织召开服装、玩具、眼镜行业名牌动员培训会，建立名牌培育名册并分类指导，完成3家企业名牌申报工作。

【食品生产监管】 2010年，区质监局积极推进食品监管工作制度化，全区6家企业全部建立原料验收、生产过程安全管理、出厂检验等食品安全管理制度，食品质量安全主任聘任率100%。坚持执行食品生产加工企业辖区回访制度，督促企业及时整改自身存在的食品安全问题。全年出动执法人员250多人次，巡查企业82家次。先后组织开展食品商品条码专项检查、夜间食品生产安全专项检查、防范下脚料猪油进入生产加工环节专项检查、亚运食品安全专项整治、面包改良剂专项检查、蜂产品专项检查、月饼专项检查和生产加工环节食品添加物质检查等专项整治行动，出动192人次，检查企业48家次，发出整改通知书6份，全区食品生产抽查实物合格率100%。牵头组建2家列为生产加工涉亚企业的驻点团队，开展驻点保障工作，积极配合团队牵头部门，做好11家涉亚流通企业驻点保障工作。

【标准化监督管理】 2010年，区质监局送标准到企业55家，办理10家企业共10个企业产品标准备案，办理79家企业单位共491个产品执行标准登记、变更、注销工作。辖区有21家单位参与26个标准的制订与修订工作，其中参与国家标准、行业标准13项，地方标准2项。辖区有12家企业取得国际或国外先进标准的证书和标志，有3家企业申报广州市“标准化良好行为企业”，有2家企业被确定为广东省“服务业标准化试点单位”。标识的合格率由2009年的78.6%（监督抽样257批次，标识合格227批次）提高到2010年的96.1%（监督抽样261批次，标识合格251批次）。

【计量监督管理】 2010年，区质监局以计量保障亚运为契机，全面提升计量监管水平，将亚运计量保障工作和诚信计量建设工作责任落实到人，做到责任、时间、范围、任务“四明确”。对20家电子秤销售企业进行帮扶，从培训、指引、示范、规范4个环节开展工作；在广州市第一人民医院召开亚运指定医院现场会，为全市35家涉亚医院医用计量工作树立榜样和标杆；为辖区66家集贸市场计量管理员免费培训和考核计量员检定证，免费发放标准砝码到各市场，向市场管理方推荐合格的计量器具，帮助集贸市场升级改造计量管理，完成4家集贸市场统一配秤工作；协助自来水公司与技术机构合作完成《电磁流量在线校准规程》的省地方标准申报；在星级酒店开展计量器具检查通报制度，使计量监管纳入企业自身的管理范围。通过规范管理，计量投诉由2009年的30宗下降到2010年的15宗。开展2次专项整治和检查，确保19家涉亚酒店计量器具全部检定合格，13家亚运指定医院计量器具一次检定合格率达到99%。对计量违法行为采取高压态势，立案查处计量案件18宗，罚款65485元，使辖区计量违法行为得到有效遏制，维护了广大消费者的权益。

【特种设备安全监察】 2010年，区质监局加大力度排查治理特种设备安全隐患，出动900人次对约300家使用单位进行监察，发放指令书，张贴公告，督促整改。由区质监局领导带队，经多方协调，使困惑多年的部队大院和政府机关“门难进、人难找”的问题基本得到解决，有效推进检验工作。坚持多方协调化解矛盾，多次召开相关工作会议，分析特种设备安全形势，主动协调好街道、使用单位、投诉者、维保单位、生产厂家、检测机构之间的关系，搭建可以解决问题的平台，促成多方对话，有效促进回迁楼、房改房业主投诉问题的解决。对违反《特种设备安全监察条例》有关规定逾期不改的，依法依规予以处罚，全年对13宗违法行为罚款8.1万元。

【稽查打假工作】 2010年，区质监局对拒不履行法定义务的当事人按照规定移交法院强制执行，有效

2010年7月5日，区质监局开展游乐设施专项检查

解决执行难问题。查办后处理案件76宗，比上年上升23%，有力保障了“质监服务年”、“质量和安全年”工作。全年开展各类专项执法检查26项，出动执法人员600多人次，立案查处案件31宗，行政罚没款21万元。执法办案有效率95%以上，无一例行政复议、行政诉讼案件。

【加强服务意识，促进民营经济发展】 2010年，区质监局实施三项措施推动民营企业优化升级。一是帮助民营企业培育自主品牌；二是根据《广州市技术标准研制资助资金管理办法》，市质监局按照有关规定将对参与标准研制的企业给予5万～50万元的资助，区质监局从行业标准、联盟标准研制工作入手，提升民营企业产品的市场竞争能力；三是派出行政监管人员为民营企业举办质量管理体系、WTO/TBT等方面的培训，通过质量信用等级评价、节能减排等措施，促进企业诚实守信，提高产品质量水平，推动辖区130多家企业通过质量保证体系确认。

推出三个做法，有效服务民营企业。一是办事提速，食品生产许可证年审时限由20个工作日缩短至10个工作日；标准登记办理时限由5个工作日缩短至4个工作日；特种设备施工告知时限由10个工作日缩短至5个工作日，特种设备使用和变更登记时限由20个工作日缩短至15个工作日。二是为企业免费提供生产许可证咨询服务，指导企业申报名牌产品，举办质量分析会，安装“标准查询系统”，培训100名中小企业的厂长、经理及管理人员，以减轻企业负担。三是坚持对民营企业实行多关心、多帮助、少收费、慎罚款的工作原则，以宣传在先、教育在先、整改在先、严格执法的“三先一严”工作方针，定期召开质量分析会议，帮助企业解决难题。

【亚运安保工作零事故、零延误】 2010年，区质监局按照市质监局特种设备处的统一部署和要求，制定2010年亚运安保工作计划和任务，召开涉亚单位会议，全面安排布置。协同检验机构开展验证性复查和提前检验工作，督促落实各项整改要求，存在的问题基本整改到位，张贴“特种设备安全迎亚运”标志。结合赛时保障要求，抓好应急预案的实战演练，督促各单位查缺补漏，不断完善细节，提升反应能力，提高处置效果。全面启动赛时阶段24小时全天候不间断值班值守，随时关注辖区特种设备运行状况。实现“核心区”、“周边区”特种设备零事故，应急救援零延误。

（区质监局　王苑）

安全生产监督管理

【概况】 2010年，区安全生产监督管理局紧紧围绕“安全发展”理念和“安全第一、预防为主、综合治理”方针，以“安全生产年”活动为载体，以“平安亚运”为目标，深入扎实开展安全生产监督工作。区制定2010年度安全生产责任单位和责任人考评细则，量化分解教育培训、现场监察、事故控制、依法行政等市政府下达的安全生产工作指标。区政府与22个街道，14个职能部门、单位签订安全生产责任书，明确属地管理和行业监管责任。全区工商贸企业发生生产安全事故9起，死亡5人，受伤4人，控制在市下达的安全生产事故指标范围内，被评为2010年全国安全生产月活动优秀单位。

【安全生产执法监督监察】 2010年，区安监局继续推进对广州市安全生产执法巡查信息系统的应用工作，加快数据采集，完善区安监执法大队、街安监中队联动机制，大队执法人员每周不少于3.5个工作日到辖内各街道、各企业开展检查巡查。全年执法大队、各街道安监中队检查生产经营单位数6823家，检查12019次。发出责令改正指令书561份、复查意见书535份，整改复查率95.4%；实施各类经济处罚449次，收缴罚款111.55万元，罚款宗数比上年增长68%，罚款数额增长28.8%，有力促进了安全生产行政执法重心由事后向事前的转移。

【安全生产宣传教育培训】 区安监局把宣传教育培训工作放在突出位置，不断提高广大职工群众的安全生产意识和事故防范能力。2010年完成安全主任再培训3805人，培训新增生产经营单位主要负责人266人，分别完成市下达越秀区培训任务指标的190.25%和177.33%；培训新增安全主任43人，生产经营单位主要负责人再培训285人。先后组织万人百场安全生产大宣讲、交通安全知识进万家、标准化建设大家谈、安全社区创建动员会、“安康杯”竞赛、消防志愿者进百万家庭大行动、“广佛安监交流、共保亚运安全”、创平安和谐校园、“交通安全伴我行”等活动53场，举办安全知识培训44场，教育职工群众15万多人次，培训企业负责人、安全管理人员4000多人。

【应急救援体系建设】 2010年，区安监局针对越秀区亚运场馆周边有4家危化品企业的实际，认真落实《2010年全市安全生产应急管理工作要点》，确保安全监管工作落实、责任到人。认真落实省、市关于加强涉亚场馆周边危化企业应急管理工作要求，指导督促企业制订亚运期间应急预案，开展预案演练。在广东二沙岛加油站和广州市越秀区金贵加油站，举行越秀区亚运会场馆周边安全生产应急演练，进一步锻炼应急队伍、提高快速反应能力。全区开展消防、防震、防洪、抗台风等演练411场次，参与群众10万多人次。

【安全生产专项整治】 2010年，区安监局开展建筑工程、危险化学品、交通安全、出租屋、体育项目、特种设备、防雷设施、住房安全、娱乐服务场所、饮食服务业、节日期间安全等整治行动13场、执法行动155场。抽查建筑工程176项，查处不按规定进行安全培训的违法行为84起，对16个工程项目、31个责任人作扣分处理。检查烟花爆竹经营单位3家、危险化学品经营企业68家、易制毒化学品经营企业68家，重点排查越秀山体育场、广东省人民体育场等比赛场馆，花园酒店、白云宾馆等亚运官方接待酒店，广州二沙岛加油站、淘金加油站等甲类危险化学品经营单位，省人民医院等39家涉亚场所以及周边1421间生产经营单位，排查出涉亚突发事件风险隐患点28个，发现并整改隐患12条。查扣违法上路摩托车460辆、非法营运车辆5台。防雷检测11家加油站，115所中、小学，治理防雷隐患94处。现场监督检查特种设备使用单位215家，封停特种设备4台。

2010年6月13日，区安监局开展“安全生产月”宣传咨询日活动

【安全生产月活动】 区安监局按照省、市关于开展2010年安全生产月活动的部署要求，结合实际，紧紧围绕以“安全发展，平安亚运”为主题，认真组织开展“安全生产月”活动。全区悬挂宣传横幅656条，张贴挂图2653套，宣传标牌3523张；举办各类安全培训40次，受教育8256人次；安全检查256次，出动人数2428人，发现隐患803处，当场整改726处，限期整改52处；未接到一起隐患举报；出各类黑板报、展板265块；印发各类资料6万余份。越秀区2010年安全生产月活动成

效明显，区安全生产监管局获中共中央宣传部、国家安全生产监管总局等七部委联合授予的2010年全国安全生产月活动优秀单位。

【创建全国安全社区】 根据广州市创建全国安全社区工作安排，2010年白云街道办事处被定为全市创建全国安全社区试点街道。围绕“平安·和谐·活力·白云”的主题，扎实开展安全社区创建工作。区安监局及时掌握试点街道的动态，解决二沙岛天气预报LED液晶显示屏用电、盲人通道铺设、防雷项目安全检查等问题。加强安全社区制度建设，建立健全基础档案，制定各项安全管理规定，落实安全责任和安全隐患排查、宣传教育、应急救援等规章制度。利用“安全生产月”、“消防宣传日”等活动，开展安全知识宣传。组织辖区重点单位开展消防应急逃生演练，对消火栓出水、水带连接、灭火器灭火、消防沙灭火、火场自救、火场报警等基本科目进行模拟训练。组织辖区生产经营单位开展安全法律法规知识宣传贯彻活动，对企业安全生产管理人员、职工进行专题培训。

【广州燃气集团有限公司】 前身是成立于1975年的广州市煤气工程筹建处。1983年，广州市煤气公司成立，2009年1月16日改制组建为广州燃气集团有限公司，并于2009年7月2日正式挂牌。

2010年，公司编制亚运、亚残运会供气及应急保障预案，包括总体预案1册、专项预案7册、一馆一册62册、重点区域保障预案3册。对预案进行宣传贯彻及演练：集团总体预案演练2次，中心、分公司专项预案演练19次，中心队部、营业部现场处置方案演练33次。

亚运前公司完成高分享中压管道改造项目21项共14.22公里；亚运期间每天浓度监控10条监控路段的199监测孔；关闭可靠性测试48个涉亚场馆共61座一级阀门，及时更换其中的3个内串气阀门；全面维护保养全市9600个调压设备，完成涉亚场馆、宾馆共22台单路调压柜双路改造；完成7个液化气小区和萝岗代天然气小区5200个用户的置换工作。

2010年公司组织各级安全管理人员参加安全、消防培训，取证年审275人，培训学习19921人次；组织集体级安全检查12次，及时解决处理各类安全问题54个，跟踪落实204项。全年公司（含下属非法人单位）未发生安全事故。

（区安监局　邵英文）

城区建设与管理

城区规划

【概况】　2010 年，越秀区规划分局以“迎接亚运会，创造新生活”为主线，在完成日常规划组织编制、规划管理、规划服务的同时，认真细致做好全区迎亚运环境整治和河涌综合整治工程项目规划工作，依法依规、高标准高质量地提前完成任务，保证越秀区迎亚运河涌整治工作按时动工并取得优异的成绩，是年区规划分局被评为越秀区治水工作先进单位、越秀区广州亚运会亚残运会工作优秀集体。

【规划管理和服务】　2010 年，区规划分局以新一轮政府行政机构改革为契机，在规划管理上，变强化管理为优质服务；在规划执法上，变单纯法律手段为宣传、教育、法律、行政手段一起运用，保证规划行政管理工作目标优质高效完成。是年，审批建设工程类案件 272 宗，其中各类复文 146 宗，建筑工程 125 宗，面积 19.43 万平方米，管线工程 1 宗，长度 94 米；处理违法建设案件 144 宗，面积 6.07 万平方米；办理规划验收案件 133 宗，面积 7.45 万平方米；无一宗引起行政复议或诉讼。受理并完成依申请公开政府信息案件 35 宗，办结率 100%。按时办理回复 40 份人大建议和政协提案，办结率 100%；处理群众来信 179 份，群众来访 10 批次，办结率 100%。

【规划编制工作】　2010 年，区规划分局组织编制的《南粤先贤馆修建性详细规划及建筑方案设计》项目通过区政府审定，顺利结题；配合区更新办组织编制《广州市越秀区“三旧”改造规划纲要（2010—2020）》、《麓湖生态功能区规划方案》、《花果山低碳产业园规划方案》。

【推进规划建设】　2010 年，区规划分局配合区卫生局完成流花街医疗卫生用房综合楼工程、光塔街原卫生院扩建临时电梯间及连廊工程的规划报建，东山街原污水处理厂加建工程的方案审查。配合落实教育综合改造工程。协助区教育局与市规划局沟通，有效推进东风西路小学用地置换问题的解决，对于豪贤中学、回民小学等涉及的用地规划问题，积极与区教育局沟通，召开协调会议，调阅相关档案，提供规划审批资料。依法办理广州市铁路第二中学校内教学楼东侧扩建教学楼的设计方案审查和七十九中学新建教学工程建筑设计方案审查；核发育才中学、梅花村小学教学楼工程及天香街小学新建设多功能体育馆工程的建设工程规划许可证。

【查处违法建设】　2010 年，区规划分局严肃查处二沙岛宏城花园违法建设，依法作出规划定性，以多种方式督促、配合城管部门及时查处，对强拆遇到的实质问题提供具体规划意见，保证强拆工作顺利完成。拆除或部分拆除违法建设的别墅 15 宗，面积 4200 平方米。同时开展工程建设领域突出问题自查自纠和整改落实工作。经核查，未发现违规变更规划和用地性质、提高容积率的情况。检查中发现 2 项工程未办理规划验收，及时对相关建设单位送达整改通知书，督促相关单位及时整改。经督促协调，建设单位已申请办理规划验收。

【开展便民服务活动】　2010 年，区规划分局针对迎亚运重点工程项目，以及城区规划管理的热点、难点问题和区政府、有关部门急需解决的问题，开展“真情亚运”便民服务活动。分局领导带头深入基层联系点，走访基层干部群众、建设单位、社区和居民，查找规划管理工作在办事效率、服务态度、服务质量方面存在的主要问题，现场研究解决问题；并带队到新河浦、麓湖、一德路、太和岗、杨箕村、矿泉街、登峰街、建设街等地现场办公，听取意见，针对迎亚运环境整治、河涌综合整治、专业市场升级改造、旧城更新、城中村改造、违法建设查处等工作做好规划管理服务工作。为进一步提高规划管理服务质量和水平，为群众提供优质、规范、高效服务，开展越秀规划分局“微笑服务月”活动，重点提倡“微笑服务，真诚为民”的窗口服务理念，规划分局办证中心窗口成为“微笑窗口”，该活动受到社会群众的充分肯定。

【城市规划宣传与公示】 2010年，越秀区规划分局坚持政务公开，推行阳光规划，按照《广州市城市规划管理公示办法》要求，采取各种措施，全方位推行政务公开，依法进行规划公示。开展39宗规划批前公示项目。继续做好规划宣传工作，在办证中心大厅布置相关业务流程宣传板，为群众免费提供相关表格和宣传单。通过区信息网公开信息目录、信息指南和最新公开信息，公布规划分局办公地址、监督电话、邮箱，同时通过办公日、接访日，现场为群众解答问题。

【完成水环境治理和迎亚运环境整治项目规划审批】 2010年，区规划分局配合相关单位完成东濠涌截污清淤、调水补水工程和沙河涌、新河浦涌、瑶台涌泵站、景泰涌生态修复和景观建设工程，做到立案3天内依法作出行政许可。办理河涌综合整治用地案件8宗，其中核发“建设项目选址意见书”1宗，涉及用地面积195平方米；建设用地规划许可证5宗，涉及用地面积5322平方米；复函2份；完成东濠涌沿线改造工程及瑶台污水泵站建设工程规划许可证的审批工作，保证辖区内污水治理和河涌综合整治工作的顺利开展。

依法审批辖区内迎亚运环境整治工程的用地案件。办理迎亚运环境整治工程用地案件3宗，其中核发“建设项目选址意见书”1宗，总用地面积5889平方米；核发建设用地规划许可证2宗，总用地面积6249平方米。完成各项迎亚运重点整治工程的审批，依法核发太和岗“创意大道”核心区创意产业基地项目的建设工程规划许可证；完成新濠畔商务酒店、矿泉游泳场、广州市第十七中学等5宗区迎“亚运”环境整治及场馆改造审批。

（市规划局越秀分局　林静华）

市政建设与水务

【概况】 2010年，越秀区建设和水务局深入贯彻落实科学发展观，围绕“中调”城市发展战略，抓住“到2010年一大变”、“迎亚运”、“水环境治理”契机，加强局内部的密切合作，加大与市、区各有关部门、街道，以及与辖区内机团单位、新闻媒体的沟通协调，积极推进人居环境整治、水浸街改造、河涌综合整治，保障亚运会、亚残运会期间供水、供电、供气、通信等各项设施正常运转。承担的治水和迎亚运工程203项，投资额53亿多元，项目之多、资金之大超过近10年之和。严格落实招投标制度，完善各项资金审批、支付制度和流程，不断优化、调整方案，精益求精，全力打造一批精品工程、亮点工程。为越秀区的经济社会协调发展提供良好的基础，也为建设幸福越秀贡献力量。

【迎亚运人居环境整治工程】 2010年，区建设和水务局继续推进各项迎亚运人居环境整治工程，完成东风路、环市路、解放路、小北路、人民路高架、内环路及其放射线、广州大道、广园路、沿江路、一德路、长堤大马路、西濠二马路、康王路、东濠涌高架、北环高速15条市政道路两侧环境整治工程，共整饰房屋1544栋，平改坡339栋，面积291.54万平方米。实施省人民体育场、越秀山体育场、广州棋院、广东体育馆4个亚运比赛场馆和花园酒店、流花展馆2个重点区域周边环境整治，整饰房屋307栋，平改坡66栋，面积61.9万平方米。开展新河浦社区综合整治二期和三期、三育社区、麓湖社区、南越王博物馆周边、火车站广场、法政路30号大院及周边、府前路1号大院、人民公园南广场“城市原点”周边等9个重点社区环境整治，整饰房屋517栋，面积55.82万平方米。承担沿江东路、东风东路、府学西街打通断头路等道路绿化升级改造、绿化广场建设等99个老城区迎亚运环境整治项目。该局所承担的迎亚运人居环境整治工程于2010年9月底全面完成，累计整饰房屋2386栋，平改坡405栋，面积413.76万平方米；“三线”下地795.1公里；光亮工程621栋。各项人居环境整治工程实施后，建筑立面焕然一新，“三线”规范统一，广告招牌靓丽整洁，人居环境明显提升。

【河涌综合整治和污水治理工作】 2010年，区建设和水务局组织实施东濠涌、新河浦涌、景泰涌、水均岗支涌4条河涌综合整治，总长8.28公里，总投资11.6亿元，10月底前全面竣工。

东濠涌综合整治工程（详情见后）。

新河浦涌综合整治工程（详见后）。

景泰涌综合整治从三元里大道至新市涌，全长1280米，总投资967万元。新建三元里大道主广场，修复笃学桥、友谊桥，改造铁路桥以西至新市河涌两岸护坡等景观节点，沿线截污、清淤等。2009年8月15日进场施工，2010年4月30日完成。水均岗支涌综合整治从中山一路金羊花园内到羊铁大厦沙河涌出口，全长340米，总投资3315万元。在河涌西岸铺设截污干管，新建堤岸，两岸新建通透式栏杆和3米宽人行道，新建1座跨涌人行小桥，创建园林绿化景观，把河涌整治成社区自然新景观。2010年8月中旬完成。

实施二沙岛、德政中、德政北、白云、东华南、东华东、东华西、明月路、五羊、东昌、东兴南、水均岗12个片区的雨污分流工程改造，区域面积约339公顷，铺设雨水和污水管道6.8万米，增设排水立管7.2万米，工程总投资2.34亿元，2010年6月全部完工。

水浸街改造工程共34项，工程总投资约9656万元，改造排水管1.6万米、渠箱350米，修复路面6万平方米，安装抽水泵2台，清疏管道2883米、渠箱2.1万立方米，2010年4月全面完成。改造后的区域，经受住2010年多次特大暴雨的考验。

【城建重点项目征地拆迁工作】 在2009—2010年开展河涌综合整治、迎亚运人居环境整治工作中，越秀区建设和水务局承担河涌综合整治、沿江东路绿化广场、东风东路绿化广场、东风中路鸿裕道、金鱼塘绿地、永安约街口打通断头路、东风中万安南等20个项目的征地拆迁工作。至2010年底，顺利完成17个项目，并投入使用，仅有五仙观绿化广场、西湖路绿化广场、府学西街打通断头路工程尚存在少部分诉求过高的被拆迁户还在动迁工作中。累计完成房屋拆迁2354户、14.43万平方米，完成总拆迁房屋面积97%，其中2010年完成房屋拆迁面积954户、6.64万平方米。此外，继续加大地铁六号线一德路站的动迁工作，累计签订拆迁补偿协议249户，房屋面积10994平方米，占总拆迁房屋面积的92.53%。开展光孝寺北侧规划路、惠福路变电站配套市政路、惠福西路省医门前社会停车场、无着庵扩建、教育路小学、回民小学、十六中、豪贤中学、大佛寺南广场9个项目征地拆迁的各项前期工作，部分项目进入实际动迁阶段。

【东濠涌综合整治工程】 东濠涌全长4.51公里，始于麓湖，由北向南贯穿市中心，至江湾桥流入珠江。2010年，整治东风路以南段1.89公里，总投资10.38亿元。采取全段雨污分流、全段净水补水、分段景观整饰等方法整治。主要工程：改造和加固堤岸3.8公里，清淤6000立方米，修建桥梁10座，整治道路3.2公里，铺设人行道5.4公里，绿化面积7.6万平方米，建设景观点10个；抽取珠江水对东濠涌进行补水，水源实现良性循环；在越秀桥附近建设日处理能力约13万吨的净水厂1座，净化水质；建设2个有226个车位的停车场配套工程；建设河涌光亮工程和视频监控工程；涂装整饰明涌段高架桥残旧的外立面约5.5万平方米；整饰河涌沿线房屋102栋、面积32.9万平方米；新建东濠涌博物馆，记录和展示河涌历史文化和整治成果。整治后的东濠涌水质达到国家地表水四类水质标准，河涌沿线道路宽畅，楼宇整洁，设施配套，景观丰富，植物茂盛，实现“水清沙白、绿地蓝天”的绿色生态空间。通过“阳光拆迁、和谐拆迁、依法拆迁”，用5个月的时间完成1153户、约5.5万平方米的拆迁任务，拆迁工作实现“零投诉”；改善85户困难家庭、63户住房面积不足40平方米的家庭和11户孤寡残疾人家庭的住房环境，群众享受到治水的实惠，东濠涌成为全市治水的样板工程。

【新河浦涌社区整治】 在完成新河浦涌社区一期、二期工程的基础上，2009年12月越秀区建设和水务局开始实施三期工程。新河浦涌社区综合整治二期工程位于启明社区，东起龟岗大马路，南临东华东路，西至均益路，北接庙前西街，规划面积6.44公顷，新河浦街区内大部分是20世纪二三十年代建造的中西合璧低层院落式花园住宅，为2005年广州市政府公布的登记保护文物单位，称为“龟岗民国建筑群”。三期工程共整治房屋279栋，整治立面面积约3.12万平方米；围墙整治长度1233米；绿化整治8744平方米；道路改造6471平方米。至8月，新河浦涌社区综合整治工程全面完成，占地面积约17万平方米，整治建筑物454栋，改造道路7.58万平方米，并对整个区域内的“三线”进行下地处理和部分拉挂整齐，实施雨污分流和道路、绿化升级改造工程，区域环境质量显著提升。

整治后的东濠涌(永曜北段)

【东风路两侧整治工程】 东风路（越秀段）两侧综合整治工程东起中山一立交，西至康王路，全长6.8公里，是属于“四位一体”道路，道路两侧整治工程及绿化广场建设由越秀区建设和水务局组织实施（道路改造和道路绿化升级改造由广州市城乡建设委员会、广州市林业和园林局负责）。该工程总投资1.43亿元，主要实施工程：建筑外墙整饰、清洗、平改坡、光亮工程、三线下地以及规范防盗网、清拆违章建筑。工程突出简约大气的理念。工程于2009年8月开工，2010年10月底全面完工。累计整饰楼宇118栋（其中油漆56栋，贴砖26栋，清洗40栋），整治外立面面积23万平方米；拆迁沿线低矮、残旧的房屋281户、1.59万平方米；商铺招牌整治7600平方米；实施光亮工程11栋建筑物、2个绿化广场和1座高架桥，安装泛光灯和投光灯4200盏，LED节能灯18751套；对沿线的电力、通信、数字电视等各种架空管线进行三线下地处理。

此外，区园林绿化局组织建设东风东路绿化广场（位于东风东路竹丝岗二马路交界处）总用地面积5416平方米，房屋拆迁面积195户、7976平方米，总投资9000万元。绿地定位为街头小游园，以绿化造景为主，园路平台铺装面积约600平方米。东风中万安南绿地（位于东风中路以南、德政北路以西）总用地面积762平方米，房屋拆迁面积19户、921平方米，总投资1093万元。栽植有大叶榕、盆架子、细叶榄仁等大树9株，各色开花小乔木、灌木83丛。东风中路鸿裕道绿化广场（位于东风中路与越秀北路交界西南角）用地面积约1925平方米，房屋拆迁33户、面积3809平方米，总投资6800万元，主要工程项目有绿化工程、园建工程及给排水工程等。东风中路嘉业大厦东边绿地（位于东风中嘉业大厦东侧，瑞兴大厦以西地块）总用地面积1480平方米，房屋拆迁面积34户、3189平方米，总投资4800万元。四个绿化景观节点，共增加绿化面积约9583平方米。

整饰后的东风路两侧建筑物干净整洁，夜景璀璨迷人，充满现代感和时尚感。

【花园酒店周边环境整治】 花园酒店周边环境整治以花园酒店为中心，辐射约1.5平方公里，东起先烈南路，西至建设六马路，南起东风东路，北至陶金坑，总投资1.18亿元。工程于2009年9月进场施工，2010年8月完成。立面整治建筑64栋，约16.9万平方米；清洗立面建筑16栋，约1.45万平方米；平改坡66栋，约3.45万平方米；天面整饰（加装人工绿草或隔热砖）26栋，面积1.01万平方米。拆除防盗网1.82万平方米、雨篷4688平方米、广告招牌5757平方米。同时进行三线下地及光亮工程建设。工程完工后，花园酒店周边环境进一步优化。

【五仙观绿化广场工程】 五仙观绿化广场位于五仙观西侧，南至惠福西路，北至洪德新街，西到甜水巷，占地面积约6066平方米，需拆迁房屋面积1.87万平方米、364户。工程于2009年纳入越秀区老城区迎亚运环境整治工程，总投资约3.8亿元。至2010年年底，完成343户、1.74万平方米房屋的动迁，剩余21户、1306平方米房屋动迁工作继续开展。此外，越秀区建设和水务局根据南粤先贤馆的建设需要，解决区域停车难问题，将南粤先贤馆一期地下停车场纳入越秀区老城区迎亚运环境整治工程，并完成方案设计、招投标工作，于2011年4月施工。

【亚运会、亚残运会市政景观外围保障工作】 2010年，按照越秀区亚运外围保障工作部署，越秀区建设和水务局成立领导小组和各专项工作组，制定市政景观、光亮工程、水务等保障工作方案，协调供电、供水、通信、煤气等各管线单位，加强应急演练，落实亚运外围保障工作。在亚运前夕，该局用10天时间突击完成武警进驻流花展馆生活设施改造，保障2000多名武警官兵顺利入驻；用5天时间在二沙岛东南侧搭设长200米、高15米、厚9米的钢管排栅用以作电子屏安装使用。在亚运会、亚残运会期间，区建设和水务局实行24小时值班制度，加大市政道路、排水设施、光亮工程巡查力度，保障亚运场馆、花园酒店、流花展馆以及亚运接待酒店、宗教场所周边的设施安全和正常运行，保障亚运会亚残运会期间市政设施零事故。

花园酒店周边夜景

【“三防”工作】 2010年，越秀区建立区、街道、居委三级防涝应急体系；修订完善《区三防应急预案》和各部门的专项应急预案，明确职责和工作流程，完善应急防御措施；建立三防汛息平台，及时传达各类三防信息，提升应急反应速度；实行汛期24小时值班制度，建立防涝台账，提高应急救灾能力；建立若干支排水、绿化、危房抢修、医疗卫生等专业队伍，投入650万元购置一批三防应急设备物资。全年妥善处理各类水浸街、围墙坍塌、挡土墙滑坡等突发事件。在应对“4·22”，“5·7”、“5·14”等历次特大暴雨洪涝灾害中，越秀区的三防应对能力、应急措施、应急反应均表现良好。

（区建设和水务局　孟有明）

国土房地产管理

【概况】　2010年，越秀区国土房管分局围绕“两大主体功能区”（北京路广府文化商贸旅游区、越秀区核心产业功能区）和“国家中心城市核心区”建设，把握迎亚运环境综合整治和“三旧”改造契机，做好迎亚运人居环境整治工程，推进旧城改造工作，抓好落实住房保障工作。建立健全土地管理执法检查长效机制，实现越秀区连续三年违法用地“零”目标。

2010年6月2日，广州市市长万庆良考察广州城隍庙修复情况

【住房保障工作】　2010年，区国土房管分局率先在全市完成解决5986户中、低收入家庭住房困难的目标任务，其中通过市场租赁房屋为256户解决住房困难问题，为3160户廉租住房租赁合同或租赁补贴发放到期家庭办理资格年审手续，1723户家庭办理经济适用住房申购手续，其中1196户领取准购证明，641户购买经济适用住房，对6045户申购家庭在轮候期间家庭人均居住面积、家庭年人均可支配收入、家庭人员结构、婚姻状况等情况发生变化的做好资格复核、调整评分工作。

【直管房管理】　2010年，区国土房管分局加大直管房租金收缴及欠缴租金的追收力度，收缴租金1.59亿元，其中新租实收1.5亿元，追收旧欠租900万元，收缴率99.7%。做好2010年非住宅租金调整工作，制定并派发《关于2010年非住宅调整租金通知》、《越秀区非住宅直管房2010年租金调整工作指引》，规范调租程序，积极宣传引导。推进直管房转租转让行为的清理整治工作，督促落实《越秀区直管房清理整治工作方案》，全年清理疑似转租转让直管房497宗，收回房屋58间。

【物业管理】　2010年，区国土房管分局加强物业管理政策法规宣传，推动物业管理规范化。印发《越秀区物业管理工作手册》2000份，细化物业管理工作程序，举办专题学习培训课，参加培训100多人。加强物业管理行业的管理和监督，指导业主委员会成立、换届、备案工作17宗，指导小区（大厦）做好前期物业管理招投标和备案工作33宗，办理物业服务企业三级资质证书申请核定案158宗、物业管理区域备案93宗，受理物业服务合同备案209宗。

【房屋修缮】　2010年，区国土房管分局完成2009年在册危房0.89万平方米改造任务。完成0.57万平方米破旧直管房改造和81.3万平方米房屋修缮，工程质量合格率100%，优良率50%以上。

【落实房屋政策】　2010年，区国土房管分局发还经租侨房8宗，房屋12幢，建筑面积1342.96平方米。签订直管房拆迁补偿协议75宗、2.34万平方米，发出代管通告70宗，代管决定书55宗，办理代管发还7宗、586.68平方米，办理征用接管289宗、6.36万平方米，征用撤管104宗、5.26万平方米。

【房屋租赁管理】　2010年，区国土房管分局办理私有房屋租赁登记备案3.72万宗、319.78万平方米，其中新增备案1.56万宗、134.60万平方米，备案率98%。全年查处违规租赁案件并发出处罚决定书180宗，协助市租赁所查处中介5宗，打击非法租赁行为。

【房地产登记发证】 2010年，区国土房管分局拟订《越秀区农村集体土地房产登记工作意见（试行）》和《越秀区“城中村”转制后土地房产权属登记和用地手续衔接实施办法（试行）》。梳理、统计宅基地使用权属情况，解决历史旧案和大宗集体房产登记遗留问题。全年完成各类业务发证13宗，其中继承发证10宗，变更或更正发证2宗，遗失登记发证1宗。

【用地管理】 2010年，区国土房管分局配合区污水治理和迎亚运环境整治工程，办理用地预审3宗、发出拆迁公告3宗，办理拆迁补偿安置备案309宗，办理建设用地批准书延期17宗，发出闲置土地调查通知书53宗。配合区“三旧”改造，摸查辖区内近50宗旧厂房的土地现状、使用情况以及辖区内闲置地块。开展国有建设用地使用权出让合同专项清理工作，摸查清理地块2080宗，现场实勘未动工兴建的55块闲置地，实地拍摄地块照片，并对其发出调查通知书，办理15宗建设用地批准书延期，对4宗闲置地块进行征收闲置费处理，查处地块面积约2.5万平方米，征收闲置费956.9万元。建立健全执法监察长效机制，制定《越秀区国土资源动态巡查工作制度》，与辖区内22个街道办事处签订《越秀区违法用地整改工作责任书》，定期检查落实情况。做好第十次卫星拍片检查工作，再次实现越秀区违法用地为“零”的目标。

【迎亚运改造工程】 2010年，区国土房管分局完成中山路迎亚运综合整治工程，全长约7公里，涉及房屋320栋，面积85万平方米，投资3.07亿元。完成旧城区人居环境整治工程，投资约7135万元，拆除房屋10幢，整饰201幢，面积5.7万平方米，绿化面积1543平方米。

【城市更新改造】 2010年，区国土房管分局在城市更新改造方面完成几大任务。珠光路复建房项目完成签约284户，占动迁量93%，完成拆卸74%；完成人防、卫生防疫、市政排水、卫生医疗、地质勘查、地震安全性评估、环评、规划许可等前期工作，完成各专业初步设计，进入技术性审查阶段。越秀南复建房项目完成签约388户，占签约总量的90%，拆卸率58%；获市规划局批复确认规划指标，容积率4.6，建筑密度35%，绿地率43.7%，总建筑面积4.95万平方米。杨箕村“城中村”改造，项目规划方案获市规划局批复同意。是年5月4日进入动迁阶段，至年底完成动迁计划99%，还有23户未签约；7月启动房屋拆卸工作，到年底完成房屋拆卸1085栋、26万平方米，占拆卸量的76%。

【地质灾害防治工作】 2010年，区国土房管分局制定《越秀区地质灾害防治工作责任制》和《越秀区2010年度地质灾害防治方案》，完善地质灾害防治工作制度，有效落实责任，排除隐患。辖区内地质灾害危险点安装警示牌5块，发放地质灾害防灾明白卡300份，张贴警示宣传画150份。利用“4·22”地球日和“6·25”土地日，开展法律法规的宣传教育活动。举办全区性地质灾害防治培训班。办理地质灾害危险性评估单位资质和评估项目备案手续。组织开展地质灾害隐患点的勘察设计治理工作。

【信访工作】 2010年，区国土房管分局重点围绕市、区大接访活动涉及的土地征用、房屋拆迁、物业管理、“房中房”整治等热点难点问题，建立台账，明确责任人，逐人逐案核实，处理润粤大厦、天宇广场、国利大厦、玥秀轩、寺贝楼等117宗各类大中型物业管理纠纷、投诉案件，以及安泰大厦、国龙大厦、新陶街、大新路402号地段、洛桑美地租赁纠纷。全年办理群众来信来访来电2711宗，办结2655宗，办结率98%。

【直管房动迁工作】 2010年，区

国土房管分局建立局一把手挂帅、科室统筹、属地房管所实施的三级联动机制。成立动迁小组，开展地块内直管房住户的摸查、收集相关资料工作。制定严密的动迁工作计划，建立倒排时间表，按任务时限、动迁难度，分轻重、缓急，积极稳妥推进动迁工作。制定惠民、便民、合理的补偿安置方案，依法依规、实行阳光动迁，积极鼓励和引导居民及时搬迁。以人为本，为住房困难的承租户另觅安置房，为年老体弱、行动不便的承租户上门办理各项签约手续。是年，完成五仙观、西湖路绿化广场、青云书院等地块内共5896平方米、152户的直管房动迁任务。

【及时制止违法用地行为】 2010年4月20日，越秀区土地执法人员在动态巡查中发现云泉路163号地段有大型机械正在填满坑塘施工，进行基础设施建设。经核查该地块地类（用途）为农用地，在施工方不能出示任何批准文书的情况下，区国土房管分局马上立案并发出“责令停止土地违法行为通知书”。在多次现场制止无效后，区政府立即启动铁腕整治专项行动，组织区土地执法共同责任制单位将非法占地2.3万平方米（约34.5亩）建设的违章建（构）筑物全部拆除，并进行清场、平整土地。越秀区连续三年实现卫片执法检查违法用地为“零”。

【迅速、积极处理挡土墙倒塌事故】 2010年5月14晚、15日凌晨，越秀区管辖范围内下塘西路11号、麓苑路33号受强降雨影响，先后发生挡土墙倒塌、山体滑坡事故。区委、区政府领导赶赴现场，冒雨指挥排危抢险工作。区国土房管分局协同街道等相关职能单位组织施工人员进行排危抢险，及时疏散和临时安置周边受影响的300多户居民，未发生人员伤亡事故。事故处理后，安排局领导统筹调度，组织人力加快险情后续处理工作，委托有资质的单位设计挡土墙体加固方案，组织相关部门评审设计方案。委托专业公司对周边受影响房屋进行安全鉴定，并监测暂不能回迁居住的4幢房屋。开展地质灾害大普查，组织各街道办事处排查辖区内的挡土墙，并将普查情况进行汇总。

（国土房管分局　黄小琴）

环境保护

【概况】 2010年，区环保局围绕实现“绿色亚运”工作目标，狠抓领导班子建设、干部队伍建设和业务能力建设，在亚运亚残运环境保障、环评审批、环境执法、油烟综合整治、环境信访、环境宣教以及环境监测等方面均取得较好的成果，饮食服务业污染扰民投诉量比2008年同期下降54.6%，超额完成市政府下达的工作任务，辖区环境质量持续改善。越秀区饮食业油烟废气污染治理在市委《每日快报》和《广州信息——亚运专刊》被作为全市饮食业油烟废气污染治理先进典型进行宣传报道。是年，广州市越秀区环境保护局被评为广东省第一次全国污染源普查先进集体。

【环境监测】 2010年，区环境监测站完成污染源委托监测1103间（次），执法监测144间（次），委托合作监测1635间（次），其中污染源废水监测1126间（次）、噪声监测1155间（次）、油烟监测461间（次），获得各类监测数据1.63万个。亚运会和亚残运会期间，区环境监测站出动28人次，完成大学城中心湖区北面测点环境空气质量流动监测，传输监测数据7.53万个；出动213人次完成东山湖、麓湖、流花湖景观水水质监测，上报监测数据438个。完成盲样、自控样考核75个/次，合格率99%；完成与广东省西江流域地区环境监测站有关环境空气二氧化硫测定的比对试验；与市环境监测中心站共同完成东濠涌、新河浦涌、水均岗支涌和景泰涌的“综合整治考核监测”工作。是年，区环境监测站新配备价值150多万元的环境应急监测车及监测设备，并通过广东省质量技术监督局对“油气回收”和“环境辐射”共计6个项目的扩项评审。

【空气环境质量】 2010年，越秀区的环境空气质量污染指数（API）优良率96.62%。环境空气中的二氧化硫、二氧化氮、可吸入颗粒物（PM10）均值分别优于国家《空气环境质量标准》（GB/T 3095-1996）二级标准。

【水环境质量】 越秀区辖内的人工游览湖有东山湖、流花湖、麓湖，以2010年丰水期、平水期、枯水期的水质监测分析数据的算术平均值作为水质评价依据，水质劣于V类，均属重度污染水体。主要污染物分别是：石油类、总氮、氨氮、总磷、五日生化需氧量、化学需氧量。2010年，广州市迎亚运河涌污染综合整治工作的进一步开展和治水工程的逐步完成，越秀区内的东濠涌、沙河涌和新河浦涌水环境中的大部分评价指标明显下降。

【区域环境噪声及道路交通噪声状况】 2010年，越秀区域环境噪声平均等效声级值为55.7dB（A），优于《城市区域环境噪声标准》（GB3096-2008）二类区昼间环境噪声限值。功能区噪声：一类功能区昼间噪声等效声级平均值为52.7dB（A），夜间噪声等效声级平均值为43.3 dB（A），昼夜噪声等效声级平均值都优于《声环境质量标准》（GB3096-2008）一类区环境噪声限值；二类混合区的昼间噪声等效声级平均值为63.6 dB（A），夜间噪声等效声级平均值为54.3 dB（A），昼夜噪声均超过国家《声环境质量标准》（GB3096-2008）二类区环境噪声限值。道路交通噪声平均等效声级值为69.5 dB（A），优于《城市区域环境噪声标准》（GB3096-93）四类区昼间标准。

【行政执法与监督】 2010年，越秀区亚运会环境质量保障工作领导小组成立，区环保局成立亚运环境保障党员突击队。亚运会赛时阶段，成立越秀区亚运会赛时环境保障指挥中心，加强对赛时环境质量保障工作的统筹、指挥和协调。加大重点区域及重点污染源的巡查和监控力度，每天安排4个巡查组，实行24小时应急值班。亚运会期间出动执法人员1249人次，检查污染源企业286间次。规范废油脂清捞补助资金申请管理，监督企业收回废油脂2594吨、老油228吨，收回加工废油脂成品935吨、老油成品217吨。全年受理各类环境污染投诉1274宗，其中废气投诉712宗，噪声投诉490宗，废水投诉32宗，其他投诉40宗。信访处理率100%，按期办结率100%。饮食服务业污染扰民投诉580宗，比2008年1261宗减少681宗，减少54.0%。全年征收超标排污费165.37万元，出动执法人员9671人次，检查污染源企业2668间次，对43家企业发出“环境保护限期整改通知书”。

区环保局查处环境违法单位

【行政处罚】 2010年，越秀区环保局依法对509个单位作出行政处罚，其中发出行政处罚听证告知书76份，行政处罚告知书432份；决定书涉及总的行政处罚标的为313.24万元，其中一般行政处罚标的为278万元，简易处罚标的35.21万元，处罚宗数和处罚金额比上年分别上升43.38%、

52.13%，实际入库167.99万元，入库率53.63%，比上年增长33.04%。申请法院强制执行13间，无行政复议、行政诉讼、行政执法被投诉。

【环境保护与整治】 2010年，越秀区环保局与工商、街道、城管等部门对159家影响环境质量的无证照餐饮企业开展联合执法整治。对近三年来扰民被投诉的725家饮食业进行排查清理，其中5家关门停业，8家不属越秀区管辖，其余712家企业全部完成复查、清理和整治工作，区域环境得到有效保护。是年8～10月，区环保局配合区建设和水务局等有关部门，多次对珠江、河涌沿岸等水环境重点污染源进行排查、清理和整顿，建立亚运会水环境保障重点监控污染源台账。落实监管人员每周两次重点巡查监控区域的污染源，打击违法排污行为。重点整治后的东濠涌水质达到无色无味、清澈、可触摸、不损害皮肤的效果，可供游客戏水亲水。

【环境治理实现5个100%】 2010年，越秀区环保局采取铁腕治污举措，实施环境治理，实现5个100%。17间清洁能源改造企业100%完成改造；10家挥发性有机物排放企业100%整改，顺利通过省环保厅的检查验收；7家被挂牌督办企业100%完成整改；全区行政事业单位92辆黄标车100%淘汰更新；小型燃煤锅炉100%淘汰。为防止发电机尾气和其他废气对空气质量造成影响，亚运赛时阶段，禁止130多家单位试运行和使用发电机；封停9家汽车维修企业产生挥发性有机物的工序，封停广东亮捷电子有限公司电路板生产线，封停宝生园有限公司燃煤锅炉；严格检查区内使用燃油锅炉的单位，查验油品品质，杜绝锅炉尾气不达标。

【建设项目环保管理】 2010年，越秀区环保局接收企业申报项目1516个，其中办理新报建手续项目903个，办理变更手续项目205个，办理补办手续项目114个，提请验收项目294个。在1516个申报项目中，同意办理项目1372个，同意率90.50%；因选址不当否决项目144个，否决率9.50%。经审核批复环评项目527宗。

【环境基础设施建设】 2010年，越秀区环保局开发和升级油烟在线监控系统功能，实现油烟净化设施清洗自动警报和净化设施超长时间停机警报等功能。新装油烟在线监控设备305家，新增监控设备349台，累计安装油烟在线监控设备1136台，监控饮食服务业1067家。全区油烟在线监控系统总数约占全市总数的50%，大幅提升越秀区环保局利用高新技术对饮食服务业油烟排放的监管能力。

【环保宣传】 “六·五”世界环境日，区环保局联合市环保局在中华广场举办“迎接亚运会，创造新生活”为主题的纪念活动，向市民传递保护环境、共同支持绿色亚运信息，宣传节能减排、绿色生活及垃圾分类基本知识。6月25日，联合六榕街办事处在旧南海县社区六榕广场举办以“低碳减排、绿色社区”为主题的环保宣传活动，向社区居民和辖内机关团体单位倡导低碳、绿色、环保理念；联系协调各街道、社区居委及社会环保志愿者团体，组成10个环保宣传小组，在社区内设置宣传展板、发放《广州市城市生活垃圾分类指导手册》宣传资料；广东迎宾馆等部分机关团体单位代表在活动中签订节能环保承诺书；尝试利用区委党校和“越秀讲坛”平台，在区委党校举办一期“环境保护与绿色亚运”的环保讲座；联合区教育局举办“首届越秀区中小学生环保漫画大赛”，66所学校参与，收到中小学生漫画作品703幅。是年区环保局动员和支持学校、街道、社区开展环保宣教活动近40场，下发节能减排小册子6000多本、绿色生活宣传单张2000多份、各类环保宣传用品8000多份，及时征订并下发省、市环保宣传中心宣传资料300多份。

【绿色创建活动】 2010年，区环保局在上年区属学校100%创建为市级绿色学校的基础上，筛选出东山实验小学、广州市第三中学、广东省育才幼儿园二院等9所学校作为第七批广东省绿色学校参评。1月4日，这9所学校全部通过广东省专家评审组的考核验收，成为第七批广东省绿色学校。是年确定广东省体育幼儿园、百兴幼儿园、越秀区红鹰学校3间民办学校开展市级绿色学校创建活动，11月11日，前2所幼儿园通过市环境教育领导小组的评审验收，创建为市级绿色学校。此外，越秀区扩展创建领域，把创建工作延伸至“国际生态学校”。8月24日，黄花小学获中国首批“国际生态学校”绿旗表彰（全市2间，另一间是广东省实验中学）。是年初，区环保局确立年内创建4个省级绿色社区、3个市级绿色社区和30个区级绿色社区的目标。通过组织绿色社区研讨会，与街道、社区联合举办环保宣传活动、与机关团体单位签订节能减排环保承诺书、组织环保骨干到外地示范小区参观学习、表彰先进等方式，大力开展绿色社区创建。10月8日，广州电视台拍摄的《广州十年大变专题片》对都府社区、黄花小学进行报道。10月29日，华乐街华侨新村社区和东湖街明月社区代表越秀区参加“省宜居社区”考评检查。11月18日，六榕街将军东社区、黄花岗街东环社区以及广卫街莲花井社区等被命名为“广州市绿色社区”；12月16日，30个社区通过区级绿色社区验收，实现绿色社区创建率在全市率先突破90%的目标。

（区环保局　杨妹兰）

园林绿化

【概况】　2010年，越秀区园林绿化局按照区委提出实现“十一五”规划“构筑优雅时尚的景观体系”的“宜居城区”总体目标，开展园林绿化各项建设，提高城区园林绿化规划、建设和管理工作水平，园林绿化事业保持健康发展，城区绿化景观和生态环境得到进一步改善。统计至2010年11月30日，越秀区的主要绿化指标数据：建成区绿地面积929公顷，绿地率27.66%；绿化覆盖面积1110公顷，绿化覆盖率33.05%；公园绿地面积635公顷，人均公园绿地面积5.44平方米。

【绿化建设】　2010年，区园林绿化局积极推进迎亚运环境建设，优化城区环境。绿化建设与改造注意突出越秀特色，在注意生态的基础上强调越秀区的人文精神，充分挖掘越秀区历史文化积淀，表现越秀区“千年商都古韵，广府文化之源”特色的园林景观，重点依托原青山绿地景观，结合河涌整治、迎亚运环境综合整治等工程展开，将区内沿线的人文、历史、生态景观串联起来。负责项目96个，分为市安排主干道绿化升级改造、区内全覆盖和区出资项目三大类别，总建设规模43万平方米，总投资1.61亿元。

新建绿地12万平方米，改造绿地31万平方米，绿道建设24.5公里。打造东风东广场、万安南广场、鸿裕道广场、东山湖公园拆墙透绿、林则徐纪念园等一批精品工程，城区绿化景观水平明显提高。

【绿化养护和管理】　2010年，区园林绿化局加强备勤力量的管理和设备、苗木的储运工作，新增2台高修车，并成立抢险领导小组和抢险小分队，抢险物资做到定数量、定地点、定专人管理。遇到灾害天气，各抢险小分队抢险车和高枝剪、吊车等立即处于应急抢险戒备状态，抢险工具、器材、物资、防护用具准备到位，确保迅速处置突发事件，事后能迅速恢复正常的绿化景观。至2010年12月，各养护单位处理群众及转办险情339宗（其中恶劣天气应急抢险6宗），处理树木425株，出动657车次，出动抢险人员2000余人次，处理完成率100%。是年“狮子山”、“莫兰蒂”、“凡亚比”等台风期间，麓苑路33号大院及淘金路154号挡土墙发生2起因塌方和雨势大造成树木紧急险情，该局立即派人赶赴现场，连夜调度一、二工区抢险队，快速安全完成抢险工作，有效避免险情的扩大。是年，越秀区养护面积达131万平方米。全年修剪乔木11531余株；补植乔木600株、灌木21.26万平方米、地被6.12万平方米；路树涂白1.2万株，施肥12000公斤，松土8.9万平方米，除杂草24万平方米。基本做到树木生长旺盛，无枯枝败叶，无病虫危害，树冠整齐美观，绿地、花坛保持绿篱完整无缺口，线条美观、流畅、灌木丛保持良好的形态，草坪平整、青绿，无裸露地块，绿地、广场整洁有序。

全年区园林绿化局办理绿化行政许可54宗，市级行政许可初审132宗，查处违章违法破坏绿化行为47宗。无违法审批情况发生。

【迎亚运绿化改造工程】 2010年区园林绿化局负责对区内绿化进行一次全面的升级改造，区内全覆盖的83个项目中，建设绿化广场5个，升级改造次干道绿化38条，升级改造小游园40个，新增绿地4万平方米。此外，越秀区在亚运会前投入530万元建成绿道24.52公里；投入250万元拆除东山湖公园西段400米围墙，将公园美景透出马路；投入340万元铺设1.4万多套树头砖。市林业和园林局安排的10条路绿化改造完成后，越秀区主干道绿化绿量大增，改变以往植物配置杂乱、尘土铺叶的旧貌，道路绿化带整齐划一，鲜花绚丽夺目。道路绿化景观效果更加靓丽，小游园设施更加完善，为广州市民创造更美好的生活环境。

【林则徐纪念园】 是越秀区迎亚运环境整治项目之一，位于沿江东路海印桥附近（原海印广场位置），占地2.5万平方米，投资约2100万元，由区园林绿化局负责组织实施。工程于2010年3月20日开工，6月完工。将原海印绿化广场改造成“林则徐纪念园”，建有入口牌坊、容亭、休息廊、喷水池、活动广场、休闲步道等园林景观，通过林则徐立像、半身像、扬威炮台、浮雕景墙、情景雕塑、石刻书法等多种艺术元素，表现“靖海门销烟”、“开眼看世界”、“诗书风雅”等主题，园内还设有小型篮球场和群众文化活动广场。整个纪念园以木棉为基调树种，烘托英雄形象。选用榕树、楹树、紫荆、鸡蛋花、白兰等乡土树种，配以各色开花灌木、地被。建成后的纪念园气势恢弘、主题鲜明、花香掩映，深受游客喜爱。

【绿道建设】 越秀区绿道总长约24.52公里，北起白云山云台花园，沿麓湖公园、东濠涌由南北向至沿江路，向南通过江湾、解放、海印3座桥梁与海珠区滨江绿道相接，西行经南方大厦与荔湾区绿道相连，东行二沙环岛径经广州大桥与天河区临江绿道相连。由麓湖风景区（4公里）、东濠涌观光带（4.1公里）、沿江休闲带（4.3公里）、二沙环岛径（12.12公里）组成。绿道上设立180个各类标志牌、6个服务站点（麓湖驿站、东濠涌驿站、海珠广场驿站、海印驿站、发展公园驿站、体育公园驿站）、公厕、小卖部、休息台凳、自行车停放区等配套设施，为观光人流提供歇息、咨询、医疗应急、购物、自行车租赁等服务。建成的越秀区绿道新增绿地10万平方米，升级改造绿地24万平方米。

麓湖风景区 体现生态特色，以优美的麓湖自然风光为中心，沿线有白云仙观、麓鸣酒家、麓湖高尔夫球场、广东艺术博物馆等旅游景点。为完善绿道游径，市林业和园林局还建设约1.2公里长的湖边木栈道。在麓湖儿童乐园处建有麓湖驿站1个。

东濠涌绿道 以水文化为主题，沿途有北园酒家、东平大押、广九火车站旧址、鲁迅故居等历史人文景观。新建自行车道及休闲步道，游客可一边游览，一边了解越秀区的历史变迁。在越秀中路省实验学校对面建有东濠涌驿站1个。

沿江路绿道 珠江、榕荫共同构成岭南特色。岸边欧式建筑群林立，爱群大厦、中央银行旧址、解放石像、海珠广场、天字码头、沿江东绿化广场点缀其中。设置海珠广场和海印广场2个驿站。

二沙岛绿道 是地处海心沙亚运主场馆的主要通道。绿道的建设突出生态、环保以及运动主题，绿道上有星海音乐厅、广东美术馆、广东华侨博物馆和岭南会展览馆等旅游景点。设置发展公园和体育公园2个驿站。

【开展全民义务植树活动】 2010年3月31日，越秀区园林绿化局组织白云街道办事处干部职工、育才实验学校师生500多人，在二沙岛广州大桥人行上下桥两侧绿地进行主题为“迎绿色亚运，建宜居广州”的树木抚育活动。此外，区园林绿化局还组织辖内22个街道开展春季义务植树、补植补种活动，利用街头墙报、板报，宣传党和国家关于全民义务植树和绿化的各项方针、政策、法律法规，宣传全民义务植树的法定性、全民性和公益性。在“植树月”期间，越秀区有2000多人参加义务植树活动，补植补种乔、灌木219株，抚育（进行松土、除草、施肥、浇水）乔、灌木1000株。

【美化城市景观迎亚运】 2010年，越秀区制定亚运会花卉布置行动计划，结合四位一体（立面整饰、三线下地、市政建设、绿化景观）工程，投入资金1800多万元，在中山路、环市路、沿江路、广园路等重点地段和主要景点，布置鲜花300万盆。结合摆花点的环境精心设计方案，用万寿菊、矮牵牛、一串红、鸡冠花、彩叶草等色彩各异的鲜花突出摆花方案的特色和品位。注重色叶搭配，形成色带。各施工单位派出专人负责摆花巡查，定时淋水，洒水车一律更换花洒喷头，发现缺花、坏花，立即进行补换。此外，落实亚运期间值班责任制，安排专人定期浇水，及时清理枯枝败叶，确保节日花艳景美、绚丽多彩，打造热烈、祥和、欢乐的气氛迎亚运。

【东山湖公园】 2010年，公园基础设施建设主要包括新建南片公厕1间、完成后勤房改造搬迁整饰、省委250米湖面拦网工程，400平方米锦鲤湖飘台改建工程，并及时进行绿化恢复。配合有关部门做好视频监控、逸香阁装饰及中岛景区改造。

完成景区绿化美化。种植水生植物1200盆，灌木6500株，草皮1500平方米，地被1.6万袋，时花4.5万盆。加强日常绿化养护的监督管理，及时购买苗木时花，保证绿化景观优美。加强公园各类设施的维护管理，保证公园免费开放后正常运作。配合有关部门做好公园迎亚运项目工作，督促检查施工场地的管理、进度及质量，及时做好园容绿化的恢复。

加强园区管理。修改、补充3个服务班组的“守则”和管理细则，外来单位进园组织活动须签订安全承诺书，落实安全职责。游乐特种设备操作人员需参加年审学习、持证上岗，各种游乐特种设备要求达到市、区质量技术监督局的达标要求才能开放使用。加强门岗班工作间及各经营小店管理，做到简洁、整齐，整治“六乱”，不乱张贴，价格牌按规范要求全部更新。加强游乐项目的安全管理，游艇班新购置10个达标水泡，更换10艘船的锣旋桨、2艘电瓶船的电机；游乐班对电瓶车进行全面保养维修，更换旧电路板以确保运行质量。制定游乐安全运行9项制度，如《特种设备定期报检制度》、《特种设备日常安全检查和维修保养制度》、《特种设备安全使用管理制度》等。

（区园林绿化局　刘惠连）

2010年3月31日，区园林绿化局开展“迎绿色亚运，建宜居广州”植树活动

市容环境卫生管理

【概况】 2010年，越秀区城市管理局围绕建设“首善之区”典范为目标，以迎亚运、抓落实、优发展、重民生、促和谐为工作方针，推进城管标准化、规范化、信息化、市场化、精细化管理，加强城区环境卫生管理，深入推进城市环境综合整治，积极开展除害防病工作，圆满完成大部制整合、“创文”国检及亚运和亚残运会保障工作。

【市容环境综合整治】 2010年，越秀区城市管理局加大对承包公司的监管力度，督促各清洁公司认真落实市政道路18小时、街道16小时保洁制，每月由城市管理局负责对公司保洁质量进行考评，并对重点窗口地段、广场周边、步行街等人流量较大的地段，按要求增加人力保洁，抓好长效保洁工作的落实。建立健全城市管理监督机制，理顺城市管理体制和工作机制，对承包公司的工人工资福利待遇实行有效监管，保障环卫工人的合法权益。全年办理户外临时宣传品审批152宗，清理乱张贴、乱涂画12万宗，整治乱拉挂500宗，签订门前市容环境卫生责任书7000户，签状率98%。

东濠涌整治工程竣工后区城管局连续数日对东濠涌沿线进行深度清扫保洁

【清扫保洁】 2010年全区道路清扫面积861.12万平方米，其中机械清扫面积200万平方米。完成越秀区所有居民生活垃圾的收运中转并送到市指定的垃圾填埋场工作，全年清运垃圾47万吨、粪便8.64万吨，上门收集垃圾普及率100%，办理余泥排放证271个，核定排放量8.4万立方米。

【城市管理公共设施】 2010年，区城管局有环卫专用车225台，公共厕所175座，粪便转运池34个，垃圾压缩转运站15个，工具房132间，手推小水车187台，垃圾桶2468个，果皮箱2367个，英国奥曼T30背负式机动超低容量喷雾机4台，韩国新时FB－150手提式热烟雾机4台，小霸王K－6手提式气压喷雾器1台，日本川岛F－768背负式机动低容量喷雾机1台，美国丹拿DYNA－JETL30车载式超低容量喷雾机1台。

【余泥渣土排放管理工作】 2010年，区城管局严格按规定办理排放证，着重加大对运输车辆超载、无证运输、无证排放和余泥撒漏污染马路、零星余泥偷排的查处力度，解决街道无主零星余泥等难点工作。全年办理排放证135宗、复函19宗、余泥排放量87.39万立方，清理零星余泥数量1.28万立方，清洗马路面积3.85万平方米，检查工地出车980人次，对违章工地立案移交执法分局处罚10宗，查处违章车辆16宗。

【创建星级卫生街道】 2010年，区城管局组织开展资料建档和业务培训，在全市率先制定区“创星”资料建档工作指引。创建工作以点带面，逐步全面推广，促使街道和相关部门齐抓共管，创建星级卫生街道工作成绩较好，顺利实现星级卫生街道的创建目标。全区22个街道均达到市星级卫生街道水平，白云、农林街道达到市二星级卫生街道水平，在全市率先完成全部街道创建一星级卫生街道工作。

【除害防病工作】 2010年，区城管局开展迎亚运病媒生物控制行动，开展摸查、建档、分片消杀、专项检查、组建应急队伍、举办培训和演练、督导整改等工作，有效地降低辖内病媒生物密度，做到亚运会期间病媒生物零投诉。同时开展灭蚊预防登革热工作，3月开始孳生地处理和灭蚊工作。10月光塔路、贤藏街发生登革热病例，采取措施遏制疫情继续蔓延。

【控烟专项整治】 2010年区城管局根据《广州市控制吸烟条例》、结合“创文”工作，开展控烟宣传督导，积极推进“无烟单位”创建工作，做好5月31日第23个“世界无烟日”活动，重点督促商场、北京路步行街、省汽车站等地方开展控烟活动。是年，新增“无烟单位”37个，全区有“无烟单位”109个。

【创新城市管理工作机制】 2010年，越秀区城管局探索、试行城市管理大部制，初步整合城市管理资源，提高管理绩效。加大城管、公安、工商等部门的联合执法力度，健全“全天候、全方位”执勤管理网络；建立公安、工商、城管及各行政执法部门的协同协作机制；建立城管视频监控系统，以“电子巡查”、“卫星定位GPS技术的环卫监督巡查车”以及“电子地图”等科技手段，在预先设定巡查线路的基础上，对道路保洁情况进行实时巡查记录，有效提升固定线路和机动线路的监管效能；积极推进城市管理视频监控网络建设。是年，区城管局协调有关部门加快城管与治安视频资源整合，区城管3009个视频监控摄像头已于2011年年初正式投入使用，由原先的重点地区监控扩展到越秀辖区无盲区监控。建立起全区城市管理实时监控和反馈机制，形成视频监控、电子巡查、责任区管理“三位一体”的管理模式，监管新模式实现点、线、面的无缝衔接，提升了城市管理精细化和信息化水平；全面推行道路保洁作业服务外包，加强对内街内巷保洁管理；激活奖惩机制，城市管理目标责任制奖励增设对先进单位责任人的奖项，环卫保洁增加奖励和处罚条款。

【实行道路机械化清洗】 2010年，区城管局为提高市政道路保洁效率，购买坦能636HS多功能真空扫地车、中联SGD4080A电瓶高压冲洗车等多种先进作业设备22台，挑选业务精、素质好的司机成立广州市首家机械化清洗作业分队。机械作业分队实行24小时三班轮流作业制度，采取人员休息机械设备不休息的办法提高机扫机洗率，对区内主干道和可实行机械化清扫的一级马路实行机械化清扫，全区市政道路机械化清扫率达80%。

【推进垃圾分类工作】 2010年，越秀区选取东山街、广卫街开展垃圾分类试点工作。按照减量化、资源化、无害化的原则，把垃圾减量的任务分解，落实到家庭、市场、五小行业、学校和机关团体、公园绿地等不同的垃圾产生场所，将垃圾分类深入到垃圾处理的每个环节，把“蓝白计划”（即派发蓝、白垃圾塑料袋，设蓝色、白色、红色桶收集厨余垃圾、有害垃圾、其他垃圾）。贯穿于分袋、分桶、分收、分压的垃圾分类全过程，逐步建立“政府推动、全民参与、市场化运作、法制化规范”的运行管理机制，实现环境效益、社会效益和经济效益的同步发展。

（区城市管理局　陈舒）

城市管理与综合执法

【概况】 2010年，越秀区城市管理综合执法分局围绕“迎亚运、创文明、促大变”的工作中心，按照“标准化建设、精细化管理、人性化服务”的总体要求，推进迎亚运人居环境整治工程建设，开展整治“六乱”、查控违法建设、清拆违法户外广告招牌和整治建筑废弃物排放运输秩序等城市管理工作，辖区环境面貌明显改善，城市管理水平显著提升。是年，越秀区获市城管办开展的城市管理目标责任综合考评年度第一名，区城市管理综合执法分局获越秀区城市建设管理工作目标责任制年度一等奖。

【迎亚运人居环境综合整治】 2010年，区城市管理综合执法分局承担区二级马路和二线社区的迎亚运人居环境整治工作任务，涉及资金约7.36亿元。统筹组织区有关职能部门和22个街道实施环境整治工程建设，于10月底前顺利完成全部88个实体工程项目的建设任务，全区整饰居民房屋4882幢322.2万平方米，拆除“两违”7万平方米、不规范防盗网58.1万平方米、飘（顶）篷34.5万平方米，改建和修缮化粪池、排水管道14.8万平方米；建设一批广场和绿地，面积19.3万平方米，升级改造道路8.7万平方米；增设一批社区公共配套设施；重点打造“广州城市原点”、都府社区、旧南海县社区、驷马涌体育休闲绿化广场、伦文叙纪念广场、万福路骑楼整治工程、华侨新村绿道、农林下路招牌整治示范点等一批亮点工程。全区环境面貌明显改善，居住和商业环境也得到蜕变升级。

【“六乱”整治】 2010年，区城管综合执法分局大规模、高强度地重点整治广州市严禁乱摆卖区域（越秀区40个主要路段和11个重要区域、4个亚运场馆），按照“主干道严禁、次干道严控、小街小巷规范”的要求，开展“重力”、“春风”、“夏季”等整治行动。全年开展各项专项整治行动100余次，出动执法人员16280人次，整治乱摆乱卖和占道经营5万多宗，取缔无证烧烤100余档，有效遏止“六乱”现象的蔓延，确保城区市容环境的整洁有序。

【“两违”查处】 2010年，区城市管理综合执法分局重点查处二沙岛宏城花园、亚运场馆及“三旧”改造、河涌整治、人居环境整治工程周边的违法建设。采取思想动员、监督拆除和强制拆除相结合的方式，多管齐下，积极稳妥地推进违法建设清拆工作，依法查处违法建设，顺利推进各项重点工程。此外，各街道执法队按照属地管理原则，严格执行违法建设地段巡查责任和违法建设零报告制度，及时查处新的违法建设。全年拆除违法建设861宗，面积7万多平方米。其中，查处新建违法建设并报区府中请强制执行程序的有26宗，包括二沙岛宏城花园新建违法建设12宗，拆除面积近2万平方米。

【违法户外广告查处】 2010年，区城管综合执法分局重点整治东风路、中山路、环市路、沿江路、内环路、广州火车站、英雄广场等主干道和重要地区的违法户外广告以及农林下路、永福路、小北路、应元路、淘金北路等重点路段的户外招牌，有计划、有步骤地开展违法户外广告、不规范招牌及违法占道牌、杆、亭、站、栏的拆除工作。全年拆除违法户外广告及不规范招牌683宗，面积5.37万平方米。

【城管体制改革】 2010年，按照市、区有关大部制改革的工作部署和要求，整合环卫、爱卫、城管综合执法等管理机构及其职责。分局划归区城市管理局管理后，制定分局新的三定方案，撤销分局党委、

2010年7月21日，区城管执法分局依法拆除二沙岛宏城花园违法建设

纪委，成立分局党总支，归口城管局党委管理；科学调整内设机构的设置，划出“城管协调科”和“监督检查科”归城管局，增设1个“宣传教育科”。调整后，分局设6个内设机构、5个直属中队、22个街道城管综合执法队。分局机关、直属中队的人员编制从原有93人减少至80人；实施城管重心下移，挑选16名执法队员分别充实到16个街道。

【信访工作】 2010年，区城管综合执法分局建立健全城管投诉12319专线、信访工作考评机制和考评办法及实施细则，完善“区长信箱”办理方法，利用OA网络、12319投诉转办管理系统、视频管理系统、GPS定位监控系统及对讲机、电话等信息平台，及时将信访、投诉、监控信息传达给区有关部门和街道，及时调度执法人员进行处理，确保问题及时解决。积极开展迎亚运社会矛盾排查及群众重复投诉案件梳理工作，加大催办、督办和回访力度，采取领导包案、下访调解、成立督办组、发督办函等措施，确保投诉案件得到及时妥善处理。拓宽群众诉求渠道，通过举办“大接访”活动、宣传咨询活动以及日常巡查下访等形式，主动了解民情。全年，指挥中心受理各类投诉案件2.77万宗，办结2.70万宗，12391案件转办案回复率100%。

【完善监督检查和考评考核机制】 2010年，区城管综合执法分局建立健全监督检查、交办督办制度，制定《越秀区市容环境日常巡检和监督工作方案（试行）》，整合环卫监督队伍的管理资源，加强对辖区市容环境巡查监督。采取日查日督办、周查周通报、月度综合考评的办法，切实调动各街道加强城市管理的工作责任心和积极性。全年发出交办函65件，有效督促责任单位落实市容市貌整改措施。健全考评考核制度，在城管考评项目中增加12319专线及信访工作、治理非机动车辆、工地管理、爱卫工作、社区环境整治管理等方面的内容。

【推进“数字城管”建设】 2010年，区城管综合执法分局以提高城管科技含量为目标，大力推进信息化建设。加强指挥中心的软硬件建设，抓好12319专线系统配套升级工作，研究解决系统升级后出现的新情况、新问题，制定相应管理措施予以改进。加快推动城管视频监控系统项目二期建设，协调有关部门加快城管与治安视频监控资源整合。至年底，区城管投诉服务中心已建成为一个包括投诉服务、视频监控、调度指挥、GPS车辆定位跟踪、城管综合巡检（PDA）管理等功能的立体化指挥平台，提高了城市管理快速反应能力和执法效率。

【查处建筑工地违法行为】 2010年，区城管综合执法分局抽调骨干力量，组建20人的余泥监督中队，加大对建设工地运输和排放建筑垃圾、未经批准超时施工的监督和执法工作力度。配合有关职能部门加强建筑工地文明施工管理，做好工地噪声污染和工地扬尘防控工作，有效遏制施工噪声扰民和余泥撒漏污染路面等现象。全年分局查处泥

2010年11月4日，区城管综合执法女队员参与广州市“爱心城管女特勤 志愿服务亚运会”誓师大会

头车违法行为35宗，无证夜间施工、噪音扰民案件49宗，罚款49.36万元。

【成立亚运城市管理综合执法女子特勤中队】 2010年8月，越秀城管综合执法分局成立亚运城市管理综合执法女子特勤中队。主要任务是在亚运和亚残运会期间采取驾驶电瓶车和徒步两种形式，在花园酒店（亚运总部酒店）、人民公园、北京路步行街、二沙岛、中山纪念堂（越秀山体育场）6个点及周边进行流动巡检，向社会展示新城管“法治、亲民、文明、和谐”的形象。此外，女子特勤队员还加入分局市容环境保障组，参加亚运会开幕式、闭幕式及伊斯兰教“古尔邦节”的外围执法保障工作。据统计，女子中队劝导流动商贩1219人次，为842名游客指路（其中外宾51名），协助救助流浪乞讨人员36人，劝阻不文明行为1533宗，有效保障辖区重要路段及亚运场馆、酒店周边的市容整洁。这支队伍于亚残运会结束后即取消。

（区城管综合执法分局　尤智聪）

流花地区管理

【概况】 2010年，越秀区流花地区管委办结合区委、区政府提出的推进越秀区科学发展、建设幸福越秀的工作目标，规范公益服务，狠抓节假日运输工作，狠抓服务质量，强化全方位管理，创造是年春运广州火车站广场治安秩序历年最好的佳绩，实现36天刑事零发案，确保了大流花地区的和谐、安全、有序。

【节假日运输工作】 流花管委办按照“安全、有序、和谐”的工作要求及市春运指挥部“异地分流、属地管理、分级预案、综合协调、有序衔接”的指导思想，细化完善2010年春运工作方案和应急预案，建立健全组织指挥机构，形成一套规范有效的春运管理机制，确保春运工作顺利完成。历时40天的春运，流花地区疏运旅客1355万人次，比上年同期减少1%。其中铁路疏运旅客850万人次（发送379万人次、到达471万人次），比上年同期减少2%；公路疏运旅客504万人次，比上年同期增加1%（省汽车站疏运旅客252万人次，比上年同期增加2%；市客运站疏运旅客252万人次，比上年同期减少1%）。实现治安秩序平安和谐、旅客疏运安全、交通疏导顺畅、卫生环境整洁，没有发生任何重大治安案件和交通堵塞现象。“十一”黄金周期间，积极协调铁路和公路运输企业、公安、交警、运管、城管、卫生防疫、市政和建设、民政、环卫及有关街道办事处等部门，做好治安保卫、交通疏导、客流疏导、卫生防疫、治理“六乱”、温馨便民服务等。从10月1日开始至10月7日，流花地区铁路、公路共到达和发送旅客200.5万人次（不包括市内公交车辆及地铁客流量），创历史新高。其中广州火车站发送旅客73.4万人次（广州火车站每天发送客流比平时增加6成，平均达到10.5万多人次），到达旅客28.3万人次；省汽车站发送旅客49万人次；市客运站发送旅客49.8万人次。

【专项行动查处工作】 2010年，流花管委办针对广州火车站广场流动摊贩有所抬头的现象，多次联合公安、城管、街道、救助站等有关部门，整治火车站广场及周边的市容环境，清理、取缔流动摊贩数十宗，救助、指引流浪乞讨人员100余人，170多违章当事人参加警方组织的学法教育。是年，广州火车站广场实现刑事零发案294天，刑事发案再创新低，同比下降10%。

【环境卫生工作】 2010年，流花管委办加强与区城管局沟通，协调社会保洁公司加强广场保洁力度，每天有60多名工人，坚持三班制工作，定期清洗、消毒广场。在春运、黄金周期间，加大环卫工人的投入，每天有100多名工人对车站、广场等重点地区实行全天24小时不间断的保洁，确保火车站广场环境卫生整洁。

【广州火车站广场设立接送新生工作站】 从2004年开始，流花管委办整合资源，协调中国移动广州分公司在广州火车站广场设立专门接送新生的工作站，协调交通部门提前安排专门接送车辆，确保广大新生平安上车，平安到站。此举得到学校、学生的赞扬和媒体的肯定，工作站与专门车辆被学生称为“安全号”。2010年，流花管委办将这项公益服务进一步常规化、精细化，协调中国移动广州分公司、中国电信广州分公司、中国联通广州分公司三家服务企业共接待省市74所各类院校新生及家长20余万人。

【开设母婴候乘区】 从2008年开始，春运期间专门开辟棚区作为母婴候乘区，全力做好服务工作。2010年，专设椅子给旅客在母婴候乘区休息，启用15千瓦大型快速电热型开水设备和2个大容量保温水缸，调拨4万多个一次性水杯，提供24小时热开水供应，专门配备牛奶、奶粉、奶瓶，还有尿不湿等物品，为旅客提供各种贴心服务。

【综合整治确保春运环境】 2010年春运期间，流花管委办多次组织区公安分局、区交通局、区城管执法分局、区城管局等职能部门展开大规模重点打击整治行动，重点整治拉客、“双抢”、盗窃等各类违法犯罪活动及非法营运、乱摆卖行为，清查嫌疑车辆153辆，查处各类非法营运车辆16台，纠正处理交通违章车辆26台，清理“乱摆卖”280档（次），整治商铺超占经营800余宗，查处扰乱公共秩序的拉客、乱摆卖人员191人，治安拘留52人，抓获各类违法嫌疑人1364名（其中刑拘16名、行政拘留83名、强戒8名），拘留暴力抗法的“流动占道经营小商贩”30多名，救助流浪乞讨人员52人，有效净化了该地区社会治安环境。整个春运期间，广州火车站地区（包括流花、广场、站南）刑事案件32宗，比上年下降3%。案件类原始警情下降8.2%，其中刑事警情下降18.6%，治安警情下降3.5%。广州火车站广场实现36天刑事零发案，治安秩序为历年最好。

（区流花管委办　莫珍好）

责任编辑　黄毅华

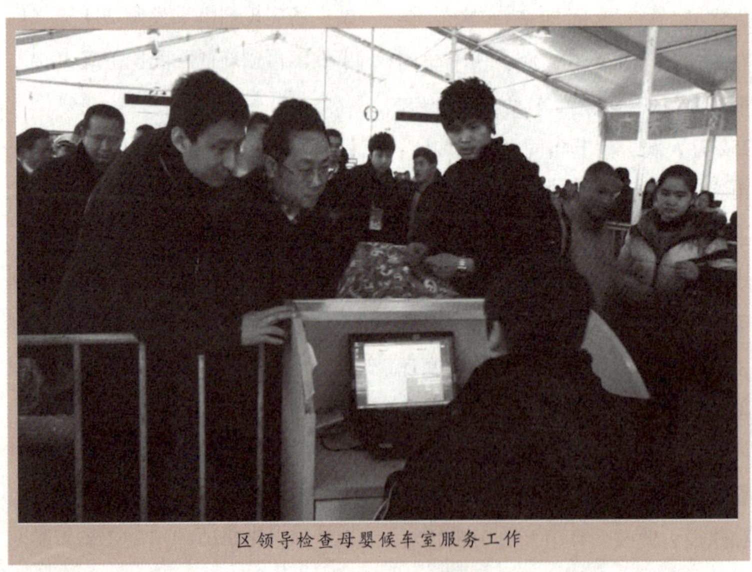

区领导检查母婴候车室服务工作

教育·科技

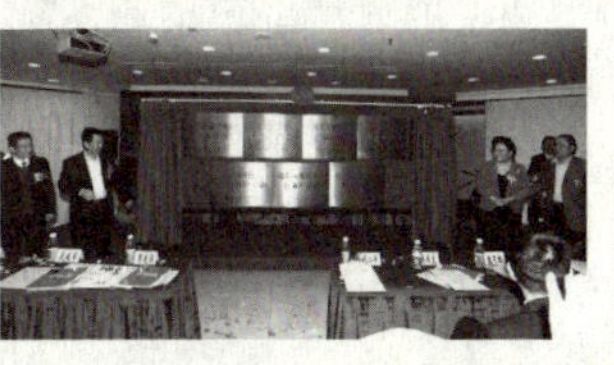

教　　育

【概况】　2010年，越秀区顺利通过广州市义务教育规范化学校督导验收后，全市首批高分率先通过“广东省推进教育现代化先进区”督导评估验收，并被教育部授予全国“阳光体育运动先进县（区）”。高考成绩继续保持全市领先，本科率56.3%，创历史新高。中考工作取得优异成绩，各科平均分大幅度超出全市平均水平，7科总分586.5分，比全市平均分高出62.8分。

是年，越秀区辖内有各级各类校园357所，其中区属普通中学22所、职业中学1所、九年一贯制学校2所、普通小学54所、特殊教育学校2所、幼儿园12所；区辖内全日制高等院校9所、电大2所、民办专修学院2所，省市属普通中学8所、社会力量办学校3所、特殊教育培训机构1所、托幼园所105所、非学历教育机构141个。

是年，越秀区财政对教育投入145902万元（不含市一次性追加项目），其中，教育事业费81416万元，离退休经费50835万元，其他经费1854万元，教育费附加11797万元。教育投入占区财政支出的33.97%，实现教育投入的三个增长。提高教职工岗位津贴、福利待遇和改善学校办学条件，保证中小学教师工资水平达到“两相当”，保证越秀区教育发展水平处于全市前列。

2010年9月9日，越秀区举办庆祝教师节暨表彰大会

【幼儿教育】　2010年，全区辖内有幼儿园所117所（民办托儿所7所）。幼儿园110所，其中教育部门办幼儿园12所、其他部门办幼儿园19所、企事业办幼儿园7所、街道办幼儿园5所、部队办幼儿园9所、民办幼儿园58所。在园（所）幼儿27099人（其中教育部门办幼儿园在园幼儿3274人）。3～6周岁幼儿毛入园率110%。是年，开展规范幼儿园办学章程和管理制度修订工作，加强幼儿园及周边安全防范工作，重点排查区辖内11所民办幼儿园校园安全管理。组织召开“越秀区现代化幼儿园环境建设现场会”、“越秀区民办幼儿园管理工作研讨会”和课题结题经验交流会。发展优质学前教育，协助做好政治部幼儿园、烟墩路幼儿园、云台里幼儿园等省一级幼儿园复评工作，指导泰康路幼儿园、黄花实验幼儿园创建省一级幼儿园。

【小学教育】　2010年，越秀区有区属小学54所，在校小学生54181人；有教职员工3383人；校园总占地面积393985平方米，校舍总建筑面积468934平方米，学生人均8.65平方米。6～11周岁学龄儿童入学率100%，9年义务教育入学率保持100%。加强学生学业质量形成过程的监测，逐步完善规范化、科学化、制度化的义务教育教学质量监测评估体系和学校评价制度。紧抓减负工作，着重加强日常教学、学生课业负担、编班等方面的管理和检查力度。

【中学教育】　2010年，区辖内有普通中学32所（其中区属学校22所，省、市属学校8所，社会力量办学2所）；区属普通中学在校学生人数39660人，其中初中学生24153人，高中学生15507人；区属普通中学教职工3469人；校园总占地面积44.95万平方米，学生人均11.33平方米，校舍总建筑面积44.48万平方米。建立常态联合教学视导制或联合调研机制，加强管理过程监控。建立学科质量检测机制，有效监控教学质量形成过程。建立规范的毕业班工作管理模式，促进毕业班工作有序进行。建立科学备考机制，提升备课实效和质量。通过建立和完善五项有效的管理机制，强化质量管理，加强质量监控，稳定教学质量。

【中等职业教育】 2010年，区辖内有职业中学1所，职中学生3678人，校舍占地面积1.95万平方米，校舍建筑面积3.24万平方米。2010年毕业生就业率为98%。

【特殊教育】 区辖内有特殊教育学校2所（启智学校、培智学校）、特殊教育培训机构1所（至灵培训学校）。2010年越秀区辖小学依托越秀区随班就读指导中心，通过个案追踪、送教上门、应急支持服务等方式，加强随班就读工作的指导与管理，评估特殊教育工作质量。加强特教师资培训，建立由区教育局、特教专委会牵头，特教学校为中心，普通学校随班就读教师为骨干的师资培训体系，使培训制度化、经常化，保证普通学校随班就读学生教育质量。积极构建特殊教育从学前教育到职业教育两头延伸的完整体系，指导启智学校筹建学前教育特教班，及早介入特殊儿童康复教育。推进启智学校、培智学校交流与合作，逐步推动两校特殊教育资源共享。

【社区教育】 2010年区教育局有序推进社区教育工作开展，印发《广州市越秀区社区教育工作实施办法（试行）》，制定《越秀区社区教育学院街道分院管理制度》、《越秀区社区教育特色课程开发与建设要求》、《越秀区社区教育志愿者管理办法》等系列规章制度，使社区教育工作保持常态化和有序开展。推进广卫街、贸易职中等7个全国社区教育实验项目立项单位的“课题+项目”的社区教育实验模式，打造社区教育品牌。以评促建，推荐广卫街和矿泉街参加第二批全国社区教育示范街道的创建工作。以活动为载体，丰富社区教育活动内容。组织开展全民终身学习活动周等活动和“浓情凝亚运从广府文化开始”等志愿者系列活动。

【成人教育】 2010年越秀区有成人教育学校5所。成人教育机构利用现有的教育资源开展学历教育、岗位培训、转岗培训、“再就业”培训以及继续教育等一系列多层次、多内容、多形式的教育培训活动。其中区教师进修学校主要开展面向教师的继续教育及校长岗位培训；区委党校面向党政领导干部、国家公务员和社区居民开展领导干部理论培训、公务员任职培训、社区教育培训、社会发展的难点和热点问题研修以及承办中央、省、市干部远程教育和函授教育；区卫生局培训中心面向医务人员，餐饮业、公共场所负责人开展继续教育、应急培训等；区劳动就业训练中心对区内城镇失业人员、跨省外来劳动者、本省双转移人员及在职人员进行职业指导、各专业职业技能培训、下岗人员再就业培训、失业人员技能培训；广州市中华会计成人中等专业学校越秀区分校开展中专、大专学历教育、财会人员继续教育业务培训及从业资格培训。

【民办教育】 2010年，区辖有民办教育机构141所。区教育局依法落实对民办教育的管理和服务，规范区民办学校章程和管理制度修订工作，规范办学专项检查工作，提高民办学校学法、守法，依法办学、规范管理的自觉性。与区民政局联合开展2009年民办学校年度检查工作，全面开展学校及周边安全隐患和不稳定因素大排查行动。为区管民办教育机构开展供水、供电、供气情况摸查，协助做好收费调整的落实工作。做好省、市民办教育发展专项资金申报以及资助资金使用、管理的指导工作。

【素质教育】 2010年，区教育局保证第二课堂质量，积极开展社团活动，全面实施素质教育，促进学生全面发展。2010年越秀区中考体育成绩名列全市前茅，学生体质健康水平不断提高，越秀区被教育部评为全国“阳光体育运动先进县（区）”，区教育局和东风东路小学评为“全国学校艺术工作先进单位”，市三中等3所学校评为“全国学校场馆向公众开放先进单位”，东风西路小学等7所学校被评为广东省体育特色学校。

【德育工作】 2010年，区教育局坚持“育人为本、德育为先”的思想，扎实推进素质教育。以“迎接亚运会、争当小主人”为主题，宣传亚运知识；加强师德建设和德育队伍专业化建设，实施学校德育工作绩效评估；以主题教育为载体，在活动体验中增强德育工作的实效性，组织学生到爱国主义教育基地和校外社会实践基地开展丰富多彩的道德实践活动；全面推进中小学德育课题研究；构建校园文化体系，发掘校园育人资源，整合利用广州本土文化资源，打造内涵丰富而又不拘一格、富有特色的校园文化和优美整洁的校园环境。整合各类德育资源，构建区域特色德育体系和多位一体的育人格局。

【教育科研工作】 制定《越秀区教育科研经费管理细则》，建立教育科研系统建设与应用平台。出版《2008—2009年度越秀区优秀教育科研成果丛书》、《现代教育与校园文化建设》和《构建学区管理模式，促进教育优质均衡发展》丛书。2010年全国教育科学“十一五”规划课题（第五批）立项课题3项，申报2010年全国教育科学规划课题13项，申报省社会哲学教育科学“十一五”规划课题（第五批）3项、广东省教育科学“十一五”规划2010年度课题15项，2010年市教育科学规划课题23项，2010年越秀区软科学研究计划项目课题36项。组织和完成广州市教育科学“十五”规划名师专项课题工作有8个课题结题，完成广州市在中小学教学领域深化素质教育9个立项课题的开题工作。

【教育综合改造工程】 2010年区教育综合改造二期工程是对培正中学、第七中学、第十六中学、第二十一中学、原第七十九中学、小北路小学、教育路小学、回民小学、豪贤中学、广铁二中、育才中学、第三中学、恒福中学、华侨外国语学校14所学校的项目建设。东风东路小学天伦校区工程、第十三中学运动场和地下饭堂工程、华侨外国语学校A栋和B栋教学楼工程及广铁二中运动场工程年底已完成并交付学校使用。恒福中学新建体育馆、综合楼工程及第三中学学生宿舍楼已完工；原第七十九中学教学楼二期工程、培正中学初中楼工程进行桩基施工。小北路小学体育馆、育才中学综合楼已进场施工。第七中学教学楼工程、第二十一中学新建体育馆工程和广铁二中教学楼进行报建图纸设计。第十六中学、豪贤中学、教育路小学和回民小学4个涉及征地拆迁的项目已安排好资金。

【中、小学校舍安全工程】 2010年，越秀区结合教育综合改造二期工程项目，稳步推进中小学校舍安全工程，其中8栋需进行抗震加固工作的校舍，有4所学校的6栋校舍完成改造，有1所学校的2栋校舍加固施工正在进行中。完成8所学校（幼儿园）校舍防雷设施的维护、改造工程，完成2栋校舍的加建消防楼梯工程。

【教育信息化工程】 2010年，越秀区夯实教育信息化设施基础建设。投入3379万元，更新校园网25间、电脑室42间、教学平台473套和一线教师办公用笔记本电脑734台，完成2011—2013年区教育信息化过保修期设备维护项目招标、教育城域网光纤项目实施工作以及2010年高考、中考巡考系统保障任务。深化教育信息化应用，继续购买CNKI电子期刊、精品课件素材等优秀成品资源供全区师生免费使用，建设小学办学水平评估系统和区教育骨干人才信息管理、教育科研管理系统平台等特色应用系统，实现教育行政部门和学校间信息数据的无缝对接，以及学校干部和骨干教师人才的数字化、过程化管理。依托信息技术创新教育教学交流方式，提供资金和技术支持、鼓励和引导学校开展特色应用项目建设，开展基于信息化网络环境下的教育教学研究和主题探究实验学习活动。2010 年进行的 2009 年度区教育信息化财政支出绩效评价为优秀。

【教师队伍建设】 2010 年，区属中小学、特殊教育学校和公办幼儿园在职教职工 7858 人，认定名校长 5 人、名教师 34 人，评选出教坛新秀 109 人。

开展以教师专业化发展为导向的非学历全员培训，构建高等院校、教育研究机构和中小学联合培养教师的多元化格局。加强对校长、教师专业成长的整体规划与梯队培养的研究，建立“有计划培养—促进成长—成熟（成名）—后续发展”的教育人才培养链条，并设置与之匹配的培养方式。在英语工程中积极引入国内外优质教育资源，继续与维多利亚大学合作举办英语骨干教师、双语教师面授和网络远程培训班。

从 2010 年 1 月起，越秀区参照市属义务教育学校绩效工资标准，增加投入 1.4 亿元，再次提高在职教职员绩效工资和退休人员生活补贴标准，使义务教育学校教职员平均工资水平实现“两相当”。

是年，通过教师的双向选择和适当采用行政指令的方式，促进教师系统内流动 65 人，其中中学 14 人、小学 49 人、幼儿园 2 人。面向全国公开招聘 34 名优秀教师，引进 2 名高层次人才，完成“代转公”的相关工作，并解决了临时聘用专任教师的“同工同酬”待遇问题。

【教育布局调整】 2010 年越秀区对十六中和七十九中、十三中和二十五中、越秀外国语学校和广大实验中学、市贸易职中和市财经职中、八旗二马路小学和北京南小学 10 所中小学进行合并调整；东环中学改办为初级中学，并以此为契机率先在区公办学校中推行小班化教学。此外，对旧部前小学、三中、知用中学等 7 个校区（校舍）进行场地划拨调整使用，改善部分学校办学条件。通过学校布局调整实现优质教育资源的扩张，进一步发挥名校辐射示范作用，缩小校际间办学水平差距，拓宽特色学校的发展空间。

【顺利通过市规范化学校督导验收和省推进教育现代化先进区督导评估验收】 2008 年 6 月广州市对越秀区义务教育规范化学校进行中期督导验收后，越秀区不断完善义务教育规范化学校建设总体方案和一校一案，通过整合资源、布局调整，推进教综改二期、校舍安全工程，增置、更新教育设施设备，加强师资队伍建设，加强学校规范管理，开展学区管理模式等，探索和推进中心城区教育优质均衡发展，提高规范化学校达标率。年底区认定义务教育规范化学校 73 所（含省市一级学校），达标率 93.59%；对照广州市义务教育规范化学校督导验收指标体系对生均占地面积和生均建筑面积的要求，越秀区达标率 53.85%。市督导验收组同意越秀区通过义务教育规范化学校督导

2010 年 12 月 19 日，越秀区申报广东省推进教育现代化先进区督导评估自评报告会

验收。在此基础上，越秀区于2010年12月接受“广东省推进教育现代化先进区”的督导评估，以“六个一”（一个宣传片、一个展览、一本画册、一套丛书、一台晚会、一本制度汇编）全方位总结、展示越秀区创建教育现代化的历程、成果和经验，在全市首批高质量率先通过督导评估验收。

【推进学区建设可持续发展】 2010年区教育局从课题研究与行政管理两方面不断完善学区建设的政策导向和制度环境建设。针对学区建设的目标功能，逐步制定学区建设的多项配套管理措施。通过目标的层层分解，实现学区工作任务的有效传递；通过绩效反馈体系的建设，保证学区建设实施过程的管理到位。深化学区信息化平台应用，使服务于学区内教师的教学研究的知识资源共享。学区远程教学视频系统为学区内各学校间远程教学提供服务，促进学区成员学校之间师资力量的均衡，提高弱势学校教师的任教能力和专业能力，保障弱势学校的学生分享优质教育资源的权利。学区自主发展模式特色逐步形成，学区建设初步形成基于知识资源共享的学区协作联盟模式、资源管理的名校集群模式和教育品牌管理的教育集团模式。此外，学区建设课题组已形成部分学区理论成果，包括学区和学区管理概念的构建、学区管理模式的主要内容及运行机制、学区建设目标及实施策略、学区信息化平台原理及运行机制等。

（区教育局　梁颖君）

科技和信息化

【概况】 2010年，越秀区科技和信息化局狠抓科技公共服务体系建设、创新条件建设两条主线，加快黄花岗创意及网络经济区建设，引导新兴产业走创新驱动、内生增长之路，增强可持续发展后劲，科技事业和新兴产业发展取得明显进步，科技进步在促进区域发展、提高区域竞争力方面发挥着更突出的引领和支撑作用。全区创意产业实现年营业收入720.88亿元，比上年增长12.3%，占全区营业收入的9.43%，比重提高1.56个百分点。黄花岗科技园顺利完成“十一五”规划预期目标，实现年技工贸总收入230.39亿元和税收7.01亿元，比上年分别增长25.8%、26.3%。越秀区通过“全国科普示范城区”考评，区防震抗震办公室以总分第一名的成绩荣获2010年度广东省县级防震减灾工作综合评比一等奖，黄花岗科技园服务外包工作取得优异成绩，荣获“2010年度广州市服务外包示范区建设优秀奖”。

【科技项目】 2010年，越秀区科技三项费用8600万元，立项226项，组织实施科技创新和创意产业、创新型科技企业建设、科技型中小企业技术创新基金配套、电子商务等专项科技计划。认定区第二批“创新型科技企业”5家，认定区工程技术研发中心6家。新培育出国家创新型试点企业、重点软件企业、高新技术企业和省、市认定的各类科技创新型、技术优势型企业共62家，全区认定高新技术企业累计达到112家。发动和辅导辖区内单位申报国家、省、市科技项目和科技进步奖，获市级以上科技项目立项138项，扶持资金7798.8万元；获国家、省、市科技进步奖励78项，其中国家级4项。

【优化科技创新环境】 2010年，区科技和信息化局优化扶持创新的政策环境，完成区关于促进经济发展方式转变的政策编制工作，加大对科技创新的资金扶持力度，丰富支持模式，新设立科技创新和创意产业发展资金、扶持企业上市专项资金、扶持服务外包业务专项资金等专项资金；其他配套政策如优秀民营企业评选、贷款贴息等，其指标进一步加大对创新能力的考评比重。加快拓展创新创业载体，黄花岗科技园年内新开发建成包括创意产业、教育服务业、服务外包业等不同产业主题的7个新园区，至年底分园区数量达到20个，可经营面积逾60万平方米，园区数量和规模比上年分别增长53.85%和71.43%。成功引进国家专利技术展示交易中心落户越秀区，为专利技术供需各方提供专利技术及产品展示、交易、宣传培训与咨询等系列公共服务，促进专利技术的商品化和产业化，推动专利技术在越秀区加快转移、转化与实施。

【科技创新条件建设】 2010年，区科技和信息化局按照“支持创新、资源整合、重点突出”的思路，不断完善区域科技条件建设，联合科研院校，面向越秀区优势产业打造创新创业的公共服务平台。以广州创意产业园公共服务平台、广州市软件（动漫）人才培训基地、越秀科技创新中心等公共平台建设为支撑，向上级科技、发改、经贸、文化等多个部门申请并获得项目和资金，8月获得省委宣传部500万元的文化产业专项资金，11月获得广州市发改委500万元的产业集聚区建设引导资金，12月获得省经信委150万元的公共平台建设资金。广州创意产业园动漫公共技术服务平台暨人才培训基地顺利通过验收，成为华南地区首家以动漫培训、创作及制作“三结合”的公共服务平台。支持企业特别是大型企业集团与高等院校、科研院所联合建立实验室或工程（技术研究）中心，年内新增的2家省市级工程技术研发中心通过验收，省、市级工程技术研发中心累计达到7家。区辖内集聚了较为丰富的国家级、省级、市级三个层次重点实验室资源，至年底拥有国家重点实验室3家，占全市的33.3%；省级重点实验室28家，占全市的24.6%；市属培育重点实验室13家，占全市的50%。

【创新创业人才培养】 2010年，区科技和信息化局抓紧国家推动创新型园区建设的机遇，通过实施创新型科技企业建设专项，建设广州市软件（动漫）人才培训基地，引进中国国际漫画节、华语动漫第一奖“金龙奖”落户等多项重点举措，把黄花岗科技园、广州创意产业园，打造成为越秀区发现人才、培养人才、聚集人才和使用人才的良好载体，为越秀区增强自主创新能力和新兴产业竞争力提供有效的人才智力保障。区辖内的广州医学院呼吸疾病防治研究创新团队、广东原创动力文化传播有限公司“喜羊羊与灰太狼”系列动漫作品创作与推广团队分别荣获省委、省政府颁发的首届南粤功勋奖、南粤创新奖。辖区内有4名高层次人才入选广东省委宣传部评选的“广东十大创新人物”，占全省的40%。3人入选广州市“创新创业领军人才”百人计划首批认定名单，占全市的12.5%。黄花岗科技园区3名创新和创意企业人才入选第三届广州市宣传思想战线优秀人才，其中2人入选第一层次，1人入选新闻出版类第三层次。

【科技服务】 2010年，区科技和信息化局加速推进科技金融工作，推荐一批企业上市名单，鼓励科技企业通过资本市场做大做强。至年底落户黄花岗科技园区发展的国内外上市企业总数达10家，上市公司关联企业及分支机构近20家，有20多家科技企业积极筹备上市。多次举办银行、风投、担保等金融机构与科技企业的业务对接，突出推动企业上市工作，使民营科技企业累计获得银行贷款逾亿元，引导企业通过应收账款、信用、专利等知识产权的质押担保方式取得融资，突破速效瓶颈。组织召开“政产学研资介”合作推进会，进一步加强企业、科学院所、金融服务机构的相互联系，开展业务研讨、项目合作等活动，加强高层人才与市场、知识与经济的互动，以整合科技资源。加大对国家、省、市扶持创新政策的宣传力度，辅导和推荐企业申报，组织举办项目申报辅导、企业研发费税前扣除、“税收宣传月暨税收政策进企业”、“服务外包发展资金申报暨技术先进型服务企业认定辅导培训会”、“海关及外汇管理政策宣讲会”等培训活动。加大科技招商工作力度，以科技和创意产业园区发展环境为重点，组织参加“香港资讯科技博览会”、“深圳文博会”、“第十三届广州留学人员交流会”等推广活动，立足创意及网络经济区发展定位，突出主业集聚，注重完善产业链条，培育壮大主导产业，加快引进培育一批互联网、创意设计、服务外包等低碳型和战略性新兴产业，对符合越秀区产业发展导向、具有行业龙头示范带动作用的企业实施贴身服务和突破性房租资助。

【知识产权】 2010年，区科技和信息化局组织召开越秀区知识产权工作暨2009年度专利大户表彰会，鼓励企事业单位和个人积极开展科技创新和重视知识产权工作，新认定区知识产权优势企业20家，首次表彰区内专利大户，评选出2009年度辖内加权专利申请量或加权专利代理量较大的10家企事业单位、6名个人专利大户以及5家专利代理机构。举办专利技术与产品展示交易6场次，展示专利技术与产品305件，其中发明专利交易61件。4家企业被认定为广州市进出口知识产权优势企业，1家企业被认定为广州市首批专利信息分析系统发放单位。组织企业参加第十九届全国发明展览会，并获得银奖2项、铜奖1项。加强市区联动，举办知识产权质押融资培训班。加强部门联动，举办不同行业知识产权保护培训班。加强政企联动，推进专利“灭零”、“倍增”计划，择优选取30家企业推进专利申请和拥有量的“零突破”，选取7家创新实力强的企业作为重点“倍增”企业。全年实现专利申请量和授权量分别为2433件和2060件，比上年增长21.5%和46.6%。

【区信息化建设】 2010年，越秀区投入信息化建设专项资金2300万元，推进“广州市信息化综合示范区试点”建设，实施电子政务网络畅通工程，率先实现市、区、街、社区居委会四级全光纤覆盖。实现全区行政审批事项电子监察全覆盖，具有行政审批职能的23个部门152项审批事项全部纳入实时监察。正式启用全新的“网上服务大厅”，整合区内15个业务部门的25个场景式服务。全区264个社区居委会全面应用广州市社区管理软件，全区22个街道全面实现电子户册管理。IDC机房正式通过ISO 20000服务标准体系的认证，成为国内首个政府机构通过该项认证的单位。此外，全区开展“干部信息能力提升工程”业务培训工作，有2692人参加考试，2635人通过，合格率97.88%。

2010年4月15日，举行越秀区知识产权工作暨2009年度专利大户表彰大会

【科学技术普及工作】 2010年，越秀区强化青少年科技教育，深入开展科技干部和科技辅导老师培训工作。5月，区科技工作领导小组表彰在青少年科普活动和科技比赛中工作成绩优异的15个先进集体和40名优秀辅导教师；10月，联合市科普办、市科信局、市教育局共同举办“千名博士携手万名学生”科学使者校园行启动仪式，组织博士科学大使进入校园直接指导青少年开展科技创新活动。组织以“科技亚运 创新越秀”为主题的越秀区科技活动周，举办一系列突出科技亚运和绿色亚运、节能减排和环境保护的活动。期间共举办各类宣传、展示与咨询活动91次，知识讲座85场，展出科普宣传板、挂图300余块（幅），发放科普资料近5万份，直接参与活动的群众近4万人次。2010年，越秀区通过“全国科普示范城区”考评。年内

下达科学技术普及项目13项、科普经费119万元，获得市级以上科普项目4项、经费65万元。

【防震减灾】 2010年，区科技和信息化局加强应急预案的规范管理，重新修订区地震应急预案，编制应急预案操作手册，新增12个有关单位及各街道办事处为区防震抗震救灾工作领导小组成员。举办宣传贯彻《防震减灾法》暨第二个全国防灾减灾日宣传活动，通过图片展、防震减灾科普示范学校成果展、咨询服务等多种形式，向市民宣传地震基本知识、建筑物抗震设防知识、应急避震知识和《防震减灾法》知识。联合市地震办共同举办第二十一个国际减灾日宣传活动，免费发放《地震宏观异常现象识别和处理》等宣传资料2000多本，直接参与群众超过3000人次。

【非公党建助推企业发展壮大】 2010年，区科技和信息化局围绕企业生产经营活动，组织非公党支部开展“亮党员身份，为党员增辉，为企业增效”主题实践活动，建立党员责任区、党员示范岗和党员“亮牌”服务，发挥党组织的政治核心作用。加强基层党组织建设，在园区企业中成立第一个党总支部——康采恩集团公司党总支部，新组建4个党支部。局党委所属的党组织有党总（支）部44个，党员308人。继续在企业中开展把党员培养成人才、把人才培养成党员的“双培”工程，组织近100名入党积极分子参加党校培训学习，其中高、中层管理人员44人。策划并组织成立黄花岗科技园工会联合会，已有37家企业以团体会员的身份加入园区工会联合会，打造园区“党建带工建、工建促党建、和谐共发展”的工作新局面。

2010年越秀区辖内单位获国家、省、市科学技术进步奖获奖项目一览表

序号	奖项来源	项目名称	完成单位	获奖等级	备注
1	国家科学技术进步奖	区域大气复合污染研究的技术体系及在珠江三角洲的应用	广东省环境监测中心	二等奖	第二完成单位
2		食品微生物安全快速检测与高效控制技术	广东省微生物研究所、广东环凯微生物科技有限公司		
3		肾结石及其慢性肾功能不全外科治疗新技术的建立与应用	广州医学院		第三完成单位
4		青光眼临床诊治模式的转变	中山大学中山眼科中心		
5	广东省科学技术进步奖	陈韶章	广州市地下铁道总公司	突出贡献奖	
6		动脉粥样硬化的病理机制以及花色苷防治研究	中山大学	一等奖	
7		食品微生物安全快速检测与控制技术研究	广东省微生物研究所、广东环凯微生物科技有限公司		
8		可手术非小细胞肺癌系统性淋巴结清扫的基础和临床研究	广东省人民医院、中山大学附属肿瘤医院		第一、第二完成单位
9		尘螨过敏原的基础研究及其产业化	广州医学院		第二完成单位
10		原发性开角型青光眼分子发病机制和干预治疗系列研究	中山大学中山眼科中心		

（续表）

序号	奖项来源	项目名称	完成单位	获奖等级	备注
11	广东省科学技术进步奖	中药配方颗粒产业化关键技术研究与应用	广东省中医研究所	二等奖	
12		人纤溶酶原K5及其突变体治疗血管增生性疾病的作用及分子机制	中山大学		
13		大型发电机组轴系快速全息诊断及动平衡方法研究	广州粤能电力科技开发有限公司		第三完成单位
14		高速公路深厚软土地基处理新技术开发与应用	广东省公路建设有限公司		第三完成单位
15		基于GRAPES的综合临近预报系统（雨燕GRAPES－SWIFT）	广东省气象台		
16		粤港珠江三角洲空气监控系统建设	广东省环境监测中心		
17		血液灌流救治儿童急性中毒的系列研究	广州市儿童医院		
18		与健康有关生存质量测定系列量表的研制与应用	中山大学、广东省人民医院		第一、第三完成单位
19		遗传病的产前筛查和产前诊断的系列研究	广州市妇婴医院		
20		儿童肾病综合征发病机制与治疗的系列研究	广州市第一人民医院、中山大学附属第一医院		第一、第三完成单位
21		广东省SARS的影像学研究	中山大学附属第二医院、广东医学院第一附属医院、广州市第八人民医院、广东省人民医院、广州军区广州总医院、广州市胸科医院		第一、第二、第三、第四、第六、第七完成单位
22		小儿难治性癫痫等各种儿童癫痫的临床与实验研究	广东省人民医院		
23		胰腺癌治疗的基础与临床研究	中山大学附属第二医院		
24		中山大学附属第一医院	多囊卵巢综合症卵母细胞体外成熟的临床、基础系列研究和推广应用		
25		进展期胃癌外科治疗及应用基础研究	中山大学附属第一医院		
26		胃癌前哨淋巴结的病理及临床研究	广州军区广州总医院		
27		补肾健脾化瘀法对围绝经期及绝经后妇女异病同治的临床研究	广州军区广州总医院		
28		中医药特色治疗退行性骨关节病的系列临床研究	广东省第二中医院		
29		家庭远程无线心电呼吸记录仪	中山大学附属第二医院		
30		无线胎儿监护探头与网络系统	中山大学附属第二医院		第四完成单位
31		正电子发射型断层成像仪（PET）性能测试研究与应用	广州军区广州总医院		
32		广东高新技术产业园区管理创新理论与实践	广东省科学技术情报研究所		
33		SARS冠状病毒灭活疫苗及相关研究	中山大学、广州呼吸疾病研究所、广东省疾病预防控制中心	三等奖	第一、第三、第五完成单位
34		广东省电网的线损理论计算及管理系统开发	广东电网公司		第二完成单位
35		大带宽网络建设方案及光速广州	中国电信股份有限公司广东分公司		
36		E审通风险导向审计软件平台系统	广州铭太信息科技有限公司		第二完成单位

（续表）

序号	奖项来源	项目名称	完成单位	获奖等级	备注
37	广东科学技术进步奖	广东省行政审批电子监察系统及省市联网系统	广东省监察厅	三等奖	第二完成单位
38		基于B/S架构的科技专家库协同管理系统建设	广州生产力促进中心		
39		开放式协同产品研发商务（CPC）系统的开发与推广	广东省生产力促进中心		
40		高等级公路沥青路面薄层罩面预防性养护效果研究	广东省公路建设有限公司		
41		广州市轨道交通线网资源共享应用研究	广州市地下铁道总公司		
42		非开挖深埋管线的探测技术研究与应用	广州市城市规划勘测设计研究院		
43		惠州市1:5000数字化卫星正射影像图测绘项目	广东省国土资源信息中心		第二完成单位
44		非清髓性造血干细胞移植的临床应用研究	广州市第一人民医院		
45		高血压致心血管重构的基础及临床系列研究	广州医学院第一附属医院		
46		内毒素急性肺损伤TLR4信号通路变化的实验研究	广州军区广州总医院		
47		胰岛素样生长因子及其结合蛋白在糖尿病和骨质疏松的临床系列研究	广东省人民医院		
48		低剂量GnRH－a可控制性超排卵方案在体外授精、胚胎移植中的应用	中山大学附属第一医院		
49		股骨颈骨折外科治疗的基础与临床研究	中山大学附属第二医院		
50		淋球菌药敏监测结合现场防治对全市淋病流行控制的研究	广州市皮肤病防治所		
51		缺氧缺血性脑损伤并再灌注后神经保护机制及相关应用研究	广州军区广州总医院		
52		应用皮肤干细胞构建组织工程皮肤促进创面愈合的系列研究	中山大学附属第一医院		
53		荔枝核及皂苷增强代谢综合征－Ⅱ型糖尿病及高脂血症胰岛素敏感性	广州市中医医院等		
54		三芪丹颗粒改善Ⅱ型糖尿病胰岛素敏感性及作用机理的临床研究	广东省第二中医院		
55		非文献型网络农业科技信息资源组织模式研究与应用	广东省技术市场协会		
56		基于广州市居民出行特征分析的城市交通运行仿真系统	广州市交通规划研究所		

（续表）

序号	奖项来源	项目名称	完成单位	获奖等级	备注
57	广州市科学技术进步奖	复合地层盾构施工理论和技术创新的研究	广州地铁设计研究院有限公司	一等奖	
58		不同亚型禽流感病毒的人群流行特征研究	广州市疾病预防控制中心		
59		呼吸中枢驱动评价、临床应用及其相关产品开发	广州医学院第一附属医院		
60		从兴数据集市系统	广州从兴电子开发有限公司	二等奖	
61		广州市停车需求预测模型系统及规划应用	广州市交通规划研究所		
62		地铁进口交流传动车辆大修体系和技术创新	广州市地下铁道总公司		
63		无线胎儿监护探头与网络系统	中山大学附属第二医院		第四完成单位
64		广州市登革热、登革出血热预防控制体系及策略研究	广州市疾病预防控制中心、广州市越秀区疾病预防控制中心		第一、第二完成单位
65		新生儿肺出血病因、发病机制及临床防治研究	广州市儿童医院		
66		细菌耐药性资源库的创建和临床应用	广州医学院第一附属医院、中山大学第一附属医院、广州军区广州总医院、中山大学第二附属医院		第一、第二、第三、第四完成单位
67		神经与消化系统常见病中情感障碍的病因机制和临床诊治策略系列研究	广州市第一人民医院		
68		水通道蛋白基因（AQPs）在羊水平衡途径中的分子机理研究	中山大学中山医学院		第二完成单位
69		基于CT数据的中国人三维颅面复原系统的研究	广州市刑事科学技术研究所	三等奖	
70		“广州科技信息资源公共服务平台”之仪器设备共用项目	广州生产力促进中心		
71		城市桥梁服役期间结构损伤检测与安全性评估系统	广州市建筑集团有限公司		第三完成单位
72		浅埋暗挖隧道超大管棚与改良袖阀管复合加固关键技术	广州市建筑机械施工有限公司		
73		超高层建筑单元式玻璃幕墙施工技术研究	广州市建筑集团有限公司		
74		盾构施工废水净化处理及再利用	广州市盾建地下工程有限公司、广州市建筑集团有限公司		
75		银屑病的发病机制及治疗的基础与临床研究	广州市皮肤病防治所		
76		儿童屈光不正及弱视的群体筛查和早期干预模式的建立推广系列研究	广州市儿童医院		
77		下呼吸道感染常见致病菌及其耐药基因快速检测方法的建立和应用研究	广州市第一人民医院		
78		CD20在癫痫发作中的意义以及IVIG干扰机制的研制	中山大学附属第二医院		

（注：没有备注的获奖项目，所列完成单位均为第一完成单位。）

（区科技和信息化局　苏广超）

责任编辑　黄毅华

文化·卫生·体育

文　化

【概况】　2010年，越秀区文化广电系统按照广州市建设国家中心城市及世界文化名城的战略部署，开展文化发展调研和规划编制工作，着力打造“广府文化源地，千年商都核心”品牌，以迎接亚运会为契机，以创建全省、全国公共文化服务示范区为目标，着力加强文化基础设施建设，不断完善“10分钟文化圈”，大力开展文化惠民活动，优化文化旅游资源，加强文化、旅游市场的监管工作，促进越秀区文化工作的新发展。是年，区文化广电新闻出版局（以下简称文广新局）、区文化市场综合行政执法大队以及区文物普查工作分别获得市的表彰和奖励。

【文化基础设施建设】　越秀区在2009年实现“一社区一文化室”的基础上，进一步夯实文化基础设施建设，完善以区图书馆、区文化馆、区博物馆为中心，以街道文化站为支点，以社区文化活动室和文体广场为依托的“10分钟文化圈”。建成以区图书馆为中心，辐射93所学校、289个基层服务点、1个军营服务点的文化共享工程服务网络。2010年有区级图书馆2个（越秀区图书馆有9个分馆、30个图书流通点、35个社区书屋，登峰、白云、洪桥、人民、大新、建设街图书馆6个分馆已经与区图书馆总馆实现“一卡通”通借通还服务）、文化站22个、社区文化室267个、文化广场167个。全年登记在册网吧75个、书报亭437个、书店696间。

【重点文化项目建设】　越秀区启动北京路广府文化商贸旅游区的建设，以南越王宫博物馆建设、城隍庙修复、大佛寺扩建及南北广场建设、广州城市原点建设等十大标志性工程为形象载体，向公众展示北京路广府文化的悠远历史和永恒魅力。打造五仙观广府文化展示平台项目，积极推进南粤先贤馆工程项目建设。年内项目拆迁动员工作完成93.6%，拆迁工作完成90%，筹备主体场馆建筑设计、布展设计的招投标工作。继续打造精品文化社区，加强项目管理机制。在2008年始建成的25个精品文化社区项目的基础上，2010年再打造10个有广府文化特色的精品文化社区项目，包括登峰街金麓山庄国际友谊文化园、光塔街民族文化活动中心等。推进大小马站复建项目、中山文献馆维修改造项目、英雄广场改造项目等重点文化工程。

【群众文化活动】　2010年，越秀区文广新局围绕第九届中国艺术节和广州亚运会，开展大型主题文化活动。“九艺节”于2010年5月10日至25日在广州举行，共组织近30场相关的比赛和活动，接待来自全国各地的66支参赛及展演团队约2400多人次，活动参与人数超过5万人，让人民群众享受丰盛的文艺盛宴，获得社会各界的广泛赞誉以及国家文化部、省文化厅的表彰。围绕“迎亚运、创文明”工作，组织“亚运倒计时100天”文艺晚会、“亚运歌曲大家唱”、广州城市原点揭幕、“广州好——迎亚运、创文明”社区文化活动、第十六届亚运会冠军助威团越秀志愿行活动及“共庆佳节、喜迎亚运”等逾百场大型文艺活动。配合亚运会开幕式，组织1000多名专业演员和背景群众参与亚运开幕式珠江巡游岸上3个表演点的活动。先后举办“珠水粤韵”迎春文艺招待会、“虎虎生威迎亚运，欢天喜地逛花街”迎春花市开幕式、区首届群众文化艺术节社团文艺大展演、“羊城之夏”系列活动等40多场文艺演出活动，参与人数超过8万人，其中，区级以上大型活动8场，送戏下社区活动5场。举办“神融笔畅”迎春书画展等各类展览30多场，其中，高端展览20余场，公益类展览10多场，参观人数5万多人次。举办摄影技术、声乐演唱等公益性培训班，培训总人数超过600人次。组织创作小品《她和她》（获全国“群星奖”）、音乐作品《祥和粤韵》等。客家山歌《涯家五朵大红花》节目，获第二届八省优秀客家山歌邀请赛铜奖。依托各级文化服务阵地，组织各类文化活动逾千场次，社区文化呈现“周周有活动、月月有高潮、处处有亮点、区区有特色”的局面。大力开展广、佛、肇文化交流活动。组织“广佛肇粤语新童谣大赛”，广、佛、肇传统手工艺精品展等。是年，区文广新局获得市“羊城之夏”先进集体奖、市“亚运歌曲大家唱”二等奖等。

书香军营、书香校园、书香机关、书香社区”建设；拓展“模范红一连”、东山宾馆、广州顺丰速运有限公司等图书流通点，建成建设街图书分馆，新建20个农家（社区）书屋，举办“快乐驻心间，阅读进万家”等各种形式的活动。

越秀区文化馆原创小品《她和她》剧照(获第十五届“群星奖”)

【图书馆事业】 2010年，区图书馆接待读者113万多人次，外借图书41.4万多册次，馆内阅览379.2万册次。此外，举办“越秀十美——李咏祥、廖伟彪美术作品联展”等展览22场，播放电影37部，参加的读者30万人次。在区辖内公共图书馆中普查和征集地方文献1530册（件）。是年，越秀区图书馆被评为国家“一级图书馆”、全国2009年度“全民阅读”先进单位。

创新服务方式。建设RFID读者自助借还系统；与英模集体——广州军区“模范红一连”率先共建全省首个文化共享工程军营服务点；推进“书香家庭、书香企业、

实施文化共享工程，为读者提供“现代化、多元化、专业化、人性化”的优质服务。“掌上图书馆”手机网站提供电子期刊阅览服务，定期举办视障人士计算机、象棋兴趣小组活动，“快乐学习基地”定期举办免费计算机培训班，“绿色网园”经常开展道德模范事迹学习等教育活动，“平民影院”周周有电影。

【文化市场管理】 2010年，越秀区全面推进网吧实名登记系统安装使用。联合公安分局加速更新“网吧实名管理系统”，6月底全区75家网吧身份证读卡（扫描）制度升级改造工作全部完成。利用政策、制度引导文化市场规范和繁荣。制定营业性演出审批（备案）相关的办事指南，拟定《广州市越秀区设立娱乐场所审批制度》，接收由市文广新局下放的营业性演出许可证、营业性演出活动（涉外演出）、娱乐经营许可证、网络文化经营许可证4项行政审批备案事项的核发审批工作。制定《越秀区游艺娱乐场所总量与布局规划》，拟向大型商场超市、商贸中心、旅游景点、三星级以上酒店等人流较集中、消费力较强的商业项目配套倾斜设立游艺娱乐场所。坚持“属地管理”、综合治理，建立健全“网格化”监管文化市场新举措。联合公安、工商、城管和街道滚动式巡查，加大对无证照、超范围违规经营的娱乐服务场所的打击力度，切实制止娱乐服务场所内涉毒等犯罪行为以及消防安全事故的发生，保持“扫黄打非”工作高压态势，加强涉亚场馆周边文化经营场所及学校周边200米经营场所的整治，顺利通过“创文”国检测评及每月市测评，确保“九艺节”、亚运会、亚残运会期间文化市场稳定有序。对公安部门查获的涉毒娱乐场所，实行“零容忍”，坚决依法予以处理，依法吊销矿泉樱花夜总会、名都会娱乐俱乐部两间涉毒娱乐场所的娱乐经营许可证，依法责令超时经营的永赢咖啡厅及长富咖啡厅停业整顿3个月。全年出动执法检查人员3070人次，参加联合行动90次，检查经营店档4707间次，联

合公安部门破获、查处、审结非法出版物案件3宗。是年，越秀区文化市场综合行政执法队、梅花村街道办事处、登峰街派出所被评为广州市“扫黄打非”先进集体。

【文化遗产保护】 2010年，越秀区建立区、街道、社区三级文物保护网格化管理制度，组建由区人大代表、政协委员和社区群众100多人组成的全市首批文物保护义务监督员队伍，并举办义务文物宣传员培训班。公布第二批4个区级文物保护单位，分别为区家祠、青云书院、中华书局广州分局旧址及商务印书馆广州分馆旧址、红园。为东平大押、中法韬美医院旧址、小东营清真寺等10个区级文物保护单位挂牌。

微型博物馆群建设。先后打造国内首家以河涌为主题的“东濠涌博物馆”、国内（不包括港、澳、台地区）首家以典当为主题的“东平典当博物馆”以及广卫街广府文化会馆、北京街考试博物馆、光塔街民族博物馆等16个各具特色的微型博物馆（展览室），广府文化博览区初见雏形。组织区家祠、青云书院设计方案和小东门桥、盘福路口、小北门等文物点的专家论证会，维修市登记文物保护单位“五十四军纪念亭”，编制五仙观保护规划，在五仙观增加安装监控设备及红外线感应系统。加强文化遗产的宣传，编辑出版《千年风物——越秀区文物景点集萃》、《五仙观中英文画册》、《五仙观历代诗词曲赋选注》、《广州戏服》等文博书籍。越秀区第三次全国文物普查实地文物调查于1月顺利通过专家验收。2010年，区不可移动文物数量为289处（2011年根据省普查办专家的筛选，确定不可移动文物数量为260处）。是年，越秀区文物普查工作获得广州市文广新局的嘉奖，越秀区被评为市“三普”实地调查阶段组织奖。

非物质文化遗产保护及传承工作。重点组织“文化遗产日”系列活动，举办“越秀区老字号和非物质文化遗产”图片展，组织区粤语讲古、戏服制作、箫笛制作的艺人公开表演、展示，举办“炫”华服设计大赛活动和越秀区青少年戏服设计大赛，将广州戏服作为特色项目在上海世博会广东馆、“九艺节”演交会等重大活动中展出、推广。

越秀区第一、第二批区级文物保护单位一览表

统计时间：2010年年底

文物名称	文物地点	公布时间	所属街道或单位
小东营清真寺	越秀区越华路小东营5号	2009年9月8日	广卫街
东平大押	越秀区中山四路1号	2009年9月8日	大塘街
嘉南堂及南华楼	越秀区人民南路2号、4号、6号	2009年9月8日	人民街
中法韬美医院旧址	越秀区沿江西路151号	2009年9月8日	人民街
培正中学历史建筑群	越秀区培正路2号	2009年9月8日	区教育局
粤剧八和公墓	越秀区矿泉街走马岗路	2009年9月8日	矿泉街
区家祠	越秀区中山四路芳草街48号	2010年8月14日	区房管局
青云书院	越秀区惠福东路389号	2010年8月14日	光塔街
中华书局广州分局旧址及商务印书馆广州分馆旧址	越秀区北京路314号、336号	2010年8月14日	北京街、广卫街
红园	越秀区中山二路菜园西37号	2010年8月14日	区教育局

越秀区属微型博物馆（展览室）一览表

名　称	地　址	开放时间
越秀区博物馆（五仙观）	惠福西路	周一至周日 9:00～17:00，周六、周日 8:30～17:30
东平典当博物馆	中山四路 1 号	周二至周日 9:30～17:30，周一闭馆
万木草堂	中山四路长兴里 3 号	周二至周日 9:00～12:00，14:00 至 17:00，周一闭馆
东濠涌博物馆	越秀北路	周二至周日 9:00～17:00，周一闭馆
陈树人纪念馆	署前路 10 号	周二至日 9:00～17:00，周一闭馆
高剑父纪念馆	解放北路 861 号盘福大厦首层	周二至周日 10:00～17:00，周一闭馆
嘉德文化艺术中心	东湖路 125 号	
考试博物馆（庐江书院）	西湖路流水井	周一至周五 8:30～12:00，14:00～17:30
广府文化会馆	正南路锦荣街 6 号	周一至周五 8:30～12:00，14:00～17:30
旧南海社区“聚文阁”	中山六路惠吉东路 21 号	周一至周五 8:30～12:00，14:00～17:30
铁路文化展示厅	共和西路 15 号	周一至周五 8:30～12:00，14:00～17:30
民族博物馆	光塔路进步里 35 号地下	周一至周五 8:30～12:00，14:00～17:30
军事科普博物馆	区庄村 47 号	周一至周五 9:00～11:30，14:30～17:30
榕树头文化艺术中心	建设二马路	周一至周五 8:30～12:00，14:00～17:30
青云书院	惠福东路 389 号	
华侨新村纪念馆	爱国路 25 号之一	周一至周五 8:30～12:00，14:00～17:30

【打造五仙观广府文化展示平台】 2010 年，越秀区利用五仙观现有文化资源，结合多种方式，加快推进五仙观广府文化展示平台的建设。利用 2009 年成功申请的广州市服务业发展引导资金 200 万元，区投资 50 万元，在亚运前打造“千年城事”、“千年花事”、“千年古渡”展览以及坡山古渡微缩场景等一系列广府文化项目。举办“迎亚运，庆元宵”新春游园会、“乐融融，贺中秋”、“情系岭南——百场优秀戏剧曲艺作品巡回演出”等 8 场大型活动。定期在五仙观广场举行越秀古坛、免费鉴宝、书画挥毫等活动。联合惠福西路小学举办第四期小讲解员培训班，培养 25 名小讲解员为亚运广州行宣传。将“越秀——没有围墙的博物馆”等多个流动图片展送到区内各社区、学校。建设“广府文化数字博物馆”——五羊网。该网 10 月 28 日正式上线，首日浏览突破 8000 人次，至 12 月浏览人数 3 万人次。依托“五羊网”，举办“字字珠玑话断联”等活动。区博物馆全年接待游客逾 14.8 万人次。

【万木草堂】 2010 年 10 月 29 日，由越秀区文广新局主办，越秀区博物馆、广州万木草堂文化传播有限公司承办，佛山市南海区文体旅游局、南海区博物馆协办的万木草堂 120 周年庆典暨康梁文化研究基地揭幕仪式在万木草堂举行，有关领导及文博专家 50 多人出席仪式。

万木草堂于1891年由康有为在邱氏书室创办，造就大批维新变法骨干。万木草堂成为康梁文化研究基地后，成立万木草堂读书会，定期编印《读好书》刊物提供给会员，增设一批文化艺术藏品，开展中、小学生和成人的国学讲座，启动文化沙龙、万木开讲等品牌活动，将万木草堂打造成“永不落幕的国学讲坛”、晚清岭南文化广府特色的风情园。

【纪念馆实行社会化运作】 2010年，区文广新局对2009年市下放至区管理的高剑父纪念馆等3个场馆尝试社会化运作，拓宽群众对公共文化产品的选择空间。与广州砚农工艺品有限公司、省收藏家协会、文德文化商会签订协议，委托他们管理高剑父纪念馆、陈树人纪念馆和万木草堂。成立“陈树人艺术中心”、“高剑父纪念馆艺术中心”及“康梁文化研究基地”，使高剑父纪念馆和陈树人纪念馆成为艺术、展览、收藏、交流的互动平台。高剑父和陈树人纪念馆先后举办多场艺术展览，均免费向市民开放。

【在全市首推“文化慈善”、“文化低保”、“文化自助”三大文化民生工程】 2010年，以“文化慈善”、“文化低保”、“文化自助”为载体，在全市率先启动“情系文化，善心流传”文化民生工程，搭建公益文化服务平台，发动社会力量共同参与文化民生事业，推进公共文化服务均等化。实施“文化慈善”，即以区图书馆为平台，在全社会开展慈善捐书活动。所捐赠的图书实现向困难家庭成员流动、向城中村人员流动、向外来工流动的“三流动”。实施“文化低保”，即长期举办免费文艺培训、文化讲座、文化展览，以文化帮扶弱势群众。区文化馆为贫困家庭子女举办2期“阳光艺术”培训班，并通过整合社会教育资源，将培训基地扩展到区玉鸣轩艺术培训中心、“吉的堡”阳光教育国际语言培训中心等4个试点，有105名青少年受益。实施“文化自助”，即为民间收藏家、民间艺术爱好者等提供展览场地。鼓励广大群众参与文化事业，丰富文化产品的供给，让更多群众实现艺术展览的梦想。

（区文化广电新闻出版局、版权局、旅游局　李倩）

2010年9月19日，举行“陈树人艺术中心”成立揭牌仪式

卫　　生

【概况】 2010年，区卫生局以实施新“医改”方案和迎亚运为契机，在落实保基本、强基层、建机制和迎亚运等各项卫生工作任务的同时，促进越秀区医疗卫生事业由“生存型”向“发展型”转变，2010年年底，越秀区卫生局下属医疗卫生机构24个（其中局属社区卫生服务中心15个），卫生工作人员2898人（其中卫生专业技术人员2328人），开设病床1114张。全区卫生系统完成总诊疗440余万人次，其中门诊人次比上年增加19.21%，出院人次增加12.47%。越秀区居民平均期望寿命79.27岁。全区婴儿死亡率3.61‰，5岁以下儿童死亡率4.43‰，孕产妇死亡率为零，儿童保健管理率99.38%，孕产妇系统管理率96.62%。全面开展出生缺陷干预工程，全年婚检率55.84%，比上

年提高14.52%。区财政投入医疗卫生经费1.25亿元。是年，区卫生局荣获2010年广州市禁毒工作先进单位。

【社区卫生服务工作】 2010年，越秀区对纳入市改造计划的16个社区卫生服务中心进行多方调剂资金，盘活资源；对未纳入市改造计划的社卫中心也按标准逐个进行建设。截至是年底，白云街等19个社区卫生服务中心通过购买、新建、置换及租赁的方式已全部落实房源选址，其中洪桥街等10个社区卫生服务中心已投入使用，总投资1.23亿元。加强社区卫生服务队伍建设，开展从领导层到骨干、到全员的三级培训，规范基本公共服务行为和服务项目管理，总投资1.23亿元。举办法律法规、临床医学、全科医学及各类学术活动819班次，参加学习培训1.2万人次。选派21名医师参加市全科医师骨干培训。全年通过全省全科医学统考132人、技能考核843人。开展“首席社区责任医师”及“五佳社区护士”评选活动，9名社区责任医生及5名社区护士获选。全面开展公共卫生规范化服务，制定《2010年越秀区社区公共卫生绩效考核自定义项目》、《越秀区基本公共卫生服务包绩效考评暂行办法》，逐步实施9项基本公共卫生服务，实现基本公共卫生均等化。完善《越秀区社区卫生服务网格化管理考评试行办法》，22个社区卫生服务中心确立83个贴近居民的网格化服务网点，投入医务人员445人。团队每周深入社区工作2天，以65岁以上老年人、高血压病人、糖尿病人、精神病人、残疾人为服务对象，全年累计建立健康档案65万份，建档率51.3%；档案随访合计5.3万人次，派发健康教育宣传资料约5万份；建立家庭病床1401张，巡诊2.2万人次，出诊7316人次。组织开展卫生信息化建设，是年5月区卫生局与市卫生局签订任务书，正式启动建设基于健康档案的区域卫生信息平台项目。选取区内3个社区卫生服务中心及2家医院作为试点单位，年底已完成网点布局、光纤铺设等基础性工作，信息化软件进入开发阶段。完成越秀区卫生系统网页的建设，通过政务外网推介越秀区各社区卫生服务机构、特色专科、名中医等资讯。

【疾病预防控制工作】 2010年，区疾控中心加强甲型H1N1流感等呼吸道传染病及登革热、手足口病等重点传染病的防治工作，麻疹发病率降至历史低位。完成艾滋病筛查实验室建设，落实“四免一关怀”政策，美沙酮药物维持治疗门诊累计收治494人，达到国家要求的收治人数和效果。实施母婴艾滋病阻断项目，HIV抗体检测、筛查率100%，对阳性患者及时进行干预。完成全国第五次结核病流行病学调查工作。开展全区居民死因监测和死因漏报调查及肿瘤网络报告工作，指导各社区卫生服务中心开展社区诊断。聘请省级专家为22个社区卫生服务中心共70名全科医师进行高血压患者自我管理培训，印发健康教育宣传资料，推进社区慢性病综合试点工作。启动越秀区高血压规范化诊疗技术及社区管理培训项目，选派58名临床骨干医生到中山一院开展高血压规范化诊疗技术及社区管理培训。居民对全区社区卫生服务总体满意度97.3%，位列全市第一。

【卫生监督工作】 2010年，区卫生监督机构开展食用油脂、一次性餐具、进口牛肉等专项整治工作，监督检查覆盖率100%，餐饮单位和集体食堂的量化分级覆盖率及挂牌率100%，无重大食物中毒事故及突发公共卫生事件发生。推进创建国家文明城市和创星级街道工作，重点开展内街内巷、城中村无卫生许可证经营单位及“五小”行业专项整治，全年取缔无证店档21间次，21个街道通过星级街道考核。

【医政管理工作】 2010年，区卫生局加大打击非法行医力度，先后取缔21所无证经营的医疗机构场所。制定《群体性医患纠纷处置工作程序》等制度，受理医疗投诉和信访170宗，有效调解和引导医疗事故鉴定95%以上，成功调解2宗严重扰乱医疗秩序的“医闹”事件。首次评选出全区卫生系统优秀科技工作者10名。全区卫生系统共获省级科研立项项目2项、市级项目2项、区级项目34项，完成结题验收28项。市正骨医院建立华南地区中医系统第一家关节镜技术培训中心；区儿童医院被确定为广东省首批儿科专科医师培训基地；六榕街社区卫生服务中心被中华医学会评为社区健康管理实验基地。全年完成医疗机构校验184家，完成执业变更登记注册64家，发出医疗机构设置同意书4份，注销医疗机构执业许可证7个。完成执业（助理）医师注册1017人次、执业（助理）护士注册594人次。

【健康教育工作】 2010年，越秀区推进“健康亚运、健康广州全民健康活动”。以“健康亚运·我们同行”为活动主题，举办首届“越秀社区健康节”，设置健康科普大篷车，印制《健康地图指南》等书籍；联合区教育局开展“快乐刷牙，快乐护齿”等保健知识普及活动；各社区卫生服务中心开展“中医养生智慧讲坛”、中医“治未病”体验服务等义诊活动；区健康教育所开通“健康小管家”免费短信息服务。开展中国公民健康素养、健康“一二一”（每日一万步，吃动两平衡，健康一辈子）行动、“健康素养百场巡讲”进社区等项目活动。完成亚运无偿献血保障及红十字亚运志愿者培训工作，全年完成无偿献血3.07万人次，培训红十字亚运志愿者1575人，培训合格率89.8%。开展“限油限盐”工作，全区发放限盐、限油用具约28.5万套。在全区卫生系统铺开“无烟医疗机构”创建工作，扫除陋习，改变不良卫生习惯。

【医改工作】 2010年，越秀区卫生系统启动事业单位岗位设置改革工作。至年底，全民所有制事业单位（不含诗书街社区卫生服务中心）进入实施聘用阶段。完成局属事业单位绩效工资前期数据收集整理工作。18个社区卫生服务中心全部实施基本药物制度。对照国家和广东省增补品种551种基本药品种数，各中心配备基本药物符合市定下的过渡期目标，全部实行零差率销售。

【行业作风建设】 2010年，区卫生局选定区疾控中心开展廉政风险防范管理试点工作，落实党风廉政建设责任制，推进反腐倡廉建设。加大从源头上预防腐败力度，开展社区卫生服务中心业务用房达标行政效能监察工作及收受医药回扣专项治理工作。健全相关制度，纠正医药购销领域和医疗服务不正之风。完善医德考评制度，加大药品网上阳光采购和医用耗材集中招标采购工作监督力度，规范阳光采购行为。是年，全区卫生系统网上采购药品2.53亿元，占药品采购总额的99.93%；网上采购医用耗材5437万元，占医疗单位实际采购入库数额的72.77%。区卫生局被评为2010年廉洁文化建设年活动“组织工作优秀单位”。

【建设广东省中医特色预防保健服务体系示范试点区工作】 自2008年1月被广东省中医药管理局确定为全省首个“中医特色预防保健服务体系建设示范试点区”以来，越秀区以开展中医“治未病”健康工程为抓手，同步推进“全国中医药特色社区卫生服务示范区”创建活动。通过组织首届“越秀区中医药学术沙龙”，复刊《越秀杏林》，开通“越秀中医治未病网站”，与广州中医药大学开展科研合作，初步形成以政府为主导、多部门合作，以中医机构和专业防保机构为主力，以社区为基础，居民热衷参与的“信中医，用中医”的良好氛围和优先采用中医药方法防病治病的长效机制。

以区中医医院为龙头，以社区卫生服务中心为基础，以专业防保机构为辅助的预防保健服务网络覆盖全区，区属2家中医医院、广州市正骨医院（2010年5月由广州市越秀区正骨医院更名）、区儿童医院、区妇幼保健院和22个社区卫生服务中心都开设“治未病”服务部，均配备至少2名中级以上任职资格的中医类别执业医师，设置康复理疗科、“治未病”工作室、体质辨识室、传统医学干预室等，定期派出中医专家深入社区，指导社区工作人员运用中医辨证处理社区常见病、多发病、慢性病，使社区的预防、保健、康复等“六大功能”中都能体现中医药特点。中医服务量持续增加。

2010年，越秀区属各“治未病”服务部总门诊量为117.13万人次，其中接受中医适宜技术治疗为69.93万人次，接受中医“治未病”服务13.57万人次；新建立中医健康档案19.27万份。举办中医讲座133次，进行中医义诊117次，制作中医宣传栏134期，发放中医宣传资料15.81万份。群众对“治未病”服务部工作满意率95%，对接受“治未病”预防保健服务后身体健康状况的改善程度满意率98%。是年，区属2家中医医院和广州市正骨医院总诊疗人次112.65万人次，比上年增长14.39%；出院1.34万人次，比上年增长9.87%。年均每诊疗人次医疗费146.7元，比上年降低1.54%，有效减低居民就医负担。

【亚运公共卫生保障工作】 2010年，越秀区卫生局接到亚运公共卫生保障工作任务后，即牵头成立区医疗卫生保障工作领导小组，根据职能制定亚运公共卫生保障总体方案和15个专项方案并编印成册。10月成立区卫生系统赛时运行指挥系统，下设5类团队28个子团队。加强应急工作，做好人员和物质储备，建立专家库，添置业务用车，提高检验能力并通过省级技术评估和认定，建立包括各类专业的6支应急队伍，赛时实行24小时领导带班和值班制度。加强队伍能力建设，抽调人员充实力量，完成4次涉及医疗急救、传染病防制、食品安全卫生事件大型实战演练以及珠江巡游、“古尔邦节”活动医疗救助系列演练。完成亚运开幕式珠江巡游、开闭幕式大型宴会、亚奥理事会贵宾宴会、伊朗副总统宴请等10余次重大卫生保障工作。协调督促场馆完成各类重点整改工程，促进接待饭店改造并完成食品量化升A工作。

赛时对场馆和接待饭店保持24小时驻点状态，实行常态化监管、科学化监测。亚运、亚残运阶段，累计出动卫生监督人员5654人次，监督单位4682间次，发出整改意见书718份。赛时监督场馆供餐9.6万份，开展食品及各类相关产品检测5071份次，保障广州大厦临时供餐3.7万余份，保障接待饭店涉亚来宾2.8万余人次。亚运期间未出现重大食品安全或传染病暴发等突发公共卫生事件。

以登革热为重点，加强传染病防控力度，完成27家涉亚单位的病媒防治评估，并及时督促整改合格。多部门联合，全面覆盖，及时有效控制登革热疫情，开展传染病5种相关症状监测。

积极维护亚运和谐稳定，成功处理卫生纠纷投诉67宗。加强精神病管理，开展风险评估并送院治疗72人。

强化信息报送。10月21日以来，报送各类信息报表250多份，形成《越秀亚运卫生专刊》，图文并茂展示亚运医疗卫生保障工作。

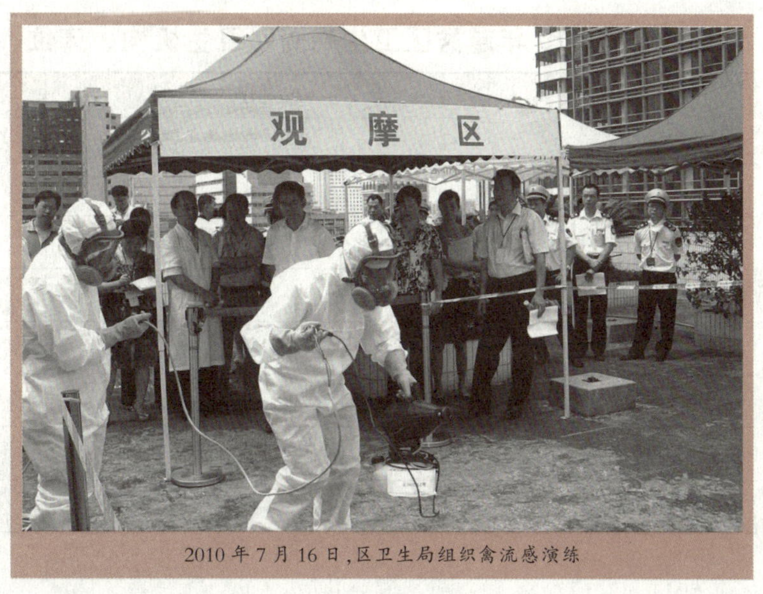

2010年7月16日，区卫生局组织禽流感演练

2010年越秀区卫生局局属卫生机构人员数及构成表

项　　目	人员数	各类人员	构成（%）
		占总人数（%）	占卫生技术人员
总　计	2898	100.00	
卫生技术人员	2328	80.33	100.00
执业医师	869	29.99	37.33
其中：中医执业医师	286	9.87	12.29
执业助理医师	70	2.42	3.01
其中：中医执业助理医师	16	0.55	0.69
注册护士	667	23.02	28.65
药剂人员	275	9.49	11.81
检验人员	113	3.90	4.85
影像人员	31	1.07	1.33
其他卫生技术人员	244	8.42	10.48
其他技术人员	96	3.31	4.12
管理人员	172	5.94	7.39
工勤人员	302	10.42	12.97

注：卫生技术人员中不含各单位管理人员。

2010年越秀区卫生局局属卫生机构、床位、人员数及构成表

	实有数			构成(%)		
	机构(个)	床位(张)	人员(人)	机构	床位	人员
总　计	24	1114	2898	100.00	100.00	100.00
医　院	4	646	983	16.67	57.99	33.92
妇幼保健院	1	55	266	4.17	4.94	9.18
社区卫生服务机构	15	413	1399	62.50	37.07	48.27
专科疾病防治所	2	—	98	8.33	—	3.38
疾病预防控制中心	1	—	92	4.17	—	3.17
卫生监督所	1	—	60	4.17	—	2.07

（区卫生局　王巧民）

体　育

【概况】　2010年，越秀区体育发展中心以广州市主办第十六届亚运会为契机，开展“保障亚运、服务亚运”和“迎接亚运会、创造新生活”主题实践活动，大力组织群众性体育活动，积极培养体育后备人才，向市体育职业技术学院输送优秀体育运动苗子，加强体育设施建设和体育市场管理，取得较好的社会效益和经济效益。是年，越秀区体育发展中心先后获得“广东省体育工作突出贡献单位”、“广东省第十三届运动会突出贡献奖”、“广东省第十届‘体育节’活动优秀组织奖”等荣誉。

【群众体育】　2010年，越秀区体育发展中心以“迎接亚运会、创造新生活”、“迎亚运、创文明、促和谐、树新风”等为主题，主办、承办或协办多场群众体育活动。3月，协助区妇联举办“巾帼迎亚运，和谐庆三八”越秀区妇女健身操大赛，承办“迎接亚运会、争办世锦赛”——第四届“市长杯”2010年广州市业余羽毛球系列大赛越秀赛区预赛，有30多所学校、80多个机关企事业单位和社会团体参赛，运动员1300名；4月，承办广州市第二届“市长杯”乒乓球百姓系列和谐赛越秀赛区预赛，举办越秀区区级领导干部乒乓球、羽毛球比赛，与区总工会共同举办越秀区第二届职工运动会，共设置9个比赛项目，有60个代表团3000多名运动员参赛；5月，协助区老干部局分别举办区离退休老干部第二届运动会乒乓球和趣味体育项目比赛，举办区级领导干部乒乓球混合团体比赛；7月，抽选区内800多人（3个类型、14个年龄段）开展国民体质测试，组队参加广州市广播操比赛获得第一名；8月，组织100人（2个方队）参加“2010年广州市横渡珠江活动”，与大东街共同举办越秀区全民健身月活动启动仪式；9月，协助区国土房管分局举办该局职工运动会，与亚组委宣传部、市文明办和区委宣传部联合举行“亚运广州行”道德日群众文化活动暨二沙岛体育公园开园仪式；10月，与东风街共同举办驷马涌文体广场开场仪式暨全民迎亚运群众体育活动；11月6日，在人民公园南门广场举办第十六届亚运会火炬传递（广州越秀区）活动，16名来自不同战线的火炬手参加传递活动。指导和协助区属各单位开展群众体育活动100场次，有30多万人次参加活动。东风街和洪桥街顺利通过广东省城市体育先进社区检查验收。至2010年年底，全区有18个街道创建市级以上城市体育先进社区（国家级4个、省级6个、市级8个）。

【体育设施建设】　2010年区财政投入专项经费300万元，新建12间社区体育活动室、40条体育健身路径和东濠涌沿线8个健身点，并对2006年以前建设的陈旧社区体育设施进行维修和更换，完成二沙岛体育公园的建设。投入330万元维修改造东山体育场，第一期工程是全面整修，于9月25日完成；第二期工程建设的4个半场篮球场尚在规划之中。

【竞技体育】　2010年，区体育发

2010年4月24日，越秀区举行区第二届职工运动会

展中心以备战广州市第十五届运动会为契机，抓好落实全区竞技体育工作。狠抓专项运动队训练和队伍调整，组织筹备各项目参加广州市第十五届运动会2010年的锦标赛和带分赛（全区开设28个训练项目），做好运动员注册工作，全区注册参赛运动员1805名（新注册运动员881名，已注册924名）。在第十六届亚运会上，越秀区籍运动员黄光源获得亚运武术南拳全能金牌；在广东省第十三届运动会上，全区有91名运动员代表广州市参加18个项目比赛，夺得金牌32枚、银牌24枚、铜牌14枚，为广州代表团在本届省运会上夺得金牌数、奖牌数和总分三个第一名作出突出贡献。是年，越秀区培养的运动员在参加市级以上各项目比赛中，获得金牌182枚、银牌165枚、铜牌149枚。区少儿业余体校公开向社会招聘击剑、柔道、游泳、武术教练各1名，加强体育项目培训。年内向上级体育部门输送足球、体操、田径、游泳、击剑5个项目共14名优秀体育苗子。

【场馆经营管理】 2010年，区体育发展中心规范体育市场运营机制，加大经营管理与监督力度。注重培训教育，提高场馆工作人员服务素质，为进场活动的群众提供热情周到的服务。完善制度，做到奖惩分明、有章可循，形成有效的管理机制。做好免费开放工作，制定亚运会、亚残会期间越秀区全民健身活动中心、东山体育场、二沙岛体育公园免费开放工作实施方案，专门设置免费开放预约订票、验票、设备设施管理等岗位，并制定安全应急处置方案。11月11日免费开放后，区全民健身活动中心（含东山体育场）平均每天有4000多人次入场开展活动。二沙岛体育公园平均每天约有3000人次入园参加活动，周末和节假日平均每天进园活动达4000～5000人次。截至12月20日，以上场馆共免费接待市民21.32万人次。全年营业收入1200万元，与上年持平，实现经济效益和社会效益双赢。

【规范运营体育市场】 2010年，越秀区体育发展中心加强全区各体育市场经营单位和游泳场所的督查，深入涉亚体育场馆排查突发事件的风险隐患，与区安监局共同检查40多处游泳场所安全卫生工作，举办游泳场所救生员业务培训班和负责人法律法规培训班，跟踪检查整改落实情况。加强辖区内体育彩票销售点的管理，不定期检查和指导。是年，全区257个体育彩票销售点销售总额为3.06亿元，比上年增长17.85%。

【二沙岛体育公园落成开放】 该公园位于二沙岛内，东联广州塔，南临珠江，西接广州发展公园，北邻广东省中医二院，是二沙岛东南片绿化改造中采取“融体于绿”形式建设的体育公园。占地面积2.6万平方米，其中体育活动区域1.3万平方米，园林绿化1.3万平方米，总投资700万元，于9月20日建成，并正式向广大市民开放。设置儿童运动区、成人运动区、老年人运动区、五人制足球场、标准篮球场等12个体育活动区域，并设置管理处及场内休息篷2个。开放以来，引起社会各界的热烈反响，平均每天约有3000人到公园参加活动。

（区体育中心 严小玲）

责任编辑 黄毅华

2010年9月20日，越秀区举办“争做好市民、当好东道主”——“亚运广州行”公民道德宣传日暨二沙岛体育公园开园活动

社会·生活

人口和计划生育

【概况】 2010年，越秀区常住户籍人口116.34万人，已婚育龄妇女21.1万人，出生9109人，政策生育率为97.88%，出生率为7.66‰，自然增长率为1.33‰，出生人口性别比为100:106.46；流动人口32.33万人，已婚育龄妇女38674人，出生1531人，政策生育率95.43%。

全面完成市下达的各项人口指标和工作任务，继续保持全省计划生育一类地区工作水平。顺利通过省、市2010年度人口与计划生育目标管理责任制考评，在省各县（市、区）中名列第一，被评为“广东省2010年度人口与计划生育先进单位”；“诚信计生在越秀”项目被推荐为国家级人口与计划生育宣教创新项目奖。

【计生宣传】 2010年，开展全省首个区（县）级人口计生“诚信课题”研究，探索建立政府诚信、群众守信、社区居民互信的“双向承诺，充分自愿，依法自治”的诚信计生模式。开展“婚育新风进万家”宣传活动，举办“关怀关爱共铸希望”为主题的“春风送温暖”大型宣传咨询服务、文艺演出宣传活动和流动人口电影周活动，纪念中共中央关于控制中国人口增长问题致全体共产党员、共青团员的《公开信》发表30周年暨“和谐人口，幸福家庭”摄影、剪纸优秀作品展览活动，《流动人口计划生育工作条例》知识竞赛活动。开展人口计生政策法规宣传咨询活动。“第六次全国人口普查”期间，22个街道举办“倡导学法守法，促进家庭幸福”人口计生政策法规宣传咨询服务活动。在区公安分局东华东和海珠中办证中心大厅举行计生政策咨询和信访接待活动，现场接受群众咨询，为群众排忧解难，取得良好效果。

加强人口文化宣教阵地建设。继续打造“一街一品一特色”，建设六榕街旧南海县人口文化社区、光塔街少数民族婚育文化园、东山街“南雁雅筑”流动人口之家、黄花岗街人口文化艺术中心和珠光街越秀南汽车站幸福驿站工程等人口文化阵地，形成规模，凸显越秀人口计生宣教品牌。北京街人口文化书屋受到国家文化部、省、市领导人的充分肯定。开拓新的宣传渠道，区委党校建立越秀区人口理论教育基地阵地，启智学校建立“太阳花”关爱生命展览室，区人武部建立人口文化室，升级改造四会“青春健康，和谐成长”青少年教育基地，创办《广卫计生宣传期刊》，创建“广卫计生博客”。拓宽媒体传播途径，是年全区73篇新闻报道被省级以上报刊采用，其中8篇被国家级报刊采用。

【计生服务】 健全计生卫生联席会议制度，加强与区卫生局和13家产科医院联系沟通，促进街道与社区卫生服务中心、区级医疗机构技术服务工作的有效衔接。创新优生优育服务模式，拓展和优化“一门式”婚育公共服务，计划生育指导室增设1名专家为新婚夫妇进行优生优育指导，为免费婚检的新人提供“幸福大礼包”服务。2010年有1.3万人参加免费婚检，婚检率55.37%，比上年增加15.77%。

2010年5月，越秀区倡导免费婚检孕检，向新婚夫妇赠送幸福礼品

全面实施出生缺陷干预工作，参加免费产前优生筛查的现孕夫妇有1495对，已筛查953对，发现胎儿异常并终止妊娠3例。为已婚计划怀孕、怀孕早期的育龄妇女免费发放叶酸片。通过“绿色通道”为育龄群众免费提供基本技术服务，为流动人口及困难育龄群众免费提供计生“四术”服务。提供查环查孕服务11.3万人次，随访6.5万人次；免费为1.5万名已婚育龄妇女提供常见病普查和普治服务，普查率93.07%。参加网上新婚学习人数8302对，避孕节育知情选择方法学习2020对。建设计划生育药具管理系统，实现药具管理工作网络化、信息化。

【落实计生政策】 全面推进独生子女父母计生奖励和计生家庭特别扶助工作。2010年，计生局为1.7万名城镇独生子女父母发放奖励金2061.78万元，658个独生子女伤残死亡家庭发放特别扶助金256.67万元，1.2万人发放独生子女保健费74.7万元，1.9万人购买独生子女综合保险118.2万元。推行长效避孕节育措施奖励，兑现避孕节育措施奖励1127例，奖励金额34万元。加大社会抚养费征收力度，发出征收社会抚养费决定书1646例，征收社会抚养费7074万元。第六次全国人口普查期间，发出征收社会抚养费决定书1177例，实际征收1092例，成功征收率92%。

【流动人口计生服务综合治理】 2010年加大流动人口计生服务综合治理力度。以卫生、公安、劳动、出租房屋管理为依托，落实好各有关部门责任，将流动人口计生管理服务纳入经常性工作范围，促进公共服务均等化。完善全员流动人口信息系统，现有流动人口全员数据32.33万条，比上年增加16.21万条，增幅100.66%。每月通报流动人口服务管理情况，加强指标分析和监测工作。新建卡1.6万人，人走标离1.08万人。加强全国流动人口管理平台的运用，上报流动人口出生信息4.2万条，向各地通报信息1.2万条，反馈协查信息8512条。开展专项清理清查行动，全区清理清查出租屋3.2万间、住宅小区1988个、商铺9086个，核查全员流动人口6.7万人，已婚育龄妇女4075人。深化区域间协作，与阳江市5个县（市、区）签订《流动人口计划生育服务管理区域合作协议书》，与15个流动人口计生服务管理区域协作地区和单位进行点对点信息互通交流。

【开展“春风送温暖”和“青春健康”活动】 2010年，越秀区开展形式多样的“春风送温暖”扶助慰问活动。慰问独生子女贫困家庭1086户，慰问金额23万元。围绕“关爱贫困母亲，共建和谐家园”，开展幸福工程活动资金23万元。利用多种渠道开展慈善公益活动，捐款金额124万元，居全市榜首。在率先开展“青春健康”进大学、进中小学的基础上，启动“生育关怀——青春健康职校行”活动，在广东工业大学举办“青春健康”同伴教育主持人大赛。举办“青春健康”教育370期，2万多名中小学生参加；举办“青春健康”同伴教育25期，4000多名大中学生参加；举办“青春健康”生活技能培训1175期，培训6.37万人次。22个街道32个社区居委会开展人口计生基层群众自治示范居委创建活动。

【“诚信计生在越秀”课题项目获省级奖项】 该课题于2009年8月被批准立项，课题研究时间至2010年8月。课题组始终坚持求实与创新相结合的原则做好课题的各项工作。围绕课题研究的既定目标和协议要求，通过广泛搜集越秀区与原东山区人口计生文献资料，多次实地调研以及问询相关人口计生专家等，系统总结越秀区人口计生工作模式。课题报告由诚信的内涵、本质、意义，越秀计生工作的基本做法、成就，越秀诚信计生模式的工作机制、特征等四个部分组成，并阐述在“十二五”期间越秀区实施和推进诚信计生模式的远景展望和规划。2010年被推荐为国家级人口与计划生育宣教创新项目奖。

【六榕街旧南海县人口文化社区获省级人口与计生宣教创新项目奖】

2010年，越秀区六榕街旧南海县人口文化社区贯彻《广州市创建岭南人口文化工程实施意见》的要求，充分挖掘“旧南海县”人文资源，以全新的理念彰显“关怀关爱、和谐人口、幸福家庭”的内涵，打造富有岭南特色的人口文化社区。将充满浓郁岭南风情的《三家巷》经典故事铜雕、《二十四孝》影雕等传统文化与人口文化广场、人口文化宣传长廊、“聚文阁”人口文化室、“关爱母亲”再就业基地、计生协会爱心基地相融合，为社区深厚的文化底蕴注入新的内涵，成为社区人口文化新名片。

（区人口计生局　杨验）

劳动和社会保障

【概况】　2010年，区人力资源和社会保障局以惠民、利民、便民为工作出发点和落脚点，认真贯彻市、区重大决策，全面落实区“惠民48条”和“补充25条”，保增长、保民生、保稳定工作成效显著，为维护城区改革发展稳定大局作出贡献。

【劳动就业】　2010年，越秀区搭建创业服务平台，鼓励创业带动就业，至12月底有21266名社会人员在越秀区创立私营企业及个体工商户，带动33871人实现就业。调整优化现有专业，新增三维图像制作、物流员、化妆师等就业专业。举办各种类型现场招聘会81场，累计进场单位1471家（次），提供岗位数38181个（次），其中达成招工意向5718人（次）。全年全区城镇登记失业人员72170人，比上年下降4.6%，实现再就业57092人，就业率79.11%，其中“40、50”人员31210人，实现再就业21881人，就业率70.11%；“零就业家庭”2户，实现1人以上再就业2户，就业率100%；特困失业人员249人，实现再就业239人，就业率95.98%。

2010年4月7日，召开越秀区人力资源和社会保障工作会议

【职业技能培训】　2010年，区人力资源和社会保障局依托信息化网络技术，引入案例讲授、多媒体等培训手段，建立起实物与虚拟操作相结合的培训方式。完善统筹城乡的就业培训制度，为“双转移”人员、外省农民工提供免费职业指导和技能培训，逐步健全覆盖城乡的公共服务体系。为25891人提供免费的职业指导，开办创业培训班16期，培训并考取证书463人；开办失业人员职业技能培训班181期，培训失业人员5760人，培训后就业率81.4%。

【劳动维权】　2010年区人力资源劳动和社会保障局检查用人单位14799家，涉及人数16万人；处理劳动者举报投诉案件481宗，为3077名员工追回工资1473万元，为709名员工追回押金4万元；处理突发案件113宗，涉及农民工2961人，金额2075万元（含工程款）。受理群众来信来访来电43535件次，信访结案43514件次，结案率99.95%。在市、区3次公开接访日活动中受理群众信访51件，100%办复。审查集体合同68份，审批综合计算工时和不定时工作制单位97个，处理行政复议3宗、行政诉讼4宗。全年需处理劳动争议案件5573宗，比上年减少37%，其中立案2066宗，减少17.76%，涉及经济标的12511.02万元。3人以上群体性劳动争议案件92宗。处理工伤认定案件724宗。

【社会保障】 2010年，越秀区开展社会保险经办管理服务建设工作，加强与地税部门的沟通协调，互派工作人员提供业务指导；规范前台业务办理流程，做好社保待遇发放工作，确保离退休人员的基本养老金和失业人员的失业保险金按时足额发放。为65132人次发放失业保险金6122万元。12月在领基本养老金142308人，金额1.8亿元。全面落实社会保险惠民政策，做好城镇居民医疗保险和城镇老年居民养老保险工作，至12月底分别为309256人和15751人办理城镇居民医疗保险和城镇老年居民养老保险，切实解决了40510名早期下海人员养老保险问题。将登峰、西坑、农林、瑶台、寺右5个转制社区1296名农转居人员纳入城镇医疗保险体系，正式享受医保待遇，基本实现人人享有养老和医疗保险目标。以登峰、农林2个转制社区为试点，逐步将符合条件的“农转居”人员纳入城镇职工养老保险体系；开展大中专学生居民医保工作，全区20所大中专学校、学院共91077名学生参保。

【退管工作】 2010年，越秀区退管工作坚持“助老、为老、养老”，大力开展精细化退管服务。积极探索多渠道管理服务模式，加快试点街道养老服务储蓄机制建设步伐，建立健全储蓄数据库、服务分级制度、支取兑现制度以及监督管理制度，逐步在全区以点带面铺开。爱心志愿者发展到1398人，服务工时15929个，服务老人139人，兑现工时5307小时。加快平安宝安装进度，免费为孤寡、独居、精神病、“独居边缘老人”安装平安宝1251台。扎实开展健康快车进社区活动，对特殊人员、特困户等严格做到“四必访”，为困难退休人员申请济难基金和提供临时特殊救助。共办理失业人员正常退休4839人、提前退休687人、早期离开国有集体企业人员退休2579人，审核视同缴费连续工龄1127人，办理退休人员移交社会化管理单位172个，全年全区新接收社会化管理退休人员14347名，累计纳入社区社会化管理退休人员141552人（含挂牌企业25708人）。上门探访孤寡、特困、重病等社会化管理退休人员28万多人次，探访率100%。

【公费医疗】 2010年，区属单位享受公费医疗干部31330人，比上年减少1.36%，公费家属7993人，减少3.15%；公费干部医疗费支出1.7亿元，增加6.3%，公费家属医疗费支出合计1013万元，增加3.1%。

【率先实现就业帮扶“零距离”】 2010年，越秀区人力资源和社会保障局以帮扶高校毕业生、农民工和就业困难群体为重点，通过面对面的个性指导、点对点的同步跟进和“一对一”的后续帮扶，利用政府购买社工服务的契机，为该区户籍的低保、低收入家庭贫困大学生提供心理辅导、职业生涯规划等服务，在全市率先实现帮扶“零距离”。完善“越秀号”信息服务直通车的服务功能，建立网上快捷办事通道，增设12项业务表格下载功能，实现服务“零距离”。开发应用“越秀区就业通”网站，大学毕业生或失业人员只要输入基本信息和需求，就能实现求职方向与岗位种类的瞬间匹配、个人技能与用人单位岗位需求的无缝对接，实现求职“零距离”。

【建立和完善创业促就业工作机制】 2010年越秀区整合创业政策，完善创业项目库，开展“创业指导进社区”活动，构建小额担保平台，为失业人员创业开辟绿色通道。全年受理审批小额担保贷款107宗，发放金额355万元，发放数量与发放金额均居全市之首。与黄花岗科技园合作建立具有越秀特色的高新技术成果转化创业孵化园。依托专业市场、特色商业街、失业职工创业园，为失业人员提供创业场所。在全市率先推出网上创业园计划，引导网络技术较好的失业人员从事网店设计、维护等工作，参加培训的76名失业人员中有68人在网上开店。

【破解劳动维权难题】 2010年，越秀区劳动部门加大群体性突发案件的处理力度，做好建筑工地工人工资支付保证金管理工作，为79户在区建设部门领取施工许可证的建筑施工企业办理工人工资支付保证金，涉及金额1605万元。通过开展调处、启动绿色通道、通报情况、加强教育疏导等方法，妥善解决潮坊酒楼和百事达西饼糕点有限公司欠薪逃匿等备受媒体关注的群体性突发案件。建立会议沟通制度，加强网络化、网格化巡查监控，完善企业与员工协商机制等8项举措，从源头上预防群体性案件发生。

在改进办案方法、主动收集证据、实施案件就近审理的基础上，建立案件分类处理机制，增设速审庭，在全市率先实施加强人文关怀规范用工管理的仲裁建议书制度，开设农民工仲裁绿色通道，强化区、街两级调解网络建设，切实维护劳动者的合法权益。加大信访维稳工作力度。

完善和落实信访维稳案件处理制度、案件研判制度和领导包案制度，建立信息收集长效机制，完善应急处置预案，确保各类信访案件得到及时处理。坚持先行调解原则，妥善处理红海人力资源有限公司工伤案件。强化沟通协调，采取政策帮扶方式，解决登峰实业集团有限公司“农转居”人员待遇问题。加大对重点督办案件的办理力度，认真做好重点时期、重点地区和重点人群的信访维稳工作，切实解决早期离企人员参加社会保险、部分人员退休待遇等历史遗留问题。

（区人力资源和社会保障局　卢苹屏）

民　　政

【概况】 2010年，越秀区民政局贯彻落实《越秀区推进珠江三角洲地区民政工作改革发展试点工作方案》，全力配合亚运会和亚残运会服务保障工作，推进社区管理服务创新，不断提升服务民生的能力。是年越秀区获得“全市双拥标兵区”荣誉，区老龄办评为“全市老龄工作目标责任考核五星级单位”；区东山福利院评为“全国养老服务放心机构十佳单位”，并获得“全国细微服务、爱心护理团队金心奖”。

【基层政权和社区建设】 2010年，区民政局开展基层管理体制改革试点工作，优化居委会专职人员的配置，明晰社区管理职责，积极探索整合街道的十余支协管队伍，理顺街道编外人员管理体制。建立“一居一队五中心”，即社区居委会，城管综合执法队，街道社区服务中心（政务中心）、综治维稳信访中心、街道综合服务中心、出租屋管理中心、党员服务中心；同时，依托区内人才孵化基地，通过专业培训、讲座交流等方式逐步提升居委会专职人员的专业素质，培训6000多人次。是年全区有22个行政街、266个社区，1632名专职社区工作者。有1个社区拆分。

【社会救济】 2010年，越秀区有低收入困难家庭5984户、12441

2010年1月26日，举行越秀区专职社区工作者新春文艺汇演

人，其中低保对象4428户、8358人，支付低保金2988.54万元，其中分类救济金343.55万元。基本医疗救助金支出569.78万元；慈善门诊金支出11.8万元；城市医疗救助209人次，支出45.91万元；住院医疗救助1105人次，支出118.05万元；提供免费门诊服务20083人次。发放实物救助23365份，折款140.19万元；困难群众领取慈善捐助超市物品9535人次，折款约122.7万元，有效解决了困难群众的基本生活需要。

【老龄工作】 2010年，越秀区开展居家养老配套建设，逐步构建普惠型为老服务体系。由市、区两级投入447.85万元基建和服务经费，建立2000平方米的“越秀长者综合服务中心”，由社会组织承接该中心的管理和运作。中心设置健康评估、康复理疗、团康活动、老人培训、文化养老、护老资源阁、辅导服务、日托8项直接服务，以及紧急支援、法律援助、家政服务、义工探访、医疗服务、机构养老等多项转介服务，设置长者服务热线，实现“一个电话，一个中心”便能够满足老年人各项基本养老服务的需求。以“三级梯度”全面扩大“星光平安宝”的惠及人群，实现80岁以上独居老人免费安装使用。全年“平安宝”的用户达5465人，其中享受政府全免优惠政策用户超过2200多户。办理老年人社保卡3.2万人次。实现80岁以上老年人领取长寿保健金制度，全年有97位百岁老人、3320名90～99岁高龄老人、29381名80～89岁高龄老人办理了长寿保健金申报手续，合计发放1300万元。

【双拥优抚安置】 2010年，区民政局落实双拥工作协调制度，形成部门分工负责、军地齐抓共管的工作机制。结合各街驻军情况和街道资源特点，发动新经济组织、新社会组织、广大群众积极参与双拥共建，开展“十个一”（一个少年军校，一个网络教室，一个国防教育园，一个便民服务站，一个星光老年之家，一个军嫂居委会，一个慈善超市，一条双拥路，一个文化站，一所外来工学校）计划，大力推进军民共建平安和谐社区活动。

区民政局与区相关职能部门建立长效、稳定的工作协调机制，及时获取组织关系转移、劳动就业培训、入户、养老保险等重要信息，收集和整理各职能部门的办事程序及要求，提高安置服务效率。全年安置退役士兵247人，安置率保持100%，其中177名退役军人自谋职业，发放一次性自谋职业补助金2140万元。发放民政代管和无军籍退休人员退休金4500多万元，为全区2151名优抚对象发放各类优抚补助金1600万元，发放节日慰问金108.6万元。

【社会事务】 2010年，越秀区依法结婚登记11264对，离婚登记2847对，办理婚姻状况证明10228宗。累计婚检人数7064对。高标准完成重大节日（10月10日当天办理结婚登记790对）婚姻登记任务。

是年全区有社会组织322家，其中新成立民间组织11家，依法变更民间组织22家，注销民间组织7家。实现殡葬火化率100%。结合

区民政局组织迎亚运慈善义卖

市区亚运保障工作的统一部署，落实人员、经费，开展全区性的救助管理宣教活动，救助各类流浪乞讨人员 2989 人次，其中劝导指引 1998 人次，护送至救助站 991 人次。

【慈善事业】 2010 年，越秀区筹集 480 多万元社会善款开展“四助活动”，为 3000 多名困难群众送去社会关爱；新开办黄花岗街、大东街 2 个慈善超市；为玉树灾区募捐善款约 850 万元；彩票日常销售和大奖组销售合计 1600 万元。

【地名工作】 2010 年，区地名办强化监督标准地名的使用，指导、协助设置地名标志，对各类地名标志的设置、维修和更换情况进行检查和督促。全年审核地名申请 12 宗。

2010 年越秀区路、巷命名情况表

标准名称	起点	止点	路（巷）牌	数量
天胜一横路	环市东路	21 中门口	路牌	2
天胜二横路	环市东路	21 中围墙	路牌	2
天胜三横路	21 中围墙	21 中宿舍	巷牌	1
淘金坑路	淘金坑	21 中宿舍	路牌	2
淘金坑横路	淘金坑横路	建筑物	巷牌	1
青龙坊一横路	青龙坊	环市东路	路牌	2
青龙坊二横路	青龙坊	环市东路	路牌	2
果山路	广九铁路	建筑物	路牌	2
下塘新村横街	北起麓景西路	南止与宝汉直街交界	巷牌	2
田寮大街	东起横枝岗路（横枝岗一街对面）	西止麓湖路	巷牌	2
田寮横街	东起横枝岗路	西止麓湖路	巷牌	2
横枝岗西街	东起横枝岗路	西止麓湖路	巷牌	2
登峰路	东起麓湖路	西止麓景路	路牌	3
清水塘一巷	北起广园路	南止清水塘 9 号	巷牌	2
清水塘二巷	北起清水塘 36 号	南止清水塘 52 号	巷牌	2
湖滨大街	东湖西路 18 号	东湖路 128 号	路牌	3
大沙头横马路	大沙头三马路 10 号之二	大沙头四马路 7 号	路牌	2
土地后巷	建筑物	土地左巷	巷牌	2
万福新街	建筑物	前鉴通津	巷牌	2
云龙里	北起寺右大街	南止龙云里 14 号		

（续表）

标准名称	起点	止点	路（巷）牌	数量
明月三街	北起明月一路凯旋华美达大酒店东侧	南止临江路	路牌	2
科苑中路	南起先烈中路	北止建筑物	路牌	2
科苑东路	南起先烈中路	北止建筑物	路牌	2
科苑西路	南起科苑中路	北止建筑物	路牌	2
银翔路	西起先烈中路	东止广空机关大院	路牌	2
水荫南路	西起水荫路	东止广州大道中	路牌	2
水荫西约	西起水荫路	东止内环路	路牌	1
农林下路一横路	东起农林下路	西止竹丝岗二马路	路牌	2
木排巷	木排头	建筑物	巷牌	1

【成立区一级“政府购买公共服务工作部”】 在2009年区民政局试行政府购买公共服务工作基础上，依托区社区服务中心，在全市率先成立区一级的政府购买公共服务平台——“政府购买公共服务工作部”，制定出台《关于开展政府购买公共服务试点工作的意见》，建立起“政府承担、定项委托、合同管理、评估兑现”的政府购买公共服务机制，通过向非营利性社会组织购买家庭服务、社区矫正服务、劳动关系协调、就业培训服务等，构建起以家庭为切入点的社区居委“专职社工”＋社会组织“专业社工”的服务模式，为社区居民提供深度和长期跟进的精细服务。在此基础上，越秀区陆续开展“养老院舍服务提升”、“社区居民自治”、“居家养老”等项目试点工作，取得良好开端。

【基层管理体制改革试点】 2010年，区民政局联合区编委办、区财政局、区人力资源和社会保障局等部门制定《越秀区基层管理体制改革试点工作方案》、《关于配合做好基层管理体制改革试点工作的通知》等文件。从优化居委会专职人员的配置入手，明晰社区管理职责，从理顺街道编外人员管理体制着手，积极探索整合街道层面十余支协管队伍的方法，以归口管理为前提，通过“一居一队五中心”的建立，理顺主管和协管队伍的关系，重新明晰编外人员队伍的管理，为城市管理和服务水平的不断提升提供组织和机制保障。挑选北京街作为试点单位，以“大民生”、“大综治”、“大城管”为基础，推行“一居一队五中心”模式，整合信访、综治、计生、出租屋、劳监、安监、劳动保障、司法等多方资源，实现数十项业务归并整合。协助街道将社区居委会工作梳理成政务协助类、居民自治类、转介服务类共计136项，其中有34项归至街道，有11项转介社会工作机构承接，较好化解了基层社会管理“政出多门、多头管理”的弊端。

【开展社区综合服务中心建设试点工作】 2010年，区民政局选择北京街、建设街、广卫街、矿泉街4个较成熟的街道开展社区综合服务中心建设的试点工作。该工作是2010年政府承办“十大民生实事”之一，投入2300万元，在街道通过购买、调整自有物业等形式，落实不少于1000平方米的场地，以政府购买的方式引入专业社会组织进行管理和运作，整合街道和辖内各项服务资源，培育社区领袖和社区社会组织，开展家庭成长、老年人服务、社区矛盾调处、义工服务等便民服务，提升社区的自治和服务功能，让居民群众在综合中心能够享受到一站式的服务。

【推动志愿服务队伍发展】 2010年，区民政局制定《广州亚运会越秀区救助管理义工（志愿者）工作方案》，依托区慈善网建立义务工作服务管理信息系统，鼓励和动员更多的社区居民群众加入到各类型的义工服务中。同时完善义工组织和服务网络，拓展义工服务领域；加强与院校和社会培训机构的合作，有针对性培训全区的注册义工；发挥义工特长，通过荣誉激励、活动激励、关怀激励等形式，让社区义工感受到个人的荣誉感和组织的归属感。是年，越秀区有义工服务队伍72支、12.8万人，共为亚运提供服务约37.2万人次。

【构建多元化的社会服务体系】 2010年，区民政局重点扶持发展非盈利性社会服务机构，积极发掘有潜力的社会组织，依托社工人才孵化基地，提高机构人员的素质，通过项目合作和政府购买公共服务等方式，不断壮大社会服务机构在社区的影响力，实现政府公共服务和社会组织的有效对接。设立区一级社会组织党工委，制定《关于加强社会组织党建工作的意见》，明确区社会组织党工委会议的议事规则，构建规范的社会组织党建工作规程。是年全区有社会组织318家，社会组织党支部26个，党员423人。

（区民政局　田镁燕）

物价管理

【概况】 2010年，越秀区物价局认真贯彻国家和省、市各项物价方针政策，以“迎亚运、促发展、调结构、重民生、强服务”为主线，注重营造良好的物价消费环境。

是年，广州市价格总水平呈上行态势，居民消费价格总水平比上年同期上涨3.2%。八大类居民消费价格呈现“六升二降”的运行态势，除家庭设备用品及维修服务类、交通和通信类价格小幅下降外，其他类价格均不同程度上涨，其中衣着类、食品类和居住类价格涨幅居前，分别上涨6.6%、5.7%和4.0%。

【价格监督检查】 2010年，区物价局分别开展包括成品油价格检查、春运客运票价检查、涉企收费检查、停车场收费检查、107届广交会旅业价格检查、春季教育收费检查、行业协会收费检查、农产品价格检查、“限塑”专项检查、中秋节和国庆节市场价格检查、药品价格和医疗服务收费检查、108届广交会旅业价格检查、亚运市场价格监管巡查和秋季教育收费专项检查共14项专项检查。联合区内多

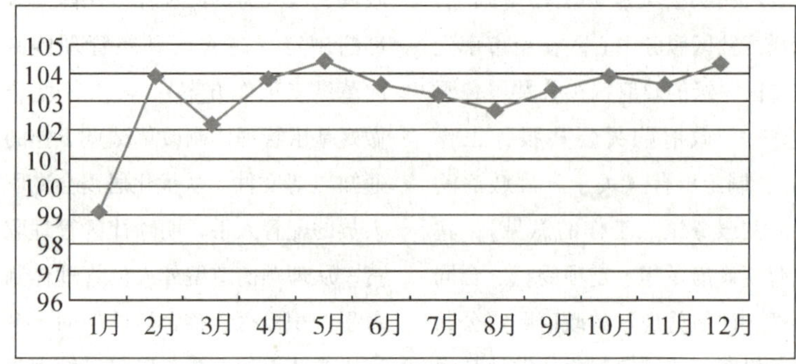

图1　2010年广州市居民消费价格同比指数变化图

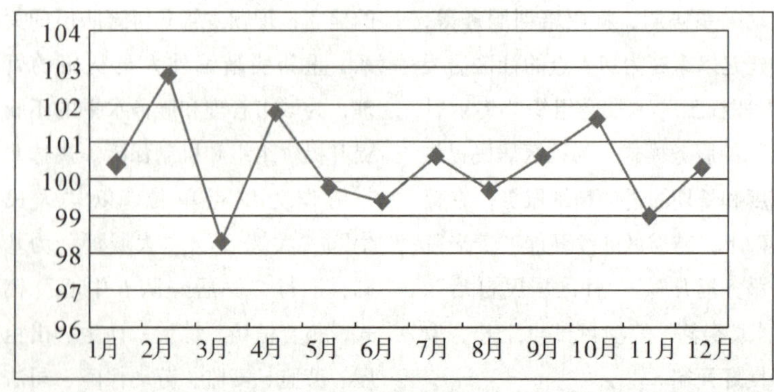

图2　2010年广州市居民消费价格环比指数变化图

部门开展查处侵犯商标、侵犯知识产权的专项整治，区物价局鉴定侵犯知识产权案33宗，涉案金额3418万元。全年受理群众投诉咨询293宗，检查各类单位3886个。其中立案查处案件60宗，查出违法金额660.72万元，罚没金额196.23万元。

【物价收费管理】 2010年1月，根据市物价局、财政局公布停止征收22项、降低1项、取消1项行政事业性收费项目的规定，将相关的收费政策及时落实到有关部门，涉及越秀区的有5个部门、15项收费，年减轻企业负担663.1万元。与区监察、财政、审计等部门联合开展年审，检查27个收费部门、44个收费项目，审验157个收费许可证，年审收费总额1.65亿元。核（换）发各类广东省收费许可证314个（其中行政证82个、经营证131个、教育证101个），对民办非学历教育收费给予备案53个，核发收费证明62个。发函核定停车场、物业服务收费标准57个。协调做好教育收费管理工作，参加区治理教育乱收费局际联系会议，对涉及教育收费问题作明确规定，提出健全各项规章制度、加强教育收费管理的建议。

2010年11月11日，区物价局到专业市场进行价格巡查

【价格认证】 2010年赃物鉴定1490宗，涉案金额4482.15万元；交通事故车辆、物品损失价格鉴定258宗，涉案金额306.97万元。

【维护亚运、亚残运期间的价格稳定】 2010年，在亚运、亚残运期间，越秀区物价局制定出三个工作方案应对各种复杂的价格监管方面的情况，协同省、市物价局联合组成巡查小组，开展贯穿整个亚运赛事期间的亚运市场价格监管联合巡查工作，巡查3000多家经营单位，向各商家派发《关于亚运会期间加强价格自律的提醒函》等宣传资料4800份，免费赠送4000多个明码标价牌（签），提醒、告诫在价格标示不规范等轻微价格违法行为200多宗。亚运、亚残运期间，落实24小时价格举报受理和快速处理制度，利用现有资源保证价格举报渠道畅通，真正做到多管齐下、全面覆盖，收到实效。

（区发改局 唐蔚）

人民生活

【工资情况和结构特点】 2010年越秀区职工工资总额为342.47亿元，同比增长26.12%。职工平均工资达到6.1577万元，同比增长11.92%。上升幅度较大的有电力、煤气及水的生产和供应，同比增长36.16%，教育同比增长17.76%；民居服务和其他服务业持平；金融业为负增长，-3.41%。

【居民消费增长情况】 2010年城镇居民人均可支配收入3.11万元，比上年增长11.1%；城镇居民人均消费性支出2.55万元，增长10.5%，其中人均服务性消费支出9577元，增长13.5%，占人均消费性支出的比重由上年的36.58%提高到37.59%，居民消费层次有明显提升。从消费类别看，衣着、家庭设备用品及服务、教育文化娱乐服务、交通和通信等项目增长较快，分别同比增长 24.6%、

23.4%、19.4%和9.1%。

【居民家庭收入水平和生活水平稳中有升】 居民对“十一五”期间家庭收入水平的评价，分别有1.1%和32.8%的人表示家庭收入水平“有很大提高”和“略有提高”，合计比例为33.8%。另有53.3%的人表示家庭收入水平变化不大，认为“略有下降”和“有很大下降”的分别有10.8%和1.3%，合计比例一成左右（12.1%），另有0.8%的人表示“说不清”。

居民在对“十一五”期间家庭生活水平的评价上，分别有1.3%和29.1%的人表示家庭生活水平“有很大提高”和“略有提高”，合计比例为30.4%。另有51.8%的人表示家庭生活水平变化不大，认为“略有下降”和“有很大下降”的分别为15.1%和1.6%，合计比例为一成半左右（16.7%），另有1.1%的人表示“难说”。总之，居民对“十一五”期间家庭收入水平和生活水平的评价一般，认为家庭收入水平和生活水平有所提高的居民比例均在三成以上。

总的来说，“十一五”期间居民的家庭收入水平和生活水平呈现出稳中有升的趋势，家庭收入水平比家庭生活水平的改善情况略好。

居民对“十一五”期间家庭收入水平和生活水平的评价

（单位:%）

选项	有很大提高	略有提高	变化不大	略有下降	下降很多	说不清/难说
家庭收入水平	1.1	32.8	53.3	10.8	1.3	0.8
家庭生活水平	1.3	29.1	51.8	15.1	1.6	1.1

“十一五”期间居民对各方面的生活状况改善情况评价

（单位:%）

内容	有明显改善	有一定改善	有改善合计	改善不明显	没有改善	说不清	不适用
治安状况	34.6	51.9	86.5	8.1	4.8	0.4	0.2
交通出行	29.2	44.5	73.7	13.7	10.7	1.1	0.8
生活配套设施	19.9	47.4	67.2	18.0	12.8	1.8	0.1
居住环境	22.5	41.4	63.9	15.9	19.2	1.0	0.0
消费环境	12.3	43.7	56.0	21.2	19.2	3.5	0.1
文化娱乐生活	14.5	40.7	55.2	17.5	14.0	9.7	3.6
医疗卫生服务	12.4	42.2	54.6	17.7	18.8	7.1	1.8
养老保障	11.5	39.3	50.8	12.6	17.1	13.1	6.4
子女教育	12.4	32.0	44.3	12.4	11.5	17.5	14.2
住房状况	6.3	19.1	25.4	23.3	47.6	2.5	1.2
就业状况	3.9	19.5	23.4	18.2	25.9	22.6	9.9

【居民“十一五”期间生活状况】在构成居民生活状况的各方面指标中，居民认为“十一五”期间“治安情况”和“交通出行”有改善的分别达到86.5%和73.7%，其他方面有改善的依次为“生活配套设施”(67.2%)、“居住环境”(63.9%)、“消费环境”(56.0%)、“文化娱乐生活”(55.2%)、“医疗卫生服务”(54.6%)、“养老保障”(50.8%)、“子女教育”(44.3%)、“住房状况”(25.4%)和“就业状况”(23.4%)。除了“治安情况”、“交通出行”和“生活配套设施”的改善评价在六成以上，其他各方面指标的改善评价都在四至六成之间，改善评价最低的“住房状况”和“就业状况”，均在三成以下。

（区统计局资料）

城市住户调查基本情况一览表（一）

项　目	计量单位	2010年
调查户数	户	100
主要消费品拥有量		
家用汽车	辆/百户	15.00
彩色电视	机台/百户	141.00
家用电脑	台/百户	132.00
组合音响	套/百户	64.00
摄像机	架/百户	27.00
普通电话	部/百户	98.00
移动电话	部/百户	266.00
住房情况		
现住房总建筑面积	平方米/人	24.06
家庭人口数	人/户	3.07
负担系数	人/就业者	1.65
可支配收入	元/人	31067.69
（一）工薪收入	元/人	25949.01
（二）经营性收入	元/人	935.11
（三）财产性收入	元/人	770.96
（四）转移性收入	元/人	7494.83
消费支出	元/人	25480.37
#服务性消费支出	元/人	9577.25
消费倾向	%	82.02
1. 食品	元/人	8268.22
#在外饮食	元/人	3180.04

城市住户调查基本情况一览表（二）

项　目	计量单位	2010 年
恩格尔系数		32.45
2. 衣着	元/人	1645.75
3. 居住	元/人	2447.47
4. 家庭设备用品及服务	元/人	1848.30
#家政服务	元/人	225.44
5. 医疗保健	元/人	1425.33
#药品费	元/人	707.70
#医疗费	元/人	362.89
6. 交通和通信	元/人	4074.89
#交通费	元/人	850.15
#电信费	元/人	1327.32
7. 教育文化娱乐服务	元/人	4642.02
#文化娱乐服务	元/人	2117.09
（1）参观游览	元/人	83.20
（2）团体旅游	元/人	1766.58
（3）其他文娱活动	元/人	211.00
#教育费用	元/人	1480.86
（1）非义务教育学杂费	元/人	528.08
（2）义务教育学杂费	元/人	38.32
8. 杂项商品和服务	元/人	1128.39
社会保障支出	元/人	3345.37
1. 个人交纳的养老基金	元/人	1428.44
2. 个人交纳的住房公积	元/人	1415.25
3. 个人交纳的医疗基金	元/人	460.25
4. 个人交纳的失业基金	元/人	41.37

民　族

【基本情况】　越秀区是全市民族工作任务最重的城区之一。据2000年全国第五次人口普查统计，越秀区辖内有散居少数民族族别38个，分别是回族、满族、壮族、蒙古族、维吾尔族、藏族、苗族、彝族、布依族、朝鲜族、侗族、瑶族、白族、土家族、哈尼族、黎族、傈僳族、畲族、水族、土族、达斡尔族、仫佬族、羌族、仡佬族、锡伯族、普米族、京族、鄂伦春族、独龙族、傣族、佤族、高山族、纳西族、柯尔克孜族、布朗族、毛南族、俄罗斯族、鄂温克族。

散居少数民族人口11380人，占广州市少数民族人口总数的8.19%；流动少数民族人口3656人，占广州市少数民族流动人口的3.27%。其中，散居少数民族人口以壮族人口最多，有3006人，占全市壮族人口的5.28%；回族、满族次之，分别有2912人、2195人，占全市回族、满族人口的31.76%、32.49%。

区内有回民小学、满族小学2所，其中满族小学是全国仅有的2所满族子弟学校之一，回民小学是广东省唯一的一所回民子弟学校。

区内现有少数民族群众团体3个，即广州市满族历史研究会、广州市回族历史研究会、越秀区民族团结进步协会。

【举办“迎亚运”少数民族文艺演出活动】 2010年6月5日，广州市民族宗教事务局（以下简称民宗局）、越秀区民族宗教事务局、越秀区文化局在区人民公园南广场联合举办“唱响民族团结之歌，喜迎和谐激情亚运”大型少数民族文艺演出活动。来自社会各界的十多个少数民族的50多名演员齐聚人民公园南广场，用各具特色的民族演出喜迎亚运、高唱民族团结之歌。演出节目有集体舞、双人舞、武术、男女二重唱、独唱、杂技等。市民宗局、区人大、政府、政协等有关领导及市民约1000人出席并观看此场演出活动。

【国家民委领导到光塔街调研民族工作】 2010年8月19日，国家民委监督检查司副司长隋清和中央统战部有关领导一行在省委统战部、省民宗委、市民宗局、区民宗局等领导的陪同下，到越秀区光塔街调研涉亚民族工作。区民宗局负责人就越秀区涉亚民族工作的有关情况作简要汇报。

【组队参加省少数民族传统体育运动会】 9月14日，越秀区组建男女毽球、女子珍珠球少数民族运动队（男女运动员共35人），代表广州市参加在韶关市举行的广东省第四届少数民族传统体育运动会。越秀区少数民族运动健儿努力拼搏，在本次比赛中共获得3枚金牌，为广州市取得全省金牌、总分第一作出贡献。

【开展创建民族团结进步模范社区活动】 2010年，区民宗局要求越秀区各街道积极参与创建民族团结进步模范社区活动。该活动按照有相应的组织机构、有完善的工作制度、有健全的台账资料、开展民族政策法规宣传教育、为少数民族提供优质服务、充分发挥少数民族积极分子骨干作用、妥善处置涉及少数民族方面的矛盾纠纷7项标准进行创建。11月4日，区委宣传部、统战部、区精神文明办、区民宗局、光塔街党工委在光塔街进步里联合举办“迎亚运盛会，创民族和谐——越秀区创建民族团结进步模范社区暨光塔街民族文化活动中心启动剪彩仪式”，宣布越秀区全面启动创建民族团结进步模范社区工作，同时启用光塔街民族文化活动中心及开放光塔街杏花社区民族民俗一条街。

宗　　教

【基本情况】 越秀区有着悠久的宗教历史文化，汇聚佛教、道教、伊斯兰教、基督教、天主教5个宗教，2010年，共有教徒14万多人。

经政府批准、登记，开放的宗教活动场所（点）有天主教石室圣心教堂，基督教东山堂、救主堂、光孝堂、锡安堂、沙河堂，伊斯兰教怀圣清真寺、小东营清真寺、濠畔清真寺、先贤古墓，佛教光孝寺、六榕寺、大佛寺、无着庵，道教三元宫、城隍庙，佛教精舍有志德字院、太平莲舍、慈云阁，以及基督教进步里临时联络点、青龙坊、聚会点等共21处，占全市宗教活动场所的30%以上，位居全市10区2市之首。

区内驻有广东省佛教协会、广州市佛教协会、广东省伊斯兰教协会、广州市伊斯兰教协会、广东省基督教三自爱国会、广州市基督教三自爱国会、广东省基督教协会、广州市基督教协会、广东省天主教爱国会、广州市天主教爱国会、广东省道教协会、广州市道教协会等12个省、市宗教团体。

【涉亚宗教服务志愿者招募工作】 2010年5月8日，越秀区民宗局根据市民宗局的统一部署，在公平、公正、公开的原则下，通过笔试、

2010 年 10 月 22 日，广州市市长万庆良到越秀区考察迎亚运民族宗教工作情况

面试，完成广州涉亚宗教服务志愿者（越秀片区）的招募工作，顺利选拔 41 名综合素质过硬的志愿者，为广州亚运会期间做好宗教服务工作打下良好基础。

【市、区领导到涉亚宗教场所视察调研】 2010 年 6 月 24 日，区委书记、区人大主任贡儿珍带领区人大华侨外事民族宗教工作委员会的部分代表视察区辖内伊斯兰教先贤古墓、佛教大佛寺等涉亚重点宗教场所的规划建设和环境整治工作。7 月 7 日，市委副书记苏志佳一行到伊斯兰教光塔寺、先贤古墓等涉亚重点宗教场所调研。7 月 15 日，区长武延军带领区民宗局等区有关职能部门负责人到怀圣光塔寺对涉亚宗教服务及周边环境整治等进行调研。9 月 25 日，代区长杨雁文视察小东营清真寺、先贤古墓、濠畔清真寺、怀圣光塔寺等伊斯兰教宗教活动场所，以及伊斯兰教“古尔邦节”临时会礼点锦汉展览中心，检查宗教活动场所的环境整治工作及安保工作。10 月 22 日，市政府万庆良市长一行到区伊斯兰教先贤古墓、三元宫及佛教大佛寺等重点涉亚宗教场所调研涉亚宗教服务工作情况。

【做好亚运宗教服务保障工作】 2010 年 9 月 14 日，区民宗局召开亚运宗教服务保障指挥部现场会，专题研究解决亚运宗教服务保障，特别是伊斯兰教宗教服务保障工作中的问题。

在随后的两个月时间里，区民宗局先后举办多期涉亚宗教服务工作培训班，召开涉亚伊斯兰教服务保障专项会议，组织相关职能部门和单位举行 6 次安保模拟演练，确保亚运期间各涉亚宗教活动场所安全及外围公共秩序正常。

2010 年 11 月 16 日，适逢亚运会举办期间，一年一度的伊斯兰教“古尔邦节”会礼活动分别在越秀辖区内的锦汉展览中心临时会礼点、先贤古墓、怀圣寺举行，当天到三处活动点参加“古尔邦节”会礼的中外穆斯林群众 1.6 万多人。市、区领导苏志佳、陈国、武延军、杨雁文等到现场检查指挥，相关职能部门、属地街道出动安保人员、工作人员近 1000 人维持现场秩序，整个“古尔邦节”会礼活动安全、平稳、有序。

【广州都城隍庙修复开放】 2010 年 10 月 30 日，广州都城隍庙修复开放仪式在城隍庙原址举行。广州市市长万庆良、越秀区区委书记武延军等领导和市、区各有关职能部门负责人，省、市、香港道教协会负责人，社会信众约 200 人参加庆典活动。

广州都城隍庙修复工程共投入资金 2200 多万元（其中广州都城隍庙的修复工作由广州市道教协会出资 1200 多万元，忠佑广场及周边配套设施建设由越秀区政府投资近 1000 万元）。修复后，广州都城隍庙金碧辉煌、造型轩昂，成为展现广州历史文化、民俗文化和宗教文化的一张新名片。

2011 年 2 月（农历正月十五），越秀区区委、区政府主办的首届“广府庙会”在城隍庙忠佑广场拉开帷幕。

（统战部　麦泽群）

责任编辑　黄毅华

行政街

流花街

【基本情况】 流花街地处越秀区西北部。东邻登峰街，西与荔湾区站前街接壤，北靠矿泉街和白云区三元里街，面积1.73平方公里。设桂花岗、桂花苑、火车站、流花桥、兰圃、花果山6个社区。有户籍居民4385户、17642人，常住人口21065人。辖内有广州火车站、省汽车客运站和市汽车客运站，有白马、天马、流花、壹马、广控、地一大道等大型服装批发大厦和市场；还有中国大酒店、东方宾馆、流花宾馆、广州军区广州总医院等单位；名胜古迹有清真先贤古墓、回教坟场和兰圃公园等。主要机关有广州市城市综合执法局。

【城区综合管理和公共服务】

城市管理 流花街“创建星级街道”工作顺利通过市爱卫办考评，3月1日获广州市一星级卫生街道称号。围绕创建全国文明城市，开展“清洁家园”系列行动；全年共清理余泥22吨、杂物11吨，清洗社区内路面等达35万平方米，清洗沙井2.29万个（次）；整合辖内城管、治安资源，加强守点、巡查、处罚力度，有效遏制辖内“六乱”现象；清理、整治乱摆乱卖1339宗、占道经营1211宗，组织夜间整治行动8次，取缔夜间洗车档、烧烤档26宗；清拆违章建筑面积达1500平方米，拆除不规范防盗网3300平方米；加强产品质量和食品安全日常巡检工作。会同区工商、卫监等职能部门检查饮食店档、食品店、美容美发店等商铺80间，其中整治超经营范围、证照过期或不齐备的店铺22间，罚款处理2间，取缔无证经营场所2处。加强“三防”工作，落实24小时值班制度，购置手电筒、水鞋、铁钩和雨衣等应急物资3万多元。

综治信访维稳工作 围绕“平安亚运”目标，认真落实整体防控措施，协调各有关职能部门做好安保服务等对接工作，全面开展涉亚场馆外围保障服务演练和实时保障，圆满完成辖内涉亚宗教场所清真先贤古墓及锦汉展览中心“主麻日”、“开斋节”和“古尔邦节”的外围服务保障等重点工作。是年刑事立案448宗，比上年下降10.4%，其中“两盗”16宗，比上年下降36%；火车站广场刑事零发案137天。全年街道、社区两级调委会调解辖区合同纠纷、邻里和家庭等其他民间纠纷共89宗，成功率100%；共受理信访件42件（次），办结率100%；涉及城市管理8件、出租屋管理6件、人居环境整治工程建设5件、商业纠纷5件、市政建设2件、消防2件、其他14件。全年开展街领导干部基层大接访活动4次，接访居民群众44人次；充分发挥信访、综治、司法、公安和工商等职能部门的联动联调机制，成功排查调处辖内天马大厦租赁纠纷、花都区狮岭镇联兴皮具有限公司招工纠纷和中铁二十五局拆迁纠纷等24宗矛盾纠纷。开展帮教活动14次，探访安帮对象7名，全街在册刑释解教人员名7名，刑释解教人员帮教率100%，安置率100%。开展辖内涉亚运场所“打非治违”专项行动，检查生产经营单位100多个、“三小”场所166个，检查企业1213次，发现安全隐患95处，其他部门转来2处，整改率100%。

民政工作 2010年全街在册低保家庭28户46人，纯低收入家庭5户14人，发放低保金16.39万元、特殊群体亚运补助金3.05万元。发出优抚金101万元，为13名无工作单位、家庭生活困难的参战涉核、退役人员办理每人每月360元的生活补助。全年办理70户困难家庭申请廉租房，128户申请经济适用房。办理残疾人专项补助金申请89人次，发放专项补助金42552元；为残疾人子女申办助学金5人。全年发放民政代管退休人员退休费85人、180万元。为青海玉树地震募集捐款47.88万元，首届“广东扶贫济困日”活动筹集捐款15.51万元。全年参加无偿献血800多人，超额完成任务。桂花苑社区、火车站社区和兰圃社区通过省“六好”和谐社区考评验收。

计生工作 2010年街常住和流动人口出生196人，常住人口计划生育率为98.9%，流动人口计划生育率100%。全年新建流动人口信息卡330个，纳入管理和服务流动人口已婚育龄妇女612人；落实广州市城镇独生子女父母计生奖励政策，元旦、春节和中秋等节日上门慰问特困独生子女和军人家庭88户（其中流动人口21户），发放6450元慰问金、1.4万元慰问品，发放独生子女保健费94人，审核发放独生子女父母奖励金56人，办理独生子女综合保险316人。征收政策外生育社会抚养费17.96万元。

社区管理和服务　搭建大学生就业服务双向合作平台，完成岗位收集数3225个，职介成功数298个，举办就业现场招聘会4场，推荐就业困难人员215人成功就业，就业率92%。完善退休人员社会化管理体系，为10名特困老人办理特困救济补助，圆满完成在册998名退休人员年审工作。接受城镇居民医保参保653人、城镇居民养老保险188人，办理政府公益资助社会保险248人。受理劳动监察投诉举报13宗，追讨工资91.86万元，涉及人数253人，投诉案件处理率100%。开展首届“社区健康节”活动和“广东省中医特色预防保健服务体系示范试点区”创建工作，开展送医进社区健康咨询和义诊活动9次，健康调查4000多人次，建立家庭健康档案603户，60岁以上老年人健康档案300份，建档2200多人，发放健康宣传资料2500多份，对高血压病和糖尿病等421份建档病例进行随访和监测。街社区服务中心服务窗口荣获“2009—2010年度广州市巾帼文明示范岗”和广州市退管服务A级达标单位。

出租屋管理　顺利通过市“房中房”专项联合整治工作检查验收，实现100%出租屋不存在“房中房”的目标。强化流动人口和出租屋管理，实现出租屋100%登记，流动人员100%登记，治安责任书和计划生育责任书100%签订。加强辖内外国人管理服务工作，外国人申报率100%，杜绝外国人非法入境、非法居留、非法就业。街现有出租屋1685套，其中住宅1216套、非住宅469套；外籍人出租屋63套，外籍人自购房屋34套，常住外籍人241人；2010年办理居住证3423张，租赁备案2812份，租赁合同备案率95%。

【精神文明建设】　2010年，流花街以迎亚运、创建全国文明城市工作为抓手，基层党组织积极开展“志愿服务”、“结对帮扶”等创先争优活动，圆满完成“创文”国检、派送“亚运大礼包”等任务。活跃社区群众文化，广泛开展“争做好市民　当好东道主”——“亚运广州行”主题实践系列活动、“公共文明大家谈”社区论坛活动、文明礼仪培训和“社区院线”等活动50多场；积极参加市区组织的各项文艺、体育竞赛，荣获区第二届职工运动会“民防杯”乒乓球比赛三等奖，区第31届“羊城之夏”青少年文艺竞赛2个二等奖、1个三等奖的良好成绩；完善体育场地建设及配套设施，大力开展全民健身活动，街道被评为“广州市体育先进街道”。

【地域经济概况】　辖内现有法人单位965个，产业活动单位1120个，

2010年3月5日，流花街联合共建单位广州军区总医院开展惠民义诊活动

个体户和私营企业1.03万户，批发零售业524家，房地产建筑业6家，住宿餐饮业46家，交通运输仓储业35家，服务业146家；专业市场28家，包括白马、天马、壹马、红棉、地一大道和美博城等25家服装专业市场，广州市耀华贸易发展有限公司（钟表批发专业市场），广东成人用品市场和桂花岗肉菜市场。配合区政府圆满举办“2010年流花国际服装节”，积极参与“十大新锐服装企业”、“优势自主品牌”评选等服装节系列活动。截至2010年9月止，纳入代征系统的漏征漏管共645户，收到税款共34.25万元；总计入库税款173.44万元。2010年两费一税609.17万元，比上年增长14.51%。

【亚运人居环境整治】 街亚运人居环境整治工程于2009年6月启动，范围覆盖辖内6个社区，工程预算金额1920万元，楼宇外立面整饰共97栋，面积约60.4万平方米（外墙涂料翻新26栋，拔钉除锈、清洗外墙71栋），路面改造6777.15平方米，社区公共设施升级改造3000平方米，清拆违法建筑物2055平方米，清理不规范防盗网704平方米，规范整治飘篷525平方米，统一规范、改造沿街商铺招牌58间，恢复绿化1600平方米。在社区增设20个晾衣架和10个单车临时停放点，修补路面，完善桂花岗全民健身广场建设。整治工程于2010年10月按期完成，同时达到“三无”目标（即：未发生因整治工程而引发的严重治安案件，未发生因整治工程而造成施工人员、居民群众伤亡的安全事故，未发生因野蛮施工导致群体性上访事件），城区环境进一步改善。

【完成涉亚宗教场所外围服务保障工作】 亚运期间，流花街根据市、区有关部署，在辖内涉亚宗教场所清真先贤古墓认真开展外围服务保障工作，组织协调实现“零缝隙”、周边路段实现“零摆卖”、外围保障实现“零事故”。亚运前期，街道与伊协工作人员专门召集“主麻日”期间在兰圃路摆卖人员，将政府在亚运期间禁止在宗教场所占道摆卖的通告传达到个人；城管中队和流花派出所每周“主麻日”前一天晚上在兰圃路口两侧设置铁码，街领导带班通宵值勤。街道参加保障人员分成7个组在先贤古墓周边主要路段和主要入口处，与公安、城管和民政局等职能部门做好对接工作，严禁乱摆卖，劝离、疏散乞讨人员和无牌摆卖摊贩。

【志愿服务蓬勃开展】 亚运会期间，流花街发动150多名社区居民志愿者和青年志愿者在辖内8个主要公交站点和4个重点交通路口分别开展倡导排队候车和文明出行志愿服务达5200多小时，为市民提供出行指引，维持公共秩序。组织流花地区旅客咨询中心志愿者在火车站广场开展友爱互助志愿服务630多人次；发动辖内机关、企事业100多个单位志愿者开展亚运安保和平安亚运志愿行动，共同维护辖区平安稳定。承接落实火车站、省市客运站等4个客运站点文明使者，4个交通路口、10个公交站点、中国大酒店等3个宾馆酒店志愿服务共建点，1个一级志愿服务站的各项服务保障工作，推动亚运志愿服务全面开展。

【突出文明窗口建设】 2010年街党工委领导多次深入辖内省、市汽车客运站和流花地区旅客咨询中心等火车站地区的窗口单位指导创建工作，协调各相关职能部门不断完善公共设施，整治交通秩序，优化周边服务环境。各窗口单位积极开展创建工作，圆满完成“创文”迎国检任务。旅客咨询中心在积极开展“迎亚运，学英语，学手语”培训，不断提升服务水平的同时，主动参与街道每月开展的“创文”主题实践活动，为广大旅客提供乘车指引、提携行李等志愿服务，大力倡导文明出行、友爱互助的文明理念，成为火车站广场一道亮丽的风景。流花地区旅客咨询中心全年提供电话通信服务222.66万人次，整钞换零198万元、167万人次，电脑咨询117万人次，人工咨询131.56万人次，“春运”母婴候车区服务45.92万人次，“创文”、亚运志愿服务860人次，收到群众表扬信22封，被全国妇联评为2010年全国“巾帼文明岗”。

（流花街　谢艳珍）

东风街

【基本情况】 东风街位于越秀区西部，坐落在风景秀丽的流花湖畔，面积1.4平方公里。辖内有德坭新村、四方塘、彭家巷、流花湖、第一津、盘松苑、凉亭坊、司马坊、迎寿里、嘉和苑、驷马涌11个社区。2010年有居民16350户，户籍人口40037人，常住人口40214人。辖内名胜古迹有光孝寺、流花湖公园，主要机团单位有共青团广州市委、广州医学院、广州市少年宫、市旅游局、市容环境卫生管理局、市外经贸局、市卫生局、市第一人民医院。

【城区综合管理和公共服务】

城市管理　按照“整合资源、统一管理、提高效能”的工作原则，把城管科、城管执法队下属的协管员、社区城管专干进行有机整合；将辖内城市管理工作地域分为北、东、西3个片11个点，建立网格化管理。执法队员和协管员实行定岗、定位、定责，履行24小时属地管理责任制，严厉整治市场周边、主干道等重点地区的“六乱”现象以及拦截路人派发商业小广告、垃圾扫地出门、乱丢乱吐行为，迅速拆除影响市容市貌和居民生活的违法搭建物。共拆除违法建设24宗、违法广告3宗，清理占道经营42宗、乱摆卖50宗，处理居民信访投诉68宗，办结率100%。共清理乱张贴7000多张，清洗楼道33条、路面18条，清理楼道杂物3吨、飘篷32个、卫生死角13处。街爱卫办、环卫站、消毒站、各居委会坚持每周五为统一行动日，开展多次大型卫生清扫活动；普及健康知识，共出版6期健康教育宣传墙报，开展6次健康教育活动，举办7场健康讲座，派发健康宣传品7000多张。垃圾袋装、上门收集率达100%，卫生质量100%达到“五无五净”标准，街内卫生清扫保洁100%。

综治信访维稳工作　以建设综治信访维稳中心为依托，坚持“属地管理，分级负责”和“依法、及时、就地解决问题与疏导教育相结合，防范化解矛盾与解决群众切身利益相结合”的原则，全面深入排查、调处各种矛盾纠纷和不稳定因素，加强群防群治和人防技防措施的落实。综治信访维稳中心承办案件41宗，现场调解成功率90%以上。发动社会义务防控力量2824人参与亚运会社会面整体防控工作，共设置控人岗位126个。制定亚运安保工作方案和应急预案，签订亚运安保工作责任书148份。组织、落实参与防控人员734人，对重点对象进行排查登记，并纳入亚运安保工作控人岗进行管控，列管率100%。共投入6万多元对辖内所有群防群治铁门、视频监控器进行全面维修，对驷马涌整治后进行围闭防控，投入资金13万元，安装10个视频监控器。全年刑事案件为234宗，同比下降8.9%；双抢案件17宗，下降70.2%，其中抢劫案件9宗，下降40.0%，抢夺案件8宗，下降81.0%；两盗案件30宗，下降31.8%，其中入屋案件30宗，下降28.6%，无盗抢机动车案件。

民政工作　2010年，为街228户低保救济户发放救济金77.15万元，审核发放低收入困难家庭证279个，为490人次低保家庭成员实施基本医疗救助，报销医药费8万元；为街1044户（次）困难家庭发放实物救济1044份（价值62640元）。春节和中秋两大节日为双低家庭共发放慰问金20.78万元，临时物价补贴7.83万元；为低保、低收入困难家庭共593人发放亚运补贴（500元/人），共计29.65万元；为150人次申请慈善医疗及城市医疗救助，共报销医药费20.56万元。为青海玉树募集捐款7.2万元，“广东扶贫济困日”募捐21400元。从市场租赁廉租房14套，为住房困难家庭解决住房问题。创新服务方式，开展“在册低收入人员企业帮扶、困难学生助学帮扶、重疾人员社会帮扶”的三个特色救助帮扶。

计生工作　2010年出生270人，出生率为6.78‰，自然增长率－1.33‰，政策生育率达98.15%；全年落实节育奖66人，发放慰问金和营养费共1.7万元；发动会员为幸福工程捐款12.29万元；流动人口政策生育率100%，节育率90.44%；为已婚育龄妇女查环查孕556人次；免费为常住育龄夫妇落实“四术”66例。广泛宣传广东省“幸福家庭促进计划”、城镇独生子女父母计划生育奖励和计划生育家庭特别扶助工作，开展宣传活动3次，制作宣传栏12个，发放宣传单张1000余份，宣传品4000余份。受理“广州市城镇独生子女父母计划生育奖励申请表”300余份、“广州市计划生育家庭特别扶助申请表”20余份。

社区管理和服务　2010年街失业登记人数3125人，就业人数2505人，就业率80.16%。其中“40、50”人员1471人，再就业1210人，就业率82.03%。制定“低门槛、低成本、零风险、市场广”的《东风街创办网上创业的工作实施方案》和《东风街网上创业管理办法》，有25名失业人员（含残疾人）正式注册开办个人网店，累计经费投入7000多元，其中发放扶持补贴5920元。加大创建“充分就业社区”力度，参加职业指导课程的失业人员811人次，参加劳动技能培训课程186人次，推荐就业329人，面向大龄失业人员、应届毕业生、特殊困难失业人员，举办3场不同形式的现场招聘会，参加招聘单位41个，登记求职270人，成功上岗20人。在社区全面铺开社区就业社保、城镇医保和养老社保、小额贷款及困难群体扶持援助工作。全年参加市社区就业社保共765人，参加城镇居民医保共1683人，城镇居民养老328人，享受小额贷款优惠1人。建立完善的助老例会制度，上门探访“十二类人员”1.71万人次，为95名已故退休人员办理丧葬费申领手续，为11名孤寡及患癌症等重病人员申领特困救助，在“春节”、“五一”、“中秋”期间慰问重病人员、劳模等探访对象1383人。受理突发劳动纠纷案件6宗，追讨被拖欠工资30.67万元，接受劳资纠纷投诉21宗，追讨拖欠工资3.7万元。日常巡查457家企业，用人单位信息卡登记314户，其中录入信息备案312户。

出租屋管理　2010年，出租屋管理中心全面开展出租屋消防安全专项检查和整治行动，对存在问题的出租屋发出书面整改通知书1568份，整治没有灭火器的出租屋364套、没有逃生口的出租屋11套，其中德坭新村、四方塘、流花湖3个社区的出租屋100%符合消防安全标准。出租屋管理中心多次联合派出所、各社区居委会对各社区的所有房屋进行全面走访调查行动，组织开展30次专项检查整治行动，共出动537人次，新发现出租屋500套，新登记流动人员6950人，更新出租屋信息862套，更新新流动人员信息2662人，新签订治安责任保证书1331份，为7107名流动人员办理居住证，流动人员办证率达到98.56%。

【精神文明建设】　2010年，东风街以创建全国文明城市为契机，不断推动精神文明建设。利用各种宣传渠道，推动“创文”工作深入开展。召开20多次“创文”工作会议，层层分解目标任务，强化工作责任。编印“致居民群众的一封信”7000多份，制作统一规范、内容丰富的文化宣传海报、宣传单，制作各类宣传橱窗（栏）60余个、横幅30余条，派发亚运知识读本3000余册。以社区为载体，邀请专家为社区居民讲授科普文化、法律知识等讲座10余场次；利用东风曲剧团、文艺宣传队等群众组织，结合创建工作开展各类喜闻乐见的文化活动10余场，使创建工作家喻户晓、人人皆知。充分发挥党员干部先锋模范作用，调动全街上下齐抓创建的积极性，形成以街道为主，社区、居民、机团单位整体联动的工作格局，确保创建工作传递到位，创建要求落实到位。

【地域经济概况】　辖内共有法人单位数682个、个体及私营企业数2006个，其中工业有3个，批发零售业1307个，房地产建筑业7个，住宿餐饮业214个，交通运输仓储业129个，服务业346个。有东风市场、越富购物广场、创兴广场、富城百货、金茂电脑城、流花鸟苑6个专业市场。2010年，全街征收出租屋“两费一税”342.76万元。

【亚运人居环境整治】 东风街迎亚运人居环境整治工程项目于2009年7月开始，2010年7月完工，共投资1945.6万元（驷马涌社区片区投资717万元，流花湖公园片区投资387.6万元，东风小区片区投资841万元），分别对3个片区进行路面改造、破旧房屋立面整饰、违章建筑清拆、街辖区内公厕“穿衣戴帽”整饰，规范改造沿街商铺招牌，改造市政排水、排污系统，建设绿化景点等。

驷马涌片区。整治范围约0.022平方公里，整饰立面约1.5万平方米，建设体育休闲广场约8400平方米，周边道路升级约1000平方米，绿化改造约1.2万平方米，化粪池及下水道整治约1000米。原驷马涌上盖空间，升级打造成文化体育广场，配合周边立面整治、市政设施改造、文化体育设施升级等，使社区面貌焕然一新。驷马涌文化体育广场于10月28日正式启用。

东风小区片区。整治范围约0.54平方公里，整饰立面约1.5万平方米，绿化改造升级约800平方米，化粪池及下水道整治约3000平方米。其中，彭家巷社区片区以佛教文化为特色，整饰净慧路和光孝寺周边环境，建设以光孝寺为中心的净慧路佛教文化旅游商业街。在迎寿里社区入口处竖立记述新桥直街来历的碑牌和缅怀1949年解放军进入广州城前在此处宿营的纪念碑牌，在凉亭坊及司马坊社区建设休闲娱乐文化小广场等。改造升级小区内基础生活设施，增添绿化、休闲景观等，整饰后的东风小区处处呈现“粤”式人文气息。

流花湖片区。整治范围约0.71平方公里，整饰立面约共6000平方米，周边道路升级改造约800平方米，化粪池及下水道整治约1000平方米。该片区以突出宣传职业道德特色，重点展现流花湖社区的商业新村，对广州市早期商业系统宿舍区外立面进行全面整饰，改造市政设施，拆除违章建筑，利用小区内街空地设立石凳，设置绿化等休闲设施。

2010年10月28日，东风街举办驷马涌文体广场揭幕仪式

【党建工作开创新局面】 2010年东风街党工委全面铺开党员“余热闪光”工程。辖内11个社区均完成“党员义工”居民事务协调员聘请工作，共聘请269名居民事务协调员。各社区党组织根据各自工作情况，组织党员义工队伍积极开展活动，如“凝聚党心迎亚运、共建和谐新社区”、“我为亚运出一份力”等，为构建和谐社区、创建文明城市作出积极贡献。共组织265人次参与“余热闪光”工作。街党工委从2010年4月起创建《东风党建》期刊，每季度1期，为党员学习贯彻党的方针、政策，交流学习和工作经验等提供信息新平台和管理新途径。党员服务站将全体党员按入党日期排出“政治生日”序列表，在每位党员入党“生日”前，制作“政治生日”贺卡，贺卡上分别填上党员的姓名、入党时间和入党誓词以及寄望语等内容，派专人送到党员手中，让每位党员切实感受到党组织的关爱和温暖。党员收到政治生日贺卡后，党组织安排一次谈心谈话，听取党员一年来的汇报，并针对存在的问题为其指明今后努力的方向，增强党员使命感。

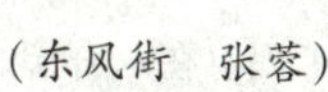

（东风街 张蓉）

洪　桥　街

【基本情况】 越秀区洪桥街地处越秀区中西部。东临建设街；南至东风中路，接大塘街、广卫街；西连六榕街、流花街；北至环市中路，毗邻登峰街。面积1.52平方公里，地势北高南低。辖内主要路段有东风中路、环市中路、小北路、应元路、吉祥路、越秀北路、法政路。从北至南有天秀、北园、越秀山、马庄巷、应元、三眼井、豆腐寮、洪庆坊、丹桂里、法政、德源里11个社区。至2010年12月底，户籍人口为55765人，常住人口38554人，在册登记流动人口为11538人。

辖内名胜古迹有羊城八景之一的越秀公园；主要机团单位有广东省人民政府、中共广州市委、广州空军后勤部、广东省粮油贸易公司、广东省粮食厅、广东省航运规划设计院、广州雕塑院、广州市第二建筑工程有限公司；主要交通站点有地铁五号线小北站、地铁2号线纪念堂站；教育机构有小北路小学、丹桂里小学、天秀小学、广州市第二中学、广州市第十七中学。

【城区综合管理和公共服务】

城市管理　2010年洪桥街在省政府周边、市委周边和越秀山体育场周边实施迎亚运人居环境整治工程。在六合园、登瀛路、马庄巷小区、二横道小区、高阳里小区、局前街大院推进“花园社区”建设，对周边旧楼房进行外墙翻新，并建造以“六合”文化为主题的文化长廊。全年整治乱摆卖1528宗，占道经营2849宗，签订门前卫生责任书69份，制止新违法建设78宗，清拆违法建设5988平方米，清拆、复绿面积1460平方米，拆除违法户外广告构建物28宗，引导商户办理营业执照65户，取缔无证经营6户。

综治信访维稳工作　2010年全街刑事发案142宗，比上年下降6%；受理信访66宗，调解各类纠纷168宗，其中环境卫生投诉占6%，邻里纠纷占18%，劳资纠纷占40%，其他纠纷占36%。亚运会期间，洪桥街与越秀区市政和建设局联合化解一宗迎亚运环境整治工程款纠纷案，与越秀公园共同化解环卫工人劳动合同纠纷，与台山大厦共同扼制可能出现的少数民族（穆斯林）聚集静坐事件。10～11月亚运赛时保障阶段，洪桥街设置控人岗位31个、控地岗位168个、巡逻岗位46个，保障了越秀山体育场的赛事安全。

民政工作　办理低保救济119户，发放基本医疗费4.03万元。中秋节前举行社区关爱活动共筹集善款1.5万元，惠及孤老残困居民150人。为74名民政代管和无军籍退休人员发放工资和医疗单，为重点优抚对象办理生活困难补助。接管社会化退休人员4272人，发放各类节日慰问品1000多份，举办健康讲座、培训班19场。落实惠民政策，受理经济适用房申请61户，办理居民申请廉租房补贴54户，办理实物配租3户。完成亚运免费抽签项目，发放门票8.9万张。为老人举办健康知识讲座15场，办理老人长寿金发放1531人。

计生工作　2010年全街户籍人口出生342人，计划生育率98.25%；流动人口出生36人，计划生育率94.44%。1200余人领取独生子女奖励金，716名外来务工妇女和困难家庭妇女享受免费妇科检查。

社区管理和服务　位于洪桥街27号二楼的洪桥街社区综合服务中心总建筑面积710平方米，共有9个窗口，服务项目包括失业登记、退休人员管理、计生办证、出租屋登记和收缴税费、流动人员管理、劳动监察、投诉等政务业务。2010年全街登记失业人员2425人，实现再就业人数2274人，再就业率达93.77%。巡查各类企业360户，处理各类劳资纠纷52宗。

出租屋管理　2010年，洪桥街共登记纳管出租屋6128间。出租屋均价：0～5年楼龄，70元/（米^2·月）；5～10年楼龄，45元/（米^2·月）；10～15年楼龄，39元/（米^2·月）；15年楼龄以上35元/（米^2·月）。全年共征收出租屋管理税费441.07万元，共登记在册流动人口1.15万人。

【精神文明建设】 2010年，洪桥地区共评选出科普示范家庭39户、“文明市民”20人。其中洪庆坊社区居民陈永华以最高票数当选越秀区首届“文明市民”。年内新建体育健身路径一批，全街现建成体育场所1.42万平方米，居民群众的体育锻炼环境得到提升。2010年获得越秀区第二届职工运动会象棋比赛（街道组）团体第一名、乒乓球比赛（街道组）男子团体第二名的良好成绩。洪桥街卓有成效的社区体育建设工作，取得较好的社会效益，被评为“广东省体育先进社区”。相继举办“微笑日”、“健康日”、“礼仪日”和“文明出行”、“卫生清洁”等主题日活动，各社区和机团单位开展“迎亚运创文明”主题活动100多场次，并组建6支志愿者队伍，带动社区群众共同参与。结合发放亚运大礼包，派发宣传资料、纪念品，群众参与文明创建的积极性很高。

【地域经济概况】 至2010年12月止，洪桥街共有法人单位68个，产业活动单位187家，个体私营企业116个。主要饮食单位有鸿星海鲜酒家、艺苑酒家、同甘同味、和苑、羊城宾馆北园酒家，宾馆有广东大厦（四星级）、越秀宾馆（四星级）；主要商业机构有金夫人集团华南总店、色色婚纱摄影东风中路店、巴之黎婚纱摄影小北店、博美整形美容、越秀山体育场；主要医疗机构有广州空军后勤医院、民生医院、越秀区中医院洪桥分院；主要商业楼宇有国信大厦、金和大厦、嘉业大厦、北秀大厦、肇庆大厦、粤纺大厦、天秀大厦、陶瓷大厦、中非商贸城；主要商业楼盘有北秀花园、小北珠光御景、颐和雅轩、嘉州翠庭、翠怡大厦、越秀花园、富宏花园、应元大厦、国龙大厦、玥秀轩、颐秀华庭。

【亚运人居环境整治】 2010年，洪桥街全力抓好省政府周边、市委周边和越秀山体育场周边3个项目的迎亚运人居环境整治工程，总投资2333万元，整治面积达5.46万平方米。共完成外立面和天面整治101栋，实施“三线下地”7处，完成18条路面改造7607.22米，整治下水道、排污管865处，整治不规范防盗网6.82万平方米、雨篷3.3万平方米，拆除违章建设1.21万平方米，绿化改造5宗，新建一批园林小景点和社区文化景观，联合整治、拆除违章户外广告和招牌广告1610平方米，成功打造广州市迎亚运招牌整治示范路——小北路。配合区建设局做好小北路、应元路、法政路、越秀北路、市委大院周边等路段的整治工程。

【洪桥客家山歌成为越秀文化品牌】 2010年洪桥街在越秀山举办3期“客家山歌迎亚运”歌咏活动，来自广州（含番禺、增城）、东莞、梅州、惠州等地的客家山歌团体踊跃参加。洪桥客家山歌协会参加亚运开幕式的珠江巡游岸上观礼团等表演活动，在小北路小学举办非物质文化遗产客家山歌传诵和歌曲培训班，传承洪桥特色文化。

【实现“平安亚运”、“精彩亚运”目标】 作为越秀山体育场外围保障团队的牵头单位和洪桥地区属地

洪桥街组织客家山歌协会举行“激情亚运文明广州展风采 欢乐越秀洪桥山歌唱祥和”活动

保障责任单位，洪桥街从2010年10月1日起全面进入亚运赛时保障阶段，投入资金31万元，联合各方力量齐抓共管，圆满完成保障任务。成立洪桥街亚运赛时外围保障领导和工作机构；针对街道辖内实际情况和越秀山体育场的特点制定工作方案和12类突发事件应急预案。及时解决越秀山体育场原招标的服务商在临近赛事时突然退出场馆的病媒生物消杀服务事件，与区相关职能部门沟通、协调，街消毒站人员迅速接管越秀山体育场内外的病媒生物防控工作，投入人力178人次，实施大规模、全方位"四害"消杀行动23次，保证亚运期间各国运动员、游客、记者和广大市民的健康安全。

组织1000余名观众参与开幕式珠江巡游岸上观礼、广州市迎火种暨分火种仪式、越秀火炬展示性传递、广州市区亚运火炬传递活动。亚运期间，每场比赛组织观众均在1000人以上；组织200名文明观众和10余名残疾人士到奥体中心观看亚残运会比赛。设置控人岗位31个、控地岗位168、巡逻岗位46个。发动市纪委等21个机团单位参与58个防控岗位的值守工作，成立3281人的社会面整体防控队伍和300多人的骨干防控力量，有效保障辖内比赛场馆周边和注册媒体酒店——广东大厦的平安。

（洪桥街　何灼）

六榕街

【基本情况】　六榕街位于越秀区中部偏北，东倚中山纪念堂，北靠越秀山，西临海珠北路、人民北路，南至中山五路、中山六路，面积0.78平方公里。辖内有解放北路、东风西路（一段）、盘福路、应元路、六榕路、百灵路等14条马路、78条街巷。设有将军东、旧南海县、文园巷、稻谷仓、兴隆东、盘福、清泉、兰湖里、双井、象岗山10个社区。户籍居民18775户、47406人，常住人口52161人，分属汉、壮、满、回等15个民族。明、清时期曾有官府设于辖内。名胜古迹有西汉南越王博物馆、六榕寺、三元宫、越王井。驻有省科技厅、省科协、省计算机中心、省丝绸公司、南方影视传媒集团、广东迎宾馆、广州市总工会等机团单位。

【城区综合管理和公共服务】

城市管理　2010年，六榕街完成辖区主干道和亚运场馆周边楼宇的立面整饰以及人居环境综合整治工程项目，清拆整饰范围内违章建设和不规范防盗网、飘雨篷、花架，共拆除违章建设21宗964.64平方米、不规范防盗网7648.55平方米、飘雨篷6602.1米、花架1771.8米。清拆广告招牌142宗、3247.55平方米。加强"六乱"整治力度，整治乱摆卖、占道经营2256宗，治理人力三轮车、自行车乱停放287辆，整治乱拉挂150多处，共计180多米，清除乱张贴2000多平方米，有效改善辖区环境。加大"绿色社区"创建工作力度，成功创建将军东市级绿色社区和旧南海县省级绿色社区。参加病媒生物突发事件应急处理模拟演练，做好辖内各单位特别是涉亚场所除"四害"工作。

综治信访维稳工作　加强社会治安综合治理，全年全街立刑事案件156宗，比上年下降13%。加强各类非正常上访人员、重点人员的稳控工作，做好值班备勤工作，严格实行报告制度，落实属地维稳责任。加强综治信访维稳中心及工作站建设，不断完善规范管理台账。开展矛盾纠纷排查，调解调处矛盾纠纷133宗，未发生重大纠纷及群体事件，维护了亚运期间辖内社会稳定。开展安全生产突发事件风险隐患排查工作，巡查企业327家次，发现安全隐患13宗并落实整改。

民政工作　落实社会保障，完成社会救助工作。发放最低生活保障金101万元。为12户31人办理低收入困难证，为77户低保户及家属152人办理门诊医疗补贴2万元，为低保、低收入家庭384人办理广州市城镇居民医疗保险，为60人报销住院医疗费6.7万元，为低保户254人办理越秀区低保对象免费社区门诊卡，发放实物救助粮油620份。完成259户审核廉租住房保障资格目标任务，为115户低收入住房困难户办理廉租住房保障申请。完成辖内86户居民申购经济适用住房的调查、审核和上报工作，做好公共租赁住房需求调查工作。发放优抚慰问金15700元。做好殡葬管理工作，保持火化率100%。开展无偿献血工作，超额完成区下达指标数的19.6%。发展残疾人福利事业，制定实施“阳光家庭”计划——智力、精神和重度残疾人居家照顾实施方案，引进社会工作专业机构和志愿者，为居家照顾家庭开展外展服务。

计生工作　稳步推进出生缺陷优生优育筛查，辖内325对夫妻全部参加筛查。依法落实计生奖励政策，为符合城镇独生子女父母计划生育奖励条件的800多人以及符合计划生育家庭特别扶助条件的46人全部落实奖励。落实区、街《避孕节育措施奖励方案》，奖励育龄妇女80多人，共计2.6万元。

社区管理和服务　积极开展创先争优活动，号召并发动党员干部群众在“喜迎亚运创文明”、建设“和谐六榕”、建设特色品牌文化、提升社区整体文明程度和服务群众、注重实效等六方面创先争优。继续加强“两委一站”建设，夯实基层基础，推进民主自治建设，逐步形成以社区党组织为核心的充满活力的群众自治机制。搭建就业创业服务平台，拓展社区公益性就业岗位，安置辖内“35、40”特困、失业人员；举办人力资源招聘会，有360多人成功应聘。启动小额贷款，协办“快速通道”服务。为盘福肉菜市场和瑞南电器城申报“市级创业基地”。圆满完成人口普查任务，全街登记人口52161人，总户数18775户。

出租屋管理　加强流动人口和出租屋管理，每周定期分片分组联合行动，清查出租屋、集体宿舍，全年发出整改通知书1140份，整治重点隐患27宗，推动“居住证”办理，受理7890人办证，完成区下达年指标数的115%。

【精神文明建设】　结合街道实际，充分挖掘社区历史文化底蕴，逐步确立“点、线、面”的社区大文化建设规划，开展“亚运进社区”系列活动，创建全市首个“亚运社区”，做好社区文化活动场所建设，积极推进社区教育，培育学习型社区的人文风尚。结合创文明、迎亚运工作，加大宣传力度，开展各类主题实践活动和体育花会等文体活动，营造文明友好氛围。街道被评为省“书香岭南”全民阅读活动先进集体，旧南海县社区被评为“全国创建学习型家庭示范社区”和市“书香社区”。在2010年9月公共文明指数测评检查中，稻谷仓社区、双井社区圆满完成“国检”任务。加大精品文化社区建设力度，举办“和谐六榕奇葩　激情亚运社区”六榕地区第六届花艺节、“展开想象的翅膀，描绘美好的生活”第四届动漫文化周、“我看六榕新变化”摄影作品评比等活动。

【地域经济概况】　六榕街辖内共有法人单位数940个、个体及私营企业数1847个，其中批发零售业42个、房地产建筑业3个、住宿餐饮业11个、交通运输仓储业3个、服务业96个。有将军东电器城、汇升小五金商场和盘福肉菜市场3个专业市场。征收的出租屋“两费一税”中，调配费918元，治安联防费14053元，出租房屋综合税466万元。

【亚运人居环境整治】　2010年，六榕街精心策划实施六榕路标段、将军东标段、百灵路标段、花园社区整饰工程以及旧南海县精品文化社区整治工程，共投入3100万元，主要包括外立面整饰、道路排水改造和景观绿化建设，其中外立面广场建设2个。同时，认真落实“民心小工程”，为居民安装晾衣架193副，增设自行车停放点14处，方便居民的生活和出行。

【旧南海县社区精品文化整治工程】　六榕街旧南海县社区位于中山六路北侧，面积0.07平方公里，常住人口4300多人，因明代南海县官署设在此地而得名。2010年，六榕街在建设精品文化整治工程中，按照修旧如旧、建新如故的原则，修葺惠吉东街、惠吉西街（含一坊、二坊、三坊）华侨建筑群，使融岭南民居特色和西洋建筑风貌为一体的华侨建筑群得到很好的保护，实现建设和保护的完美结合。在此基础上，深入挖掘社区历史文化内涵，设计制作《三家巷》经典故事浮雕长廊、《归、根、思、和》华侨生活题材浮雕、民国时期广州交通地图、《二十四孝》影雕、六榕名胜古迹线雕墙和“史说六榕”白玉浮雕历史文化长廊等，用雕塑艺术诠释中华民族传统美德，让居民在出行的不经意间受到精神文化熏陶。

六榕街还在该社区建设面积近100平方米、具有浓郁广府文化特色的“聚文阁”社区文化综合室。宽敞明亮的“社区党员之家”、社区康园工疗站、社区再就业基地，还有社区体育健身路径、羽毛球场、乒乓球场和休闲娱乐文化活动广场，为社区区居民开展各类文体活动创造便利条件。

（六榕街　周丽霞）

广　卫　街

【基本情况】　广卫街位于越秀区中部，东以德政路为界，南以中山四路、中山五路为界，西到解放北路，与六榕街为邻，北至应元路、东风路，与洪桥街接壤，面积0.79平方公里。辖内主要马路有东风中路（一段）、越华路、连新路（一段）、吉祥路、北京路（一段）。辖内设莲花井、雨帽、华宁里、昌兴、财厅前、越华大院、都府、长胜里、登云里、雅荷塘、仁生里、青莲里12个社区，有户籍居民22456户、57423人，常住人口52015人。居民中有汉、满、蒙古、回、壮、瑶、白、黎、苗、仫佬、朝鲜11个民族。名胜古迹有中山纪念堂、“三·二九”起义指挥部旧址、城隍庙、广州市委机关旧址等。辖内省、市、区机关单位和机团单位100多个，主要有省民政厅、省财政厅、市人民政府、市人大、市中级人民法院、市地税局、市国土局、市规划局及越秀区人民政府等机关单位，有多家国际体育用品名牌店等。

【城区综合管理和公共服务】

城市管理　2010年广卫街城市管理工作以强化长效管理机制为抓手，以创建文明城市工作为契机，不断创新工作模式，街城管执法中队被评为广州市城管执法先进中队。按照创建二星级街道的考核标准，做好准备工作。在抓好迎亚运整治工程的基础上，继续抓好创建市级、区级绿色社区建设工作，进一步改善社区居住环境。街被区评为“创建绿色社区先进单位”，莲花井社区被评为市级绿色社区，昌兴社区被评为区级绿色社区。成立机动巡查分队、女子特勤队，以弹性执法与柔性执法相结合，确保整洁有序的城市环境。配合迎亚运整饰工程，在网格化管理的基础上，开展查违拆违工作，拆除违法建设16宗，面积857.88平方米；清理违法户外广告招牌300余宗，面积950.7平方米。

综治信访维稳工作　街综治信访维稳中心办公实现硬件建设全面达标、软件建设特色突出的工作目标。在全街12个社区建立综治信访维稳工作站，搭建起以街中心为组织机构，街、社区两级平台工作联动的综治信访维稳网络。全年受理信访案件383宗，办结率95%；组织开展各类矛盾纠纷排查调处集中行动20次，成功调处矛盾纠纷162宗，妥善解决越华路68号居民用水、广仁路4号之五居民成立大楼物业管理小组纠纷问题，避免大规模群体性事件和越级群体上访事件发生。2010年12月9日，街中心和都府社区工作站代表越秀区接受市综治委考核组的验收并得到充分肯定。

成立街道迎亚运安保防控工作领导小组，率先打造广卫街城市综合管理视频监控中心，引入现场研判视频监控功能、GPS卫星定位功能等高科技手段，充分整合街道群防群治队伍、城市管理协管队伍、路面治安队伍、派出所警察，实现社会治安管理力量和管理效益最大化。先后发动3684人参加防控工作，设置控人岗191个，设置控地岗51个，设置路面巡逻岗位76个，确保各项亚运安保工作落实到位。亚运期间辖内刑事案件5宗，同比下降58%；社区三类可防性案件仅有1宗，同比下降50%，创历史新低。

确实履行街道对辖内机关、团体、企业单位安全生产的监管检查权，与辖内机团单位和生产经营单位签订安全生产责任书、消防安全责任书。集中开展涉亚场所、涉亚工程、危险化学品场所、公众娱乐场所和人员密集场所装饰材料易燃有毒物质等重点区域和重点领域消防安全专项整治工作及委托执法工作。全年联动执法48宗，罚款37100多元，比上年分别增长85%与126%，没有发生重特大安全生产事故，被评为广州市消防先进单位。

民政工作　全年为低保269户503人发放低保救济金179.67万元；为36人办理助学服务，共计2.2万元；为11户办理助医服务，共计5.54万元；为18户提供临时救助2.43万元；发放慈善爱心超市券306张，共计3.3万元；发放临时物价补贴13.97万元；每月定时足额发放80~89岁老人长寿金68.94万元，90~99岁老人长寿金15.76万元，100岁以上老人长寿金4800元；发放退伍军人生活费4500元、优抚金86.38万元，并为3名生活困难的优抚对象办理低保证；共为48户居民审核经济适用房申请，为77户审核廉租房申请。

发放重残补助金25万元、亚运补助金（大礼包）25万元，为17名残疾人办理免费慢性病救助卡，为23名精神病人申请精神病免费门诊治疗，为7名残疾人申请“阳光家庭”计划，为32人办理重度残疾人免费乘车卡，为6人办理重度残疾城镇居民免费医保，为38人申请2.14万元扶残助学金，帮助6名残疾人实现成功就业。充分发挥康园工疗站、社区康复站的作用，开展康复训练指导、心理支持、知识普及、文娱活动。组织开展社区道路及居家无障碍改造工程，雅荷塘社区被中国残联推选为“文化进社区”示范社区。

计生工作　全街常住人口出生率为8.58‰，计划生育率为98.41%，流动人口计划生育率为100%，被广州市人民政府授予人口和计划生育工作先进街、“两无”工作达标街。通过制作精美实用的计生宣传品、举办一系列宣传咨询培训活动、创办《广卫计生宣传期刊》等方式，使人口计生政策深入人心。将计划生育宣传教育和技术服务工作委托辖内区中医院负责，并在广卫社区卫生服务中心设置计划生育技术服务室，为推行“幸福家庭促进计划”、落实计生各项工作提供技术保障。扎实开展城镇独生子女父母计划生育奖励和计划生育家庭特别扶助工作，为1016人办理独生子女父母奖励纸质和网上申报工作，为21人申报特别家庭扶助。全年发出处罚决定书9份，征收社会抚养费61万元。

社区管理和服务　通过建立社区居民综合服务中心，选择专业督导、专业服务团队多层联动服务模式，将医疗卫生、养老服务、残疾人服务等以项目管理和购买服务的方式向社会招投标，拓宽社区服务的领域。启创社工服务中心通过竞标，取得社区居民综合服务中心的营办权。街12个社区全部获评广东省“六好平安和谐社区”。都府、仁生里、雨帽、雅荷塘、小东营、莲花井和财厅前等8个星光老人之家获得五星级评价，长胜里、昌兴街、福恩里和登云里4个星光老人之家获得四星级评价。全街有141位老人享受居家养老服务，208人享受平安钟服务，“三无”孤寡老人居家养老服务覆盖率100%。定期组织社区专职工作者开展业务技能培训、为民服务之星评选学习活动，都府社区的专职社区工作者吴国茵获得越秀区首届“为民之星”殊荣。

2010年，街登记失业人员2858人，实现再就业2698人，就业率94.4%。其中，“40、50”失业人员1372人，实现再就业1310人，就业率95.48%；4户双低家庭失业人员及特困失业人员25人全部实现成功就业，困难群体就业率100%，被市人力资源和社会保障局评为“创建充分就业社区示范街”、“和谐劳动关系示范街”、“大学生见习工作示范街”、“争创就业特色工作街”。将广州市社保查询系统（PJ4）覆盖到12个社区，为居民提供更优质、更高效的服务。建立社区三大再就业基地（群防群治联防队基地、精品加工基地、大学生就业见习基地），吸收365名失业人员就业，其中“45、55”人员占从业人员的83%；依托街道、社区劳动保障服务平台，新开发424个社区就业岗位，累计社区就业1786人。成功帮助20名失业人员成功创业，为10名成功创业的失业人员申请小额贷款和创业补贴近70万元。

出租屋管理　全年共征收房屋综合税款813万多元，房屋租赁合同印花税52万元；办理外来人员居住证8218个，比上年增加29.47%；办理房屋租赁登记备案合同1200宗；积极协助公安、计生部门与出租屋主签订治安、计生责任书，签约率100%，形成与各职能部门齐抓共管的良好局面。连续五年被评为越秀区流动人员与出租屋服务管理先进集体。

【精神文明建设】　2010年，广卫街广泛开展以“推动科学发展，争当广卫先锋”为主题的创先争优活动，不断创新形式、创新思路、创新特色，作为先进典型在全市予以重点介绍，并作为“迎亚运、创文明”的先锋代表，在全市“七一”座谈会上发言；成立广卫地区党建学会，为提高基层党建工作的理论建设搭建平台；继续完善“特色支部+特长党员”的功能型社区党建工作模式等党员教育管理新机制，有效提高基层党建工作的科学化水平，使社区党建工作永葆生机和活动。

借助社区“邻居节”这一载体，组织并举办各类丰富多彩的廉政文化活动，将群众化的原创、形象化的内容、大众化的传播手段有效地结合起来，寓教于文、寓教于乐，为廉政文化建设注入新的元素与活力，让廉政教育向“八小时以外”拓展，向社区和家庭延伸，营造“以廉为荣、以廉为美、以廉为乐”的社区风尚。开展“迎接亚运会，创造新生活”体育运动会、“同行亚运，共铸文明”问候日活动、“激情亚运文明行，精彩暑期社区情”文明亚运知识竞赛等活动，形成“迎亚运、讲文明、树新风、促和谐”的良好氛围。

【亚运人居环境整治】　2010年，广卫街从挖掘广州历史文化内涵，提升广州国际形象的高度出发，全力推进迎亚运人居环境整治工程，投入资金2940万元，共整饰楼宇376幢、88023平方米，升级改造3个绿化广场共13300平方米，绿化面积5662平方米，道路升级改造面积5644平方米，成功打造广州“城市原点”、广州古城十八门微缩景观、广州首个广府文化会馆、锦荣街“小中轴线”等城市景观新亮点，翻新越华路骑楼街，恢复昌兴街中国小百货零售发源地原貌。共接待省、市、区领导及全国各地考察团超过150批，约5000人次。2010年11月11日，国务院总理温家宝视察广卫街都府社区，对社区环境建设及社区浓厚的文化氛围表示赞赏，对按照“修旧如旧”的原则推进迎亚运综合环境改造工作表示认同，同时认为都府社区内的广府文化会馆“文化味很浓，活动丰富”。

【地域经济概况】　辖区有行政事业单位108个、企业单位770个、个体户873户。有五月花广场、珠江国际大厦、广州大厦、健力宝大厦、粤财大厦等写字楼和企业。做

2010年11月11日，国务院总理温家宝视察广卫街都府社区

好协税护税工作，全年完成印花税入库约238.01万元。

【生活垃圾分类试点工作初显成效】 2010年，成立广卫街生活垃圾分类工作领导小组，制定广卫街生活垃圾分类工作方案，选定都府和越华大院2个社区作为先行示范社区。始终坚持“三个原则”（政府推动、全民自愿参与原则，街道组织指导、以环卫站为主体开展垃圾分类的原则，为社区群众提供优质服务与充分保障环卫工人根本利益的原则），紧紧抓住“三个环节”（生活垃圾初步分类环节、精细回收环节、资源回收环节），充分发挥“三支队伍”（社区专职垃圾分类指导员、义务环保宣传员、社区环境保护志愿者）的宣传教育引导作用，建立和完善“三项机制”（奖励、便民、投诉机制），确保生活垃圾示范工作的稳步推进。截至12月底，都府社区1353户全面实现生活垃圾分类试点全覆盖，居民垃圾分类参与率100%，居民准确投放率超过95%，可回收资源利用率达到29%、垃圾减量率初步达到61%，清运率实现100%，“蓝白行动”得到较好落实，基本做到“高效率、低成本、易管理、分类好、可持续”。市、区对“广卫模式”生活垃圾分类取得成效给予肯定，多家媒体进行报道。

（广卫街 梁玉琼）

诗书街

【基本情况】 诗书街位于越秀区西部，面积0.53平方公里。辖内主要路段有人民中路、惠福西路、中山六路、光塔路、海珠北路、海珠中路、诗书路、纸行路、观绿路等；设有观绿、七株榕、温良里、白薇、通宁道、枣子巷、三元巷、福地巷、陶家巷、祝寿巷10个社区；2010年年底户籍人口14264户、共42030人，常住人口34140人，分属汉、满、回、壮、蒙古、瑶、白、维吾尔8个民族。辖内名胜古迹有基督教光孝堂、基督教锡安堂、妙吉祥室（广州市满族联谊会会址）；专业街有全国最大眼镜集散市场——人民中路眼镜市场，以及海珠北路冷冻配件、惠福西路电动工具五金配件、光孝路宗教文化工艺品一条街。辖内主要机团单位有广东省人民医院惠福院区、广州市妇女儿童医疗中心（妇婴医院、儿童医院）、广州日报社、广州市地方税务局越秀分局、越秀区净慧路少年体校、捷泰广场、中六电脑城、乐购超市、颐高数码广场、珠海特区大酒店、美东大厦、樱花大厦、回民饭店等。

【城区综合管理和公共服务】

城市管理 2010年，诗书街推进和谐城管、效能城管建设，按时高质完成迎亚运人居环境整治工程。采取日常网格化管理与定期集中整治相结合方式，有效减少“六乱”现象，美化社区环境。推行和谐城管执法行动，注重宣传教育与协调解决问题相结合，拆“两违”、理“六乱”。开展文明祈福光孝路宣传执法活动，拒绝烟火方式祈福。建立亚运赛时、“创文”期间明查暗检督查制度，提高保洁质量。采取集中普扫、轮流保洁与空档时间“飞行保洁”相结合的办法，确保内街巷卫生。配合亚运整治工程，拆除麻行街、博爱新街、中山六路等地段约400多平方米环卫工人临时宿舍。加强病媒生物防制工作，加大公共场所、绿化带、停车场等消杀，辖内未出现登革热病例。全年除“四害”消杀面积61万平方米。建立“三防”应急预案，落实防范措施，是年未出现因天气原因导致水浸等危情。

综治信访维稳工作 建立综治信访维稳中心，实现信访、调解、维稳一体化办公，有效预防和妥善化解社会矛盾。全年受理来信来访来电信访158件，办结率95%。信访主要是反映民生、亚运整饰工程问题，如房屋拆迁、早期下海人员退休、困难群众住房就业、物业管理、违章建筑、噪音扰民、环境污染、无证经营等。继续深化治安防控体系建设，10个社区全部实施半封闭或封闭管理，福地巷重点防护社区完成整治目标，治安警情比上年下降35.2%，入屋盗窃案件比上年下降25%。2010年，成立亚运安保工作机构，全街投入安保力量3500多人，动员辅助力量100多家商户店铺300余人，参与安保控岗、控人工作，购置1000多套安保值班装备，确保亚运赛时社会面整体防控。

民政工作　继续借助综合救助中心，提供救助帮扶“一站式”服务，办理低保户175户、362人，发放各类低保救济101.54万元，实物救助边缘困难群众103户、6.28万元，办理扶困助学申请13人。发放低收入困难群众慰问品234份、16.24万元。完成廉租房保障目标任务，困难家庭申请廉租房租赁补贴67户，廉租房租赁补贴资格年审220户，直接发放租赁补贴45户，“双特困户”原址续租5户。审核发放基本医疗费85户、516人次、5.01万元，办理特困人员医疗零星救助56人次、3.85万元。办理困难家庭慈善医疗门诊24户，发放越秀区慈善门诊记账单15人次、1974元。联合广东狮子会明日之光服务队开展“走进社区，携手成长”中秋慰问活动，捐赠“爱心”米和油229份1.59万元。落实双拥优抚工作，上门慰问知名烈属、重点优抚对象、共建部队官兵等71人次，派送慰问金2.29万元。开展无军籍退休人员因病致困摸查工作，组织开展扶贫维稳活动，办理患病人员公费医疗事务。

计生工作　2010年，诗书街落实计生惠民工程，建立审核奖励对象信息档案1569人次，解决89名街属企业独生子女父母奖励问题。在人流量大、流动人口居住和务工较密集地带安装免费避孕药具发放箱，全年发放避孕药具11.5万余盒。开展“生育关怀，春风送暖”计生协会生育关怀系列活动，帮扶、救济计生贫困母亲、低保家庭、低收入家庭。发动计生协会、机团单位、个体商铺和广大干部群众为国家幸福工程——救助贫困母亲行动捐款4.27万元。举办宣传咨询服务活动和讲座16次，及时更新维护宣传栏、阅报栏和计生宣传长廊，免费发放计生宣传品5万份。全年人口出生263人，出生率6.24‰，自然增长率-3.08‰，计划生育率97.72%。征收社会抚养费87.81万元。

社区管理和服务　2010年，诗书街规范社区基础建设，举办素质培训班，提高社工队伍综合能力，新招聘录用8名社工。完成第六次全国人口普查工作。建设“五个一”工程（社区服务中心650平方米、社区卫生服务机构4012平方米、小公园1933.72平方米、娱乐文化中心1788平方米、治安视频监控中心47.75平方米）并通过市检查验收。祝寿巷、七株榕、三元巷、白薇、陶家巷社区星光点被评为年度五星级星光老年之家，枣子巷社区星光点评为三星级星光老年之家。

推进社会公益事业，为青海玉树地震、“广东扶贫济困日”、甘肃泥石流灾害捐款24.34万元，举办无偿献血活动9次，参加无偿献血1086人次21.72万毫升，献血率118.43%。是年，接收退管人员6268人，办理老年人保障卡947个。为71名老人办理星光平安宝申请，为80岁以上独居老人提供全免优惠。为1641名长者发放长寿保健金。坚持每日一访孤老关爱机制，设立上门探访登记表，协助患重病的困难退休人员申请特困救助，申请特殊困难救助的患重病退休人员15名。推进中医卫生服务进社区，开设社区健康教育宣传专栏，举办中医知识系列讲座、义诊服务18场，建立60岁以上老人、残疾人、患慢性病、孕产妇、儿童等健康档案2300份，建立居民中医体质辨识档案3000份，减免挂号诊金3000元，让利25000多元。

是年，全街城镇登记失业3074人，实现再就业2806人，再就业率91.28%。办理求职登记680人，推荐就业550人。办理灵活就业人员备案手续525人，登记在册特困失业人员12人，就业率100%。“40、50”人员1289人实现再就业1129人，就业率87.59%，其中从事社区就业服务岗位857人。全年举办现场招聘会4场，设点企业71家，提供岗位近600个。

出租屋管理　推行全省统一实行的居住证制度，完成市、区下达办证指标6800个。加强亚运安保检查和宣传，联合有关职能部门开展税收核查，利用第六次人口普查上门登记，全面核对“人屋”信息。年末在册出租屋登记7163套，出租屋均价，住宅为25元/米^2、非住宅为130元/米^2。

【精神文明建设】 2010年，诗书街开展创先争优活动，举办各类辅导课800多场次。推进非公企业工会区域性集体合同签订工作，组建广州惠信五金贸易商行党支部、索尔半导体有限公司党支部和越秀区首家社会组织党支部——广州高山文化培训学校党支部。落实文体惠民措施，开展街企共建文化活动，举办“低碳家庭·时尚生活”科普进社区活动、春节联欢、助残日文艺宣传、庆“六一”等文艺进社区活动共6场、文化讲座33场，举办各种培训班24次、书画展2次。健身操《向前冲》获越秀区“迎亚运、庆三八”比赛二等奖。建立10个社区文化室，在三元巷、七株榕、观绿社区新建3条体育健身路径，满足居民健身需求。提升“创文”成效，建立衔接无缝隙城管监控体系，全面改造、整饰，规范宣传栏设置，开展城市公共文明入户调查，提高“创文”知晓率、参与率和支持率。祝寿巷社区顺利通过“创文”国检。

【地域经济概况】 2010年，诗书街辖内商贸、服务业经济是推动全街经济增长的主力军，年末辖内法人单位812户，其中：工业4户、批发零售业453户、房地产建筑业38户、住宿餐饮业34户、交通运输仓储业44户、服务业239户。产业活动单位235户，个体经营户2075户。限额以上商业企业33户，经营电子产品和冷冻设备。专业市场10户，经营眼镜批发。限额以上服务业单位49户，经营报刊发行、专业服务。专业市场有广州市越秀区新同乐眼镜城、广州颐高数码广场西门口店、广州市中六电脑城、广州市越秀区理力电子城、广州市精鸿电子城、广州眼镜城、广州信江眼镜贸易中心、广州越和（国际）眼镜城、广州市大德市场、广州市越秀惠福西肉菜市场。征收“两费一税”771.31万元，印花税代征收59.11万元。

【亚运人居环境整治】 2010年，诗书街迎亚运人居环境整治工程总投资2880万元。整治项目有光孝路片区、海珠中路片区、操场前片区及伦文叙纪念广场、大德路西段骑楼。整治、清拆不规范防盗网1006平方米、不规范飘篷6102平方米，拆除违章建筑61处2198平方米，整治广告招牌334宗4853平方米，整饰房屋外墙785栋12.10万平方米，铺设内街巷道路788平方米，绿化改造350平方米，修缮、改造沟渠1000余米。工程注重挖掘历史人文特色，如光孝路宗教文化，福地巷伦文叙居地明代状元文化，街、巷、里、坊地名文化，大德路岭南骑楼文化等。

【伦文叙纪念广场】 2010年10月30日落成的伦文叙纪念广场是市立项的整治项目。位于中山六路西门口地铁站B出口东面，面积约500平方米，投资额为180万元。广场设计元素以明代建筑风格为

2010年12月9日，诗书街举办广府状元文化节——《画出彩虹——王金生羊城风情画展》

主，突出广府本土历史人文底蕴风格，运用明式牌坊、伦文叙花岗岩石雕人像、大理石雕刻壁画及铸铜鳌头四大景观营造主题。12月1日，伦文叙纪念广场揭幕仪式拉开广府状元文化节序幕，越秀区相关领导以及新快报社、伦文叙故里——佛山黎冲村委成员参加活动，并为伦文叙石像、诗书阳光社区文化广场牌匾揭幕。《新快报》阳光社区栏目、佛山禅城区黎涌村与诗书街签订战略同盟。诗书状元名人堂讲古大师颜志图、南箫王郭大强带领各位街坊状元现场献技，为街坊状元、伦文叙纪念广场之友颁牌。

（诗书街　黄晓玎）

光　塔　街

【基本情况】　光塔街位于市区中心，因辖内怀圣寺光塔而得名。东起广州起义路北段，与北京街相接；西到海珠路，与诗书街相依；南临惠福西路，与大新街相交；北至中山五路西段、中山六路东段，与广卫街、六榕街相望。面积0.44平方公里。设马鞍北、诗家里、师好巷、云台里、玉华坊、回龙里、和义巷、怡乐里、杏花巷、孝友东10个社区。2010年人口普查总户数为16144户，登记人口48218人（其中户籍人口38485人、常住人口29110人、流动人口9733人）。居民中除汉族外，还有回、满、黎、苗、壮、瑶、侗、蒙古、土家、维吾尔等14个少数民族，是越秀区少数民族最多的一个行政街。辖内有怀圣寺光塔、广州起义纪念馆等名胜古迹，陶街、新陶街、米市路等电子商业街，有广东省委统战部、广东省工商联、广东省残疾人联合会、广州市地铁公司、广州市公安局等省、市机关。

【城区综合管理和公共服务】

城市管理　2010年，光塔街共拆除违章建筑152平方米、过期临时商铺1923.6平方米，整治不规范广告牌480平方米、雨篷160平方米、防盗网130平方米；完成内街内巷铺设路面及排水管6838平方米，修补及新铺路面4000多平方米，新增种2000多棵树，新建、修复花基435平方米。查封违法违规商户15间，引导办证9家商户。指导及规范管理20多个物业管理公司。协助救助流动乞讨人员94人次；组织开展各种专项卫生行动22次，共6000多人次；组织1.67万人次进行登革热防控查访5570户家庭，清理积水1969宗，开展消杀行动28次、面积450万平方米；清理各类垃圾278吨，改善社区卫生环境。

综治信访维稳工作　2010年，街道调剂出办事处一、二楼380平方米的场地，建立街综治信访维稳中心，全面整合综治、信访、司法等资源，建立健全综治信访维稳工作机制，发挥“阳光工作站”作用，引入司法调解帮扶，把信访问题和矛盾纠纷化解在萌芽状态，经排查成功化解2起越级进京上访事件。侦破毒品案件11宗，强制戒毒20人，美沙酮送治16人；全年受理各类信访、投诉、矛盾纠纷188宗，成功调处188宗，办结率100%。成立治安城管综合指挥中心，配备4名专职工作人员。大胆探索协管队伍网格化“一岗多责”管理模式，制定《光塔街实行协管员队伍“一岗多责”制度的实施意见》等多项工作制度，发挥好城管、治安、工商、出租屋、安全生产等部门联防联控作用。全年全街发生刑事案件100宗，比上年下降20%；治安案件111宗，下降14.6%；“双抢”案件8宗，下降63.3%。建立和完善社区安全生产（消防）监管机构。全年送培企业负责人11人，再培训121名安全主任；开展各种专项检查行动948批次1686人，检查企业1235间，检查出消防隐患236宗，整改236宗；检查出租屋3300套，整治存在消防隐患的出租屋835套，整治率100%；实现安全生产和消防事故“零发案”。亚运期间组织发动3000多岗位、人员参与社会面防控，果断、有效地处置中山六路工人讨薪堵路、亚运开幕式晚上部分工人讨薪堵塞解放中路及年底中山六路劫持人质等突发事件。顺利完成亚运会期间伊斯兰教“古尔邦节”安全保障工作；为印度尼西亚体育部长等1.2万人次中外穆斯林参加怀圣寺宗教活动提供安全保障。完成国务院温家宝总理视察万佳超市等各级领导视察接待任务36次。

民政工作　依托地区党建联席会议载体资源，组织辖内社会各界成立街慈善分会，帮扶和救助特困家庭、残疾人、低收入边缘人群。全年发放残疾人专项补助金164人、23.89万元，发放残疾人亚运生活补助金636人、31.8万元，办理二代残疾人证658个，为26人次贫困精神病人办理入住精神病院救助，为29人次申请贫困精神病人免费门诊。全街新发老人优惠证1253个；慰问探访245户、497人，发放低保金167.4898万元，对308户、487人发放低保物价补贴14.64万元，对307户、666人发放低保亚运生活补助金33.3万元，节日慰问733户次，发放慰问金额23.61万元，发放优抚对象、参战人员慰问金、生活及亚运补贴71.37万元，代管退休人员退休工资46.93万元。全年审核通过廉租住房保障77户、租赁补贴62户、经济适用房预登记32户，办理准购证29户，解决廉租住房保障家庭35户、家庭经济适用房45户。

计生工作　以计生例会为依托，以部门联合执法为保障，协调民政、公安、出租屋等部门，全年出动3000多人次对辖内的出租屋、商铺、工地等场所进行计生专项清查行动，清查出租屋8000间次、商铺2550多间、专业市场4次，签订出租屋计生责任书800多份，录入、核查计生人员信息3.8万多条。全年出生264人，人口政策生育率97.73%，自然增长率-1.81‰。结合“人普”工作，发出社会抚养费征收决定书50份，征收金额250多万元。

社区管理和服务　将原经营电子、数码产业、电子原件等特色的项目引入创业（孵化）基地，建成2个创业基地（其中1个市场型创业基地，1个门面型创业基地），发挥创业带动就业的倍增效应。按政策对18个报刊亭经营者实行办理申领资助、小额贷款申领、后续跟踪扶持等“一条龙”服务。继续发挥街道工疗站作用，对特殊人群采取适当政策关怀扶持，持续推进“零距离”就业模式。2010年全街城镇登记失业人员3295人，实现就业和再就业3085人，就业率93.62%；“40、50”登记失业人员1472人，实现就业和再就业1364人，就业率92.66%，零就业家庭、特困失业人员就业率100%。

出租屋管理　推行居住证办理工作，实行少数民族流动人口免费办理居住证政策，全年出租屋管理办理居住证5380个，超额完成区下达任务。通过咨询活动派发小册子2500份、出租屋法规宣传单800份。实现“两费一税”约834万元，其中征收房屋综合税收727万元、调配费4.6万元、治安联防费7.7万元、印花税94万元。

【精神文明建设】　2010年，光塔街在“创文”、迎亚运等各项工作中充分发挥基层党组织的战斗堡垒作用和共产党员的先锋模范作用。开展以党员干部带头，以“党员义工服务队”为形式的各种志愿活动，组织3.5万人次参与“光塔地区庆七一活动”、“清洁家园”、“迎亚运珠江巡游”、“看亚运文明观众”、亚运会火炬传递、亚残运会火炬传递等主题活动。在“创文”与亚运安保工作中，推行以社区党组织为龙头的网格化迎检及安保模式。广大党员干部在“创文”、迎亚运等实际工作中不怕苦、不怕累、连续作战，锻炼党员队伍，提高广大群众对党员干部的认同感和入党愿望。是年，10个社区有21人次递交入党申请书，发展新党员11人。结合“创文”、迎亚运、防登革热、出租屋专项检查、人口普查等阶段性工作，加大宣传力度，张贴各种宣传海报6万多份，印发各种宣传资料3万多份，提高人民群众对党和政府工作的知晓率、满意率。实现“创文”工作“常态化管理、居民群众踊跃支持、创建氛围浓厚”三大工作成效。

通过在聚礼时诵读伊斯兰教义中倡导文明礼仪的箴言，及时向穆世林信徒宣传广州迎亚运精神和创文明工作，提高少数民族群众主动参与社区管理建设的意识。

【地域经济概况】　光塔街辖内有

法人单位815个，个体私营企业1695个，其中工业6个，批发零售业1895个，房地产建筑业38个，住宿餐饮业153个，交通运输仓储业26个，服务业383家。有9个专业市场，包括广州惠福市场发展有限公司（米市新街市）、广州市中旅商业城商业有限公司、广州市越秀区陶街电器商贸城、广州誉隆数码手机城、广州市越秀区解放中电器城、广州市新陶街电子电器市场、广州市越秀区米市电子商场、广州市越秀区惠中商业服务中心、广州市越秀区今海冷冻配件市场。其中，陶街、新陶街、誉隆数码手机城等商场2010年营业额约为8439万元。

【亚运人居环境整治】 2010年，光塔街迎亚运人居环境综合整治中，涉及光塔街的市、区项目共投入3.93亿元（其中，擢甲里520万元、解放中路沿线486万元、内街内巷272万元、五仙观广场3.8亿元），整饰外立面3万平方米（其中，擢甲里、解放中沿线各1.5万平方米）。配合市、区五仙观广场拆迁安置249户，拆迁面积1.55万平方米。由街负责的迎亚运综合整饰项目有3个标段工程，总造价1823.09万元，主要包括起义路、南朝街、南朝新街、学宫街、朝天路、陶街、粤华街、光塔路、米市路、进步里、杏花巷等路段，共整饰外墙立面51676平方米。结合亚运整饰工程，先后投入27万元为居民群众安装360套不锈钢晾衣架，更换1200多个信箱，整治不规范防盗网3138平方米、雨篷1708平方米、广告招牌3173平方米，拆除违章建筑277平方米，维修严损房6间约1000平方米，改善了社区人居与城区营商环境。

【弘扬光塔地区深厚的历史文化底蕴】 光塔街党工委、办事处结合迎亚运综合整饰工作，紧紧围绕“广府文化源地，千年商都核心”的文化内涵，深入挖掘本地区深厚的历史文化底蕴，整合场地资源，将街原出租场地升级改造成民族文化活动中心。该中心建筑面积共370平方米，融合回、满、汉等民族建筑风格的设计理念，采用汉族“中国结”幕墙和回、满风情特色立柱进行装饰，提供民族民俗文化展示、民族艺术表演、图书阅览及舞蹈健身等社区民族服务。

光塔街是历史上“海上丝绸之路”起源地、著名“蕃坊”，现今还有14个少数民族聚居。街党工委、办事处将迎亚运环境综合整饰与挖掘民族文化有机结合，整饰以进步里、杏花巷、光塔路为主体的社区环境，修葺各具民族特色的建筑，其中位于进步里的民族民俗文化长廊，以浮雕、雕塑的创作手法和民族民俗文化展览的形式，展示光塔地区各民族风情和地域文化，形成具有光塔特色的社区民族文化品牌。

街道还以民族融合进步、团结发展为根本，培育“少数民族合唱团”、“回民武术队”等文艺队伍，组织包括少数民族小食烹饪大赛、周末歌咏会、书画展等具有民族特色的社区文化活动，加深各民族间的了解融洽，丰富居民群众的文化生活。（光塔街　钟回正）

人民街

【基本情况】 人民街位于越秀区西南部，面积1.02平方公里。设有安业里、仁济东、兴贤里、盐亭东、海珠石、果菜西、青兰里、靖海门、太平通津、泰康城、素波巷、木排头12个社区，有户籍人口18360户、41800人，常住人口25662人。辖内有中国第一家中央银行旧址、广州第一面五星红旗升起的地方——东亚酒店；有哥德式天主教“石室圣心堂”和著名的海珠广场、广州解放纪念石像、天字码头，以及一德路干果海味、泰康路装饰材料、侨光西路和一德路玩具精品等专业批发市场。有广州市第十中学等中、小学校4所（原北京南小学并入八旗二马路小学，划入珠光街）。是年4月，办事处迁往一德路154号。

【城区综合管理和公共服务】 城市管理　街城管部门多次牵头组织大型联合整治行动，开出城管执法询问通知书300余份，处罚“六乱”

220宗，处罚“两违”8宗，合计罚款12万余元；拆除违法建设面积计1.06万平方米、违章飘雨篷210平方米、破损广告招牌5270平方米，管理在建工地7个，整治排水沟渠240平方米，整治化粪池4座，解决回龙上街、潮音街水浸街问题。组织各类无证照整治专项行动26次，依法取缔16户，处罚23户，引导办证160户。是年，举办“第二十二个全国爱国卫生月”、“第二十三个世界无烟日”、“六·五”世界环境日宣传活动等大型户外咨询活动7次；举办冬季老年人保健知识、预防登革热知识、季节性流感知识、急救知识等讲座9次，出健康教育宣传栏43个。对工地、危房、排水沟等重点部位进行排查，落实三防措施。

综治信访维稳工作　受理群众反映问题132宗，现场调解率72.8%，现场调解成功率100%。顺利完成金晋精品广场、新泰康装饰城违法建设的清拆维稳和安全监督工作。全街各类警情6794宗，比上年下降7%；刑事立案409宗，下降1%，其中双抢案39宗，下降15.2%，入屋盗窃案27宗，下降12.9%；亚运会亚残运会期间，组织5000余人（包括502人专职、4500人义务）实行定点定岗，参与社会面整体防控。是年，素波巷社区被定为全市社会治安重点整治社区，果菜西社区被定为涉亚重点防护社区。经整治，素波巷社区三类可防性案件和盗窃机动车案均实现零发案；果菜西社区刑事发案下降18%，治安发案下降35%，2个社区的治安形势好转。检查娱乐场所、宾馆旅业、出租屋、仓库、工地、废品收购站等重点场所1356间次，发出消防隐患整改通知书111份，对36间作出消防行政处罚；发动辖内生产经营单位233人参加安全主任培训，20人参加企业负责人培训。

民政工作　全街在册低保户386户、低收入户57户；为低保、低收入户办理基本医疗604人、社区免费门诊94人、慈善医疗门诊21人，发放实物救助181份，为低保、低收入户发放每人500元亚运补助金。为33名困难学生向区慈善会申请每人800～3000元的助学金。办理经适房申请80户、廉租住房申请52户，发放准购证38户；办理廉租住房年审94户；通过市场租赁解决18户低保低收入家庭的住房，完成469户家庭廉租住房保障任务。对851名残疾人进行康复需求登记，为15户精神病人家庭办理“阳光家庭”居家护理申请，为192名残疾人办理专项补助，为35名贫困残疾人和残疾人家庭子女申请助学金；对316名登记在册精神病人进行复核，为26名精神病人办理免费门诊治疗；为76名贫困残疾人办理慢性疾病医疗救助卡新增申请。

计生工作　是年全街出生人数为282人，出生率6.75‰，人口自然增长率－2.54‰，清查出租屋7676间次，对外来已婚育龄妇女249人登记造册。与户籍地计生部门联合，动员育龄流动妇女落实避孕措施。流动人口出生登记率和符合政策生育率均达100%。投入23.24万元开展人口计生宣教活动，宣传品入户率90%以上。开展城镇独生子女父母计划生育奖励工作，累计完成该项奖励申报3243余人。投入1.9万元开展“计卫联手”服务，组织妇女常见病普查普治634人，已婚育龄妇女避孕节育措施知情选择率100%、落实节育率82.39%；征收社会抚养费216.6万元。

社区管理和服务　全街失业人员总数为3534人，实现再就业人数3285人，就业率达92.95%，其中社区就业559人。建立“用人单位信息卡”902家，涉及人数2982人；共化解劳资纠纷9宗，为217名劳动者追讨工资及押金约456万元。全年登记在册退管人员6316人，空挂人员2759户，为独居老人安装“平安宝”45户。为133位空巢老人建立结对帮扶工作台账；为953人发放老年人社保卡；为1558名高龄老人办理长寿保健金申请发放手续。是年，5个社区通过“六好”平安和谐社区验收，全街除靖海门社区硬件不达标外，全部社区完成“六好”平安和谐社区创建任务。

出租屋管理　及时掌握出租屋和外来人口情况，督促业主和承租人签订出租屋治安责任承诺书、出租屋消防安全责任承诺书、计划生育责任书。是年，人民街区域内共有出租屋 10650 套、流动人员 13122 人。出租屋和流动人员纳管率 95% 以上；完成 8 套出租屋“房中房”整治工作；共办理 IC 卡暂住证 11461 个，应办暂住证流动人员持证率 90%；新办理房屋租赁合同登记备案 1289 宗，租赁合同登记备案率达 90%；代征税费共 1151 万元（未含印花税，比上年增加 1.8%）。

【精神文明建设】 2010 年，人民街围绕创先争优活动，精心打造活动平台，自 6 月起在海珠广场每两周举办一次广场群众文化活动。2009 年年底，以 4 个片区为单位，与辖内机团单位结成共建对子，互派党建联络员，共同开展“八个一”活动，组织辖内医院为结对社区开展健康讲座，开设家庭病床；学校定期组织学生参与社区实践活动，为辖内困难家庭孩子提供爱心辅导；酒店定期对社区老人进行慰问座谈；社区党组织与结对单位联合开展组织生活等，先后组织主题活动 20 多场，500 多人次参与，受惠的党员群众 800 多人。全年各社区开展“迎亚运、创文明、当先锋”主题活动 38 场，参与党员 1541 人次。

【地域经济概况】 人民街区域内有工商企业 6466 户，其中企业法人单位及产业活动单位 1174 户，约占 22.01%；个体经营户约 5334 户，占 82.49%，以批发、零售、餐饮、其他服务业为主。

【亚运人居环境整治】 2009 年 12 月 24 日，街迎亚运人居环境整饰工程第二标段（一德路石室标段）开工。该标段以石室天主教堂文化为主题，对靖海门和青兰里社区进行连片整治，把一德花园升级改造成休闲、健身为一体的绿化花园，把迎珠街升级改造成以珠江风光和海珠石神话传说为主题的“珠韵晴澜”文化广场。2010 年 6 月 30 日，该标段全部完工。2009 年 12 月 30 日，街迎亚运人居环境整饰工程第三标段（长堤大马路、仁济路标段）开工。该标段突出仁济路、仁济西路一线民国建筑特色，2010 年 6 月 30 日，该标段全部完工。2010 年 1 月 6 日，街迎亚运人居环境整饰工程第一标段（北京南路、广州起义路标段）开工，该标段突出泰康路、起义路一线骑楼特色亮点，升级改造以党建文化为主题的维新横文化广场、泰康城社区文化广场，2010 年 6 月 30 日，该标段全部完工。以上 3 个标段共投入资金近 3200 万元。

人民街民心小工程落实到位，工程组共收到群众赠送的 10 余面锦旗

【以“三个联动”争当亚运志愿先锋】 2010 年人民街采取“三个联动”的措施，调动党员群众以及辖内机团单位的积极性，积极参与亚运志愿者行动。

社区党组织与党员联动。以社区党组织为牵头单位，成立 12 个亚运志愿服务队，各社区党组织根据社区实际和志愿者特长，开展特色志愿服务。

社区党建联席单位联动。社区党组织与各机团单位党组织结成共建对子，签订共建协议，社区家庭病床、学生社区实践、扶贫助困金等服务项目得到拓展。

党组织与群团组织联动。亚运

会、亚残运会期间，人民街共开设3个新生活驿站志愿服务点、3个共建酒店志愿服务点、4个路口及车站文明交通服务点。同时，街党工委联合工会、妇联、团委、文化、司法、民政等部门，进一步深化广场志愿服务日活动。

（人民街　马利霞）

北京街

【基本情况】　北京街位于越秀区南部。东与大塘街相交，南与人民街接壤，西与光塔街相连，北与广卫街为邻，面积0.51平方公里。设有禺山市、大马站、流水井、白沙居、龙藏、盐运西、仙湖、高第、许地9个社区。有户籍人口11975户、33709人，常住人口19151人。北京路商业步行街是闻名省内外的繁华商业中心；辖内有拱北楼旧址、古药洲、西汉水闸遗址、大佛寺等文物古迹，有省劳动和社会保障厅、市公安局办证中心、市教育委员会、市民政局等机团单位。

【城区综合管理和公共服务】

城市管理　2010年，构建“大城管”长效管理模式，集中对辖内城管工作难点进行攻坚整治，相继对高第街“天光墟”、大佛寺周边、北京路步行街开展商业环境净化行动，对惠福东路美食花街无证照经营、中山四路与中山五路沿线烧烤档等进行专项整治行动，“六乱”顽固“黑点”得到遏制和清除。全年翻新路面2000平方米；开展灭蚊、灭鼠等大型除四害行动58次；实施步行街商业环境巡查行动20次；处理12319投诉521宗，回复率100%；推行保洁员地段轮岗制、收费员按劳分配制，实现全年辖内机团单位与居民对垃圾收运工作零投诉。在每月的市、区“创文月”考评中，实地考察成绩均排在前列。在盐运西社区创建省级“绿色社区”的同时，推动高第、许地、禺山社区创建区级“绿色社区”的工作。

综治信访维稳工作　建立校园警务室，组建护卫队，加强辖内5间中小学、幼儿园师生的生命安全保障。“四网”（社区稳控网、重点目标防控网、强化路面巡控网、视频监控网）联动，强化亚运期间社会治安防控，在全街9个社区设立三大类16种防控工作岗位468个。全年全街发生刑事案件285宗，同比下降18%。其中，“两抢”案13宗，下降35%；诈骗案58宗，下降15%。完成禁毒收戒21人，破获毒品案件15宗，美沙酮维持治疗23人。妥善调处广百员工劳资纠纷、光明广场拆迁户纠纷等群体性案件，及时消除治安隐患。9个社区陆续建立社区综治信访维稳工作站，2010年社区工作站共受理案件51宗，调处率100%。全年受理信访案件126宗（其中来电22宗、来访19宗、来信73宗、邮件12宗），办复率100%。

民政工作　核定低保家庭279户、539人，低收入家庭101户、282人，实现应保尽保。发放445户低收入家庭廉租住房补贴；解决廉租住房334户；完成489户经济适用房预登记审核报批工作，其中342户已领取准购证。全年发放长者保健金1370人，办理老人优待证6976人，为社区老人安装星光平安宝32人，未发生独居老人重大意外事件。接收社会化管理退休职工5388人；协助生存认证、养老、医保跟踪服务600人次。100%完成殡葬管理任务。举行与南沙华阳礁守备部队共建20周年纪念活动，慰问部队及奖励立功受奖官兵2.5万元。组织辖区内5名军烈属到广西边防扫墓。

计生工作　2010年，全街常住人口为3.36万人，出生191人，计划生育率为97.38%，出生率5.62‰，人口自然增长率-4.15‰，死亡率9.78‰。全面落实计划生育目标管理、层级动态管理责任制，无政策外多孩出生。常住已婚育龄妇女4869人，其中落实节育措施3649人，免费为流动育龄妇女查环查孕359人次。全年依法依规征收社会抚养费140多万元。

社区管理和服务　2010年，建立辖区单位“就业工作联系制度”，率先开展“创业指导进校园进社区”活动。全街登记失业人员数2391人，实现就业人数2230人，就业率为93.27%；其中“40、50”人员数902人，实现就业人数719人，就业率为79.71%；帮扶特困失业人员9人，实现全面就业。免费培训失业人员1053人，培训后就业率达64%。举办4场大型现场招聘会，68家用人单位提供就业岗位708个，1430人入场应聘，当场招聘87人，现场与用人单位初步达成就业协议403人。全年处理投诉案件7宗；为193人成功追讨工资167.02万元，追讨补偿金38.45万元；督促用人单位为108人补签劳动合同、70人补办社会保险。社区居委实行错时、约时工作制，完成“亚运大礼包”惠民项目发放工作，辖区内发放“亚运大礼包”3609户、亚运生活补助金40余万元。

出租屋管理 探索创新出租屋管理服务模式，开设租赁备案、纳税绿色通道；开展定期消防检查；提供上门为流动人员办理居住证等个性化服务。全街登记出租屋7564套，比上年增长7.8%；在册登记流动人员8109名，其中新采集信息6932条，增长81.4%。出租屋治安责任保证书和计生责任书签订率100%。受理流动人员居住证6732张，增长66.7%。

【精神文明建设】 2010年，北京街以创先争优活动为载体，统筹推进社区和“两新”组织党建工作。先后组织开展“迎亚运，当先锋”党员网上签名承诺活动、创先争优公开承诺活动、争创“五个好”先进基层组织等活动。着力抓好培养、发展年轻人入党的“源头工程”、“两新”组织企业骨干入党的“双培双促”工程。全年全街发展党员6人，新增入党积极分子54人。开展党员义工服务队集市活动106次，党员义工参与1939人次，服务居民8279人次。开展党员谈心898人次，各社区党员之家走访党员451人次。在区率先完成发动社会面参与亚运安保的任务，组织社会力量安保志愿者3600余人。投入18.98万元，完成赛事外围保障、重点地段重点人群的安保监控、亚运开幕式珠江巡游观礼、亚运历史文化线采访、群众文化活动组织等任务。全年街举办书画、摄影展览15期，接待市民群众参观近2万人次；为社区群众、文艺团队提供活动场地80场次；街文化站摄影沙龙开展专业讲座、专题比赛11次。投资20万元修建以“水”为主题的禹藏园科普文化广场，整合辖区西汉水闸遗址博物馆，建立北京街科普示范基地。紧密结合“迎亚运创造新生活”主题，每月面向社区开展2~3场主题实践活动，全年社区院线免费放映电影、电教片214场次，绿色网园提供免费上网1449人次。不断深化文明社区创建工作，盐运西社区被评为广东省文明社区，全街有区级以上文明社区7个，占社区总数的77.78%。2010年4月8日，国家文化部副部长杨志到北京街流水井调研考察社区文化站建设情况。

【地域经济概况】 2010年，北京街辖内法人单位922户，产业活动单位160户，个体经营户1600户；批发零售业476户，房地产建筑业41户，住宿餐饮业65户，交通运输仓储业9户，服务业276户；拥有五月花商业广场、惠福新街市、泰古灯饰城、太白鞋业皮具城等30家专业市场；全年征收出租屋和流动人员“两税一费”2023万元，比上年增长27%。

【亚运人居环境整治】 2010年8月，北京街迎亚运人居环境整治新增项目——北京街骑楼整饰项目正式开工；9月底，北京街教育路、西湖路、起义路和大南路三个标段整饰工程完工；11月初，北京街骑楼整饰项目完成初步验收工作。北京街以高质量完成迎亚运环境整治任务，立面整饰面积11万平方米，打造出“广府文化源地，千年商都核心”牌楼、盐运西广府文化社区、教育路—西湖路火炬路灯柱等赋有广府文化特色区域，工程总投资3300多万元；环境整治中拆除防盗网1016平方米、雨篷987平方米、违章建筑1224平方米。

【社区基层管理体制综合改革工作】 2010年，北京街被广州市、越秀区选定为开展基层管理体制综合改革和社区综合服务中心双试点街道。3月，街道从“政务服务便捷化、社区综合服务专业化、居民自治管理充实化”三个方面推进试点工作展开。对街道内设机构、工作平台、工作任务、服务项目、办事流程以及编外人员队伍等进行调研、梳理、调整、归位，增设社区居委自治工作专职岗位，建立社区居委政务工作站，整合后全街编外人员精简18.1%。6月，北京街开展政府购买服务——实现与专业社会服务机构“中大社工”对接，成立北京街家庭综合服务中心。通过实施家庭建档、个案跟踪、组织兴趣小组等工作手法，是年跟进完成个案服务100余人，成立特色小组16个，开展社区活动14次，服务居民6000人次。

【惠福美食花街】 2010年6月，北京街提出把辖内禺山路、惠福东路、书坊街整体规划，打造“广府文化美食长廊”的方案；11月9日，举行“惠福美食花街”开幕式。惠福美食花街包括三个路段：禺山路，全长110米；惠福东路东段（北京路至教育路口），全长250米；书坊街，全长120米。禺山路、惠福东路的餐饮企业有50余家，以特色小吃、具有岭南特色的家常小菜以及东南亚风味的菜色为主，云集泰国、越南、印度、日本等异国风味餐厅。书坊街按照广府传统建筑风格整饰，将引入广州具代表性的特色小吃名店、老字号品牌（如百花甜品、莲香楼点心等），结合文化广场、城市雕塑、粤剧戏台、休闲园林等公共区域，打造游、玩、赏、吃一条龙的“广府新天地”。

惠福东路从一条普通次干道转身为广州市第一条步行美食花街，成为广州城区旅游新热点。2010年12月8日，广州市委副书记、市长万庆良同志到北京街视察大小马站书院群复建和惠福美食花街项目建设情况。

（北京街　蒋玮）

2010年12月8日，广州市市长万庆良到北京街视察大小马站书院群复建和惠福美食花街项目建设情况

大新街

【基本情况】 大新街位于越秀区西南部。东至起义路，与北京街相邻；南至一德路，与人民街相邻；西至人民南路，与荔湾区交界；北至惠福西路，与光塔街相邻。面积0.6平方公里。设有石将军、魁巷、象牙北、庆福里、大德中、大新中、南华园、玉带濠、濠畔中、三府前、大新西、和宁里、状元坊、一德西14个社区。户籍居民23676户、51954人，常住人口40285人。居民中有汉、回、满、壮、藏、傣、侗、土家8个民族。名胜古迹有五仙观、状元坊、濠畔清真寺。专业街有状元坊、天成路、大都市、濠畔街等。主要机团单位有广东省中医院、广州市第三中学等。

【城区综合管理和公共服务】

城市管理　2010年，街道整合城管队伍、社工队伍，完善网格化管理，招聘10多名协管员，补充对讲机等设备，增强队伍执行力。对社区每日发现的“六乱”、黑点等及时反馈信息，促进社区、城管科、城管中队及环卫站之间的联动，实时跟进整治。增聘12名协管员组建状元坊专职管理队伍，整合城管、工商、卫生和公安等执法资源，采取分片守点与机动巡查整治、联合与专项整治相结合的方法，大力整治乱摆卖、无证经营、夜间烧烤等扰民现象，完善对状元坊地区及周边的管理。组织为期1个月的“百人清理卫生黑点攻坚战”行动，集中力量彻底整治环境脏乱差“黑点”，清理垃圾杂物约20吨。全年累计清拆“违建”2945平方米，清理乱张贴乱涂写2300多宗，清拆违法搭建广告牌70多块2100平方米、广告灯箱432个965平方米，拆除防盗网3000多平方米。

综治信访维稳工作　2010年初，街道成立综治信访维稳中心，并拨款150万元用于中心场地建设和社区综治维稳工作站的改造，把人民调解、行政调解、司法调解有机结合，对群众投诉做到“统一受理、统一指挥、统一服务、统一处置、统一反馈”。年内街道综治信访维稳中心组织矛盾纠纷排查17次，摸排出各类矛盾纠纷24起，调处成功23起，调处成功率95%；接待群众来访165批（次），来信（电）20宗，办结信访案件247宗，办结率100%；妥善处置群体性事件9起，调解各类民事纠纷50起，调解率100%。

全街构建以社区为单元、警务室为平台的社会面防控网络，设立三大类21种防控岗位699个。亚运期间，街道广泛发动社会力量，投入辅助力量490人、社会义务力量2796人，构筑社会面、企事业单位、重点部位、社区“四位一体”的治安防控网络，确保街辖内社会面安全稳定。全年刑事案件248宗，同比下降9%；治安案件740宗，与上年持平；三类（盗窃、抢劫、抢夺）可防性案件39宗，下降55%。

民政工作　做好救助人员的分类管理，将因病致困、因学致困、因灾致困、因失业致困、无工作能力致困等对象录入台账，分类处理，为他们提供医疗、住房、居家养老等各类生活保障。及时做好低保续期审批、低保调标准备工作和困难群众医疗救助工作，为孤寡老人送医上门，为社区居民提供“一站式”服务。2010年上半年市区低收低保调标后，为低收入的378户、756人进行复查，使更多符合标准的困难家庭得到低保救助；为18人次的患病困难人员办理紧急医疗救助，救助款项近4万元。发动机关干部、社区居民及辖内机团单位参与“广东扶贫济困日”捐款活动，筹集资金13万余元；为辖内患病的市三中学生募捐，筹集爱心款7万多元。玉带濠社区与省中医院开展共建活动，全年举办义诊11次，上门为孤老、重病人员提供医疗服务6次。大都市鞋城、海林电子发展有限公司等机团单位与街辖内困难家庭定期开展“一对一”帮扶，分别帮扶困难家庭150户、300户，救助金额9万元、2万元。

计生工作　推进“阳光计生行动”，开展送计生政策上门赠礼品、送避孕药具上门随访、送查环查孕通知单上门帮扶奖励，提供免费婚检和孕前优生筛查以及妇女常见病普查普治优质服务的“三送一优服务”。选取流动人员较多、工作基础不同的3个社区成立“乡友会”，发挥他们的信息沟通、社群互动、自我管理作用，利用社区墙报、宣传窗等宣传阵地及开展“流动人口走四方、计生服务伴您行”、“出生缺陷干预工程”等主题活动，推进人口与计生工作。2010年全街已婚育龄妇女7403人，流动人口已婚育龄妇女1723人；计划生育率98.23%，出生率5.42‰，自然增长率－3.29‰。已婚育龄夫妇采取各种节育措施5546人，综合避孕措施率为74.92%；落实节育率82.74%。

社区管理和服务　街道投入20多万元更换人力垃圾车210多辆，果皮箱120多个；出资70万元，在魁巷、大新西等社区安装大批晾晒架、信报箱等便民设施；街道联合区园林局投入近百万元重新改建三府前、大德中社区绿化小公园。推进充分就业社区工作，每月对失业人员进行职业技能培训；全年联系用工单位近80家，通过举办企业招聘会及与辖区内单位联系沟通，开发就业岗位893个。是年末全街登记失业人员4126人，实现再就业3892人，就业率94.33%。其中“40、50”失业人员1936人，实现再就业1817人，就业率93.85%；10名特困失业下岗人员全部实现就业，就业率100%。辖内社会化退休人员8418人。完善6所老年之家的康体、娱乐设备和报刊书籍等相关配套建设，每月与街社区卫生服务中心联合举办卫生保健专题讲座，开展慰问、座谈等活动，为他们解决实际困难。2010年大新街退管所被评为“省级示范点”。

出租屋管理　街出租屋管理中心认真实施“以屋管人”、“以证管人”、“以业控人”、“以信息系统动态数据体现管理效能”的工作模式，14个社区成立出租屋管理服务站，在专业市场和流动人员较密集地段，成立3个专门为出租屋屋主和流动人员提供一站式服务的办证网点。全年全街登记在册出租屋14382套，登记暂住纳管流动人口14775人。

定期联合职能部门开展房地产市场服务行业专项检查行动，打击、取缔“黑中介”2个，规范房地产服务行业行为，完善辖区16个物业管理公司和12个房地产中介机构的租赁信息报送制度。规范租赁市场，出租屋均价每平方米18～20元。

【精神文明建设】　2010年街党工委下属有12个社区党委、1个非公经济组织党委、2个社区党总支、7个党支部，全街党员1737人。在开展“党员志愿服务进社区”活动中，在册党员义工250人，建立敬老服务、治安巡逻、交通值勤、医疗保健、心理咨询等16支党员义工队伍，为社区党员群众做好事、办实事、解难事。各社区党员干部现代远程教育接收站点16个。年内远程教育终端接收站点开机率达95.75%，组织党员收看各类课件76场次，党员收看率达90%以上。

在开展“争做好市民，当好东道主”系列活动中，拆除、修补宣传栏50多个，印制“创文”、迎亚运、创先争优活动宣传海报40张，印制《大新家园》专刊3期，派发“创文”宣传资料5万份。2010年5月28日，街道承办“亚运广州行”微笑日群众文化活动越秀分会场活动；8月8日广州市文明办、创建办、广州电视台主办的“广州好——迎亚运、创文明”社区文化活动启动仪式在五仙观广场隆重举行，大新街是协办单位并获活动纪念奖。

【地域经济概况】　辖内现有法人单位1086个、产业活动单位1238个、私营企业655个、个体5836个；法人单位中工业17个、批发零售业684个、房地产建筑业64个、住宿餐饮业25个、交通运输仓储业32个、服务业203个、其他行业61个。专业市场有大都市鞋城、高第西玉带濠鞋业专业市场、万菱玩具精品批发中心、一德国际玩具文具精品广场、天成路油墨纸张专业市场、状元坊工艺精品专业街。2010年征收出租屋“两费一税”近800万元，比上年增加14.73%。

【亚运人居环境整治】　2009年12月20日至2010年9月，街道开展迎亚运人居环境综合整治工程，覆盖全街14个社区，包括惠福西路、大德路（海珠南路以东）、大新路、天成路（大新路以北）、海珠南路（大德路至一德路）5条道路及部分内街；完成沿线片区730多栋房屋的外立面整饰12.1万多平方米，路面铺装3900平方米，排水设施改造3400米，文化设施建设1处，绿化景点建设4处，烂尾楼围蔽包装2栋1.05万平方米，工程费用近1900万元。完成濠畔清真寺所在的濠畔街（天成路至人民南路段，长度约250米）整饰工作。工程包括两侧残破立面、飘篷、三线、破损道路的整饰，资金42万元由区政府下拨。

【多渠道开展就业帮扶】　2010年大新街大力推进创业促就业全民行动，全年组织1603名失业人员参加职业指导课程，有314人参加并通过技能培训课程。全年成功创业人员近20人，成功申请小额担保贷款7人，贷款41万元。利用迎亚运的契机，上门动员大龄失业人员共同参与群防群治义工工作，聘请100多名失业人员在辖内群防群治小区值班、巡逻。对纳入灵活就业人员管理的下岗失业人员，街道提供相应的养老、失业和医保补贴，实现应保尽保。全年帮助32名特困、低保下岗和905名失业人员从事家政服务业，共办理养老保险资助金额近20.5万多元，确保到退休年限能准时享受社会养老待遇。

【组织亚运会开幕式“珠江巡游”岸上文艺演出活动】 2010年10月31日、11月3日、11月8日下午五时至八时，大新街组织由干部群众参加的拉拉队、街文化站的青年醒狮团和木兰健身团200多人组成的演出团队，参加在爱群大厦长堤江边举行的“珠江巡游”预演彩排。11月12日，组织干部、党员以及群众、学生1000人参加亚运会开幕式“珠江巡游”岸上文艺演出活动。大新街热情高涨的观礼区，成为中央电视台的拍摄定点地段。

【涉亚场所及周边商铺的消防整治】 2010年10月14日起，大新街进行为期9天的消防安全专项检查，对以涉亚场所广东省中医院为中心的200米范围内150多间的各类重点场所、“三小”场所开展大检查。被检查的部分场所存在灭火器过期失效或不足、消防设施被杂物阻挡及占用、未按消防规范铺设电源线路等问题。街防火办先后召开消防安全整治会议3次，加强对各单位消防责任人的消防意识教育，签订消防安全承诺书，签订率100%，为落实“平安亚运”工作打好基础。

（大新街　张松劲）

大新街干部群众热情参与广州亚运会开幕式“珠江巡游”岸上文艺演出活动

东山街

【基本情况】 东山街位于越秀区东南部。东起广州大道与天河区接壤，西到龟岗大马路与大东街相邻，北连中山一路，南至珠江岸边。辖区面积2.31平方公里。辖内设有新河浦、德安、小东园、寺贝、寺右、幸福、五羊北、五羊东、五羊南、明月、达道南、达道北、乐景、培正14个社区，有居民23561户，户籍人口78137，常住人口68235人。辖内驻有广东省委、广州军区机关、广东省政协、广州市政协、广铁集团总部；有中共三大会址、新河浦民居保护区、五大侨园等文物古迹；有长城大厦、凯旋华美达大酒店、金桥宾馆、珠江宾馆等知名旅业。

【城区综合管理和公共服务】

城市管理　2010年，东山街以“三个到位”推进迎亚运人居环境整治工程。全街辖内整饰22栋楼房外墙14.85万平方米，整治不规范防盗网14.5万平方米，清拆飘雨篷7.8万米，拆除各类违建物3200平方米，违法建设立案15宗，征收违建罚款15.63万元，维修内街内巷道路7200平方米，修缮改造排污沟渠26处，修建改造小区景点2个，安装晾衣架127个，改造化粪池28个。从2009年开始开展垃圾回收分类工作，与广州市分类得环境管理有限公司合作，在辖内的五羊南、五羊东、明月社区发送家庭厨余垃圾桶3700个，在每层楼道配置3400个厨余垃圾桶和其他垃圾桶。全年共教育处罚“六乱”行为680宗，基本做到无流动摊贩、无少数民族乱摆卖、无夜间烧烤、无明显占道经营、无乱拉挂等现象。

综治信访维稳工作　2010年全街刑事确认警情402宗，比上年下降18.6%；刑事立案291宗，下降10.5%，其中入屋案件54宗，下降10%；全街218天刑事案件零发案，323天入屋盗窃零发案；7个社区刑事案件呈两位数下降，小东园、达道南、达道北共3个社区入屋盗窃零发案。以深化街道综治信访维稳中心建设为契机，坚持“人要稳住”、“事要解决”的基本原则，制定和完善应急预案，全年信访总量138件，及时处理群众反映的问题，有效化解矛盾纠纷。

民政工作　办理廉租住房审核512户，实物配租年审16户；租赁补贴直接发放续期45户；完成市场租赁住房6户；办理经济适用房审核586户，领取准购证53户；从10月22日开始，开展广州市公共租赁住房需求调查。为辖内重点优抚对象发放节日慰问金及慰问品13.3万元；完成170人在册优抚对象每人500元共8.5万元的亚运专项补助审核发放工作。为患病无军籍、民政代管人员及3名孤老人员发放慰问金4.83万元；为无军籍、民政代管退休人员办理各项医疗检查申请132件，办理医疗证遗失补办手续9件，办理更改医疗定点医院15件。

计生工作　2010年东山街户籍人口出生627人，计划生育率97%，流动人口出生91人，计划生育率93.81%。全面落实计划生育目标管理责任制和计生层级动态管理，2010年内全街14个社区均无政策外多孩出生。全年共举办社区居委会计划生育居民自治活动66次，参加人数超过7000人。扎实做好全员流动人口信息调查工作，完成有效信息23927条，完成率达95.76%。与湖南省计生委驻广州办事处工作人员针对寺右村流动人口长效节育措施难落实等问题开展联合清查行动，处理流动人口管理疑难问题18宗。

社区管理和服务　对2009年度广东省“六好”平安和谐社区建设未达标的3个社区进行自查调整，通过省考评小组验收。根据市最低生活保障标准调整的要求，共调整困难家庭120户。为127户低保、低收入家庭办理低收入困难家庭证；其中，98户现金救济户，发放救济金共53.9万元；45户实物救济户，共发放粮油卡450份，金额2.8万元。街辖内城镇登记失业人员3217人，已就业人数2605人；失业人员中“40、50”人员1301人，已就业人数1058人。开办失业人员职业技术培训班95期，免费培训失业人员1500人，参加培训后自主创业为75人，培训后就业率达70%。举办4场大型现场招聘会，共有85家企业进场提供就业岗位1815个，有1720人进场应聘，当场应聘成功86人。全街共有社会化管理退休人员4807人，对原街道转制企业266人实行过渡形式的社会化管理。

出租屋管理　街出租屋管理服务中心对流动人员实施分类管理，对出租屋实施分级管理。街流动人员23081人，比上年增长23%；登记在册出租屋12157套，增长19%；税费征收1453万元，增长29%；办理居住证18111个，增长149%；办理备案3943宗，增长26%。全年清查房中房56套。东山街首创星际管理员制度，根据管理员的工作态度、绩效考核、沟通协调能力、学历、工龄等设为从初级至五星级的管理制度，每个星级人数有一定比例，各级基本工资拉开约200元差距。各级管理员从下一级中通过个人申请、述职演讲、民主测评、笔试、机试、绩效考评、综合评定等程序竞岗产生。

【精神文明建设】　2010年，东山街按照“坚持标准、保证质量、改善结构、稳步发展”的方针，共发展新党员8名，其中“两新”组织发展新党员4名。6月份专门请区党校教授对43名入党申请人进行培训，现有党员2114人。全街开展治安巡逻、清理卫生死角、慰问孤寡老人等党员义工活动共85次，争做“服务亚运、参与亚运、奉献亚运和保障亚运”的践行者。完善“创文”工作制度，推进创建工作。年内东山街“创文”工作在市、区检查中，特别是在公共文明指数测评的“入户调查”中，连续3次取得全市第一名的成绩。

【地域经济概况】 2010年，东山街辖内共有法人单位数2263个，个体私营企业数2412个。其中工业有5个，批发零售业810个，房地产建筑业242个，住宿餐饮业76个，交通运输仓储业38个，服务业895个。有8个专业市场，分别是广州市东山肉菜市场、广州市越秀区龟岗农副产品市场、广州市越秀区明月农贸市场、广州市寺右市场、广州市新城前线市场、广州市俊美秀商场、广州市越秀区名雅商贸城、广州市越秀区益隆商贸城。征收出租屋“两费一税”中，使用流动人员调配费3132元、治安联防费0元，收取出租房屋综合税1416万元。

【亚运人居环境整治】 2010年，东山街对辖内五羊北、五羊南、培正寺贝、寺右新马路达道路4个片区进行综合整治，共投入2600余万元。由街道负责组织设计、监理和施工。整饰22栋楼房近14.85万平方米的外墙，整治不规范防盗网14.5万平方米，清拆飘雨篷7.8万米，拆除各类违建物3200平方米，维修内街内巷道路7200余平方米，修缮改造排污沟渠26处近1200米，修建改造小区景点2个，安装晾衣架127个，改造化粪池28个。

【地情】 2009年3月，民进越秀总支在越秀区政协十三届四次会议上提交《关于东湖街更名为东山街的建议》的提案。更名工作在东山街辖内居民和机团单位的广泛支持下，原东湖街党工委、办事处本着尊重历史、尊重文化、尊重群众的原则，按照国务院、省、市关于地名管理有关条例和规定，以入户调查、召开座谈会等形式展开科学缜密、民意广泛的调研论证工作。经广州市人民政府批准，2010年12月27日，东湖街道办事处正式更名为东山街道办事处。东湖街更名有利于挖掘和传承东山历史文化，有利于彰显东山人文风情，符合人民群众追忆和再现东山文化的需求，让下一代更多地关注东山的人文历史。

【社区党建区域化】 2010年东山街共有基层党组织108个，党员2114人。根据东山街辖内机团单位特别是省委机关、军区机关及部队较多的这一特点，确立“以党政资源为依托，以军民双拥共建为特色，着力推进街道社区党建区域化”的工作思路。主动与驻区单位党组织联系沟通，定期召开地区党建工作联席会，成立地区党建学会、街道地区性非公经济和社会组织党委，签订共驻共建协议，在社区党组织探索实施“兼职委员制”，实行街道党工委委员联系社区党组织、党代表列席街道党工委会议等制度，不断完善以街道党工委为核心、社区党组织为基础、驻区单位党组织共同参与的社区党建工作联建共建协调机制。省委办公厅机关事务管理局等40多个机团

2010年9月29日，东山街举行东湖地区亚运安保誓师大会

单位从人才、资金、信息、阵地等方面支持街道社区建设。提供各类扶助资金16万多元，帮扶困难党员群众900多人；成立500人的党员义工队伍，为社区群众提供帮困助学、敬老助残、医疗保健、法律援助、治安联防等15个方面的义务服务。开展“一个党员一面旗帜”、“一社一品党心聚”等系列主题活动，搭建了党员展示形象、服务群众的平台。全街14个社区实现党组织书记和主任“一肩挑”，100%的社区实现党组织委员和社区居委会委员交叉任职。

【亚运安保工作】 东山街是越秀区最靠近亚运会开幕式主会场海心沙的街道之一，辖内共有29栋楼宇在全封闭区内。东山街全力动员社会力量参与安保工作，组成900余人的专职社会力量，二十四小时对辖内区域进行巡逻，并得到辖内70多个机团单位（包括省委、省政协）的积极响应，共组织9000多人的义务社会力量参与亚运治安防控工作。街党政领导与省武警一支队一大队签订《亚运安保双拥共建协议书》，建立起执勤互控、信息互通的联防联动机制，为街道处置突发事件提供坚强有力保障。

亚运会开幕式当天，东山街辖内五羊邨地铁口出口人潮大规模涌现，聚集时间长达七八个小时，街道配合公安机关做好疏散群众工作。亚运会闭幕式前一天，带领派出所干警对辖内地铁周边设施进行检查，妥善处理东山口地铁站A出口的严重安全隐患，有效地防止重大意外事件的发生。

（东山街 朱珠）

梅花村街

【基本情况】 梅花村街位于越秀区东部，东起广州大道中，与天河区毗邻；西至福今路、达道路，与农林街、东湖街相连；南抵共和八巷、东兴南路，与东湖街接壤；北达东风东路、天河路，与黄花岗街连接，面积1.73平方公里。2010年年末户籍人口24836户、82792人，常住人口81155人。设福今、梅花村、水均、共和西、西元岗、共和、共和东、共和苑、中山一、东兴南、东兴中、梅东、东风二、环市东、杨箕15个社区。杨箕村是越秀区五大城中村之一。街辖内有省妇女联合会、省气象局、省外贸局、广东电网、南方电网、市气象局、市社保局、中铁二十五局、广州空军医院等机团单位。

【城区综合管理和公共服务】

城市管理 2010年，梅花村街加大社区宣传和整治力度，抓好主次干道、内街小巷、绿化带卫生保洁，落实门前市容环境卫生责任制，开展“五小”行业、食品安全、饮食店档检查行动20余次。加强环卫、除害防病、无证照经营、食品生产加工行业和乱摆乱卖等“六乱”的整治。全年办理行政处罚案件465宗，查处占道经营1737宗，乱摆乱卖2142宗，清理流浪乞讨人员12宗，清理妨碍市容环境窝棚、乱搭建8处，整顿建筑工地6个，查处违法建设40宗，拆除违章建筑6355平方米、不规范防盗网4146平方米、不规范飘雨篷3789平方米、违法户外广告109块，顺利通过星级卫生街道创建工作验收。制定防汛、防风、防震和抢险应急救灾行动预案。4月22日和5月7日全市出现罕见大暴雨，中山一、东风二、水均、杨箕村和梅东等社区出现水浸街，交通、商铺和民居受到严重影响，街迅速启动应急预案，紧急安置和救助水浸户260多户，发放各类赈灾物资折款6万多元，应急救灾工作得到群众认可。

综治信访维稳工作 亚运、亚残运期间，制定社会面整体防控方案，与辖内15个社区居委会、45个重点企事业单位签订安全保卫责任书，落实工作责任，做好涉亚酒店、饭店的食品安全供应监管工作，发动组织8000多名社区志愿者、800名安保志愿者巡逻队员、54名民兵在辖内主次干道、大街小巷、地铁口值勤，保障亚运会、亚残运会期间社会面的安全运行。2010年立刑事案件282宗，同比下降12.7%；两抢、两盗案件同比下降45%、24.6%，三类可防性案件同比下降16.2%。杨箕社区为治安重点整治社区，是年刑事案件同比下降42.6%。成功化解锦城花园部分业主与广空水运大队营房改造等一批矛盾纠纷案件，矛盾纠纷和信访成功调解率96.73%。创建平安社区覆盖率、达标率均为100%，福今等5个社区被评为2009年度省“六好”平安和谐社区。街道办事处被评为广州市2010年度“610”工作先进单位。完成收戒和破案指标任务，14个社区被评为“无毒社区”。全年未发生重特大火灾事故和特大安全生产事故。

民政工作　全年发放各类保障金近66万元，物价补贴4万余元，为6687个家庭发放亚运特殊补贴近46万元。申请、发放救助金6.65万元，为15名低保户残疾人办理慢性病医疗救助，为20名残疾学生和困难残疾人家庭子女申请扶残助学金，帮助困难家庭申请、调整廉租房、办理领取租赁补助和申领经济适用房准购证。辖内机团单位力迅房地产公司中秋节前出资2万元上门慰问低收入困难家庭，中侨国货有限公司为街慈善捐助超市捐款2万元，“广东扶贫济困日”共募捐9.2万元。落实街辖内重点优抚对象、参战人员、民政代管、无军籍退休职工和新兵家庭的各项优抚政策。社区居家养老和残疾人服务日趋完善，办理二代残疾人证172人（次），发放专项补助金20多万元。配合区完成260名精神病人评估，安置12名、帮助9名残疾人就业。走访慰问百岁老人7名，孤老、孤儿、托老74名。为358位90岁以上老人和1579位80岁以上的老人发放长寿金44.23万元。推进居家养老服务和“星光平安宝”呼援服务，加强老年之家建设，利用街托老中心开展老人托养服务；近200名老人和军转干、孤寡、劳模得到免费健康体检；对街康园工疗站和社区康复站的学员做到一人一康复档案、一季一访视服务。

计生工作　抓好流动人口计划生育工作管理，实施流动人口计划生育服务证异地办证“一证通”，近2000名非户籍育龄妇女享受到“属地化管理、市民化服务”。支持湖南籍乡友计生协会自我服务、自我管理，免费为近800名育龄妇女进行普查、普治，查环、查孕3867人（次）。加大了依法征收社会抚养费工作力度，社会抚养费已征收到位近366万元。2010年出生616人，出生率7.11‰，计划生育率97.73%，政策外多孩生育率为零，人口死亡率4.41‰，自然增长率2.7‰，顺利通过市、区年度人口计生工作考核。

社区管理与服务　街劳动和社会保障中心在22家企业和用工单位聘请兼职劳动就业信息联络员，15个社区居委会设立劳动保障服务站，建立街道、社区和用工单位信息互通绿色通道，落实岗位储备制度，就业“贴心”工程成效明显：创建充分就业社区达标率100%，为6名成功创业人员申请政府小额无息贷款。全街登记在册失业人员2921人，已就业2727人，就业率93.36%，其中新增加失业人员就业率、持失业证的“农转居”人员就业率均在80%以上，“40、50”人员就业率93.31%，困难失业人员就业率100%。注重维护劳动者合法权益，对在建工地、餐饮行业等用工重点企业，实行分类建档、重点监控，共建档立卡2240户、5380人，帮助企业减少劳资纠纷，为企业营造和谐用工氛围。完成近5000名社会化管理人员的年度生存认证工作。

出租屋管理　出租屋及流动人员纳管率不断提高，在册出租屋登记5978间，全年出租屋住宅租赁均价20～50元/（米^2·月），商业用房租赁均价70～110元/（米^2·月）。“两费一税”征收846万元，比上年增长21.5%。征收印花税11万元。办理租赁登记备案1742宗，房屋租赁备案率增长44%，出租屋整治合格率为91.5%。出租屋治安案件下降84%，无刑事案件和重大事故发生。

【精神文明建设】　2010年，梅花村街“创先争优”工程为地区党建工作注入了新的活力。召开党员座谈会31次，慰问党员178人（次），申请到市、区党内互助金7.7万元，为11户重症困难党员申请党内互助金2.8万元。完善“两新”组织党建活动布点，优化离退休党员属地管理机制、流动党员和人户分离党员跟踪管理机制，引导社区党员积极参与社区党建和社区建设，推进党建工作的全覆盖，提升街党工委的凝聚力、号召力。在中山一路水浸街抢险救灾、杨箕村维稳、迎“创文”国检、亚运会亚残运会安全保障、第六次全国人口普查等工作中，党员队伍战斗力得到充分发挥。

组织“迎亚运、讲文明、树新风、促和谐”全民行动，做好亚运、亚残运会志愿者、民兵等多支队伍的招募、培训、上岗、服务保障工作，组织志愿者参与亚运服务、“创文”等社会实践活动，组织文明观众参与火炬传递、亚运会开幕式珠江巡游观礼、观看比赛等，为实现“两个亚运，同样精彩”作出贡献。

整合辖内机团和事业单位资源，建成气象、科普、教育等五大未成年人特色教育基地。举办各种体育花会、展览、讲座、文艺演出、文化交流活动25场（次）。共和西社区获评市“书香社区”。梅花艺术团秧歌队获评全国老年人健身活动展示大会多个奖项。在亚运会和亚残运会火炬传递、亚运会开幕式珠江巡游等大型文化活动中，街群众大鼓队、腰鼓队等文化团队多次接受表演任务。

在市“创文”公共文明指数测评工作中，共和东、水均岗、共和、梅东、西元岗5个社区的入户问卷调查工作成绩位于全区前列。东风东路梅花村街段、中山一社区和“共和西社区青少年之家”作为2010年国检受检点，顺利通过国家检查组检查，其中“共和西社区青少年之家”获得检查组人员的高度评价。全街有省文明社区1个（梅花村社区），市文明社区示范点1个，市文明社区4个，区文明社区10个。

2010年12月22日，“守爱梅花”梅花村社区梅花认养仪式

【地域经济概况】 辖内有法人单位1578个，产业活动单位1890个，工业企业20个，批发零售业企业356个，住宿餐饮业企业29个，交通运输仓储业企业57个，服务业企业686个，专业市场7个。

【亚运人居环境整治】 2010年，梅花村街对梅花、水均、共和3个标段8个社区人居环境进行综合整治，投入3070万元，整饰楼宇55幢73659平方米，绿化改造14563平方米，扩、改建人行道面积4571平方米。按期完成水均支涌水环境整治的拆迁工作，保证水均支涌河涌整治工程顺利完工。2011年3月，街道办事处被评为区治水工作先进单位，街党政主要领导分获区政府嘉奖和三等功。中山一路市供电局围墙让路于民，结束中山一路32号门牌路段长期无人行道、人车争道的历史。配合区有关职能部门做好辖内中山一路、东风路、天河路、广州大道主干道、福今路、梅东路次干道沿线立面和道路整饰工程，改善辖区环境面貌。

【“精品文化社区”建设】 2010年，梅花村街以迎亚运人居环境综合整治为契机，挖掘社区人文资源，打造文化特色。共和村铁路文化建设深入人心，被区命名为铁路文化微型博物馆。梅花村重现梅花，并通过开展居民认养梅花活动，增强社区群众的文化认同，提高文化品位。共和村和梅花村2个精品文化社区为推进全街“一社区一特色”工作提供了示范经验。

【杨箕村拆迁改造】 2010年梅花村街克服困难，坚持进村入户，开展群众接访，召开党员代表大会、股东代表大会和村民征求意见会，广泛听取、收集群众意见，及时梳理、回应群众的诉求，完善杨箕村改造拆迁补偿办法，做好深入细致的群众工作。在区有关职能部门和村经济联社的共同努力下，取得杨箕城中村改造的突破性成果。5月，不到一个月的时间，签约率94%，被广州市媒体称为“奇迹”。7月1日，杨箕村按计划成功开拆。至10月底因“亚运”停工，亚残运会闭幕式后于12月23日又开工继续拆迁。截至11月26日的统计，杨箕村10.5万平方米规划面积内需拆除的1390幢房屋签约率98.3%。

（梅花村街　王雪霞）

农　林　街

【基本情况】 农林街位于越秀区东部，东以福今路为界，与梅花村街相邻；南以中山路为界，与东湖街、大东街相邻连；西至烈士陵园东门，与大塘街相接，北以东风路为界，与黄花岗街、华乐街接壤。面积1.02平方公里。辖内主要马路有东风东路、中山一路、中山二路、农林下路和执信南路等。设中山二路、马棚岗、执信南路、竹丝岗、竹丝二、农林上路、东园新村、三育路、东风东路、新南路10个社区。2010年，户籍人口13629户、53141人，常住人口16094户、62603人。省人大办公厅、省机要局、省电信有限公司、省冶金建筑设计院、省汽车集团有限公司、省冶金工业总公司、省机械进出口公司、铁青旅游公司等单位驻街辖内。

【城区综合管理和公共服务】

城市管理　建立城市管理长效机制，用制度促进网格化管理工作落实。环卫工作实行定区域、定人员、定责任、定奖惩，加强重点时段重点地区的保洁。亚运会及亚残运会期间，重点做好辖内中山大学附属第一医院、广东药学院附属第一医院、天津滨海捷成专类化工有限公司3个涉亚单位的病媒生物、环卫保洁、食品安全等管理工作，获2010年越秀区城市建设管理目标责任制优秀奖。2010年12月被市爱卫办正式授予广州市二星级卫生街道称号，成为广州市首批二星级卫生街道。食品安全工作实行联动机制，全年未出现重大食品安全事故，保障亚运会及亚残运会期间食品安全，被评为越秀区2010年食品安全工作目标管理先进单位、越秀区2010年绿色社区创建工作优秀组织单位。新南路社区和马棚岗社区成功创建区级绿色社区，实现区级绿色社区100%全覆盖，市级绿色社区覆盖率30%。以万科金色家园小区为试点，以点带面稳步推进垃圾分类工作。

综治信访维稳工作　街综治信访维稳中心于2010年1月正式投入使用，综治、信访、司法、劳监

2010年9月13日，农林街开展居民投诉大接访活动

等部门力量得到有效整合，实现一站式全方位服务。中心对各类矛盾纠纷和问题隐患进行统一受理、分流和督办，是年受理案件62宗，其中中心直接受理31宗，社区工作站受理31宗。受理案件中当场办结35宗，其中司法类案件5宗、综治类案件3宗、信访类案件7宗、劳监类案件12宗，当场办结率63%，上级交办的群众来访信访案件83宗，处理并回复81宗。立刑事案件208宗，比上年下降11.5%。

民政工作　试行建立“一口上下”社会救助运作机制，全面规范收入审核、申领和工作程序。落实分类施保政策，是年农林街发放救济金35万元，春节、中秋慰问金6万多元，医疗救助金近3万元，慰问品近300份。帮助申请基本医疗救助的困难家庭60户，办理老年人优待证394个、老年人社会保障卡7462个，申请经济适用房296人、廉租房住房补贴138人、实物配租家庭21户。

社区管理和服务　加强社区居委会建设，完善《农林街社区居委会专职社工考核办法》，加强对专职社工的量化考核和科学管理。推进社区居委办公用房建设，调整及装修竹丝岗、竹丝二、东园新村、执信南、东风东等社区居委会的办公用房。中山二路社区、马棚岗社区居委会成功创建广东省第三批“六好”平安和谐社区。积极开拓社区就业服务岗位，引导下岗失业人员转变就业观念，着力解决好“零就业”家庭、“40、50”人员和困难家庭就业问题。全年举办4场次各类型招聘会，现场达成招工意向312人，现场成功招聘107人。失业人数1704人，实现再就业1584人，再就业率93%；其中“40、50”人员总失业人数627人，实现再就业576人，再就业率92%。接收社会化退休人员2056人，退休人员年审率100%。

计生工作　常住人口计划生育率98.76%，流动人口计划生育率100%，完成人口与计划生育目标任务。完善计划生育目标管理和层级动态管理责任制监督指导机制，做好月度层级动态责任制考评、半年和年终目标管理责任制考评工作，将考核结果与年终计生奖励兑现挂钩。落实流动人口计划生育联席会议制度和流动人口计划生育统计信息会商制度，与各综合治理单位加强沟通协调，对较突出的空挂户育龄妇女和空挂集体户计划生育管理问题，按照“三定”工作方针（定向跟踪、定期联系、定期检查）进行监控，全年未出现政策外大面积超生情况。开展以生殖健康、青春健康、育儿知识为主要内容的各类讲座100多场次。为辖内500多名育龄妇女查环查孕和妇女常见病普查普治。

出租屋管理　以“底数清、情况明、管得好、控得牢”为工作目标，狠抓“房中房”、“人屋车场”专项整治活动及“推居”工作，出租屋治安、火灾和刑事发案率继续保持零的纪录。登记出租屋3301套，流动人员7323人，办理居住证6593张，新办租赁备案504宗，超额完成工作任务指标数。

【精神文明建设】　2010年，农林街开展“创文”集中上门入户宣传工作4次，派发致居民群众一封信5000多份，派发“创文”纪念品1000多份，更新社区宣传栏6次，张贴“创文”宣传海报1000多份，改造破损、陈旧宣传栏30多个，制作并张贴KT板900多块。发动、组织社区卫生志愿者、交通志愿者等1000多人次参与文明交通志愿服务，服务时间达3000多小时。广泛开展群众性精神文明创建活动，开展亚运广州行“微笑日”、“健身日”、“礼仪日”等10个主题日活动以及“微笑服务”、“文明出行”、“卫生清洁”等11个主题月活动50多场次，参与各类创建主题活动的居民群众5000多人次，居民群众创建积极性持续高涨。积极开展文明社区创建活动，东园新村社区被命名为广州市第五批文明社区示范点。

【地域经济概况】　2010年，农林街辖内有法人单位928个，产业活动单位310个，个体私营企业578个。其中工业企业4个，房地产建筑业企业89个，批发零售业企业289个，其中42个企业总年收入192亿元；住宿餐饮业企业46个，其中22个企业总年收入3亿元；交通运输仓储业企业43个，服务业企业452个，其中88个企业总年收入42万元；专业市场2个。全年“两费一税”征收入库369.4万元，其中税359.4万元，费10万元，比上年增长64%。

【亚运人居环境整治】 2010年，农林街遵循“突出重点、体现特色、打造亮点、节约廉洁”的原则，顺利完成3个亚运整治工程项目。其中：农林下路环境整治工程项目于2009年12月4日进场施工，2010年6月30日完工；农林街西片环境整治项目于2009年12月12日进场施工，2010年6月30日完工。两项工程共计完成45栋楼宇9.52万平方米外立面整治，拆除不规范防盗网2.49万平方米，回装防盗网1.32万平方米，拆除棚架8464米，拆除违章建筑7428平方米。农林街招牌广告整治工程，包括农林下路招牌整治工程样板段及东山口、福今路、农林东路、农林上路社区、三育路东段、三育路西段招牌整治工程7个工程项目，2010年6月30日完工。区、街共投入6000多万元整治重点花园社区和迎亚运人居环境，投入370多万元整治广告招牌。

【亚运保障工作】 2010年，农林街制定城市环境建设、信访维稳、社会面防控等各项赛时运行保障工作方案，明确具体任务和职责分工，保证亚运期间各项保障工作稳步推进。广泛发动辖内居民、企事业和机团单位工作人员积极参与亚运安保工作，形成社区防控的整体网络。亚运期间共立刑事案件28宗，同比下降34.8%。建立专业的亚运志愿服务团队开展25天集中服务，服务时间累计超过2000小时，日出勤率保持在99.5%以上；500名社区志愿者累计服务超过8万小时。圆满完成市、区下达的组织文明观众1200人次参加亚运会观礼、观赛工作。

【创建全国文明城市工作成效显著】 2010年，落实《农林街创建全国文明城市网格化全覆盖工作方案》，开展全方位地毯式检查，整改东风东路、中山二路等迎检重点主次干道。区创建办督办41个整改项目，农林街自行巡查发现218项整改项目，发出函件17份，自行投入资金38万多元，对存在问题进行整改完成256项，办结率98.8%。该街综合执法中队每天出动45人次整治，教育占道经营160宗、乱摆卖149宗、乱丢吐180宗，清拆违法建筑29宗1037.4平方米，拆除大型户外广告2宗156平方米。国检期间，每天出动机关干部、职工，社区居委会社工，各类协管员队伍等合计300多人次，发动社区居民志愿者120多人次参与到迎国检工作中。4月份在公共文明指数测评中获得全区第一名，5月份和8月份分别获得全区第二名。辖内有一条主干道、一条商业街和一个交通路口接受国家考评组实地考察，取得较好成绩。

（农林街　林碧）

黄花岗街

【基本情况】 黄花岗街位于越秀区东北部。东接天河区、梅花村街，以广州大道中、内环路梅东路段为界；南以天河路、东风东路为界；西以执信南路、先烈南路、原道路为界；北以内环路永福路段、广深线铁路为界。面积3.20平方公里。设永福、科苑、永泰、御龙、云鹤、空司、区庄、犀牛北、东环、菜寮、执信、农本、水荫、水荫南、水荫西15个社区。2010年，户籍人口35418户、96337人，常住人口37858户、99569人。名胜古迹有黄花岗七十二烈士墓、庚戌新军烈士墓、史如坚墓、朱执信墓、冯如墓、邓仲元墓、华侨五烈士墓、杨仙逸墓、张民达墓、范鸿泰墓、潘达微墓、五十四军赴印缅作战阵亡将士纪念亭、执信中学建筑群等；专业街（城）有永福汽车用品商业街、东都大世界饮食街。中国科学院广州分院（省科学院）、省地震局、省教育厅、省文化厅、省公路局、广州军区空军司令部、广州警备区、广东工业大学、市委党校、中山大学中山眼科中心、省新闻出版局、羊城晚报社、省海洋地质调查局、省地质勘查局等单位驻设辖内。

【城区综合管理和公共服务】

城市管理　2010年，黄花岗街全力投入迎亚运人居环境改造工程，整治户外广告招牌，拆除违章建筑200余宗、面积3725.07平方米，完成太和岗路“创意大道”的拆违任务。拆除不规范防盗网2.5万平方米，整饰楼宇外立面31栋；绿化升级改造21宗、面积2.14万平方米。拆除白云中学违章建设的围墙，开通水荫路通往广州大道的道路。整治乱摆卖561宗，取缔231宗；教育、整改占道经营468宗，取缔196宗；组织集中整治“六乱”行动15次。实行城市综合管理体制和市容环境卫生管理机制，推进垃圾分类和绿色社区创建工作，落实督查机制和沿街商铺门前卫生责任制；做好除“四害”和防治“登革热”工作，每周坚持对社区卫生死角进行统一清理行动。推进业主委员会成立，完成9个小区（大楼）业委会的成立和物业公司的引进工作。东环社区被评为市绿色社区；云鹤、区庄、水荫3个社区申报区级绿色社区。

综治信访维稳工作　全年各类刑事案件立案367宗，比上年下降5.8%；各类治安案件748宗，比上年下降35%，未发生重大恶性刑事案件和治安事件。受理群众各类诉求127宗（含综治、信访、司法、劳监四大类），办结121宗。网上处理社情民意信息334宗，办结326宗。社区、司法、街道调处相结合，调解调处各类民事纠纷118件，其中涉及20人以上的重大群体性纠纷案件8件，案件调解成功率100%。平安社区覆盖率100%。加强安全生产隐患排查工作，检查各类单位927家，发出整改通知书27份，消除各种安全隐患127处，隐患整改率100%。全年未发生重大火灾责任事故和安全生产事故。

民政工作　黄花岗街60岁以上居民有1.35万人，办理老年人社保卡申领登记1.34万人。为“三无”救济孤老、劳模、百岁老人等安装平安钟和居家养老10户，办理80岁以上独居老人平安宝18户。发放低保户及困难户实物救助物品107户，传统节日发放慰问金6.80万元。录入新增低保资料107户203人、低收入困难家庭22户44人，实物救助52户。医疗救助困难居民30人次，临时救助13人次9637元；捐资助学15人次2.2万元。办理廉租住房保障申请43人、经适房申请36户，发放经适房准购证61份。开展残疾人“人人享有康复服务”创建工作，办理发放残疾人专项补助金99人、15.26万元；发放在读贫困残疾学生生活补助金1.04万元；发放残疾人亚运补贴575人次28.75万元；组织开展“阳光家庭”计划，为3户贫困家庭申请生活补助。黄花岗街康园工疗站被区评为“五星级”工疗站。开放御寒防暑庇护场所16个，慈善互助超市接受社会资金及物资捐助总值10余万元，向722户困难家庭提供物质帮助。完成第六次全国人口普查，登记总户数97159户，总人数133205人。永泰、御龙2个社区被评为“六好”平安和谐社区，黄花岗街被评为“广州市拥军优属标兵单位”。

社区管理和服务　在区庄社区建设集社区居委会、慈善互助超市、星光老人之家、康复治疗中心、文化活动室、综治维稳调解站、社区志愿服务站、党员服务站等功能为一体的“社区之家”。在天河路45号大厦利用公建配套用房400多平方米建设水荫南社区之家。举办各类招聘会8场，提供就业岗位1200个。建立“永福便民服务创业基地”，带动30个失业人员再就业。在册登记失业人员2913人，失业人员就业率92.41%，其中“40、50”人员1016人，就业率88.98%；动态消除“零就业”家庭。85%以上的社区申报创建“充分就业社区”。监督检查街道辖区内用人单位的劳动用工，建立一户一卡520户；清查人力资源市场，开展打击非法用工行动，受理各类投诉35宗，追讨工资6.53万元，清退押金1300元，处理突发事件9宗，涉及金额177.77万元。办理城镇居民医疗保险申请3058人、老年居民养老保险600人。社会化管理退休人员在册登记4214人，定期探访孤寡、独居、独居边缘、精神病四类人员4044人次，建立退休人员健康档案439份。

计生工作　是年，常住人口出生897人，符合政策生育率97.77%。12个社区居委会计划生育工作达标，其中8个社区居委会“两无”达标。与14个社区居委会和120个机团单位签订有关计生目标管理协议书和责任书，与出租屋主签订计生协议书2606份。发出征收决定书149份，征收社会抚养费734万元。开展计生宣传活动和“快乐女孩”迎亚运手抄报比赛等活动20场。实施流动人口计生服务动态管理，落实流动人口查证验证制度。全面推行“幸福家庭促进计划”，为189人开通绿色通道服务，为358人提供免费“妇女常见病普查普治”服务，向6位贫困母亲赠送健康母亲爱心卡，提供“免费看病、免费治疗”；慰问计生困难家庭34户。

出租屋管理　巩固和完善流动人员和出租屋“五位一体”的“三个一”管理工作制度，将出租屋和流动人口管理服务与社区一线的治安消防、综治维稳、计划生育等多方位管理工作有机结合，以人屋摸查为管理工作重点，全面核查辖区内出租屋和居住人员资料，对社区刑释涉毒等重点对象进行全面登记列管。2010年，黄花岗街登记出租屋1.18万套，登记流动人员1.27万人，受理流动人口居住证2.24万张，办理境外人员临时住宿登记2014人次。在外国人较为集中的御龙社区建立示范性外国人管理服务工作站，为700多名外国人办理登记手续；在水荫、水荫南社区建设示范性流动人员和出租屋管理服务工作站，对出租屋实施有效巡查和监控，出租屋发案率比上年下降23%。

【精神文明建设】　以“迎亚运，创造新生活”为契机，构建完善社区志愿服务体系。2010年，成立民间志愿队5支，在关爱空巢老人、社区文明督导、为亚运护航喝彩等创建主题月活动中开展志愿服务2000余次，在社区营造“志愿、互助、奉献”的志愿服务氛围。发挥党员在平安和谐社区建设中的先锋模范作用，建立一支299名社区党员组成的义务巡逻队。制定《社区文明公约》，引导居民自觉遵守公约，实现社区“自我约束”。积极开展“第三次全国文物普查”工作，普查黄花岗七十二烈士墓、华侨五烈士墓、执信中学历史建筑群等文物23处，其中新发现黄花岗七十二烈士墓道石雕龙柱、叶少毅墓、喻培伦衣冠冢等文物11处。在街文化站外设立200米围绕低碳新生活等主题的科普动漫宣传长廊，有效提升社区文化内涵。开展文化宣传活动，开设形体舞蹈、跆拳道等6项群众文体培训，为舞蹈队、民乐队、京剧社、集邮协会等20支民间文艺队伍提供训练培训场地，举办“舞动紫园魅力夜，唱响广州动感年——黄花岗街文化进社区迎春晚会”、“电影进社区”、“迎亚运、庆中秋”、“迎接亚运会创造新生活主题宣传活动”等精神文明建设主题活动，丰富社区群众文化生活。

【地域经济概况】　2010年，辖区内经济单位8331个，以商业和服

2010年11月6日，黄花岗街永泰社区居委会主任郭玉姐作为火炬手参加第十六届亚运会火炬传递活动

务业为主要组成部分，集中分布在环市东路、先烈中路、东风东路等路段。其中法人单位3967个，实现生产总值756.16亿元；产业活动单位4364个；个体私营企业1230户。法人单位组成部分为：工业27个，营业收入3.11亿元；批发零售业1620个，销售收入373.94亿元；房地产建筑业465个，营业收入104.67亿元；住宿餐饮业139个，营业收入3.62亿元；交通运输仓储业103个，营业收入36.45亿元；其他服务业企业1613个，营业收入237.99亿元。专业市场9个，其中黄花岗商业街（广州万桥投资顾问服务有限公司）商品交易达亿元以上。汽配交易市场3个，主要分布在永福路，分别为：盛大国际汽车用品广场、广州南方永福国际汽车用品广场、永福中心汽车用品广场。农产品肉菜市场5个，分别为：犀牛肉菜市场（广州市越秀区骏峰副食品商行）、黄花肉菜市场（广州市黄花市场发展有限公司）、先烈中肉菜市场、永福肉菜市场、水荫惠德肉菜市场。“两费一税”征收入库总额1678万多元，比上年增长20.96%，位居全区第二。

【亚运人居环境整治】 实施“黄花岗公园周边社区整治、水荫社区和水荫南社区整治、区庄社区整治、东风东路及环市东路二线沿线社区环境整治、先烈路环境综合整治”5个项目和“迎亚运环境整治查漏补缺”项目，投资总额3462.14万元，其中市投资3166.21万元、区投资295.93万元。先后拆除不规范防盗网2.5万多平方米，回装防盗网1.75万平方米，外墙整饰115栋27.20万平方米（其中清洗外立面7300平方米），绿化改造21宗5900平方米，小区道路改造20条2.36万平方米、其他项目含排污管道和化粪池改造3.96万平方米，招牌整治179宗6089平方米，修善社区小文化广场4个，整治各类小商铺45间，通过整治，人居环境得到提升。

【地情】 黄花岗街迎亚运开通“民心路”。为缓解交通拥堵，解决居民出行难的问题，黄花岗街通过广泛调查论证，取得越秀区建设和水务局、广州军区空军司令部通信仓库、白云区教育局以及白云中学的支持与配合，共拆除临建近万平方米，成功开通水荫路通往广州大道的道路。2010年10月22日，越秀区人民政府、广州空军司令部代表以及黄花岗街党工委、办事处等领导出席“水荫横路开通仪式”。

【精心打造省级精品文化站】 为满足社区居民日益增长的精神文化需要，黄花岗街两次迁移办事处办公场所，腾出近1000平方米办公用房建社区文化站。本着“贴近居民、切合历史、联系实际”的原则，在文化站设置三大特色文化室：依托黄花岗公园等烈士墓园设立辛亥革命历史文化室；结合创意大道建设动漫科普文化室；联合广州军区空军司令部建立军事博物馆。文化站的特色项目被南方电视台、广州电视台、《南方都市报》、《新快报》等媒体相继报导。文化站于2010年6月份开放，接待居民群众6560多人次。

（黄花岗街　朱影）

华乐街

【基本情况】 华乐街位于越秀区中部，东起区庄立交桥、原道路、黄花岗纪念公园西侧围墙，与黄花岗街为邻；西抵麓湖路、建设六马路，与建设街相连；南至东风东路，与大东街、农林街辖区连接；北达原广深铁路边，与登峰街接壤。面积1.28平方公里。主要路段有环市东路、东风东路、先烈南路、建设六马路、淘金路和华乐路。2010年，户籍人口18444户、54425人，常住人口10023户、45025人。设花苑、淘苑、淘金、白云、麓苑、天胜村、华侨新村、黄花新村、邮电、螺岗、青菜东、青菜岗12个社区。辖内有区庄螺岗秦墓、西汉初南国贵族李嘉墓、淘金坑16号墓（西汉）、淘金坑1号墓（西汉）、广州府义冢（清乾隆二十年置）、邓荫南墓园、兴中会墓场等古迹；有花园酒店、广州中心皇冠假日酒店、广州文化假日酒店、白云宾馆、华泰宾馆、远洋宾馆、国际电子大厦、广东国际大厦、广州世界贸易中心大厦、中国远洋集团、南方影视广播传媒集团、珠江实业集团等单位200多个。

【城区综合管理和公共服务】

城市管理　2010年，华乐街推进“三本一册”（日巡查记录处理本、会议记录本、“除四害”药物发放登记本、社区单位本底资料册）电子工作平台建设。专线干部和分管领导每天批注，建立汇报例会制度，对“六乱”整治工作实施月考核制度，建立要点工作备忘录，促进服务效能的提高。城管中队规范市场经营秩序，依法查处违规和无照经营行为；在主要路段增派力量，全面规范调整城市标识、标牌、标线；加强公共设施改造和管理，更换环卫工具房10间，新购置果皮箱50个、垃圾桶110个，更换信报箱500个。12个社区开展“周末卫生日”清洁联合行动，环卫队、党员群众等200多人共同清理大街小巷的卫生死角60处，清出垃圾90多吨。全面落实“除四害”工作，组织600多人次清理各类孳生地216处、化粪池51个、沟渠120条，喷洒药物外环境面积124.50万平方米，喷沙井1500个，清理杂物40吨，清刷乱张贴2395处，使用各类灭蚊药剂3200公斤、鼠谷2100公斤、粘鼠胶2360件。麓苑社区通过了省“六好”社区验收，华侨新村获得“广州特色村落”称号。制定《华侨新村防台风暴雨应急预案》等13个应急预案，以及《华侨新村综合减灾工作制度》等14个制度。

综治信访维稳工作　围绕“抓信访，保稳定，促发展”的目标，投入150多万元安装230个视频探头，完成全部社区视频监控系统安装。投入10多万元对小区围蔽和安装IC卡。全年发生刑事案件283宗，比上年下降6%。其中“两抢”案件17宗，下降34.6%，“两盗”案件18宗，下降45.5%。华侨、花苑、淘金、麓苑4个社区全年入屋案件零发案。受理矛盾纠纷426宗，调处率100%，未发生群体性越级上访事件。

民政工作　全面落实低保制度，核定低保户102户、198人，低收入户22户、56人。完成租赁住房补贴双特困家庭年审，办理双特困房29户，完成经济适用住房预登记审核44户。办理60岁以上老年人社保卡672个。发放困难残疾人专项补助金71人、2.44万元；办理残疾人证28个，精神病免费门诊14人次，扶残助学14人次、9000元。全年火化率100%。完成全国第六次人口普查任务，普查正式登记人口18444户，67246人。

社区管理和服务　设12个劳动保障工作站，配备12名兼职人员，形成街、社区中心、劳动保障工作站三级管理服务网络。提供失业人员“一对一门诊式职业指导”，全年参加免费职业指导课586人，技能培训课293人。举办6场招聘会，开展“就业服务进商厦”活动。办理失业登记2102人，就业1846人。其中“40、50”失业人员837人，再就业683人；特困失业人员就业率100%；零就业家庭、“两劳”、“双低”等困难就业群体就业率100%，9个社区成功申报为“充分就业社区”。2010年办理社区服务岗位资助340人，“广州市城镇居民基本医疗保险”参保392人，“广州市老年居民养老保险”参保39人，完成老年居民养老保险生存认证工作。全年新增退休人员147人，退管人员基本信息入库率100%。广泛宣传劳动保障法律法规，检查餐饮业、建筑业等行业工资支付情况，完成4家涉亚接待酒店周边维稳隐患的排查。建立“一户一卡”396户，涉及1850人，处理投诉4宗，追讨工资5.17万元，清退押金1300元，涉及人数32人，督促企业与员工补签劳动合同64人，补办招工备案、参保手续18人，参与处理突发事件3宗，追讨建筑工程款1.78万元。出版健康教育专栏6期，发放资料8000多份，组织讲座10场次，居民健康知晓率90%以上。

计生工作　制定和落实《华乐街人口与计划生育综合治理部门目标管理责任制奖惩办法》，与各物业公司签订小区计生责任书，实行“预警预报、月度考评、兑现奖惩”工作机制。政策生育率98.14%，出生率8.02‰，自然增长率2.45‰，街道及9个社区实现“两无”。征收社会抚养费305.59万元。加强计生新闻报道宣传工作，在区级以上新闻媒体刊登宣传报道32篇。拓宽“六期教育”的渠道，投入资金15万元，开展宣教活动24次，培训教育7827人次。定期为育龄群众发布相关的政务通知和优生优育知识；定期开展计生宣传集市活动，制作多种计划生育服务宣传品，宣传品入户率100%，群众的人口计生基础知识知晓率100%。通过“绿色通道”为育龄群众提供免费的基本技术服务，常见病普查普治129人次。严格执行和落实区奖励办法，发放254名城镇独生子女父母奖励金45.72万元，发放31个独生子女伤残死亡家庭特别扶助金13.92万元。

出租屋管理　推进“捆绑式”、“中介式”、“托管式”出租屋管理模式。2010年，全街登记在册出租屋1026栋、7226套，出租屋均价45元/（米^2·月），登记流动人员16341人，办理租赁登记备案2043宗，办理IC卡13127个，出租屋合格率98%，签订治安责任书，流动人员纳入管理率100%。提供流动人员服务管理、信息交流、“健康管家”贴身服务、休闲娱乐、流动党员创先争优、服务社会展示风采等六大平台，为外来流动人员提供医疗服务500多人次，举办讲座31场，优化对外来流动人员的服务。

【精神文明建设】　2010年非公企业和社会组织党组织发展到17个，新发展党员7人。组建非公企业工会18家（其中外资企业3家），涵盖小组59家，新发展会员693人。制作迎亚运宣传片、创先争优活动宣传栏、创建文明城市宣传海报，在12个社区播放和展出。印制《华乐情》3期共4.5万份和《华乐办事通》1万本，派发给辖内机团单位、居民群众及流动人员，定期上门宣传调查。开展“文明出行月”、“公民道德宣传月”等主题创建活动，引导居民群众共同参与。在华侨新村社区打造1条600米的绿道，为群众提供1个健身休闲场所。成立12支华乐艺术宣传队，每月下社区送文化、送活动；成立12支服务队，为居民群众提供各种便利服务。华乐舞蹈艺术团的舞蹈《落雨大》获得区“越秀越美”群众艺术表演大赛二等奖，华乐民族乐队演奏的乐曲“花好月圆”获得三等奖。

【地域经济概况】　华乐地区地处广州市环市东中央商务区，全市18个领事馆有9个领事馆和1个文化事务处在街辖内，发展“总部经济”有着得天独厚的传统优势和良好的基础。仅环市东路区庄至麓湖路口不足1000米路段，年营业额超亿元企业31家，世界500强企业的地区总部或分支机构21家。2010年，辖内法人单位1704个，产业活动单位1964个。批发零售业60个，房地产建筑业5个，住宿餐饮业31个，交通运输仓储业2个，服务业118个，肉菜市场5个。“两费一税”收入819万元，比上年增长10%，印花税收入105万元。

2010年9月27日，华乐街举办“我和我的祖国”——广州华侨新村迎国庆暨新标志石揭幕仪式

【亚运人居环境整治】 2010年，华乐街迎亚运人居环境整治工程包括南、北两个标段。南片区工程包括淘金小区16栋居民楼房立面外墙整饰、淘金路沿线综合改造、青龙坊一层商铺立面整饰及环境综合整治等，工程额度1056万元；北片区工程为华侨新村学校周边及其他环境改造，工程额度864万元。整治花园酒店周边和环市路沿线，加固整饰档铺土墙，整饰9个社区150多栋居民大楼外墙，规范飘篷，改造、美化户外广告招牌，清理“两违”建筑，规范防盗网以及屋顶改造等。辖区“穿衣戴帽”楼宇200多栋顺利完工，拆违建面积2679.48平方米，拆网面积5.57万平方米。

【华侨新村新标志石揭幕】 2010年9月27日，华乐街在华侨新村牌坊举办“我和我的祖国”——广州华侨新村迎国庆暨新标志石揭幕仪式。华侨新村“五个第一”嘉宾欢聚一起，即第一位为华侨新村题字的领导后人、第一代入住华侨新村的华侨居民、第一代华侨新村的建设者、第一代风流人物的家人、第一个华侨新村出生的孩童寻人行动启动者，他们共同为华侨新村新标志石揭幕。“华侨新村”新标志石是重达30多吨的黄蜡石建筑，高4米、宽3米，立于华侨新村的环市东路村口。

【外国友人志愿者迎亚运活动】 2010年8月，华乐街组织成立一支60多人来自不同国家的外国友人亚运志愿者服务队。开展“亚运英语100句”活动，外国友人志愿者义务教社区居民英语，宣传亚运知识。来自澳大利亚的咖啡店老板发动其员工一起把咖啡店当作向街坊和外国友人宣传亚运的阵地。8月至亚运会结束期间，来自法国的一名志愿者不定期地在环市东世贸前路口当交通协管员，为来往路人提供交通引导志愿服务。外国友人志愿者踊跃参与“广州市越秀区华乐街社区居民健身日”活动。

2010年8月23日，华乐街举办“华乐亚运志愿者在行动”活动，现场给外国友人志愿者颁发“金哨子”

【全力以赴保障平安亚运】 华乐街围绕“平安亚运”的目标，提出“场内争金牌，场外创品牌”的要求，发展形成3813人的亚运安保志愿者队伍和433人的专职志愿者队伍。加强社会治安防控，组织成立党员义工、青年民兵、机团单位职工等义工巡逻队。其中组建60多人的老大妈义务巡逻队在花园酒店、白云宾馆、文化假日酒店等周边义务巡逻。《人民日报》、《广州日报》、《法制日报》等媒体报道了华乐街老大妈义工巡逻队的事迹。合理布局466个防控岗位，对接待酒店治安卡口、重点单位，派出所安排警力专人专岗。以“警员+学警+安保志愿者”三管齐下的方式安排4个巡查组24小时巡逻重点路面。全街经培训后的4246名亚运志愿者佩戴亚运安保红袖章和持上岗证上岗。亚运会和亚残会期间，华乐地区实现涉亚零投诉、零上访、零发案及零警情。

（华乐街 冯爱红）

建设街

【基本情况】 建设街东起建设六马路，西至小北路的东濠涌边，南抵东风东路，北达南坑东广深铁路，面积0.91平方公里。设六马路、中马路、二马路、大马路、黄华南、黄华塘、黄华北、旧北园、麓湖路9个社区。2010年，户籍人口14922户、61494人，常住人口19026户、46170人。辖内有广大附中和广州市第十七中2所中学，有环市路、建设大马路和建设六马路3所小学以及省育才一幼、市一幼等6所幼儿园。辖区有广东省委党校、省公安厅、省监狱管理局、省劳教局、省安监厅和广州市市政管理局、市政总公司、市城市勘测规划设计院等机团单位，以及中环广场、好世界广场、宜安广场、粤海大厦、金鹰大厦和亚洲国际大酒店等高级写字楼宇。

【城区综合管理和公共服务】

城市管理　2010年，建设街结合迎亚运环境综合整治，全力投入“创文”、“创星”工作，与机团单位签订城市环境管理工作目标责任书350份，全面落实环卫工作责任制，实行路面16小时保洁。完善“三分、四定、五落实”的城市精细化管理模式，健全“社区日两巡、单位门前清、干道常保洁、庭院环境美”的目标管理机制。强化城管、公安、工商等部门联合执法力度，有效形成城市管理合力，集中解决一批管理难点、盲点，集中整治流动无证摊档445人次；配合完成污染源普查、地震房屋统计；处理群众投诉率100%。

综治信访维稳工作　投入近40万元重新设计、装修、扩建街综治信访维稳中心，在各社区建立综治信访维稳分站，办结信访案件66宗，其中受理来人来访14件（次），处理一般投诉45件，调处群体性事件7起，调处成功率100%，调解万元以上标的纠纷19起，涉及金额1233.4万元。做好辖区在册“610”、“213”、刑释解教、吸毒人员帮教转化工作，确保全年“零进京”。2010年刑事案件257宗，“双抢”案件立案15宗，比上年下降16%，“两盗”案件立案38宗，下降3%。是年无重特大安全事故、消防事故、交通安全事故。

民政工作　全街办理低保151户324人、低收入困难家庭65户189人、免费门诊卡226人、全民医保卡320个、慈善超市卡200个、慈善医疗证17个、基本医疗19人、困难群众零星报销16个、老年优待证9432个、经济房396户、扶困助学18人、实物救济76户、申请廉租房424户。开展各种形式的慈善活动，为广东省慈善会捐款13万元，青海玉树地震灾区捐款1万多元。以创建六好平安和谐社区为目标，结合“八一”、“十一”组织5个驻军单位的主官参加军政座谈会，不断开创双拥共建的新局面。

社区管理和服务　按照“五个一”工程要求，完成社区卫生服务机构、社区服务中心、小公园、娱乐文化中心、治安视频监控中心的建设。完善“一站式”综合救助模式，做好失业人员的登记、培训、推荐和跟踪服务，促进失业人员再就业，举办职业指导课36场，技能创业培训274人，推荐介绍工作408人次，培训合格就业率85%，实现再就业率79%；办理自主创业小额贷款申请5人，社区资助岗位保险530人，给予岗位补贴金额4.2万元，社会保险补贴金额11.23万元。以无烟日和预防艾滋病、H1N1甲型流感为重点开展健康教育活动，举办健康教育讲座12期、宣传活动6场、文艺康体活动6场。

计生工作　加强各级动态责任管理，每月发文通报各社区流动人口工作执行与完成情况，对社区和计生办包干人进行奖罚来落实层级动态网格化管理工作，提高育龄查环查孕奖励金标准，落实流动人口育龄夫妇长效节育措施奖励金和营养费，提供30名符合计划生育的外来工育龄妇女3年免费的“妇女安康保险”保障。开展“计生一家亲，送岗位帮扶”、百名育龄妇女乳腺癌检测与871名妇女常见病普查普治等计生关爱系列活动；创新方式，多方位提供避孕和咨询服务；为贫困母亲幸福工程筹集捐款资金7.7万余元。全街年度人口出生率7.34‰，自然增长率2.02‰，计划生育政策落实率97.33%。

出租屋管理　登记在册流动人员5756人，比上年增加16.83%；办理居住证6366个，比上年增长

55.7%；出租屋987栋、6210套，分别增加8.58%和13.11%，其中住宅出租屋3019套，非住宅出租屋3191套，总出租面积达63.91万平方米。多次开展出租屋清查行动，向境外人员派发临时住宿登记温馨提示2196份，向出租屋主和流动人员派发“办理租赁登记备案通知书”3495份、居住证告知书4213份。

【精神文明建设】 2010年，建设街围绕创建全国文明城市主题，投入20多万元维修、更新全街宣传栏（橱）窗，制作“创文”宣传墙报200多期，上门宣传3万多户（次），发放礼品2万余份、宣传单10万多份，组织“创文”宣传活动50余次，参加群众达1万多人次，营造全方位、全覆盖的创建宣传氛围；开展“我爱我家园，家园我建设”、“我是优秀亚运东道主”等系列“创文”宣传主题活动和“全民习礼仪、守秩序、勤健身、传爱心”等市民素质提升行动；投入40多万元完善社区室内外文化服务设施，精心打造“榕树头文化艺术中心”和“榕树头广场文化”活动品牌。推进“一社区一品牌”建设，定期组织开展歌咏、曲艺、舞蹈、小品、棋艺、讲古等群众喜闻乐见的广场文化活动，有效增强居民参与社区文化活动的吸引力和亲和力，提升居民文明素质。

【地域经济概况】 根据第二次全国经济普查数据，建设街区域内现有法人单位数1610个，产业活动单位数600个，其中个体户1034个，工业、批发零售业536个，房地产建筑业148个，住宿餐饮业80个。根据2010年越秀区12月统计月报，商品销售收入312亿元，比上年增长55.61%；社会消费品零售总额9.07亿元，增长8.51%；商品交易市场成交额0.97亿元，增长7.42%；服务业总产出81.49亿元，增长22.91%；资质内建筑业总产值23.14万亿元，增长69.41%；房地产开发投资额11.18万亿元，增长2.76%。2010年“两费一税”收入926万元。

2010年9月26日，“新村记忆——建设新村历史图片实物展”在建设街文化站揭幕

【亚运人居环境整治】 2010年，建设街推进迎亚运环境综合整治，参与区组织实施的环市路、内环路放射线、东风路、东濠涌两岸沿线、花园酒店周边二线社区、中马路社区和大马路社区六个标段的整治工程，投入资金1754万元。拆除不规范防盗网1.92万平方米，拆除不规范雨篷1万平方米，回装防盗网7800平方米，拆除各类违章建筑4000平方米；铺设内街内巷道路1.2万平方米，清理改造排水沟渠1700多米；新增绿化景观面积1500平方米，整饰27栋楼宇外立面4.3万平方米，配合区建设局完成辖内111栋楼宇的“穿衣戴帽”工程。

【推进政府购买服务试点工作】 2010年，“建设街阳光社会工作站”服务网络从最初的二马路社区扩展到全街九个社区，阳光社工站累计开展家庭探访268次、街头漫谈（社工与居民在街头随机交谈）近80次；跟进4个社区团体的团队建设工作，组建7个专业小组，开展小组活动34期；培育社区志愿者500名，新培养、挖掘社区领袖14名；实施“三楼”（邻楼、同楼、洗楼）计划，探访服务对象17次，成功链接12对长者和志愿者，使居民参与社区建设、解决公共问题的积极性大幅提升。在此基础上，推进社区综合服务中心试点工作，于年底通过招投标正式启动实施，为拓展服务内容，优化服务质量，营造“大服务”氛围奠定良好基础。

【有效实施社区党建“双培”工程】 2010年，建设街推进“双培”工程，着力将社区党员培养成社区领袖，将非党员领袖培养发展为党员。在街道、社区的支持、引导下，阳光社工深入居民，挖掘、培育46名带头人（41名是党员），组建起一支有活力、有能力的社区领袖团队。社区领袖们积极组织发动“两管一带，共建和谐社区”（管好自己，管好家人，带动身边的人）活动，带头做实事、好事110多件，积极帮扶困难党员群众178人。其中40名社区领袖经群众公推先后被评为建设街“社区文明之星”，并作为先进典范在全街广泛宣传。在他们的带动下，有500多名居民加入社区义工队伍，积极参与常态化的义工服务，营造了“友爱奉献、助人自助”的社区氛围。

【擦亮社区文化品牌】 2010年，建设街加大文化基础设施和文化活动经费的投入，完善社区文化广场、图书馆、体育设施的建设。以榕树头文化广场文化圈为龙头，以“一社区一品牌”为抓手，带动各社区开展群众性广场文化活动，如旧北园社区文化广场的太极扇舞，黄华北社区的警嫂舞蹈，六马路社区的“大家唱”，黄华南、黄华塘社区的“唱红歌”，中马路社区的唱粤曲等。先后举办“水墨小聚榕树头——广州市美术家协会名家会馆揭幕仪式暨名家雅品展”、《艺心探微》作品研讨会和《广州古城的变迁》专题讲座等“名家进社区”系列活动。通过这些艺术活动，在名家与民众之间架起沟通交流的桥梁，既为名家提供艺术土壤，又为居民群众享受到高水平文化艺术提供良好契机，达到双赢效果。

（建设街 肖涵予）

大东街

【基本情况】 大东街位于越秀区东南部，东起署前一街、龟岗大马路，西抵三角市东濠涌边，南至新河浦涌，北到中山三路。辖内面积1.02平方公里。主要有东川路、东华东路、东华西路、较场东路、较场西路等路段。2010年，户籍人口26909户、89187人，常住人口29161户、106895人。设署前、启明、东华市场、新南、菜园东、长庚门、东源、东川、青龙里、东华西新街、元运街、兴仁里、仁秀新、仁秀里、三角市、启正、东里、东贤里、荣华南、中山三20个社区。辖内有中华广场、流行前线、地王广场、海印东川名店运动城等大型购物广场和商场；主要机团、企事业单位有省商业集团公司、省供销社、省人民医院、省人民体育场以及市疾病控制中心、市卫生监督所等。

【城区综合管理和公共服务】

城市管理 2010年，大东街以迎亚运为契机，联合城管、工商和公安综合执法，采取集中整治和守点相结合的方法，基本抑制重点路段乱摆卖、无证照经营及超范围经营现象。开展集中整治行动148次，取缔乱摆卖3365宗，纠正占道经营764宗（次）。拆除乱搭建59宗、2309平方米。开展“环境卫生大清洁”、“创文明、庆国庆、迎亚运、美羊城”、“清洁家园、喜迎亚运”等清洁卫生大行动12次，清理积水1560宗、卫生死角125多处以及余泥、垃圾、杂物约123吨，清洗路面2.3万平方米。全年办理群众投诉1284宗，办结率100%。

综治信访维稳工作 以“预防为主，工作前移，依法办事，妥善安置，安定大局”为工作目标，与辖内单位签订亚运安保工作责任书。组织排查各类矛盾纠纷264次，接访、调处矛盾65宗，成功调处解决中山三路数码城问题、省医医患纠纷、洛桑美地房产证办理、化工集团退休工人待遇问题、三角市荣庆拆迁工地等各类大型矛盾纠纷61宗，调处率93.8%。加大天网、地网建设投入，全街视频建设实现全覆盖。组织排查治安乱点及问题27次，开展专项行动12次。加强宣传教育和安置帮教工作，实行缉毒破案工作责任制，设立缉毒奖励机制。在省体育场举办6场“亚运会”足球比赛期间，做到党政领导、组织机构、应急方案、安保力量、巡查守点、履行职责、目标任务、团结协助、稳控措施、物质保障到位，确保“亚运会”足球赛事顺利完成。全年刑事发案338宗，比上年下降4%。诈骗案件上升43.3%，未发生影响恶劣的重大刑事案件。

民政工作 大东街在册救济户410户813人、低收入户家庭85户217人。办理困难家庭21人81次医疗救助4.68万元，5户边缘的困难家庭一次性医疗救助5000元，在册低保低收人员全民医保463名，老人优待证973个，“三无”、孤寡、独居老人安装平安宝387名，申请居家养老服务95名。在首届“广东扶贫济困日”活动中筹得捐款11.26万元。大东街的双拥共建“十个一”工程被省指定为推进珠江三角洲地区发展纲要的民政工作内容之一，并接受国家和市双拥办的检查，获得充分肯定。

社区管理和服务 2010年，经与广东省人民医院多次协调，解决了长期无法解决的东川居委会办公用房问题。开展对失业人员职业指导和技能培训，举办6场大型“零距离就业”现场招聘会。创办2500平方米的“军民共建”创业（孵化）基地，拓展失业人员就业渠道。11月4日，市长万庆良，市委常委、常务副市长苏泽群一行视察大东街劳动和社会保障服务中心，肯定大东街与辖内大型机团单位实行“点对面”招聘形式。办理失业证人员5402人，实现再就业4197人；“40、50”失业人员2362人，再就业1800人；特困失业人员9人，全部实现再就业。办理78名流动人员备案手续、自由职业备案173人。

计生工作 健全流动人口计生协会网络，开展多层次全方位服务，打造出金雁计生e家园服务品牌。通过游园会、集市、猜谜等方式吸引群众参加新《条例》宣传活动，共举办活动22场，宣传人数4500多人次。开展“六期”教育14期，放录像20场，参加人数5953人次。提供848名流动人口已婚育龄妇女常见病普查普治。加大社会抚养费征收工作力度，对历年应征未征的个案进行梳理，征收到位近420万元。落实独生子女父母退休奖励金工作，受理独生子女父母退休奖励金申报635例。6月，中国计划生育协会党组书记杨玉学、秘书长李艳秋等一行6人，到大东街金雁学校——家庭计划e家园参观考察指导，并给予高度评价。完成区政府下达的各项指标，获广州市2010年度人口与计划生育目标管理工作先进街、广州市2010年度“两无”活动达标街、越秀区人口与计划生育目标管理责任制考核优秀单位、越秀区人口与计划生育工作考核受表彰街等荣誉。

出租屋管理 推进流动人员和

2010年11月4日，广州市市长万庆良视察大东街社区服务中心迎亚运工作情况

出租屋服务管理工作，投入200多万元完善三级出租屋管理网络的各项建设。定期召开出租屋联合整治会议和出租屋管理服务联席会，加强“人屋”整治力度，加快居住证办理进度，促进示范点建设。全年登记纳管的出租屋6756套，新增1041套；登记纳管的流动人员17708人，新登记15236人；新办居住证16749个，完成率125%；已办租赁备案3901宗。

【精神文明建设】 2010年，大东街以“人人争当文明市民，万众喜迎亚运盛会”为主题，开展4场“创文明·迎亚运”宣传巡演暨2010年社区居民迎春游园活动，提升“创文”和迎亚运工作在全街群众中的知晓率、认同感和参与性。举行“欢乐金雁 情系大东”——大东街“庆中秋·迎国庆”系列活动暨首届“金雁之星”评选表彰大会，为当选的“金雁之星”和“金雁标兵”颁发证书和奖金，繁荣群众和外来务工人员的文化生活。11月12日，大东街组织1086名党建联席会成员单位职工代表、社区居民群众代表和外来务工人员代表等参加迎亚运珠江巡游活动。发动社区党组织和驻街党组织，金雁流动党支部、省人民医院、水玲珑和凤凰旅行社500多名党员和入党积极分子参加活动。该街发挥社工文艺团队和群众管乐队优势，把迎亚运口号、管乐、鼓进行编排形成一体，在巡游活动互动环节中，出现百人文艺团队鼓舞飞扬、千人高呼迎亚运口号、万旗迎风招展的场景，使巡游活动展现激情、欢乐、和谐的气氛。

【地域经济概况】 2010年，法人单位846个、产业活动单位411个、个体私营企业3206个；工业1个、批发零售业403个、房地产建筑业29个、住宿餐饮业49个、交通运输仓储业7个、服务业400个。专业市场有广州市流行前线商业有限公司、广州市海印东川名店运动城有限公司、广州市金凯商业城有限公司、广州市东川新街市有限公司、东富肉菜市场、东华西永胜肉菜综合市场、地王广场、广州市金蒂濠通讯商业城有限公司、广州岭南艺术品商业城、中华广场购物中心10家。征收“两费一税”1289.7万元，税收入库比上年增加11.96%；印花税315万元，比上年上升59%；代征点58万元。

【亚运人居环境整治】 2010年，大东街围绕打造“整洁越秀”的目标，实施迎亚运外墙整饰工程。主要整饰东华片区、东川片区（烈士陵园南侧）、东昌片区3个标段9.07万平方米的楼宇外墙，清拆“两违”3056平方米，整治不规范防盗网、飘篷1.66万平方米，投入资金3200万元。积极配合区房管局、建设水务局在中山三路、启明社区、东濠涌等13个迎亚运工程项目的实施。

【党建工作成效显著】 大东街以加强机关作风建设为切入点，以惠民利民为宗旨，强化学习效果，开展维护稳定、平安创建、环境整治、文明创建等内容的专题行动，出实招、办实事、优服务、促管理、惠民生，以实际行动巩固学习实践成果。建立“文明督导队”、“情满爱心队”等党员义工队伍，组织开展治安联防、无偿献血、文明创建、扶弱济困等活动。创建“五好”核心社区党组织、党员之家示范点和星级电教点，为平安和谐社区建设作出贡献，《广州组工》、《越秀组工》等作了相关报道。2010年6月，组建越秀区海印小额贷款股份有限公司党支部，9月通过党建带团建，在新星实业有限公司成立团支部，通过不断探索，街属非公有制经济党组织和团组织力量不断发展壮大。开辟大东讲坛，开展入党积极分子专题培训和各种参观学习等活动，吸引大批先进分子加入党组织，为推进街道工作的全面发展提供坚实基础。

（大东街 莫振业）

大塘街

【基本情况】 大塘街位于越秀区中部，东与农林街、大东街相接，南与珠光街相邻，西与广卫街、北京街接壤，北与洪桥街、建设街、华乐街毗邻。面积1.06平方公里。辖内主要马路东西向有中山三路、中山四路、东风路、文明路；南北向有陵园西路、越秀北路、越秀中路、德政北路、德政中路、文德路等。设东平、东皋、北横、豪贤、德政北、芳草、东方里、龙腾、秉政、德政中、大塘、朝阳、文德13个社区。2010年，户籍人口19065户、57196人，常住人口22516户、67547人。辖内文物保护单位有广州农民运动讲习所、国民党一大旧址、广东咨议局旧址、广州起义烈士陵园、广东贡院明远楼、中山大学天文台旧址、广东省农民协会旧址、四烈士墓、整理东濠下游碑记、万木草堂、市立中山图书馆旧址、番山亭。有省立中山图书馆、广州图书馆、广东省博物馆、广州市近代史博物馆、广州市文物考古研究所等文化机构。有广州军区联勤部、市文联、市房屋拆迁办、市城管委等军队和地方机关单位。年内辖内主要机团单位新增1个——广州市城管委；减少2个，分别为广州市林业局、广州市森林分局。

【城区综合管理和公共服务】

城市管理　2010年，大塘街围绕影响居民生活突出问题，严控“两违”，严管“六乱”，健全城市管理长效机制。重点加强中山三路、中山四路、陵园西路、文德北路等主次干道的巡查和宣传，争取临街机团单位、商铺、住户支持；定期召开城管、公安、工商联席会，研究辖内重点、难点问题，先后10次组织联合执法行动；购置城管、公安巡查车，加强重点路段巡查，有效控制“六乱”现象。落实环卫保洁全覆盖和精细化管理机制，12小时保洁管理主次干道、内街内巷；加大力量巡查处理重点地段、市场周边、学校周边和群众投诉多的地方，确保不留卫生死角；规范垃圾临时存放点和装车点的设置，定时定点做好垃圾收运，做到垃圾不过夜、清运率100%；以芳草社区为试点，开展生活垃圾分类工作；以秉政社区和东方里社区创建市一级绿色社区经验为基础，深化星级卫生街道、花园社区创建工作。落实群众投诉处理机制，群众投诉办复率100%。

综治信访维稳工作　以“平安亚运”为首要目标，保障各项方案、预案的制定与实施，整合和壮大群防群治力量，完善“天网”、“地网”社会治安防范网络，采取宣传教育、严打整治、加强监管等措施，化解社会矛盾纠纷。街综治信访维稳中心受理各类纠纷案77宗，办结率98%。完成11个社区工作站建设，成功调处解决朝阳小区停电纠纷，妥善处理辖区单位劳资福利纠纷，有效遏制群体性上访的发生。开展“人屋车场”专项整治行动22次，摸查出持证经营停车场6个，无证经营停车场21个；检查重点场所99间次，罚款2间，停业整顿1间；开展综合性安全生产大检查和联合执法行动8次，出动830多人次，整治隐患147处（间）；日常监督检查辖内生产经营单位1223家、1267次，查处隐患34处，完成隐患整改32处，发出整改指令书34份。严厉打击辖内“黄赌毒”，清查内街内巷流浪乞讨、拾荒人员，彻底消除各类治安隐患。全年刑事案件278宗，比上年下降5.1%；“两抢”发案27宗，下降42.6%；“两盗”案件49宗，下降32.9%。

民政工作　大塘街有223户救济户及189户纯低收入困难家庭。办理申请救济14户。摸查核实住房困难家庭，从市场寻找房源，解决住房困难家庭427户。办理适龄老人优待证1335个，每月足额发放百岁老人长寿金56人次，办理高龄（90岁以上）老人保健金申领手续224名，老人安装平安宝432多户，重复缴费的老人保障卡退款325名。在敬老月活动中为街老年人举办欢乐活动18场。扩大康复服务覆盖面，最大限度满足全街814名残疾人日益增长的康复需求，分阶段逐步实现残疾人“人人享有康复服务”的目标。

社区管理和服务　大塘街社会化管理退休人员6678人，其中空挂户2656，申办已故退休人员丧葬费136名；巡查十二类人员4.82万人次；办理异地退休人员生存认证45名，因病致贫退休人员特困救助8名，追踪养老医疗后续服务541人次。失业人员3811人，实现就业3483人。安置“40、50”人员再就业1455人，就业率92.5%；

办理失业群众换领失业证1777个，社区就业社会保险资助472人次，办理居民医疗和养老保险602人。

计生工作　常住人口政策内出生431人，政策生育率为98.61%，流动人口出生40人，政策生育率达100%。以大塘、东平社区居委会为示范点，开展“街镇无政策外多孩出生、村居无政策外出生”专项清理清查行动；为流动育龄妇女提供免费查环查孕和实施奖励；利用信息化网络提高优质服务水平，推进“网上婚育学校、悄悄话室”等服务；举办“春风送温暖”扶助贫困家庭活动，慰问独生子女贫困家庭1250户，发放慰问金及慰问品达12.6万元，帮助患重病死亡的独生子女困难家庭申请慰问金2万余元；组织流动人员开展“预防艾滋病，红丝带在行动”青春健康教育活动，派发宣传品1万多份；成立流动人口计划生育协会，共有会员6600余人。

出租屋管理　以“人屋”专项治理为重点，以“纳管到位、流动有序、治安良好、确保安全、群众满意”为目标，强化信息采集和登记办证。2010年，登记流动人员9237人，制发居住证7462张，比上年上升97.36%；登记出租屋5507套，上升8.98%；办理房屋租赁备案1123宗。每半月联合公安、工商、城管等部门开展1次“洗楼”式清查行动，出租屋内未发生后果严重、影响恶劣的火灾和安全责任事故。

【精神文明建设】　2010年，大塘街以迎亚运和建设“幸福大塘”为中心，实现“平安亚运”目标。加强与各单位沟通，走访辖区部队和机团单位，召开座谈会、征询意见会和共建动员会，及时传达区委、区政府的中心任务和工作重点。在“共建文明和谐陵园西路”、迎亚运环境综合整治、创建全国文明城市等工作中，得到辖区单位大力支持。先后10次在秉正廉政文化广场开展党员义工便民服务活动，1099人次参加服务，受惠群众近2500人次。发动党员义工850人次积极参与“文明出行”志愿服务行动，在主要交通路口和公交站点引导市民文明出行。在9月份“创文国检”中，秉政社区、烈士陵园、中山三路、中山四路分别代表社区入户调查、公园及主干道实地考察接受中央文明办考核，取得良好成绩。2010年6月30日，大塘街以庆祝建党89周年为契机，在广州起义烈士陵园举办“庆七一、迎亚运、创文明”红歌会广场汇演活动，市、区领导及辖区机团单位党组织、社区党员群众500多人参加活动。活动现场，广大党员积极参与“迎亚运、当先锋”主题签名活动，新党员们在鲜艳的党旗前庄严地立下誓言，表示要以实际行动发挥共产党员在保障亚运、服务亚运中的先锋模范作用，为党旗添光彩。

【地域经济概况】　2010年，有法

2010年12月11日，大塘街残联理事长谢彤作为第21棒火炬手参与亚残运会火炬广州站火炬传递活动

人单位985个，全部属于第三产业，其中服务业391个，批发零售业297个。行政事业单位122个，住宿餐饮业38个，房地产18个，物业管理中介68个，建筑业31个，交通运输业20个。限额以上企业160个，其中服务业88个，批发零售业27个，住宿餐饮业12个，建筑业9个，房地产13个，物业管理中介11个。个体户1492户。辖内主要专业市场有文德北路古玩字画业、陵园西路通讯器材业、越秀中路金属门窗业及陶瓷浴具业。征收“两费一税”549.11万元，比上年上升20.46%。

【亚运人居环境整治】 2010年，大塘街迎亚运人居环境整治工作分为南片区（文德路、文明路）、北片区（德政中、德政北）、烈士陵园西侧、文德路中山文献馆广场建设等4个标段，立面整饰覆盖89幢楼房，投资2440万元。拆除违章建筑4270.4平方米，立案的违章建筑1405.35平方米，清拆户外广告招牌832平方米。解决群众投诉噪声扰民、环境卫生等问题100多宗。

【共建文明和谐陵园西路活动】 大塘街文化底蕴丰厚，商业氛围浓厚，宜居宜商，是市、区关注的城市管理重点区域。陵园西路多年形成的手机专业市场带来商机和活力，同时也带来城市“六乱”、环境卫生、社会治安等隐患。为改善陵园西路营商环境，大塘街成立“文明督导队”，开展文明素质宣传教育活动，并于2010年6月18日，在陵园西路广联礼堂举行“大塘地区共建‘文明和谐陵园西路’活动启动仪式”。市、区创建办，广州军区联勤部司令部直属工作处、广州起义烈士陵园、中山大学附属口腔医院、广州军区联勤部东皋干休所及陵园西路商家等代表出席活动。启动仪式上街党工委发出倡议，呼吁陵园西路的单位、商家、居民共同参与共建活动，为创建全国文明城市多出一份力、多添一份光。强化城市管理和社会治安，推进“窗口”行业诚信、规范化服务。

（大塘街　罗志雄）

珠光街

【基本情况】 珠光街位于越秀区的中南部。东起东濠涌，与大东街、白云街为邻；西到北京路，与北京街、人民街相接；北起文明路，与大塘街毗连；南到珠江，与海珠区相望。面积0.93平方公里。设东沙角、广舞台、越秀南、定安里、万福东、湛塘路、东园路、福行、珠江园、祖庙前、新福里、清水濠、文德路、文明路、仰忠、厂后、爱家园、海傍18个社区。2010年，户籍人口23702户、72719人，常住人口17520户、53754人。辖内主要文物单位有中华全国总工会旧址、省港罢工委员会旧址、越南青年革命同志会和越南青年政治训练班旧址、中共广东区委军委旧址、周恩来同志主持的中共两广区委员会旧址、文德楼、南关电影院、无着庵等。有省总工会、交通部珠江船务管理局、广州仲裁委员会等机团单位。

【城区综合管理和公共服务】

城市管理　2010年，珠光街以迎亚运人居环境整治和创建全国文明城市为工作目标，先后制定《珠光街城市综合管理工作方案》、《珠光街城管执法队协管员量化考核试行办法》、《珠光街社区居委城市管理工作考核月评制度》及《珠光街社区市容环境保洁每日评分制度》等相关制度。自筹经费新招协管员10人，购置20台对讲机，确保路面及夜间巡查的力量。开展对商业违规经营和“五小”行业视频安全等专项整治行动7次，整治违法经营商户20家。对辖区“六乱”问题教育2799宗、罚款9550元，治理乱摆卖547宗。立案查处辖内12个施工单位，作出行政罚款3.7万元。查处违法建设287宗，拆除违章建设4404.09平方米，清拆违法广告招牌250宗，面积2625平方米。处理12319专线投诉529宗，信访投诉95宗，办结率100%。投入5万多元更新垃圾车20多辆、果皮箱50多个、保洁设施一批。投入沙井盖更换维修资金2633元、化粪池及排水渠清理资金1.86万元、六和新街牌坊维修资金5200元。

综治信访维稳工作　完善街综治信访维稳中心的建设工作，实行矛盾联调、问题联治、治安联防、工作联勤、平安联创，完善例会等各项协调机制。对辖内存在的不稳定因素开展排查调处和维稳防控，及时疏导和协调。完善视频监控系统建设，增加校园周边见警率，加派群防群治队员和派出所治安员，协助学校做好上、放学的校门口安保工作。开展“2010年越秀区珠光街居民投诉大接访活动”，对全街范围内的信访隐患“拉网式”排查，集中解决遗留问题。处理群众投诉189宗；调解矛盾纠纷186宗，调解率98%，群众满意率95%。结合“人屋车场”行动，定期清查和专项检查辖内娱乐场所和出租屋。开展安全生产及消防安全检查696次，检查隐患单位147宗，整改140宗。开出责令整改指令书38份，完成复查整改36份。安全主任再培训165名，完成全年再培训任务50%。先后组织举办安全生产、消防安全、综治维稳、禁毒宣传咨询日活动，发放宣传册1.5万多份，展示活动展板20场次，出版墙报40期。

民政工作　审核办理219户困难家庭廉租住房租赁补贴申请，有1021户家庭领取廉租住房租赁补贴，289户家庭获得实物配租。关爱残疾人，先后组织康园工疗站学员参观广州番禺南粤园、香江野生动物园，为生日学员举行生日聚会；联合“生命缘”志愿团体、辖内的中学开展“缘创美丽——情牵丝袜玫瑰”、“最美一袋米”、丝网花爱心义卖等公益活动。邀请爱尔眼科医院免费为社区居民、残疾人士进行眼科检查，配合区疾控中心开展居民艾滋病、病毒性肝炎综合防治筛查工作以及举办紧急救护知识讲座，普及居民群众康复医疗知识。全年为2436名80岁以上老人申领长寿保健金。广泛发动社会力量参加扶贫济困活动，筹得善款11万元，为青海玉树地震灾区捐款4.98万元。街慈善会筹款1万元帮助患淋巴瘤的救济户孩子姚某，并为其申请医疗救助。协助区卫生局妥善处理“王某接种甲流疫苗感染脊髓炎死亡”事宜。献血工作完成1566人次，完成上级下达献血任务113.8%。落实广州市政府“亚运惠民项目”实施方案，组织“亚运大礼包”抽签活动，中签户有6219户，向全街在册困难户发放亚运补助金131.55万元。

社区管理和服务　实施网格化管理社区劳动保障工作站，利用街的再就业基地和2个基地分站，为一批就业“老大难”群体实现就业。2010年有65人加入精品饰物手工加工工作，累计参与手工劳动的失业人员达530人次。积极引入辖区外招工量大、门槛较低的企业到该街举办“40、50”人员专场招聘会4场。主动与辖区外的机团单位联系，采取“分类打包”形式进行定向推荐。与10多个企业联系，安置近100名人员就业。利用社区服务中心培训基地，举办免费职业指导培训班75期，参加培训的失业人员达5600多人次。对辖内3间300人以上的企业和3间100人以上住宿餐饮业开展抽查行动，检查辖内3个工地工资支付情况。处理投诉追讨工资案件10宗、经济补偿金及工程款96.71万元，涉及人数85人。没有劳动监察案件被行政复议或行政诉讼。建立“一户一卡”，完成500户信息系统录入工作。受理参加城镇居民基本医疗保险473人，累计3055人；受理参加城镇老年居民养老保险84人，累计1164人。办理城镇老年居民养老保险生存认证1164人。综合咨询达3000多人次。

计划生育　户籍人口出生541人，流动人口已婚育龄妇女1451人，出生80人。政策生育率97.23%。完善全员人口信息库建设，检查录入户籍数据入库率99%。向居民发放以预防出生缺陷、宣传计生协会为内容的巡展海报画及晴雨伞等一批计生宣传品，在辖内单位开展宣传巡展活动，提高育龄群众计生知识知晓率和宣传品入户率。与越秀南车站联合启动“一街一品”的宣传阵地建设工程。积极开展项目培训及“幸福工程”慈善募捐活动。多次开展清理清查辖内出租屋、商铺、工地、封闭住宅小区等专项行动，清理档口565个，登记育龄群众292人。运用区信息中心短信平台，为育龄妇女发送关爱、服务等各类短信1.11万条，普查育龄妇女妇科病1463名，办理绿色通道计划生育技术服务223人，办理独生子女父母光荣证241个，办理独生子女保险85宗，发放独生子女保健费约5.64万元。

出租屋管理　开展出租屋消防安全大排查行动，辖内1582套出租屋查出隐患386宗。开展出租屋专项整治3次，整治312宗，整改率80.83%。发出《致出租屋屋主的一封信》及有关宣传单2236份。2010年出租屋内未发生重大刑事案件和火灾事故。组织消防知识培训和专业知识业务培训，提高出租屋管理员在工作中处理要点和难点的能力。制定《珠光街出租屋管理员责任状》等相关制度，实行责任承包制，分级签订责任书，设立中心信息员，实行定期上报信息、定期编制简报制度。转变被动式管理模式，探索并初步形成主动型的服务理念。开通专线咨询电话，简化办证程序，开展上门登记、预约办证、送卡上门等便民服务。依法追缴税费70余万元。

【精神文明建设】　2010年，珠光街利用辖内文化资源优势，以“迎亚运”为契机，打造“珠光璀璨”特色文化品牌。利用社区文化广场等各类阵地，为居民群众提供学习才艺、展示才艺的舞台，引导大家开展健康积极的文化娱乐活动。举办第五届“珠光璀璨”社区文化节开幕式暨“全民健身迎亚运、珠光璀璨耀南关”群众文艺大汇演，参与群众达3000人次。完成南园诗社精品文化建设工程设计、招标及文史资料收集。举办“我们的传统节日——喜闹元宵”文化广场活动、“倡导健康生活”（垃圾分类）主题宣传文化活动以及组织居民群众参与“第九届中国艺术节”广场文化活动。“五一”期间，在广州市文化公园中心台举行“粤韵迎亚运——珠光璀璨南方夜”广东音乐专场音乐会。组织辖内居民群众、企事业单位和学生2000多人次参加珠江巡游观礼、火炬传递文明观赛等活动。组建珠光街亚运志愿者队伍，顺利完成亚运属地治安保障等任务。

【地域经济概况】　2010年，辖内法人单位有1104个，其中服务业占40%（441个），批发零售业占37%（410个），行政事业单位和社会团体占7%（80个），房地产业占7%（78个），餐饮业占5%（52个），工业、建筑业及其他占4%（43个）。达到限额以上（年营业收入2000万元及以上）批发零售业有40个，餐饮业（年营业收入200万元及以上）14个。多产业法人所属的产业活动单位230个，个体户2071个。专业市场7个，分别是珠光仰忠精品批发市场、广州市基健肉菜市场（东堤肉菜市场）、珠光市场、金宫时装市场、万湛工艺品百货商场、万福精品广场、广州市越秀区丽人服装商业城。全年出租屋征收“两费一税”827.10万元。

【亚运人居环境整治】　2010年，珠光街主要完成八旗二马路沿线社区整治，定安里、东沙角、珠江园社区和珠光市场周边整治，文明路沿线社区整治以及万福路骑楼整治等4个亚运人居环境整治工程项目。总投入3512.13万元。改造内容包括美化建筑外立面，清拆违法建设，整治不规范防盗网、飘篷及不规范广告牌等。整治不规范防盗网2796.79平方米，拆除不规范雨篷2320.14平方米，拆除各类违章建筑36宗、面积906.59平方米，整治不规范广告招牌429宗、面积4614.01平方米。与区城管办协调并申请经费，妥善处理文明路沿线空调机主机移位问题，解决骑楼民居室温升高问题。

【“创文”工作见成效】　2010年，珠光街围绕《全国文明城市测评体系》和公共文明建设指标要求，投入近1万元制作“创文”宣传横幅、墙画、册，不定期举办宣传活动，宣传工作辖内全覆盖。投入62.8万元，全面铺开7项“社区民心小工程”整治工程。为社区居民增设晾衣架、重新规划单车停放点、拆除违章广告牌、整治小区乱拉电线、修复破损路面、清理疏通

2010年5月31日，珠光街在党员服务站举办党课培训班

化粪池和社区公共设施维修（包括路灯、沙井盖）等。规范社区公共文明指数测评材料，在受检期间，发挥社区群防群治队伍作用，布控好重点地段，开展巡查工作。成立迎检应急机动小分队，负责协调处理突发问题。是年，在市、区检入户问卷调查工作中，珠光街7个社区先后被抽检，均取得比较满意的成绩。

【加强基层组织建设】 2010年，珠光街深入推进非公党建工作，成立广州市穗粤船务有限公司党支部。社区党员电教室阵地、党员干部现代远程教育终端服务不断完善，通过播放党建电教片和革命教育电影，丰富党员电化教育的内容。围绕“迎亚运，当先锋——我是党员我带头，我是党员我奉献”的主题活动，各社区党组织均设立“创先争优”活动宣传栏，通过公开承诺、座谈会等多种形式开展创新组织生活活动。举办2期“珠光街创建学习型党组织，提高社区工作技能”培训班。全年为党员群众服务1.65万人次，参加治安巡逻等义工服务362人次，缴纳党费13.6万元；新建基层工会14个，吸收新会员862人。

（珠光街　苏双双）

白云街

【基本情况】 白云街位于珠江河畔，东起东湖路，东南至二沙岛东端，南至珠江，西至东濠涌，北起新河浦涌，面积3.08平方公里。辖内主要马路有沿江东路、大沙头路、东华南路、白云路、东湖路、大通路、大沙头三马路。设堤畔、筑南、麟安坊、东湖新村、湖滨、花园新村、东船上、海印、大沙头以及二沙岛10个社区。2010年，户籍人口12686户、42886人，常住人口13475户、52192人。辖内有白云楼、首架国产飞机试飞纪念碑、鲁迅纪念公园、林则徐纪念园等文物古迹；有省侨办、市政协、羊城铁路总公司、省交通厅、省高速公路股份有限公司、广东新华发行集团有限公司、省工商银行营业部、省第四建筑公司等机团单位和企业；有海印电器总汇、海印布匹城、星之光电器城、盛贤摄影器材城等著名商业街。

【城区综合管理和公共服务】

城市管理 2010年，白云街以“争创二星街道，创建文明城市，迎接亚运盛会”为工作目标。自筹经费增聘12名协管员，有效增强城管力量。多次开展联合执法统一行动，重点整治辖内无证照烧烤档及湖滨小区、沿江东路、二沙岛晴波路等重点地段的“六乱”，有效遏制辖内“六乱”现象。强力推进“两违”查控力度，以市“黄牌提醒”为契机，建立有奖举报等激励措施，采取社区天台观察与城管队员地面巡查相结合等方式严密监控违法建设，有效将二沙岛新世界花园等10多宗新的违法建设制止在萌芽状态。对宏城花园的15栋在建违建别墅进行立案查处，以强拆和自拆相结合方式拆除其中的13栋。全年拆除违法建设33宗，面积约6814平方米。积极开展病媒生物防制、垃圾分类等工作，除害防病工作富有成效。2010年10月通过广州市检查，成功创建二星级卫生街道。

综治信访维稳工作　加强信访和矛盾排查调处工作，在10个社区全面设立综治信访维稳工作站，加强社情民意收集。开展3场“迎亚运、促和谐”大接访活动，受理各类信访案件158宗，办结率100%。妥善处置省四建历史工程、原省工商银行营业部后勤人员要求回工行上班、市供销社下属公司离职员工要求货币分房以及明哥餐厅拖欠工人工资等纠纷。继续以“人屋车场”整治为重点，整合辖内治安防范力量，全面开展社会治安综合治理，有效防控案件的发生。在亚运整治期间，落实“人防、物防、技防”措施，有效杜绝通过整治工程棚架入屋盗窃案件的发生。2010年立刑事案182宗，比上年下降8%，其中，“两盗”案20宗，下降10%；“两抢”案10宗，下降23%。加强安全知识宣传力度，争创国家安全社区，作为越秀区唯一一个试点街道，于2010年10月接受中国职业安全协会专家组的检查。

民政工作　全年发放低保金4.23万元、实物救济3.46万元。办理符合条件的困难家庭申请廉租房、经适房174户，在册救济户申请实物配租6户。慈善捐助覆盖面广泛，海印实业集团捐资25万元新春慰问辖内200户孤寡老人、孤儿、特困以及困难家庭，帮助困难家庭学生123名；广州新衡盛典当有限公司和美国人国际学校分别捐资3万元，派发困难家庭新春慰问品和慰问金500多户。创新捐助方式，以安排残疾人就业和助学等形式为4户不同类型的特困家庭进行3个月至3年不等的捐助。坚持每周探访重点优抚对象、军队复退军人，发放优抚对象重大节日慰问金、医疗补助金72人次共计2.21万元；召开优抚对象“八一”茶话会，慰问全街享受政府抚恤补助的在乡优抚对象、知名烈属、残疾军人、义务兵家属60多人。完成第六次全国人口普查，共普查17588户家庭、58725人。

社区管理和服务　推进“五个一”（社区服务中心、社区卫生服务机构、小公园、娱乐文化中心和治安视频监控中心）等基础设施建设，完善和强化社区服务功能。加强再就业援助政策宣传及落实再就业援助政策，完善“置换岗位”机制，利用再就业基地提供失业人员手工制作岗位。2010年在册失业人员2225人，已实现就业2053人。“特困和双低”家庭失业人员7人，全部再就业。办理“40、50”、特困失业人员社区就业资助428人，举办现场招聘会4次，有69家单位提供390多个就业岗位，470多人次登记求职，成功达成招工意向115人，成功上岗65人。在册社会化管理退休人员4259人，办理退休人员养老金的生存认证3955人，街退管台账被作为区退管办统一台账向全区退管系统推广使用。积极开展群众健康教育工作，做好社区居民限油限盐宣传工作，多次举办宣传集市，培养居民群众良好卫生习惯。指导辖内育才实验学校2010年5月成功创建无烟单位和爱卫模范单位。协助社区卫生服务中心开展“广东省中医特色预防保健服务体系示范试点区”创建工作。

计生工作　继续推进计生、出管“巡查登记力量组合、行政处理独立”的流动人口管理工作格局，完善利益导向机制，全力推行“幸福家庭促进计划”，强化服务促管理，免费为准妈妈发放叶酸片、提供出生缺陷筛查服务，推动出生缺陷干预工作的开展。扎实开展计生协会活动，堤畔社区作为越秀区唯一一个社区被评选为全国计生协会（村居）先进单位。2010年全街户籍人口已婚育龄妇女7644人，出生322人，政策生育率97.89%；常住流动人口已婚育龄妇女924人，出生67人，政策生育率100%。

出租屋管理　以“亚运安保”为契机开展地毯式摸底工作。成立街推行居住证制度工作办公室，制定奖惩方案，办理居住证10349个，率先提前完成区量化考核指标，完成率140.8%，位列全区第二。全年登记在册出租屋4377套，比上年增长7.57%；住宅出租屋均价约30元/（米^2·月）（其中二沙岛约95元/（米^2·月）），商铺出租屋均价约150元/（米^2·月），办公出租屋均价约45元/（米^2·

月)。2010 年 7 月，配合人口普查，依托流动人员信息系统，逐户逐人核对出租屋流动人员信息，清查流动人员 8526 人。

【精神文明建设】 通过开展街坊游、街坊谈、街坊访以及社区群众论坛等听民声、取民意党员系列活动，让党员和居民群众理解、支持和配合亚运整治。成功组织“亚运盛会展风采，创先争优促和谐”白云街纪念建党 89 周年文艺汇演暨表彰基层先进党组织及优秀共产党员、党务工作者活动，组织开展“保障亚运、服务亚运”专题组织生活会 20 余次，举办“以全新姿态迎接亚运”社区论坛活动 10 次。开展“公开承诺”活动，全街 21 个党组织、864 名党员进行公开承诺；开展“组织生活创新”和“关爱党员，增强党性”主题实践活动，慰问困难党员 131 人次。加大在“两新”组织的先进分子中发展党员的力度，2010 年确定入党积极分子 9 名。推进党代表任期制工作，及时设立党代表工作室和制度上墙。组织辖内党员义工和失业党员服务队以“迎亚运、当先锋”为主题开展大型为民服务活动，参加活动的义工达 50 余人，为群众服务 130 余人次。开展廉政主题教育活动 8 次。乘迎亚运整治东风，街辖内新修建林则徐纪念园、二沙体育公园、传祺公司、发展公园等文化体育阵地，升级改造海印欢乐文化广场、东湖新村小区科普文化广场等。举办“亚运就在身边”志愿者招募暨文艺汇演、“迎亚运促和谐，廉政清风行”电影节、“团团圆圆　情暖万家”中秋晚会以及“迎亚运、学双语”培训等活动；组织街道艺术团队多次参加亚运会、亚残运会开闭幕式及火炬传递活动的群众表演。是年，该街在全区月度“创文”检查中处于前列，湖滨社区代表市接受“创文”国检取得较好成绩，被评为广州市文明单位。

【地域经济概况】 2010 年，辖内有法人单位 1155 家，产业活动单位 223 家，个体私营企业 3234 家；工业 2 个，批发零售业 493 个，房地产建筑业 44 个，物业管理及其他房地产 65 个，住宿餐饮 33 个，交通运输 22 个，服务业 413 个；辖内有广州市建翎贸易有限公司大通体育精品总汇、广州市海印广场商业有限公司、广州市越秀区白云新街市、广州市越秀区信和海印电器市场、广州市越秀区海印电器总汇、广州市海印布艺总汇有限公司市场、广州市越秀区东湖新村市场、广州市越秀区田华服装商场、广州海印实业集团二沙体育精品廊有限公司、广州市弘如安防城、广州精鸿数码手机城、广州市星之光家电市场、金海印电器广场、广州盛贤大沙头旧货交易市场分场、广州市盛贤摄影器材城、广州盛贤纺织（布艺）城、广州盛贤大沙头旧货交易市场、广州嘉俊电器广场、广州市澳讯旧货交易市场、广州市海印布料总汇、广州海印摄影器材城等 21 个专业市场。征收“两费一税”1053 万元，比上年增长 15%。

【亚运人居环境整治】 2009 年 11 月白云街启动人居环境综合整治工作，投入近 2000 万元对海印商业街周边社区、大沙头周边社区、东

2010 年 11 月 3 日，白云街党工委书记高维荣担任第 11 棒火炬手参加亚运会火炬(江门站)传递活动

山湖公园周边社区和湖滨宾馆周边外立面整饰工程以及新增的东湖路等地段周边招牌整治工程共8个标段进行整治，对40多栋楼房进行外墙整饰以及天面美化，规范防盗网、飘雨篷共8754平方米，整治招牌2300平方米。配合区建设局、区园林局在街辖内开展对内环路沿线楼房外立面整饰、园林绿化景点建设工作，建成沿江东绿化公园、林则徐纪念园以及白云路广九火车站原址景观带。2010年白云街召开13次党工委会解决工程中的选址、立项、招投标、项目调整以及遵守工程廉洁规定等问题；开展2场专项接访活动，接待134宗整治信访案件，全部得到较为圆满的解决。

【服务亚运保障亚运圆满成功】白云街是亚运开闭幕式辐射街道，辖内有承担跆拳道、空手道赛事的亚运场馆广东体育馆，是开幕式珠江巡游路段最长的街道，是亚残运会火炬传递越秀区段的主要街道。白云街圆满完成1400名珠江巡游岸上观礼观众的组织工作，充分营造开幕式当晚浓烈的现场气氛，达到“一江欢歌、满城沸腾”的热烈效果。赛事期间，保障场馆周边井然有序，协调解决停车位、交通志愿者、文明观众组织等工作。顺利完成亚残运会火炬传递活动中2750名观众的组织工作。完成9000多住户的亚运安保入户摸查登记，发动近5000名亚运安保志愿者，并对他们进行培训和配备装备；做好435名防控专职、1426名开幕式社会面防控及重点地段社会面防控义务力量的组织工作。该街被授予广东省广州亚运会亚残运会先进集体，街党工委书记高维荣及民政科科长谭兆华、街工会协理员陈外英分别被选为广州亚运会火炬手及亚残运会火炬手。

（白云街　梁顺娅）

矿　泉　街

【基本情况】　矿泉街位于越秀区西北部，毗邻广州火车站、广东省汽车站，京广铁路贯穿境内，机场高速公路环绕其间。周边以走马岗、站西路、三元里大道、沙涌河为界，是越秀、荔湾、白云三区的结合部。面积3.18平方公里。2010年，户籍居民10828户、34055人，常住人口25280户、90036人，外来流动人口超10万人。辖内设机务段、机山巷、机新、王圣堂、兴隆、站西、铁通、松岗、瑶台、瑶池、瑶华、沙涌南、华泉、北站14个社区，转制社区集体经济组织瑶台实业有限公司（瑶台村经济联合社）下辖10个经济社和1个公司——瑶台经济发展公司。辖内有广东省社会主义学院和广东省技术师范学院2所学院，矿泉中学、广铁二中2所中学，瑶台小学、养正小学、沙涌南小学和广铁四小4所小学；有广东省妇幼保健医院以及山西省外货厅、河南省外贸厅、云浮市驻穗办等机团、企事业单位达200多个；有服装、钟表、皮料鞋材、化妆品类型的专业市场66家。

【城区综合管理和公共服务】

城市管理　2010年8月，矿泉街成功创建“广州市一星级街道”。针对辖区“六乱”问题，街城管执法队将辖区分成三片，相应建立3个工作站，设置13个守点地段，每站安排4名干部和8～10名协管员管理。会同街道联合执法队等职能部门开展集中整治60余次，有效控制和解决主次干道“六乱”重点难点问题。专门安排2名协管员负责夜间违建监控，全年未发生“两违”案件。组织清洁卫生行动30余次，参加人员700人次；清除和处理乱张贴近5000张、乱涂写8000余宗。创建北站花园达标社区，王圣堂、兴隆、瑶池及瑶华社区绿色小区。选取瑶华社区作为垃圾分类试点社区。重点做好亚运接待酒店山西大厦及其周边地区病媒生物环境防制工作。限油限盐用具派发范围覆盖至流动人口，至9月底发放1.02万份。与社区居委会、街出管服务中心及辖内商家企业签订打假责任状，协同区打假办、烟草专卖局、食品药品监督管理局、质量技术监督管理局等职能部门举办整规、打假和食品安全宣传咨询活动，邀请区工商分局、卫生监督所、区疾控中心以及区环保局现场办证，实行工作台账制度管理，打假、整规和食品安全工作成效显著。制定《广州市越秀区矿泉街三防应急预案》，成立街防汛防台风指挥部、抗灾抢险组、物资供应交通运输组。

综治信访维稳工作　全面完成街道综治信访维稳中心和14个社区综治信访维稳工作站的建设，信访工作纳入社会治安综合治理目标管理责任制考核。全年收到群众来信来访16件，接待来访人数26人次，办结率100%；受理各项矛盾纠纷179宗，办结率100%。周密组织“红棉10”、“剑锋10”等专项行动，实施“零容忍”警务模式。成立禁毒巡查队伍及社区禁毒领导小组，派发《禁毒法》小册子、宣传单、一封信等宣传资料1.5万多份，全街14个社区均达“无毒社区”标准。规划67个停车场建设目标。查扣非法营运机动三轮摩托车700多辆。全街安装并投入使用治安视频监控控头1700多个，实现覆盖12个社区，公共场所覆盖率95%，推进“反盗精鹰”防盗监控系统建设项目，健全完善校园及周边治安防范措施。民警在中小学校上、放学重点时段站岗保护学生安全；制定《矿泉街亚运会社会面整体防控工作方案》，组织安保志愿力量巡控预演；举行“誓保平安亚运，共创和谐矿泉——越秀区矿泉街平安亚运暨矿泉街治安联防大队成立誓师大会”，全街社会面整体防控设防控岗位近700个，发动群防群治力量6530人，防控力量数达核心区实有人口的10%。深入发动辖区企业募集35万元专门用于地区亚运安保工作。100%社区创建平安社区，平安社区创建达标率85%以上。建成站西、王圣堂、瑶台、沙涌南4间中心警务室。完成瑶台村经济联合社三支护村队伍整合，纳入派出所“统一指挥、统一招聘、统一培训、统一管理”。全街14个社区7000户推行“邻里守望卡”，小区“围闭”管理面积约3.40万平方米，物业管理覆盖户数比率100%，明泉花园、铁路安居小区、机务段社区、铁通社区、王圣堂等多个小区实现“零发案”。2010年，全街刑事发案比上年下降17%。先后组织1万多人次参加安全生产大宣讲、交通安全知识进万家、消防志愿者进万家、消防安全知识“五进”等活动6场，完成安全主任再培训181人。

民政工作　全年发放低保保障金91.26万元，三无人员生活补贴6.54万元，粮油实物救济232份共1.22万元，慈善超市IC卡116张，基本医疗救助金4.35万元。为8户低保户申请重大疾病资助3.5万元，1户低保户申请“城市医疗救助”3000元，为5595名80岁以上老人申请长寿保障金。各类优抚对象累计发放生活补贴45万元。办理低保对象免费社区门诊卡111张、城镇居民基本医疗保险226人（次）、扶困助学30人（次）、低收入住房困难家庭廉租住房补贴45户、经济适用房30户、残疾人二代残疾证121个，残疾人或其子女申请“扶残助学”23名。申请残疾人专项补助金251人，解决残疾人就业20名。组织1800多人参与无偿献血，超额完成区下达任务的152%，位列全区第一。完成第六次全国人口普查工作，登记38911户、108377人。

社区管理和服务　王圣堂、站西、机新、沙涌南、瑶池、瑶台6个社区申报“六好和谐平安社区”，北站、机务段、松岗、瑶华4个社区申报“宜居社区”，“六好社区”比率92.8%，超额完成市、区目标。2010年领取失业证2301人，已就业1795人，超过区要求标准。“40、50”人员领失业证761人，就业647人。“农转居”失业人员63人，就业率82%。“农转居”人员办理基本养老保险725人；灵活就业人员医疗保险665人；领取退休金并享受退休人员医保348人，实现“农转居”人员老有所养。松岗、站西、兴隆、王圣堂、沙涌南、北站、华泉、瑶台、瑶华、铁通10个社区为创建充分就业社区，创建率71.42%。办理居民医疗和养老保险2150人。退管人数达2271人，其中十二类人员有334人，空挂户538人，重点巡查人员96人。督促企业单位办理用工备案手续32间，涉及人数83人。督促30间企业补办社保，涉及人数85人。开展防癌讲座、中医“治未病”、家庭健康素养与家庭急救知识等讲座13场次。开展控烟宣传工作，派发控烟小册子、禁烟标志3000多份。

计生工作　向辖内89个企事业单位和部门下发计划生育工作任务书，与14个社区居委会签订计划生育工作协议书。开展计生岗位大练兵活动、“计划生育政策知多少”问卷调查，举办“矿泉街计划生育业务知识竞赛”、《流动人口计划生育工作条例》和计划生育业务知识培训班。解决110人的城镇居民计划生育奖励政策历史遗留问题，落实183人城镇独生子女父母计划生育奖励。采集辖内各大机团单位、企业、学校、小区、市场、集体户、居民户等十年内的出生信息。准时完成全员人口信息采集工作，核实登记10.33万人。成功收缴社会抚养费10例，追缴50万元。全街已婚育龄妇女1.67万人（常住7667人、流动9005人），全年出生565人（常住278人、流动287人），常住人口出生率为6.76‰，自然增长率为2.24‰，政策生育率为97.48%；8个社区居委会无政策外出生，全面完成区下达的人口和计划生育任务，顺利通过省、市目标管理责任制考核。

出租屋管理　2010年，矿泉街有出租屋30228套，外来暂住人员55222人。街辖外国人企业66户，散居的外国人约40人，每天活动在各个涉外专业市场的外国人约2000多人。矿泉街充分发挥出管中心与派出所捆绑责任制，制定《矿泉街流动人口和出租屋分类分级管理实施方案》。全年巡查出租屋34320套（次），新登记出租屋2132套，新登记流动人员44573人（次）。开展出租屋专项整治行动134次，出动人员1811人（次），整治违法出租2011间，发现出租屋隐患3582处，处置隐患1510宗，依法查封出租屋45套，处罚屋主和流动人员84宗，取缔无牌无证饮食店档45间，捣毁各类非法加工场27个，收缴各类制假造假物品4万多件。出租屋刑事发案比上年下降30%。

【精神文明建设】　2010年，矿泉街以城乡统筹党建为抓手，推进社区党建、“两新”组织党建工作，形成的文字经验材料被区委组织部刊物转载推广。积极组织属下29个基层党组织以及767名党员开展创先争优活动。转制社区集体经济组织瑶台实业有限公司（瑶台村经济联合社）有43名股民向党组织递交入党申请，定为入党积极分子26人。以创建“体育先进社区”活动为抓手，争取区体育局在街辖新建5条健身路径。建立“创文”工作联席制度，辖区64个机团单位、专业市场参与“创文”工作。开展“迎亚运，学双语，做热情东道主”六进、“亚运广州行”互助日、流动商贩乱摆卖劝导式执法、“迎亚运——环境卫生大清洁”等主题系列文明创建活动30余次。每月集中两天时间，全街社区工作者、出租屋管理员集中入户一个社区，挨家挨户上门走访，宣传“创文”工作。全年出动社工、出租屋管理员2000余人（次），集中入户9000余户，真正做到“创文”宣传全覆盖，群众知晓率、参与率、满意率明显提升。

【地域经济概况】　2010年3月矿泉街制定出台内容新颖、奖惩科学、适合转制社区集体经济组织推行的经济效益百分制，以此考核村社干部的工作能力。瑶台村经济联合社村社干部不再单一追求物业租金的自然增长，而是将目光放在新的经济增长点上，通过盘活集体物业，提升集体物业价值，实现新的经济跨跃。是年，瑶台村经济联合社经济总收益再创历史佳绩，达到1.5亿多元，比上年增长9.9%；股民人均年收益达3.8万多元，比上年增加3896元，涨幅11.3%；股民劳动力人均收益4.7万多元，比上年增加3428元，涨幅7.8%。“两费一税”总收入827万元，比上年增长4%。

【亚运人居环境整治】　矿泉街负责北环高速（越秀段）沿线社区、机场高速（越秀段）沿线二线社区、内环路（矿泉段）沿线二线社区3个标段的整治工程项目，市、区共投入资金逾2000万元。2010年年初，打通广园西路新濠畔断头路，拆除商铺803平方米，七社河涌整治加压站仓库650平方米，协助白云区新市涌整治拆除仓库、办公室1400平方米，拆除不规范防盗网1.16万平方米、各类违章建筑3089平方米，清洗外立面3万多平方米，整饰广告招牌774块、1.3万平方米，铺设内街小巷走道2000多平方米、排水管道1000多米，修复路面9950平方米，绿化改造1000多平方米，街辖内绿化面积提升12%。拆除阻碍路面的瑶华大街路中央楼高4层、面积达501平方米的街心楼，启动排水“民心小工程”，重点改造北站、机山巷、华泉、机务段、王圣堂、瑶华社区的地下排水管道，摆脱水浸街烦恼。2010年8月，瑶台村100多名股民联名向区、街及市政、水务部门送上感谢信，感谢政府为瑶台村解决长达20多年的水浸街问题。9月20日，《广州日报》以“百名村民写信感谢政府”为题，《新快报》以“瑶台村27年水浸之苦终解决”为题，同时图文并茂地报道瑶台村道路改造、市政设施的巨大变化。

【创新建立外国人管理服务工作站】 2010年，矿泉街建立“一点三室”外国人管理服务工作站。该站设外币兑换点、综合服务大厅、外贸商场（设立中心警务室、治安视频监控室），为辖内外国人提供服务，被列为全国公安机关创新社会管理工作示范点。2010年6月28日，参加全国公安机关创新社会管理工作会议的代表在省、市、区领导陪同下，视察矿泉街外国人管理服务工作站。2010年6月27日，《羊城晚报》以“矿泉街近日成立外管站　深得非洲兄弟喜欢”为题，大篇幅报道矿泉街以人为本，投资100多万元，建设外国人服务管理工作站，为外国人量身定制各式温馨贴心服务，创造良好涉外治安环境的典型事例。

【社区综合服务中心试点】 矿泉街是全市20个、全区4个社区综合服务中心的试点街道之一。在市、区有关部门大力支持下，立项拨款750多万元，解决1039平方米的场地购置、设备、装修等问题。2010年12月30日，矿泉街在全区试点街道中率先举行社区综合服务中心试点项目签约仪式，标志着通过政府购买服务，引入专业社工的运作模式正式开始。

（矿泉街　王穗红）

2010年12月30日，矿泉街举行社区综合服务中心试点项目签约仪式

登峰街

【基本情况】 登峰街位于越秀区北部，面积4.98平方公里。设童心、下塘、狮带岗、黄田、横枝岗、淘金北、恒福、西坑、云泉、清水塘、宝汉11个社区，下属登峰实业集团有限公司、西坑企业集团有限公司2个撤村改制公司。2010年，户籍人口15806户、47420人，常住人口36278户、107099人。辖内有旧金山华侨千人墓、白云仙馆、冼星海墓等历史文物；有广州市有名的专业街永福汽配城；有广东广播电视大学、省理工职业技术学校、省成人科技大学、市广播电视大学、市电子信息学校等多所大中专院校及恒福中学、云山小学、登峰小学3所省一级中小学；有市科协、市地方志编纂委员会办公室、市艺术博物院、广东省第二中医院等机团单位；有95259、95107等驻街部队。

【城区综合管理和公共服务】

城区管理　2010年，登峰街整治“六乱”7689宗，依法查处云泉路163号双燕岗鱼塘等一批违章建筑，制止违建6宗、面积1028平方米，清拆违建41宗、面积1321平方米，拆除户外违法广告150宗、面积3393平方米，查处占道经营3376宗，取缔乱摆卖3998宗，整治乱丢乱吐118宗；加强城市管理力度，实行16小时守点值班，投入18.68万元围蔽宝汉直街。加大整治无证经营力度，取缔和立案查处无照经营68户。辖内有8个迎亚运人居环境整治工程标段，区建设局负责5个，街办事处负责广州棋院二线社区、麓湖公园艺博院及永福路周边社区整治工程3个。投入资金2436万元，整饰楼宇84栋、面积6.94万平方米，粉饰围墙8000平方米，铺设排水管350米，改造内街路面1200平方米，升级改造绿化景点7800平方米。制定和完善《登峰街“三防”预案》和《登峰街突发地质灾害应急预案》，加强监测、预防省理工职业技术学校、象岗山、西坑后山村等地质灾害点，积极组织协调和督促相关单位妥善处理，确保辖内居民生命和财产安全。

综治信访维稳工作　加强综治信访维稳中心和社区及下属集团公司综治工作站建设，顺利完成“两会”、国庆、亚运等重要时期稳控工作任务。2010年立刑事案件399宗，比上年下降7.6%。其中两抢17宗，下降54.1%；“两盗”案件51宗，下降50.5%；诈骗117宗，上升20.6%。街道中心及社区工作站受理各类信访案717宗，办结710宗，现场办结率75%。

2010年4月21日，中央办公厅、中央政法委督查组到登峰街检查督导综治维稳及社区服务工作

民政工作　有80户低保户156人享受政府低保救济政策，7户低收入家庭16人享受相应救助帮扶，每月实物救助27户，发放困难群众物价补贴及各类慰问金11.73万元。积极开展扶贫助学工作，资助困难中小学生9人，发放资助金1.1万元。为符合条件的800多名80岁以上老年人申请办理长寿保健金。亚运惠民项目惠及7783户家庭，发放各类对象亚运大礼包11.25万元。2月份成功购买宝汉社区居委会办公用房及宝汉星光老年之家办公用房。5月14日晚、15日上午下塘西路11号、宝汉直街58号分别出现挡土墙倒塌、楼房倾斜的险情，登峰街道办事处转移及安置受灾群众192户525人。完成第六次全国人口普查，总登记人数107099人，总户数36278户。

社区管理和服务　新增失业登记人员1768人，已就业1557人；积极联络单位提供岗位3586个，前来求职登记2278人，成功就业669人；“越秀区登峰街创业和就业基地”提供铺位424个，安置495人就业，77人创业。受理居民养老保险387人、医保725人。登峰街管理社会化退休人员2839人，发放退休证、管理手册等790人次，100%建立健康档案。“农转居”人员接受登记并录入城镇居民基本医疗信息网725人。

计生工作　2010年，登峰街常住人口出生448人，出生率8.33‰，人口自然增长率4.13‰。流动人口46321人，流动人口出生238人。登记外来育龄妇女7771人，持证人数653人，新建流动人口育龄妇女信息卡1538张。街道办事处与社区居委会、辖内机团单位、物业管理公司、人口计生工作综合治理责任单位分别签订目标管理协议书、任务书和责任书。开展“青春健康”、优生优育、避孕节育、预防艾滋病、免费婚检及孕检、出生缺陷干预等宣传服务，开展“六期”优生优育讲座。投入3.8万元制作计生宣传品，宣传品入户率95%。该街针对流动外国人多的特点，在下塘片区建立“外国生育关怀小区”，重点进行生殖关怀和艾滋病防治的宣传教育。

出租屋管理 结合第六次人口普查工作，以广州棋院外围保障为重点，深化“人屋车场”专项治理，开展出租屋大排查，推行居住证制度，对辖内出租屋逐栋、逐层、逐户进行地毯式清查，加强信息采集和登记办证，加强出租屋及流动人员特别是涉外出租屋及境外人员的管理。登记出租屋3540栋，34476套（住宅27408套、非住宅7068套），登记在册的流动人员57890人，办理IC卡居住证46607人次。办理租赁登记备案13598宗，新增1219宗。征收“两费一税”930万元，税费收入库存比上年增加5.6%；征收印花税50万元。

【精神文明建设】 2010年，登峰街加强文化站、社区文化室及社区文化辅导员素质及业务建设。街道有歌舞团（8个）、戏曲队（2个）、民乐队（3个）等23个成熟业余文艺团队。文化站组织“五一”、“七一”、“十一”、“迎亚运、创文明、促和谐”系列活动及专题书画摄影展，开展“手拉手——中外居民交流日”等活动；街属东方艺术团组织编排舞蹈《亚运之光》参加亚运会宣传片的拍摄。新组建1个非公有制经济组织党支部，培养7名非公有制组织入党对象。各社区党组织收看省、市关于十七届四中全会学习实况、红棉颂等远程教育节目7000多人次，第四季登峰街各终端接收站点接收和播放率100%。

【转制社区集体经济组织情况】 登峰街辖内有登峰、西坑集团公司2个转制社区集体经济组织（即原来的“城中村”），面积2.5平方公里，有主干路8条、内街巷80条，存在环境复杂、规划落后、基础设施薄弱等问题。街“城中村”的排水设施年久失修、陈旧破损，淤塞情况严重。2010年，该街以迎亚运为契机，全面摸查“城中村”市政设施，积极协调市、区建设部门和辖内单位、居民，广泛筹集资金，采取连片改造、局部改造提升等方法，铺设新路面、新水渠，清疏旧排污渠、化粪池等。改造下塘宝汉直街、西坑田螺墩、上塘街一巷至十二巷等下水道，水浸街情况得到改善。探讨对登峰街“城中村”市政设施较落后、配套不完善、存在较多隐患点的彻底治理办法，区国土局委托专业勘探公司对下塘象岗山、西坑后山村进行勘探、测量、评估，提出彻底整治方案，并协调白云山管理局、西坑和登峰集团公司进行产权界定及磋商落实整治，广泛发动辖内单位、商家进行共建，采取加固山体、疏通排水、定期监测等措施，辖内山体得到初步整治，未发生滑坡等灾害性事故。

【全力落实亚运外围保障工作】 2010年，登峰街做好亚运赛场广州棋院的安保工作，招募7500名志愿者，对全街210名重点目标及52名重点人员等进行严格防控，形成控人控地安全网格化，加强广州棋院赛会安全防控与社会面整体防控、亚运整体防控与街道日常工作、街道工作与派出所工作的有效衔接等。及时妥善处理亚运工程纠纷、劳资纠纷、医患纠纷等突发性群体事件。充分发挥“六联”机制作用，切实做好日常矛盾纠纷的化解工作，加强主动排查力度及频率。在整个亚运赛会期间未发生一宗责任事故，街日均刑事发案仅1.2宗，保障和营造平安和谐亚运氛围，顺利完成亚运运行保障各项任务。

【创新出租屋流动人口管理服务工作】 2010年，登峰街以综治信访维稳中心为平台，以出租屋和流动人口管理为抓手，创新外国人管理服务工作。加强组织队伍建设，做到“机构全”；实施联动运作机制，做到“管得好”；应用信息技术手段，做到“情况明”；构建贴心服务体系，做到“服务优”。实现人口管理警力配置科学合理、信息建设全面推进、综合治理效益明显、社会秩序平安稳定、人民群众更加满意“五大成效”。2010 年 5 月 28 日，中央政法委副秘书长、中央综治委副主任、中央综治办主任陈翼平等领导到登峰街金麓山庄、登峰街外国人管理服务工作站视察外国人管理服务工作。6 月 28 日，中共中央委员、国务委员、公安部部长孟建柱，省委常委、省委政法委书记、省公安厅厅长梁伟发等中央、省、市领导到登峰街金麓山庄视察外国人管理服务工作。7 月 2 日，市委书记张广宁，8 月 10 日，市长万庆良等一行也分别视察该服务点工作。2010 年 6 月金麓山庄代表广州市作为全国公安社会创新工作会议的参观点，并作为广东接受中央综治委年度考核的检查点。

（登峰街　董丽佳）

责任编辑　梁丽云

人物

先进人物录

崔德星 男，1956年10月生，中共党员，越秀区防范和处理邪教问题办公室副主任。自2001年从军队转业到地方后，他一直从事防范和处理邪教工作，用真心、爱心、耐心、细心唤醒邪教学员的痴迷之心，成功转化一大批顽固分子，为维护社会政治稳定作出突出贡献。他先后被评为“东山区人民满意政法干警”、“东山区先进劳动者”、“广州市劳动模范”、“广东省先进工作者”等。

他淡泊名利，兢兢业业，在特殊而艰苦的岗位上，始终把党和人民的利益摆在第一位，无条件服从组织安排，发挥共产党员模范带头作用，与同事一起全身心投入到教育转化邪教学员的工作中。针对部分邪教学员执迷不悟、转化难度大的难题，在借鉴外地成功经验的基础上，他结合实际情况，不断创新工作方法，积极探索教育转化新途径，主动了解邪教学员的家庭情况，注重情感引导教育转化，解决生活中的实际问题，使众多邪教学员迷途知返。他曾代表越秀区参加中央防范和处理邪教问题办公室组织的座谈会并作了发言。在他的带领下，区防邪办每年都出色地完成上级交付的任务，得到省、市相关部门充分肯定，先后被评为“全省防范和处理邪教问题先进集体”和“奥运安保先进单位”。

2010年4月，崔德星被国务院评为“全国先进工作者”。

（责任编辑　余俊峰）

附表

2010年获市以上劳模和省(部)级荣誉的个人

姓名	性别	工作单位及职务(职称)	荣誉称号	授予时间	授予单位
陈振强	男	梅花村街党工委书记	广州市第二次全国经济普查国家级先进个人	2010年1月	国务院第二次全国经济普查领导小组
刘醒辉	男	区环境监察大队副大队长	全国环境信访工作荣誉工作者	2010年3月	环境保护部
程爱怡	女	区环境保护局科员	第一次全国污染源普查先进个人	2010年3月	环境保护部
周丽芬	女	区个体私营企业协会秘书长	全国基层个私协会优秀秘书长	2010年7月	中国个体劳动者协会
麦伟斌	男	区价格认证中心主任	全国优秀价格认证人员	2010年12月	国家发展改革委价格认证中心
姚广豪	男	市工商局越秀分局副局长	广东省“扫黄打非”工作先进个人	2010年1月	省扫黄打非办
何元秀	男	区人民检察院检察长	广东省检察机关先进个人	2010年3月	省人民检察院
张　婧	女	区人民法院民一庭副庭长	二等功	2010年4月	省高级人民法院
袁广鹏	男	区人民法院执行二庭庭长	广东省优秀法官	2010年5月	省高级人民法院

（续表）

姓名	性别	工作单位及职务（职称）	荣誉称号	授予时间	授予单位
戴明波	男	区环境保护局科员	第一次全国污染源普查先进工作者	2010 年 6 月	省污染源普查领导小组
张慧珍	女	区民政局局长	广东省十大敬老之星	2010 年 9 月	省老龄工作委员会
王幼君	男	广州市公安局越秀区分局华乐派出所所长	2009 年度广东省公安“五好”所队长	2010 年 3 月	省公安厅
陈永雄	男	广州市公安局越秀区分局登峰派出所所长	2009 年度广东省公安“五好”所队长	2010 年 3 月	省公安厅
隋大海	男	广州市公安局越秀区分局指挥中心科员	2009 年度广东省优秀人民警察	2010 年 3 月	省公安厅
刘荣华	男	广州市公安局越秀区分局禁毒大队副主任科员	2009 年度广东省优秀人民警察	2010 年 3 月	省公安厅
许进贤	男	广州市公安局越秀区分局便衣侦查大队副中队长	2009 年度广东省优秀人民警察	2010 年 3 月	省公安厅
王胜利	男	广州市公安局越秀区分局东湖派出所副主任科员	2009 年度广东省优秀人民警察	2010 年 3 月	省公安厅
钟少毅	男	广州市公安局越秀区分局刑警大队副中队长	2009 年度广东省优秀人民警察	2010 年 3 月	省公安厅
黎志中	男	广州市公安局越秀区分局广卫派出所主任科员	2009 年度广东省优秀人民警察	2010 年 3 月	省公安厅
张志伟	男	广州市公安局越秀区分局华乐派出所副主任科员	2009 年度广东省优秀人民警察	2010 年 3 月	省公安厅
谢荣桂	男	广州市公安局越秀区分局六榕派出所副主任科员	2009 年度广东省优秀人民警察	2010 年 3 月	省公安厅
游美成	男	广州市公安局越秀区分局白云派出所副主任科员	2009 年度广东省优秀人民警察	2010 年 3 月	省公安厅

（续表）

姓名	性别	工作单位及职务（职称）	荣誉称号	授予时间	授予单位
熊志辉	男	广州市公安局越秀区分局梅花村派出所副主任科员	2009年度广东省优秀人民警察	2010年3月	省公安厅
王子城	男	广州市公安局越秀区分局看守所副主任科员	2009年度广东省优秀人民警察	2010年3月	省公安厅
李景棠	男	广州市公安局越秀区分局特勤大队大队长	2009年度广东省优秀人民警察	2010年3月	省公安厅
陈伟雄	男	广州市公安局越秀区分局华乐街派出所教导员	2009年度广东省公安机关思想政治工作优秀工作者	2010年4月	省公安厅
王敬民	男	市第七中学校长（中学高级教师）	首批广东省中小学校长工作室主持人	2010年1月	省教育厅
李洪奇	男	市越秀外国语学校教导主任（中学高级教师）	首批广东省中小学教师工作室主持人	2010年1月	省教育厅
彭　娅	女	小北路小学副校长（小学中学高级教师）	首批广东省中小学教师工作室支持人	2010年1月	省教育厅
陆　蓓	女	中星小学校长（小学高级教师）	首批广东省中小学教师工作室主持人	2010年1月	省教育厅
杨连妹	女	市真光小学少先队辅导员（小学高级教师）	广东省优秀少先队辅导员	2010年1月	团省委、省教育厅、省少工委
马　麟	男	中星小学教师（小学高级教师）	广东省优秀社会体育指导员	2010年3月	省体育局
陈　利	男	广州市第七中学教师（中学高级教师）	广东省特级教师	2010年9月	省人民政府
李　娟	女	东风西路小学（小学中学高级教师）	广东省特级教师	2010年9月	省人民政府
周　慧	女	区教师进修学校部长（中学一级教师）	广东省第七届普通教育教学成果奖二等奖成果主持人	2010年9月	省教育厅
黄健华	男	区教师进修学校教研员（中学高级教师）	广东省第七届普通教育教学成果奖二等奖成果主持人	2010年9月	省教育厅

2010年获省(部)级荣誉的单位

获荣誉称号单位	荣誉称号	授予时间	授予单位
越秀区	全国阳光体育先进区	2010年5月	国家教育部
	广东省2009年度人口与计划生育先进单位	2010年3月	省委、省政府
越秀区图书馆	国家"一级图书馆"	2010年1月	文化部
	2009年度全民阅读先进单位	2010年4月	中国图书馆学会
	在第九届中国艺术节群众文化活动之"书香岭南 魅力广州——岭南文化知识竞赛"中荣获一等奖	2010年5月	第九届中国艺术节组委会群文活动部
越秀区安全监督管理局	2010年全国安全生产月活动优秀单位	2010年1月	中共中央宣传部、国家安全生产监管总局、公安部、国家广播电影电视总局、中华全国总工会、全国妇联
越秀区东山福利院	全国养老服务放心机构十佳单位	2010年1月	全国老龄工作委员会
	全国"细微服务、爱心护理"团队金心奖	2010年12月	全国老龄工作委员会
越秀区教育局	全国学校艺术教育工作先进单位	2010年1月	国家教育部
	全国第三届中小学生艺术展演活动优秀组织奖	2010年2月	国家教育部
	2010年度全国全民健身活动先进单位	2010年12月	国家体育总局
	广东省第十届"体育节"优秀组织奖	2010年1月	省体育局
	2009年度广东省体育工作突出贡献单位	2010年3月	省体育局
	广东省第十一届"体育节"先进单位	2010年12月	省体育局
六榕街社区卫生服务中心	社区健康管理实验基地	2010年3月	中华医学会
越秀区文化馆	全国第十五届群星奖戏剧组获金奖	2010年5月	文化部
	第二届八省优秀客家山歌(东莞凤岗)邀请赛铜奖、组织奖	2010年1月	省文化厅
	广东省第八届少儿舞蹈花会戏曲组银奖	2010年11月	省文化厅
越秀区关心下一代工作委员会	全国关心下一代工作先进集体	2010年6月	中国关心下一代工作委员会、中央精神文明建设指导委员会办公室

（续表）

获荣誉称号单位	荣誉称号	授予时间	授予单位
越秀区人民法院	清理执行积案先进集体	2010年9月	最高人民法院
	全国法院系统第二十二届学术讨论会组织工作先进奖	2010年12月	全国法院系统学术讨论会
	调研信息工作先进集体	2010年5月	省高级人民法院
	广东省法院文化建设示范单位	2010年12月	省高级人民法院
越秀区人民法院执行局	清理执行积案先进集体	2010年8月	省高级人民法院
越秀区个体私营企业协会	全国基层个私协会建设先进单位	2010年7月	中国个体劳动者协会
	全国基层个私协会建设示范单位	2010年7月	中国个体劳动者协会
越秀年鉴(2008)	全国地方志系统第二届年鉴奖二等奖	2010年11月	中国地方志指导小组办公室、中国地方志协会
	广东省第一届年鉴编纂质量奖二等奖	2010年12月	省人民政府地方志办公室
中共越秀区委台湾工作办公室	全国对台宣传工作先进单位	2010	国台办、“两刊”杂志社
东风东路小学	全国学校艺术教育工作先进单位	2010年1月	国家教育部
	广东省体育特色学校	2010年7月	省体育局、省教育厅
越秀区中小学生综合实践活动教育基地	全国青少年户外体育活动营地	2010年8月	国家体育总局
广州市第三中学	全国群众体育先进单位	2010年8月	国家体育总局
	全国学校体育场馆向公众开放先进单位	2010年9月	国家体育总局、国家教育部
越秀区净慧体校	全国群众体育先进单位	2010年8月	国家体育总局
	全国学校体育场馆向社会开放先进单位	2010年9月	国家体育总局、国家教育部
	广东省高水平体育后备人才基地	2010年2月	省体育局
珠光路小学	全国群众体育先进单位	2010年8月	国家体育总局
黄花小学	国际生态学校	2010年8月	国家环境保护部宣传教育中心、国际环境教育基金会
广州市第七中学	全国学校体育场馆向公众开放先进单位	2010年9月	国家体育总局、国家教育部
广州顺丰速运有限公司行政部工会小组	全国模范职工小家	2010	中华全国总工会

（续表）

获荣誉称号单位	荣誉称号	授予时间	授予单位
广卫街	广东省文明单位	2010 年 1 月	省委、省政府
越秀区小北路小学	广东省文明单位	2010 年 1 月	省委、省政府
	广东省中小学德育创新成果展示活动一等奖	2010 年 3 月	省教育厅
东湖街新河浦社区	广东省文明社区	2010 年 1 月	省委、省政府
北京街盐运西社区	广东省文明社区	2010 年 1 月	省委、省政府
广州市公安局越秀区分局六榕街派出所社区警务女子中队	2009 年度广东省“巾帼文明岗”	2010 年 2 月	省妇女联合会
越秀区人民政府（流花地区）旅客咨询中心	2009 年度广东省“巾帼文明岗”	2010 年 2 月	省妇女联合会
广州市公安局越秀区分局华乐派出所	2009 年度广东省优秀公安基层单位	2010 年 3 月	省公安厅
广州市公安局越秀区分局登峰派出所	广东省公安机关思想政治工作先进单位	2010 年 4 月	省公安厅
越秀区环境保护局	广东省第一次全国污染源普查先进集体	2010 年 6 月	省污染源普查领导小组
越秀区国家税务局办税服务厅	广东省工人先锋号	2010 年 6 月	省总工会
越秀区体育局	广东省第十三届运动会突出贡献奖	2010 年 7 月	省第十三届运动会组织委会
诗书街祝寿巷社区等 68 个社区	广东省第四批“六好”平安和谐社区	2010 年 10 月	省民政厅

（续表）

获荣誉称号单位	荣誉称号	授予时间	授予单位
广州市公安局越秀区分局	广东省第六次全国人口普查户口整顿工作先进单位	2010年12月	省公安厅
广州市公安局越秀区分局专项办公室	广东省公安机关警车和涉案车辆违规问题专项治理工作成绩突出集体	2010年12月	省公安厅
东风西路小学	广东省少先队红旗大队	2010年1月	团省委、省教育厅、省少工委
广州市第十六中学	广东省中小学德育创新成果展示活动一等奖	2010年3月	省教育厅
文德路小学	广东省中小学德育创新成果展示活动三等奖	2010年3月	省教育厅
	广东省体育特色学校	2010年7月	省体育局、省教育厅
旧部前小学	广东省青少年科技教育特色学校	2010年3月	省科学技术学会、省教育厅、省科学技术厅
雅荷塘小学	广东省青少年科技教育特色学校	2010年3月	省科学技术学会、省教育厅、省科学技术厅
广州市知用中学	广东省体育特色学校	2010年7月	省体育局、省教育厅
广州市第二十一中学	广东省体育特色学校	2010年7月	省体育局、省教育厅
广州市育才中学	广东省体育特色学校	2010年7月	省体育局、省教育厅
广州市恒福中学	广东省体育特色学校	2010年7月	省体育局、省教育厅
真光小学	广东省体育特色学校	2010年7月	省体育局、省教育厅
广州市培正中学	中国/世界卫生组织健康促进学校（金奖）	2010年9月	省教育厅、省卫生厅
广州市第二十五中学	中国/世界卫生组织健康促进学校（金奖）	2010年9月	省教育厅、省卫生厅
广州市长堤真光中学	中国/世界卫生组织健康促进学校（金奖）	2010年9月	省教育厅、省卫生厅
红火炬小学	中国/世界卫生组织健康促进学校（金奖）	2010年9月	省教育厅、省卫生厅
八旗二马路小学	中国/世界卫生组织健康促进学校（金奖）	2010年9月	省教育厅、省卫生厅

文献专载

依靠创新驱动　建设幸福越秀

——在区委十届十次全会第一次全体会议上的报告

（2011年1月21日）

武延军

同志们：

这次全会的主要任务是，认真学习贯彻党的十七届五中全会、中央经济工作会议、省委十届八次全会和市委九届十次全会精神，总结去年工作，部署今年任务，提出《越秀区国民经济和社会发展第十二个五年规划纲要》（征求意见稿）。现在，我受区委常委会委托，向全会报告工作。

一、去年工作回顾

2010年是“亚运”之年和“大变”之年。在市委、市政府的正确领导下，我们坚持以科学发展观统领全局，以迎亚运和转变经济发展方式为中心，抢抓最大的机遇，团结最广泛的力量，付出最顽强的拼搏，圆满实现了“平安亚运”目标，推动了转变经济发展方式的起步，城区各项事业有了新的更大发展。

（一）亚运会、亚残运会筹备和运行保障圆满成功。

我们把筹办亚运会作为推动发展、改善民生的重要契机，举全区之力出色完成了“两个亚运”筹备和运行保障各项任务。

1. 环境面貌焕然一新。环境大变，既是十年砺剑的奋斗成果，也是迎亚运给城区带来的最显著变化。组织实施了总投资64.5亿元的327个整治项目，开展了有史以来规模最大、投资最多、力度最强的环境综合整治攻坚战。累计拆除“两违”13万平方米，整治不规范防盗网47万平方米、飘（顶）篷28万平方米，查处“六乱”16584宗。整饰居民房屋8828幢860多万平方米，楼房屋顶“平改坡”405栋17.35万平方米，光亮工程621栋，三线下地793.3公里。改造道路183条151.83万平方米，新建公园绿地21处，建设绿道25公里，修复了一批历史文化景点，打造了一批文化特色街区。完成了4条河涌8.28公里的整治，其中整治后的东濠涌成为广州城市新名片；实施了12个片区面积约339公顷的雨污分流和34项水浸街改造。对拥有100个餐位以上的1067家饮食服务企业油烟治理全部实现在线监控，全区空气环境指标优于国家二级标准。坚持治堵、治脏、治乱、治污并举，绿化、美化、净化、亮化同步，重点路段、重点场所的市容景观优异。

2. 服务保障到位、顺畅。在亚运总指挥部的领导下，构建密切配合、运行顺畅、高效有序的赛事运行保障工作体系。越秀赛区领导小组、赛时运行保障指挥部和13个专项保障组、7个外围保障团队、各责任单位和街道全身心投入，夜以继日奉献。高标准做好区内4个亚运竞赛场馆承办的129场比赛、15间涉亚酒店、17间指定医院、15处宗教场所的安全保障和服务接待工作。成功组织69支文艺表演团队参加亚运开幕式珠江巡游表演，组织3万多名群众参加两岸互动活动，组织3万多人次文明观众观看“两个亚运”赛事。加大对食品药品、卫生防疫、生产安全、交通消防安全等的检查力度，亚运期间未发生各类公共安全事件和重大突发性应急事故，实现了亚运期间城区运行保障工作“零失误、零差错、零投诉”。

3.“平安亚运”万无一失。我们将亚运安保作为首要目标，投入安保专项经费超过1亿元，组织各类安保力量382万人次，对各场馆、重点岗位、重点人员和社会面实行全方位、立体式防控，亚运和亚残运期间全区治安、信访、维稳态势为历史最好。全面启动“三道防线、四张网络”的社会面整体治安防控工作，确保了警力向涉亚重点区域倾斜后城区社会安全稳定，全区刑事发案率同比下降22%。据省综治办组织开展的民意调查测评结果显示，我区公众安全感群众满意度在全市各区排名第一。建设市民意见办理中心和三级市民意见管理系统，开展了3次区领导大接访活动和以约访、下访、走访、回访为主要形式的“四访”活动，有效化解了一批社会矛盾纠纷。切实加强亚运期间流浪乞讨人员的救助管理工作，救助各类人员720多人次。大力开展涉亚宗教活动场所周边环境综合整治，圆满完成了“古尔邦节”等重大涉亚宗教活动的服务保障任务。

4. 亚运氛围热烈有序。我们把迎接亚运会与创造新生活、迎接城区公共文明指数测评结合起来，市民文明素质和城区文明形象大幅提升。积极倡导全民健身，亚运期间区属各运动场馆免费向市民开放。组织开展“迎亚运、讲文明、树新风、促和谐”礼仪教育实践系列活动，广大市民亚运热情高涨，对拆违、绿化、道路维修等环境整治工作以及交通管制等保障措施给予充分理解和支持。设置了78个志愿服务站点和877个文明岗位，参与服务的志愿者161376人次，累计志愿服务时长64万多小时，为129万多人次提供亚运志愿服务。全区22个街道志愿者服务中心每天组织2000多名社会志愿者开展流动志愿服务，越秀区“人人当好东道主”的精神风貌汇聚成广州亚运的风景线，并在迎接城区公共文明指数测评中取得了优异成绩。

（二）经济转型发展初见成效。

面对依然复杂的宏观经济形势，我们围绕转变经济发展方式这场硬仗，逆中求变、危中找机，城区经济初步实现了企稳回升的良好态势。制定了《关于加快经济发展方式转变的若干意见及配套实施办法》，编制了核心产业发展目录，成立了越秀博士知识产权服务中心和广州越秀国家专利技术展示交易中心，政策和服务环境更加优化。成功承办了第六届中国总部经济高层论坛大会，引进了多家总部企业，总部经济稳步发展。总部企业预计全年实现增加值715亿元，同比增长11%，高于全区生产总值增速1个百分点。创意产业稳步增长，预计全年实现营业收入718亿元，同比增长12%，占全区营业收入的9.4%，比重比上年同期提高1.5个百分点。亚运的成功举办，带来了新的投资拉动和消费需求，刺激了经济的增长，助推了我区经济发展方式转变。预计全年全区完成地区生产总值超1600亿元，同比增长10%；全年社会消费品零售总额837.02亿元，同比增长22.87%；全社会固定资产投资总额598.9亿元，同比增长0.68%；税收收入292.56亿元，同比下降2.41%；财政一般预算收入33.62亿元，同比增长5.98%。

（三）公共服务更加优质均衡。

完成了“十件民生实事”，一批涉及群众切身利益的热点、难点问题得到有效解决。继续整合优化教育资源，教育现代化和区域教育特色示范建设实现新发展，高质量在全市率先通过“广东省推进教育现代化先进区”督导评估。就业形势保持平稳，全年提供就业岗位57092个，全区城镇登记失业人员就业率达79.11%。为18337个独生子女父母发放计划生育奖励和特别扶助金2318.45万元，解决了5986户中低收入家庭的住房问题，教师待遇实现了“两相当”，为全区80岁以上的户籍居民发放了长寿保健金。组织首届“社区健康节”，社区卫生服务中心规范化建设不断推进。全面推进部省级综合服务中心试点工作，完善了区、街、社区三级公共服务网络。打造了旧南海县社区、都府社区等精品文化社区和城隍庙、东濠涌博物馆等一批人文景观，文化惠民成效显著。率先在全国试行“社区科普益民计划”。全力做好对口帮扶茂名信宜市12个村的扶贫开发工作，2007户贫困户的帮扶规划与措施已全面实施。第六次人口普查工作进展顺利，并取得阶段性成果。

（四）民主法制建设不断深化。

充分发挥区委总揽全局、协调各方的作用，支持区人大及其常委会依法行使职权，支持区政协围绕全区中心工作履行职能。认真贯彻政治协商规程，促进多党合作制度落到实处。充分发挥统一战线的优势，多党合作事业、民族团结进步、宗教和顺、海外统战和新社会阶层人士统战工作成效明显。支持工、青、妇等群团组织按照各自章程创造性开展工作。支持人民法院、人民检察院依法独立行使职权、维护司法公正。深入开展“法治越秀”创建活动和“法治越秀”宣传教育活动，顺利通过依法治区第四个五年规划验收和“五五普法”验收。严格落实《重大民生决策公众征询工作规定》和行政执法责任制，强化行政执法效能，依法行政水平显著提升。加大社会管理体制改革步伐，北京街、建设街等5个街道开展了基层管理体制改革和社区综合服务中心试点工作，积累了初步经验。

（五）党的建设进一步加强。

以“六大先锋行动”为载体，创先争优活动全面开展。制定实施《越秀区优秀党政人才培养选拔“666”计划》，来自基层一线的干部培养选拔机制更加完善。大力实施分层次、分类别的网格化培训，深入推进干部自主选学工作，干部培训实效性不断增强。加大区域化人才工作力度，“喜洋洋与灰太狼”动漫创作和推广团队荣获首届“南粤创新奖”。着力构建“1+10”党代表任期制落实体系，实现了党代表工作在街道和社区全覆盖。加快推进有越秀特色的惩治和预防腐败体系建设，加大对“廉洁办亚运”等重点工作的监督检查，积极开展工程建设领域突出问题专项治理工作，切实解决反腐倡廉建设中群众反映强烈的突出问题。认真学习贯彻《廉政准则》，强化对党员领导干部的教育监督。全面推进我区纪检监察派驻机构统一管理工作。党管武装不断加强，后备力量建设和兵役工作取得新进步。

回顾过去一年的工作，我们迎接了前所未有的挑战，完成了前所未有的任务，获得了前所未有的成绩。总结去年的工作特别是亚运工作，经验弥足珍贵。

——高度重视、加强领导是我们工作取得胜利的首要前提。区委、区政府把亚运筹备和运行保障作为城区转变发展方式、推动科学发展的头等大事来抓，统一全区共识，统一组织架构，统一安排部署，统一步调口径。各级领导亲自挂帅，一线指挥；各专项组、各团队健全工作运行机制，细化工作流程，明确各自职责。各部门、各街道共同协商、逐项落实。实践证明，只要我们坚定决胜的信心，进入决战的姿态，拿出决断的办法，我们就能创造集中力量办大事的佳绩。

——顽强拼搏、敬业奉献是我们克服一切困难的精神力量。在亚运筹备和运行保障过程中，全区各级干部以及广大建设者、工作者、志愿者“一条心”作战、“一盘棋”推进，形成了亚运筹备和运行保障的“大合唱”。大家不讲条件、不辞辛劳，始终以饱满的热情、昂扬的斗志、坚韧的毅力和高度的责任心忘我工作。特别是在环境综合整治中，大家发扬“白加黑”、“五加二”的实干精神，边干边学，确保了全区整治工程按质如期竣工。亚运会的成功举办让我们看到，全区广大干部群众蕴藏的精神力量是无穷的，工作潜力是巨大的。只要弘扬团结奋战、无私奉献的团队精神，我们就能凝聚人心、激发潜力、共克难关。

——自加压力、精益求精是我们取得一流成绩的重要动力。各级各部门和广大干部群众严格按照“四个一流”的工作目标，以时限倒逼进度，以项目倒逼责任，高标准、高质量地完成了亚运筹办和运行保障各项任务。正是由于我们不断树立更新更高的目标追求，培养精益求精、争先创优的工作作风，才有了越秀今天破解发展难题的思想共识，才有了越秀未来又好又快发展的坚实基础。

——以人为本、民生为先是我们取得支持拥护的根本保证。我区把“迎接亚运会，创造新生活”作为贯彻落实科学发展观、构建和谐社会的重大行动，坚持把做好筹备工作与改善民生结合起来，问政于民、为民干事、受民监督，扎实为群众解难题、办实事、做好事，努力让广大市民群众分享亚运带来的实惠，感受身边发生的巨大变化。亚运的筹备和举办是争取民心的过程，让居民群众对党委政府的支持度大幅提升，党群干群关系得到进一步改善，我区政通人和、心齐气顺的和谐发展局面已经形成。

二、今年工作的主要思路

2011年，是实施“十二五”规划的开局之年。亚运这场硬仗我们已经交出满意的答卷，而转变经济发展方式这场硬仗才刚刚开始。“十二五”时期和今年的工作，我们面临诸多的困难和挑战。一是外部环境依然复杂。当前，国际金融危机还没有结束，国内通胀预期逐步形成，国家货币政策收紧和积极财政政策力度减弱，必然会对区域经济产生不同程度的影响，转变经济发展方式将是一个较为长期的过程。二是区域发展竞争加剧，经济转型升级压力大。去年我区整体发展态势尚好，但经济增速放缓，税收下行、财政增收跟不上政策性增支的态势依然严峻。随着广州现代产业体系的重新布局，区域间发展竞争愈加激烈，我区原有的区位优势、资源优势、服务优势受到冲击。两大功能区建设仍处于起步阶段，发展后劲尚未强势；部分商圈仍处于产业链低端，满足于低值商品交易和寻租式经营的传统商业文化根深蒂固；税源结构以央企、省企和市企居多，对区财政贡献度有限。三是工作压力和任务仍然艰巨。亚运后我区的城市窗口地位更加突出。面对“后亚运”治安、信访、维稳、“六乱”、安全生产的可能反弹，面对人民群众对幸福生活的追求，面对转变经济发展方式可能引发的利益调整，面对复杂经济形势对居民尤其是困难居民生活的影响，面对市简政强区事权改革和社会管理重心进一步下移，特别是做好今年的“创文大考”和换届工作等，我们执政水平和执行能力将接受新的重大考验。

任何事物都是辩证发展的。广州建设国家中心城市必然给我区发展带来更多更大的机遇。区域内行政、文化、教育、医疗等城市主要服务功能发达的优势将更加突出，亚运会和亚残运会的成功举办使我们开阔了视野，深化了认识，夯实了基础。区委认为，提出“依靠创新驱动、建设幸福越秀”是贯彻以科学发展为主题，以加快转变经济发展方式为主线，在我区“十二五”发展中的具体落实，与建设“首善之区”典范和国家中心城市核心区的目标一脉相承，必须把如何发展和为什么发展统一起来，通过依靠创新驱动，走内涵式发展道路，着力提升各项事业的发展品质，不断增强人民群众对越秀的认同感、归宿感和幸福感。未来的发展，只要全区上下善抓机遇，弘扬“敢想、会干、为人民”的亚运精神，迎难而上不懈怠，凝心聚力不折腾，充分运用好各方面的有利条件，就一定能够在危机和考验中继续推动全区经济社会健康快速发展。

今年全区工作的指导思想是：全面贯彻落实党的十七届五中全会、中央经济工作会议和省委、市委全会精神，围绕“依靠创新驱动、建设幸福越秀”这个核心，突出抓好经济发展、文化繁荣、社区建设和城市管理，加强和改进党的建设，以优异的成绩迎接中国共产党建党90周年，确保“十二五”发展开好局，起好步。

三、今年的主要工作

今年我们要重点抓好以下六个方面的工作。

（一）谋划好城区“十二五”发展。

“十二五”规划关系到我区未来五年的发展。在前期深入调研、集思广益的基础上，我们已经形成“十二五”规划的征求意见稿，接下来还要在全会上进行讨论，这里我重点强调我区“十二五”规划需要把握的四个重点。一是要紧紧围绕建设国家中心城市核心区这一总目标，全区上下务必进一步解放思想，锐意进取。二是要实施“文化引领、提升总部、创新驱动、共建共享”四大发展战略，并贯穿

“十二五”工作的全过程。三是要突出建设“幸福越秀”这一核心，并作为我们全部工作的出发点和落脚点。四是要正确处理“好”与“快”的关系，要在符合城区科学发展“好”的同时，力争有较快的速度，努力为“十二五”各项事业发展夯实物质基础。

（二）在促转变中谋发展，提升区域经济发展质量。

越秀建设国家中心城市核心区必须也应当为全市的经济发展作出新的贡献。我们要把加快转变经济发展方式落实到抓核心产业、抓投资促进、抓重大项目上，努力为建设“幸福越秀”提供坚实的经济基础。为此，我们要更加敢于创新，更加勇于突破，着力调结构、转方式，在“十二五”规划征求意见稿提出的经济增长指标的基础上，力争经济实现更大更快的发展。

1. 坚定不移发展总部经济。要坚持发展总部经济这个促进经济发展方式转变、提升综合竞争力的重大战略不动摇，在提升总部经济质量，增强发展的针对性和计划性上做文章，遵循产业发展导向，以商贸业、金融业、物流业、商务服务业、文化创意产业、信息服务业、公共服务业等七大核心产业为重点，积极引进国内外大型企业在我区设立总部或地区总部，鼓励跨国公司和国内大型企业集团在我区设立行政中心、采购中心、营销中心。要把握好广州市建设国际商贸中心的重要契机，构筑时尚消费高地，大力引进名企、名店、名牌，不断促进传统商贸业焕发新的活力。要认真学习和研究核心产业发展要求，调整完善我区相关扶持措施，加大财政专项资金的扶持力度。进一步强化区领导和部门密切联系总部企业的制度，重视为总部企业提供个案化、个性化服务。开展为特大型总部企业供地的专项工程。

2. 建立强有力的投资促进服务体系。要把依法行政、廉洁办事同热情服务、优质服务高度统一起来，以服务为核心，以信息化为依托，整合原招商引资部门和主要审批职能部门的资源，成立区投资促进服务中心，筹建区投资促进服务大楼（大厅），明确职责分工，解决政府部门办事窗口分散、服务流程繁杂、服务标准不一和工作信息缺失的问题。制定出台区投资促进办法，加紧制定鼓励和扶持核心产业发展的专项意见，增强投资促进工作的针对性和实效性。强化对相关部门、领导、办事人员的考核奖惩，认真受理、解决企业投诉，严肃查处“吃拿卡要”和不作为、乱作为、慢作为行为。以利益机制联动区辖各类服务资源，调动区各商会、中介机构、楼宇业主的积极性，积极推行合作招商、代理招商、以商招商。在投资促进工作中要将 GDP 的增长与区级财政增收结合起来，重点引进对财政贡献度较高的项目，着重吸引符合我区核心产业目录的民营、外资和混合股份制企业，努力培植地方税源。加快建设面向创新型企业的科技金融服务体系，实施扶持企业上市专项，提升对企业的投融资服务水平。结合区人大、政协换届，认真推荐总部企业、优质企业的英才参政议政。

3. 倾全区之力抓重大项目。要进一步解放思想，开阔思路，牢固树立有项目有发展、有大项目才有大发展的紧迫感，努力增强找项目的灵性和抓项目的韧劲，抓紧落实杨箕村改造等 24 个重点项目和大小马站书院街等 6 个重大项目。对年内正在推进或准备推进的项目，要重视高水平规划、高品位策划和高端人才的引入，提前介入论证，主动加强与市相关部门的沟通协调，促进成熟项目尽早立项申报。加强项目监督管理，全面摸清辖区内经济特别是核心产业重点项目的分布和推进情况，实行责任领导和责任部门核心产业项目追踪服务制度，区领导、各部门和街道都要参与项目建设，落实好推进重点项目建设的“一把手”责任。

4. 加快推进“三旧”改造。“三旧”改造事关城区经济社会发展全局。要大力推进大小马站书院街项目建设，力争年内完成项目建设前期工作。加快推进杨箕村改造，全面完成补偿协议签订、房屋拆迁和土地公开出让等后续工作，力争近期动工建设。加快珠光北、越秀南项目拆迁及土地整理步伐，启动珠光北项目建设和实施越秀南项目土地出让工作。主动助推环市东地下空间项目前期和东濠涌沿线改造、万菱二期改造项目报审，争取尽早通过审批。争取市的支持，开展花果山现代教育服务园区、麓湖生态功能区规划编制。借鉴“上海田子坊模式”，完成昌兴街等项目的规划编制和上报工作。加大闲置地、烂尾地和烂尾楼的盘活开发力度，促进辖内闲置土地的二次开发利用。

（三）以事业带产业，大力推进广府文化源地建设。

文化是人的最高层次需求，文化生产是最绿色生产，文化消费是最高端消费。去年，省、市明确把文化建设放在促转变、求创新的引领地位，省委、省政府确立了建设“文化强省”的战略目标，市委、市政府也明确提出到2020年把广州建设成为世界文化名城。越秀文化底蕴深厚、人文资源丰富，文化与产业关联度高，文化需求大、文化人才多、文化供给强，这些既是我区独特发展优势所在，又是城区发展由依靠“要素驱动”向依靠“创新驱动”转变的关键抓手。全区上下要树立“文化繁荣是发展的最高目标”的理念，深入挖掘辖内历史文化资源，强化文化与经济的互动共融，创新文化产业和文化事业的发展模式，以新的文化理念、文化产品、文化景观推动我区由“文化大区”向“文化强区”转变，为建设“幸福越秀”提供精神动力和智力支持。

1. 全力构建“大文化”发展格局。把文化发展纳入城区经济社会发展总体规划，制定文化发展专项规划和实施方案，健全文化资源配置、文化投入、文化工作考核等机制，探索文化建设利益共享模式，全力构建“党委领导、政府管理、行业参与、全社会共同促进”的大文化发展格局。依托区文化发展委员会和区文化发展咨询委员会，及时研究和解决文化发展工作中的重大问题，为推动文化发展出谋划策。要以项目团队为组织形式，全面整合利用辖区内外资源，全力统筹协调事业资源和社会资源，形成宣传文化部门牵头、各相关部门和街道共同推进的文化项目建设合力。区将在今年适当时候召开区文化工作会议，专题研究文化事业和文化产业发展问题。

2. 加快推进文化项目建设。按照《广东省建设文化强省规划纲要》、《广州市建设文化强市和世界文化名城规划纲要》的部署要求，编制北京路广府文化商贸旅游区规划。要树立精品意识，高标准、高水平推进大小马站书院街建设，使其成为广州最具代表性的文化地标和休闲胜地之一。加快文德路更新改造的规划设计，将文德路打造成为“广州文化第一街”。大力推进大佛寺等一批宗教场所的修复建设工程。加快推进南粤先贤馆的土地整理，力争年内开工，进一步提升五仙观的文化影响力。积极利用影视等手段，对我区重要人文资源进行专门讴歌宣传推介，扩大广府文化源地的影响力。加快“创意大道”和南方创意产业园建设，支持广州文化创意产业研究中心项目上马，努力形成具有较大规模和影响力的创意产业集群。以纪念辛亥革命100周年为契机，做好重要遗址景观周边环境整治项目储备，彰显我区作为近代革命策源地的地位。

3. 探索文博事业和产业发展新模式。要在总结东濠涌、东平大押等16个微型博物馆和一批精品文化社区建设经验的基础上，以广府文化为特色，把打造有围墙的博物馆和没有围墙的博物馆紧密结合起来，进一步做大做强文博事业，着力走出一条“处处皆有文化、处处皆可观赏”的文博发展之路，以文博事业带动促进文化产业发展。积极制定我区鼓励促进文博事业发展的政策，建立文博事业发展多元化的利益共享机制，探索政府主导、项目运作、社会参与的文博事业发展新模式。把历史文化街区房屋保护与文博事业发展紧密结合起来，以历史文化街区连片保护试点为契机，保存原有城市肌理，鼓励修复更多的历史建筑，打造主题博物馆。进一步重视各类文化遗产的保护和申报工作。大力整合区内外文博资源，支持辖区内省、市属博物馆进行博览手段、方式和内容的有机更新，提升其文博资源的社会效益和经济效益，实现多方共赢。加快各类主题博物馆及周边商业配套建设，通过挖掘开发更多的文化资源，提供更多的旅游景点，实现旅游产业和文博事业的良性互动。加快文博品牌打造和文博特色产品开发，让文博产品和服务成为城市新型消费，形成高水平的文博产业链。

4. 着力完善文化惠民工程。文化需求的满足是群众幸福生活的重要组成部分。要从创建国家公共文化服务示范区入手，着力完善公共文化服务资源供给和经费保障机制，建立公共文化服务评价考核体系，推进以“文化慈善、文化低保、文化自助”为主要内容的文化民生工程，努力实现公共文化服务均等化。加强基层文化设施建设，完善以图书馆、文化馆、博物馆为龙头，街道文化站为支撑，社区文化活动室和文体广场为依托，各类文化场馆为配套的公共文化服务网络，不断提升“十分钟文化圈”的服务水平。以构建精品文化社区为目标，利用社区街巷丰富的历史故事和传说，因地制宜建设具有广府文化特色和社区历史韵味的雕塑、文化长廊、小型文化广场等街头小景，丰富社区文化内涵。按照“一街一品牌”、“一社区一特色”的要求，加大对各类文艺团体、业余协会等基层文化团队的支持力度，广泛开展丰富多彩的群众文化活动，提高群众文化素养。

（四）强化品质、科学管理，提升“后亚运”城区宜居水平。

要以迎接“创文大考”为重点，更加注重以人为本，从细节入手，以精细为要，在城市环境面貌实现大变的基础上，通过创新管理模式，提升管理品质，建立长效机制，使城市建设成果长久惠及于民。

1. 继续完善市政基础设施。实施城区部分次干道及内街的维修改造，不断优化城区道路网络。启动东濠涌中北段河涌综合整治项目前期工作，实施东濠涌、新河浦涌、东山湖水体循环工程。实施中山一路和登峰街、矿泉街等区域内水浸点的排水改造，进一步解决辖区内水浸街问题。继续开展“青山绿地”工程，推进我区绿道二期建设，力争新增绿地面积 10 万平方米。做好全区水利设施普查工作，为今后水利设施建设和维护奠定基础。

2. 提升城市管理精细化水平。加强城管资源整合，理顺部门职能分工，健全部门联动、属地管理的工作机制，形成城市环境管理、城市秩序维护、城市运行保障的整体合力。加快推进治安、城管视频监控系统的对接，形成集监控、调度、指挥、监督功能于一体，区、街、社区三级联网的城管视频监控平台。加大对执法网格责任人、环卫监管所片区责任人和路段保洁责任人的整合力度，实现“一兵多用”。将“天网”与“地网”有机结合，构建集各部门视频监控、网格巡查、受理投诉、现场处理于一体的综合管理机制。按照“巩固、提高、辐射、延伸”的要求，着力抓好环境提升、“六乱”管控、“两违”清拆、城管保洁、垃圾分类、社区整治等城市管理的重点工程，不断提升城市管理工作水平。健全城市管理综合考评机制，采取专业考核与社会监督、部门考评与所队检查相结合的方式，把城管综合考评情况与街道、部门党政“一把手”的绩效考评挂钩，提升考评管理的科学化水平。

3. 全力迎接“创文大考”。市委、市政府将新一轮创建全国文明城市作为今年全市的重点工作，志在必得。全区要按照市的统一安排，将创建工作作为重点工作来抓，在巩固办亚运和创文明成果的基础上，以更高的标准、更严的要求，强化“后亚运”时期各项工作，争当全市创建工作“排头兵”。要以 2010 版《全国文明城市测评体系》和《广州市城市文明指数测评方案》为导向，在着力提升环境硬件水平的同时，进一步加强公民特别是未成年人思想道德建设，不断增强市民群众的思想道德素质。扎实推进创建全国科普示范城区工作。深入开展群众性文明创建活动，扎实推进“讲文明、树新风、促和谐”主题活动，深化市民文明行为教育，大力发展志愿服务，努力培育文明新风，促进社会和谐。

（五）以人为本、提升层次，全面保障和改善民生。

建设“幸福越秀”，民生事业是基础，是根本。要着眼于群众需求，不断创新公共产品和公共服务的供给模式，促进公共服务资源“体内循环”与“体外循环”并举，推动民生事业由广覆盖、均等化向高标准、优质化发展，不断提升辖区居民的幸福感。

1. 促进教育高质均衡发展。贯彻落实《国家中长期教育改革和发展规划纲要（2010—2020 年）》，积极参与国家教育体制改革试点工作，在促进区域义务教育高位优质均衡发展、切实减轻中小学生课业负担等方面有新思路、新举措，取得新成效。以通过“广东省推进教育现代化先进区”督导评估为新起点，发展和完善区域教育特色。尽快制定《越秀区学前教育三年行动计划》，鼓励优质公办幼儿园举办分园或合作办园，推动学前教育优质持续发展。加大投入，通过教育综合改造和校舍安全工程、调整学校布局、控制非地段转学生、回收出租场地等措施，提高区属义务教育学校生均占地面积和生均建筑面积。加快促进区属职中、党校、就业培训中心、社区教育机构等资源的整合，加强与区域内高校、电大和社会培训机构合作，实现教育资源“不求所有、但求所在、为我所用”。启动学校干部教师交流工作，促进学区内优质教育资源共享。积极研究解决中高级教师评聘矛盾的办法，完善名校长、名教师后续管理和培养机制，为教师专业发展创造更好的环境和条件。

2. 加大社会保障和救助资源整合创新力度。围绕贯彻落实新一轮促进就业政策，积极争取省、市的专项投入，开展校企职教、职训合作，实施“订单式”、“定向式”培训，实现招工、培训、就业的有机结合。进一步创新以创业带动就业工作，探索成立公益性创业服务中心，建设一批小企业创业（孵化）基地或创业园，为创业者提供技术、信息、场地、小额担保贷款、市场分析、政策扶持等一条龙服务，确保建设 10 家以上创业（孵化）基地，认定 10 个以上优秀创业项目。大力推进个体工商户、城镇灵活就业人员的养老保险参保工作，积极开展大中专院校学生、外来务工人员、转制社区居民和三、四级精神病人纳入医疗保险体系工作，不断扩大社会保险覆盖面。继续推进“社区养老综合服务中心”和试点街道养老服务储蓄机制建设，逐步完善以“居家养老”为主体，“机构养老”、“互助养老”等为补充的社会养老服务体系。

3. 提升社区卫生服务水平。按照医疗卫生综合配套改革要求，健全社区卫生服务机构补偿和运行机制，落实国家基本药物制度，促进社区卫生事业健康持续发展。加快社区卫生服务机构自我发展和外部保障供给能力建设，进一步完善网点布局，构建“15 分钟社区卫生服务圈”。深入推进中医“治未病”健康工程，进一步强化社区卫生服务机构中医药服务能力。继续扩大低保对象免费社区门诊定点和免费病种范围，探索向社区卫生机构购买残疾人康复服务，不断提高医疗保障水平。充分依托区内 19 家三级医院的技术力量和各类医疗机构的服务特色，引导社会力量兴办高端医疗机构，打造由大型公立医院为枢纽，联动区级医院和社区卫生服务中心的区域医疗中心。

4. 抓好平安越秀建设。平安是幸福的前提。要总结和提升亚运安保工作中的成功经验，进一步形成规章制度和长效机制，巩固平安亚运成果。坚持打防结合，深入开展严打专项整治行动和重点地区的排查整治，完善和用好“天网”、“地网”、“信息网”三网结合的维稳治安防控体系。进一步加大群防群治力量建设，充分发挥社区防控、路面巡逻防控、重点部位防控、视频监控防控、治安员巡控的作用，完善大型商场、综合市场、娱乐场所等重点部位的治安防控体系建设，确保“后亚运”时期全区治安形势“不反弹”。进一步发挥市民投诉中心、市民三级意见办理系统在畅通诉求表达渠道、保障群众权益、改善社会治安、维护社会公平正义等方面的重要作用，使其成为党委政府向市民群众问政、问需、问计的“三问”平台。着力做好重点矛盾纠纷化解和网络公共事件危机应对工作。要高度重视医患纠纷调处，依法妥善处置冲击公共场所、扰乱公共秩序的群体事件。加强食品、药品安全监管。

5. 创新社会管理服务模式。要把简政强区事权改革工作列入重要议事日程，精心组织部署，加强协调配合，抓好衔接配套，强化纪律监督，确保事权交接顺利、工作正常运转。要在发挥“越秀号”信息服务直通车作用，加强电子政务和电子社区建设的同时，突出社区建设这个重点，重视规范指导和综合配套，科学制定方案，对街、居两级的管理服务体制和机制，逐步进行改革和创新。要进一步调动外部资源，强化区抓发展、街抓建设、社区抓服务的职责。创新社区服务模式，以家庭服务为切入点，引入社会专业力量，在文体服务、综合养老、社会福利等领域实施政府购买服务，全力推进社区综合服务中心试点和社区服务专业化试点进程，实现“购买制度化、运作市场化、监督社会化、服务专业化”。大力培育家庭服务类社会组织，总结推广亚运志愿者的经验做法，抓好社会工作者、社区工作者和社区志愿者队伍建设，进一步壮大社区服务参与力量，努力使社区成为社会的稳定器，成为居民的幸福港湾。

（六）固本强基、创先争优，加强和改进党的建设。

今年是建党90周年，也是集中换届之年。要始终坚持把党的思想、组织、作风、制度和反腐倡廉建设融合到城区经济社会发展进程之中，进一步发挥好各级党组织的领导核心、人才支持和组织保证作用。

1. 以团结和谐为核心，着力加强民主政治建设。坚持党的领导和人民当家作主有机统一，巩固和发展团结和谐的政治局面。支持人大依法履行职能，依法行使权力机关的各项职权。深化拓展人大代表工作室工作，进一步密切人大代表与市民群众的联系。支持政协围绕全区中心任务和重点工作开展专题协商、专题议政，进一步发挥政协在服务大局中的重要作用。围绕促进政党关系、民族关系、宗教关系、阶层关系、海外同胞关系和谐，调动一切积极因素，为推动越秀科学发展凝心聚力。加强对群团组织的领导，更好地发挥工会、共青团、妇联等群众团体引导、服务群众和维护群众合法权益的桥梁纽带作用。探索建立政府与市民信息互通、与网民互动交流等机制，扩大民主议事、听证制度范围，支持群众为城区经济社会发展建言献策。

2. 以换届选举为重点，着力加强干部队伍建设。换届是今年我区政治生活中的一件大事。要根据省市委的统一部署，按照党内的相关规定和程序，及早谋划、统筹安排好换届的各项前期准备工作。严格社区“两委”换届选举程序，切实把好社区“两委”班子考察考核关和换届选举方案制定关、人员培训关、工作纪律关，确保4月底前完成社区“两委”换届选举。继续推行全委会推荐重要领导干部、“两推一述”方式产生考察对象人选等提名方式，坚持民主推荐和民主测评结果“双公开”等做法，不断提高干部选拔任用的公信度。健全从基层一线遴选和培养党政领导干部机制，加大“下基层、进机关”干部双向交流的力度，着力形成在基层、在艰苦地方、在重大项目中培养选拔优秀干部的用人导向。继续做好离退休干部工作和关心下一代工作。

3. 以创先争优为载体，着力加强基层组织建设。以纪念建党90周年为契机，深入开展“创先争优展风采”、“品牌辉映党旗红”等系列主题实践活动，进一步拓展和创新活动载体，注重培育、树立和宣传先进典型，积极推进创先争优活动。完善党内选举制度，探索实施基层党组织领导班子成员“公推直选”。以支部“双创”、党员人才“双培”工程为抓手，着力加强非公有制经济和社会组织党建工作，确保今年底专职人员30名以上的社会组织单独建立党组织、党员100%纳入组织管理。认真实施党代会代表任期制，落实10项配套制度，进一步发挥党代表在加强党的建设和推动城区科学发展中的重要作用。

4. 以清廉高效为目标，着力加强党风廉政建设。加强对中央、省、市、区委重大决策部署执行情况的监督检查，促进各项任务和措施贯彻落实。加强惩治和预防腐败体系建设，在统筹推进教育、制度、监督、改革、纠风、惩治等各项工作的基础上，突出重点，突破难点，不断提高预防腐败的能力和水平。加强领导干部廉洁自律工作，继续抓好领导干部廉洁自律各项规定的贯彻落实。加大查办违纪违法案件工作力度。加强对群众反映强烈的突出问题的治理，加强基层党风廉政建设，着力解决发生在群众身边的腐败问题。加强对区换届工作的纪律保障，强化对干部选拔任用全过程的监督。

同志们，同心筑就伟业，实干续写华章。让我们坚持以科学发展观为指导，全力推进建设“幸福越秀”各项事业，以优异的成绩迎接建党90周年！

政府工作报告

——2011年3月8日广州市越秀区第十四届人民代表大会第八次会议上

代区长　杨雁文

各位代表：

我代表越秀区人民政府，向大会作报告，请予审议，并请政协委员和其他列席人员提出意见。

一、2010年和“十一五”时期工作回顾

“十一五”时期，是新越秀发展史上极具重要意义的五年。在市委、市政府和区委的正确领导下，区政府团结带领全区广大干部群众，以科学发展观为指导，认真贯彻落实《珠江三角洲地区改革发展规划纲要（2008—2020年）》，抢抓机遇，主动作为，奋力攻坚，成功抵御国际金融危机的严峻挑战，克服冰冻灾害给春运带来的严重影响，圆满完成2010年和“十一五”规划各项目标任务。

（一）经济综合实力稳步增强。

确立以总部经济为龙头、传统商贸业为基础、现代服务业为主体的现代产业体系发展之路，全力调结构、转方式、促发展，经济实现了高基数上稳增长和高平台上新跨越。“十一五”期间，地区生产总值居全市前列，年均增长11.02%，2006年成为全市首个GDP超千亿元的城区，2010年达1639.83亿元，同比增长10.1%，比2005年增长68.62%。2010年税收收入292.56亿元，同比下降2.4%，比2005年增长46.82%；财政一般预算收入33.62亿元，同比增长6.0%，比2005年增长73.66%。

经济增长质量不断提升。2010年第三产业实现增加值1590.45亿元，比2005年增长68.81%，占全区地区生产总值的96.99%，其中现代服务业实现增加值1015.88亿元，比2005年增长70.82%，占第三产业增加值的63.87%。2010年实现商品销售总额4352.77亿元，比2005年增长103.43%；实现社会消费品零售总额837.02亿元，比2005年增长131.97%。2010年民营经济实现增加值332.39亿元，比2005年增长64.72%，占全区地区生产总值的20.27%。2010年全社会固定资产投资达603.39亿元，五年累计为2659.94亿元。五年共新审批外资项目994个，合同利用外资17.85亿美元，年均增长9%；实际利用外资12.66亿美元，年均增长22.4%。

总部经济引擎作用日益增强。“十一五”期间，有67家世界500强企业在我区设立总部或分支机构，2010年成功引进香港大昌行、英皇集团等一批知名企业，区认定总部企业339家，实现增加值735.39亿元，比2005年增长72.12%，占全区地区生产总值的44.85%。

自主创新能力明显提高。“十一五”期间，区财政共投入科技经费3.6亿元，获得国家、省、市科

技进步奖励成果330项；实现专利申请10085件、授权量7360件，分别比“十五”期间增长53.15%和83.45%。创意产业蓬勃发展，2010年实现营业额720.88亿元，比2005年增长83.47%；黄花岗科技园实现技工贸总收入230.39亿元，比2005年增长98.29%。

（二）城区形象显著提升。

围绕实现“天更蓝、水更清、路更畅、房更靓、城更美”的目标，以“迎接亚运会、创造新生活”为主题，以“大干促大变”的精神，开展了前所未有的大规模城市环境综合整治。尤其是2010年，高质量完成总投入64.5亿元、327项迎亚运环境整治任务，高水准做好亚运服务保障工作，高效率开展城市运行管理，高品质营造城区文明氛围，圆满实现“平安亚运”和“十年大变”的目标。

城市更新改造步伐加快。梳理了“三旧”改造项目121个、880公顷，完成杨箕村改造的土地出让，加快推进大小马站书院街、东濠涌沿线改造以及广园西229服装设计园等项目的规划、设计等前期工作。南粤先贤馆、大佛寺北广场、越秀南改造地块和珠光北复建房四个重点项目的动拆迁工作基本完成。五年来，共盘活烂尾楼23处、烂尾地30宗，改造危破房33.14万平方米。

市政基础设施日益完善。五年来，新建、改建道路186.41公里、279.2万平方米，其中车行道207.61万平方米，人行道71.59万平方米；改造排水管网81公里，“三线”下地795.1公里，道路和排水设施得到极大改善；整治主干道两侧17条、亚运场馆4个、重点区域2个，光亮工程621栋；建成竹丝岗二马路等绿化广场（绿地）21个、绿道25公里，新增公共绿地面积44万平方米，人均公共绿地5.6平方米，绿化覆盖率达33.55%。

城区环境明显改善。结合市重点整治建设，持续推进社区环境综合整治和管理，尤其是2010年，以迎亚运为契机，开展人居环境整治项目276个，整饰居民房屋8828幢860万平方米，整治不规范防盗网、飘（顶）篷75万平方米；完成28个花园社区和35个精品文化社区的创建活动，区级以上绿色社区达242个，“新河浦历史文化保护区保护规划”代表广州荣获世界大都市奖第二名。高质量完成4条河涌8.28公里水域的整治，综合治理12处、339公顷雨污分流和34处水浸街，水环境实现根本性好转，东濠涌成为全市治水的样板工程，受到中央、省、市领导的高度评价。在全市首创饮食服务业联合审批制度，严控污染源头；在全国率先研发和推广油烟净化设备的在线监控，2010年我区饮食服务业污染投诉比2008年下降54.6%，完成区管黄标车淘汰任务，城区空气环境指标优于国家二级标准。

城市管理工作成效显著。改革创新城市管理机制，在全市率先实行城管执法中队下放街道管理，建立“大城管”和网格化管理体系。五年共拆除违法建设3312宗、32万平方米，户外违法广告1018宗、7.3万平方米。坚持道路18小时保洁、重点地区24小时保洁制度，公厕管养和市政道路保洁工作全部实行市场化。率先全市在东山街和广卫街开展垃圾分类试点工作，提高机械化清扫水平，年均清运垃圾约47万吨、整治“六乱”31260宗，“整洁越秀”品牌不断凸显，为广州市成功创建国家卫生城市作出了积极贡献。扎实推进创建全国文明城市的各项工作，在迎接城市公共文明指数测评的两次“国检”中均取得了优异成绩。加大对食品药品、卫生防疫、安全生产等检查整治力度，“十一五”期间，全区未发生重特大安全事故。

（三）社会事业加快发展。

始终坚持以人为本、富民优先，制定并实施了“惠民措施48条”和“补充意见25条”，社会保障覆盖面不断扩大，民生事业在共享中得到加强。五年来，民生社会事业的财政支出达156亿元，占一般预算支出的86.85%，年均增长12.32%；城镇居民人均可支配收入年均增长10.90%，2010年达31068元。

公共服务水平逐步提高。五年来，共投入81.7亿元优先保障教育发展，其中投入5.6亿元实施教育综改工程、校舍安全工程和教育信息化工程建设，投入14.97亿元提高教职工工资福利待遇。基础教育优势显著，中、高考整体水平位居全市之首，2010年在全市首批通过“广东省推进教育现代化先进区”督导评估。完成城隍庙复建等重大文化项目建设，打造东濠涌博物馆等16个特色博物馆，公共文化服务体系不断健全。加大社区卫生服务中心业务用房达标建设力度，强化社区卫生服务中心内涵建设，推进中医“治未病”工程，成为全省首个中医特色预防保健服务体系示范试点区，成功创建全国中医药特色社区卫生服务示范区。人均公共体育场地面积达1.08平方米，1公里半径必有健身点，区、街、社区三级体育设施网络逐步完善。在全省率先开展集免费婚检、婚姻登记、优生优育于一体的“一门式”公共婚育服务。

民生保障创新有效。探索成立了30家“学士后”[1]流动站和18家大学生就业见习基地，创新“零距离”就业模式，五年共提供就业岗位26.25万个。在全省率先推出养老服务储蓄机制试点，建立独居老人优待服务补贴制度，“星光平安宝”呼援服务用户达5465户，其中享受全免用户达2200多户。建成“越秀区数字慈善信息网”和4个街道慈善超市。完成区残疾人康复活动中心建设。在全国率先开展“低保免费门诊”服务，共提供医疗服务36345人次。五年共解决11556户低收入家庭、2069户“双特困”家庭[2]的住房困难。2010年，政府承诺的“十件民生实事”基本兑现：一是筹集2300万元，完成4个试点街道社区综合服务中心建设任务。二是完成为全区90岁以上的户籍居民发放老年人长寿保健金的工作，投入1300万元为80岁以上户籍居民（32798人）发放长寿保健金。三是超额完成为城镇居民提供40000个就业岗位的任务，全年提供就业岗位57092个，全区城镇登记失业人员实现就业率79.11%。四是投入1000万元完成二沙岛体育公园、12间社区体育活动室和40条健身路径的建设任务。五是基本完成新建6个绿化广场和打通3条断头路的任务。六是10个社区卫生服务中心业务用房达标建设基本完成，华乐街、农林街因选址方案变更造成延迟。七是全年共发放城镇独生子女父母计划生育奖励和计划生育家庭特别扶助金2318.45万元。八是解决了5986户中、低收入家庭的住房困难。九是投入14000万元提高教师待遇，实现了“两相当”[3]。十是校舍安全改造和教育综改工程稳步推进。投入1374万元完成14所学校、幼儿园的校舍安全改造；投入4359万元完成16个项目的教育综改工程。

社会保持和谐稳定。建立健全“天网”、“地网”、“信息网”三网合一的治安防控体系，加大社会治安综合治理和重点地区整治力度，成功消除广州火车站地区的治安顽疾；在全国率先建立外国人管理服务工作站和境外人员管理系统，加强出租屋及流动人口管理；创建“六好”平安和谐社区251个，全区治安持续向好，刑事立案从2005年的15846宗降至2010年的6578宗，降幅居全市之首。特别是2010年，新增安保专项经费近1亿元，投入安保力量382万人次，确保了亚运安保万无一失。建立市民意见办理中心和三级市民意见信息管理系统，健全完善群众诉求表达机制和矛盾纠纷调处调解机制，开展全区“大接访”以及领导约访、下访、回访等活动，及时化解社会矛盾纠纷，亚运期间实现了进京零上访、到省市集体上访可控的目标。

（四）政府行政效能明显提高。

严格落实向人大报告工作和政协通报情况制度。“十一五”期间，区人大代表和政协委员的677件建议、提案全部按时办复。认真落实《越秀区依法治区第四个五年规划》，大力推进依法行政，五年来共清理行政规范性文件342件，废止179件，减少行政审批事项232项、备案58项，行政审批事项精简率达66.48%，46件行政复议申请全部按时办结。完成政府机构改革工作。全面推进电子政务建设和政务信息公开，开通了“越秀号”信息服务直通车，453项业务实现网上办理。制定完善区财政性投资项目管理、建设工程项目招投标、资金使用等系列制度。加大国有资产管理力度，五年来，国资收益共上缴财政3亿元。严格落实《廉政准则》，推出行政审批电子监察、行政效能电子监察、行政经费“五个零增长”等举措，从源头上有效预防和治理腐败。

此外，积极支援四川汶川、甘肃舟曲、青海玉树抗灾减灾，百色市、梅州市扶贫工作和信宜市扶贫开发“双到”[4]工作扎实推进，“越秀区从化田心人口疏散基地”正式挂牌成立。春运、花市工作圆满完成，双拥共建工作深入开展，物价、统计、人武、民防、侨务、外事、对台、民族、宗教、档案、地方志、转制社区等工作取得新成绩。全区共获“全国文化先进单位”等49个国家级荣誉称号、“全省平安先进区”等65个省级荣誉称号。

五年来，我们在不断战胜困难、不断取得胜利中深刻地体会到：必须坚持以科学发展观为指导，正确对待不利因素，充分利用有利条件，在困境中找出路，在发挥优势上谋发展，才能不断开创工作新局面；必须不断增强创新能力，积极探索，敢于突破，才能促进经济社会的新发展；必须以顽强拼搏的工作作风，攻坚克难，勇往直前，才能在从未有过的考验中取得新胜利；必须以“民生为重”为执政理念，情系群众，富民惠民，才能满足居民群众对幸福生活的新要求。

各位代表，过去五年所取得的成绩，归功于市委、市政府和区委的正确领导，归功于全区人民的辛勤劳动。尤其在筹办亚运的日日夜夜，全区人民充分理解，克服困难，全力支持，广泛参与，作出了重大贡献。在此，我谨代表越秀区人民政府，向区人大代表、政协委员、驻区部队和机团单位、离退休老同志、港澳台同胞、各民主党派、社会各界人士和全区人民表示崇高的敬意和衷心的感谢！

在看到成绩的同时，我们也清醒地认识到，我区经济社会发展还存在不少困难和问题：一是转型升级尚需加快。受宏观形势和产业布局调整影响，经济增速有所放缓，税收下行，核心产业集聚度不高，传统商贸业有待优化升级，调结构、转方式任务相当艰巨。二是城市管理尚待精细。城市管理水平与新加坡、香港以及国内先进城区相比还有差距，城市管理科学化、精细化水平亟待提升。三是文化优势尚待发挥。丰厚文化旅游资源尚未转化为文化竞争力，城区发展软实力有待提升。四是以民为本尚需强化。公共服务供给还不能满足市民群众日益增长的需求，社会管理和服务水平需要进一步加强。五是自身建设尚待努力。政府工作水平、行政效能有待进一步提高。对以上不足，我们将不回避、不敷衍，在今后工作中切实采取措施予以改进。

二、“十二五”时期的指导思想和目标

“十二五”时期，是我区推动科学发展的重要战略机遇期，也是我区加快转变经济发展方式的关键时期。当前，我区面临新的挑战，必须依靠创新驱动，立足自身优势，扬长避短，走内涵发展、特色发展道路，着力提升各项事业的发展品质，不断增强人民群众对越秀的认同感、归宿感。根据中央、省、市编制“十二五”规划的要求，结合越秀实际，在广泛征求各方面意见和建议的基础上，区政府组织编制了《越秀区国民经济和社会发展第十二个五年规划纲要（草案）》，提请本次大会审议。

“十二五”时期经济社会发展的指导思想：高举中国特色社会主义伟大旗帜，以邓小平理论和“三个代表”重要思想为指导，坚持以科学发展为主题，以加快转变经济发展方式为主线，围绕建设国家中心城市核心区的总目标，全面实施“文化引领、提升总部、创新驱动、共建共享”战略，加快建设现代产业体系，打造文化名城核心，推动城市更新改造，构建优质公共服务体系，以文化繁荣提高发展品质，以精细化城市管理提高环境品质，以优质公共服务提高生活品质，建设幸福越秀。

“十二五”时期经济社会发展的主要目标：以总部经济为龙头，着力构建现代产业体系，重点打造越秀核心产业功能提升区和北京路广府文化商贸旅游区两大功能区，进一步彰显“广府文化源地、千年商都核心、公共服务中心”的地位，努力建成经济发达、文化繁荣、环境友好、幸福祥和的国家中心城市核心区。“十二五”期间，全区地区生产总值年均增长率约8%，2015年人均地区生产总值达到

188000元（按常住人口测算）。

三、2011年主要工作任务

今年是“十二五”的开局之年，也是越秀发展进程中承前启后、继往开来的重要一年。今年政府工作的总体要求是：认真贯彻落实市委、市政府和区委的工作部署，以科学发展为主题，以加快转变经济发展方式为主线，紧紧围绕“依靠创新驱动、建设幸福越秀”这个核心，着力促转变、优环境、强文化、惠民生、保稳定，提升经济增长质量，打造优美舒适城区，擦亮广府文化品牌，提高居民群众幸福感，为“十二五”发展开好局、起好步。

今年我区经济社会发展主要预期目标是：地区生产总值增长9%，财政一般预算收入增长5%，城镇登记失业率控制在3.5%以内，人口自然增长率控制在2.2‰以内。围绕上述目标，重点抓好五个方面的工作：

（一）以推进产业优化升级为重点，加快转变经济发展方式，努力提升经济增长质量。

坚持高端发展方向，进一步优化调整产业结构，加快构建以总部经济为龙头、以服务业为主体、以创新为驱动、核心产业集聚发展的现代产业体系。

坚定不移发展总部经济。从总部企业实际需求出发，进一步完善我区扶持发展总部企业的政策措施。以商贸业、金融业、物流业、商务服务业、文化创意产业、信息服务业、公共服务业等七大核心产业为重点，积极引进国内外大型企业在我区设立总部或地区总部。探索为特大型总部企业供地的方式方法。加大总部企业紧缺人才引进和培养力度，鼓励和协助总部企业与区内高校开展产学研的合作。

优化升级传统商贸业。以广州建设国际商贸中心为契机，加快推动我区商贸业高端特色发展。加大专业市场改造升级力度，坚决淘汰一批低端低效、社会管理成本高的专业市场；采取“一场一策”的办法，引导潜力好、规模大的专业市场向高端发展。以高端、特色、规模、整体为导向，整合区域资源，引导商业街向商业街区转变、商业楼宇向商业中心转变。结合大小马站书院街的建设，有效整合北京路、文德路及周边的文化商业资源，打造集购物、旅游、娱乐、饮食于一体的商业街区。发挥中华广场的辐射带动作用，引导其周边商业升级改造，打造时尚、休闲商业中心。以农林下路部分楼宇和东山口地铁站地下商场即将投入使用为契机，打造东山口休闲商业区。

壮大发展民营经济。落实我区关于促进民营经济发展的贯彻意见，从今年开始，连续5年每年安排不少于4000万元的财政资金，奖励、支持作出重要贡献的民营企业。每年培育、扶持1至2个民营企业做大做强，并力争上市。降低民间投资准入门槛，拓宽民营经济发展领域，促进民营经济发展壮大。

增强自主创新能力。充分发挥区科技三项经费的作用，加快创新服务系列平台建设，开展扶持创新型企业发展、上市等专项工作，组织实施关乎战略性新兴产业持续发展的核心技术和产业化重点项目，促进企业不断提高科技创新力和市场竞争力。加大知识产权工作力度，优化知识产权环境。推动设立股权代办转让试点，建立多层次科技金融服务体系。

完善投资促进服务体系。制定出台区投资促进办法和扶持核心产业发展专项意见，增强投资促进工作的针对性和实效性；整合招商资源，设立区企业投资服务中心，为企业提供“一站式”服务，实现“引得进、稳得住、留得定”。建立利益联动机制，推行合作招商、代理招商、以商招商。重点引进对财政贡献度较高和符合我区核心产业目录的民营、外资、混合股份制企业。优化招商引资载体，改造升级环市东、东风路等总部企业集聚区域商务楼宇；推进黄花岗科技园扩容工作，增强其可持续发展能力。强化区领导和部门联系重点企业制度，积极为企业排忧解难。

（二）以“三旧”改造为契机，坚持建管并重，努力打造优美舒适城区。

继续围绕“五个更”的目标要求，以“有限城区、无限发展”为思路，强化品质、精细管理，巩固提升城区宜居水平。

科学规划城区空间布局。按照建设国家中心城市核心区的目标定位，抓好产业和城市规划的衔接，完成我区“三旧”改造规划纲要编制工作，完善越秀核心产业功能提升区和北京路广府文化商贸旅游区等专项规划，进一步优化城市空间布局，不断提升中心城区的城市功能。

全力推进重点项目建设。稳步推进杨箕村改造，2014 年 6 月前完成安置房建设和回迁工作。年内完成东濠涌沿线更新改造等项目报审工作。越秀南改造地块和珠光北复建房项目力争年内动工，大小马站书院街项目建设的前期工作力争年内完成。争取市的支持，开展花果山教育服务园区的规划编制。实行领导包干制度，促进全区 17 宗烂尾地、16 宗闲置用地和 24 处烂尾楼加快盘活。

加强市政基础设施建设。启动东濠涌中北段河涌综合整治工程，努力将东濠涌全线打造成一流的生态河涌“绿色走廊”。完成太和岗道路改造和省老干文体活动大楼周边市政路建设，推进大佛寺扩建配套市政路、光孝寺北侧规划路建设。开展打通仓边路、梅东路延长线断头路和建设洪德新街、一德路白米巷规划路的前期工作，进一步优化道路网络。实施东濠涌、新河浦涌、东山湖水体循环工程，推进中山一路和登峰街、矿泉街区域内水浸街的排水改造。

巩固提升城市管理水平。结合“创文”工作，整合城管执法、环卫监管、城市保洁力量，完善执法、监管和考评工作，在作业机械化、联动信息化、责任网格化、巡查整改精细化等方面建立长效机制，推动创建工作常态化。落实“六乱”严管责任，依法坚决查处违法建设和不规范广告。强化市场体制下环卫保洁工作的监管，落实精细化管理责任和奖惩措施，提升环卫保洁质量。大力推进节能减排，推广垃圾分类，探索创建“低碳社区”、“环保生态小区”示范点，建设惠福美食花街环保综合监管示范街，实行东濠涌等河涌水质在线监测，继续推进油烟在线监控，进一步提高环境质量，努力建设低碳城区。

（三）以塑造广府文化品牌为目标，创新文化发展思路，努力提升文化引领功能。

抓住广州市建设“世界文化名城”契机，创新文化产业和文化事业发展模式，整合资源、凸显特色，促进文化资源优势向文化产品、文化产业、文化市场优势转变。

完善公共文化服务体系。充分发挥区辖内公共文化资源的作用，深化文化民生工程，继续开展“快乐有约”等群众文化活动，推进精品文化社区建设，努力形成“一街一品牌”、“一社区一特色”，增强“10 分钟文化圈”实效。打造“广府庙会”等特色民俗文化品牌，搭建民间民俗艺术文化展示和交流平台。进一步完善社区文化基础设施和公共文化服务社会参与机制，加强文化人才队伍建设，努力争创国家公共文化服务体系示范区。

积极推进重大文化项目建设。推进大佛寺等宗教场所的修复建设工程，启动文德路“广府文化第一街”项目，南粤先贤馆力争年内动工。加快推进南方文化传媒创意产业园建设，支持广州文化创意产业研究中心项目上马，“创意大道”力争年内投入使用，努力形成具有较大规模和影响力的创意产业发展平台。积极配合开展纪念辛亥革命 100 周年活动，做好广东咨议局旧址等重要遗址景观保护和周边环境整治工作。

大力发展文化产业。促进文化事业与文化产业的融合，设立文化创意扶持基金，扶持发展一批文化创意产业的龙头骨干企业，继续办好中国国际漫画节和华语动漫金龙奖等大型活动，打造广州创意产业集聚发展核心区。整合各类文化资源，包装策划旅游项目，提升配套服务水平，拓展旅游市场。坚持“政府主导、社会参与”的文博事业和文博产业互动发展之路，支持辖区内博物馆创新博览内容、方式和方法，加快文博品牌打造和文博特色产品开发，让文博产品和服务成为城市新型消费，形成高水平的文博产业链，打造广府文化博览区。

（四）以保障和改善民生为根本，加快公共服务均等化建设，努力创造幸福美好新生活。

坚持民生为重、民事先办，实行“五个压缩”、“一个增加”[5]，全力抓好民生工作，提升公共服务水平，加快建设幸福越秀。

推进教育高质均衡发展。贯彻落实国家、省、市中长期教育改革和发展规划纲要，积极做好国家义务教育均衡发展标准研究试点区工作。探索设立区教育创新基金，推动教育创新发展。全面推进教育生态发展[6]和“轻负高质”[7]工程，进一步整合、培育区域教育特色，提升区域教育品牌影响力。实施《越秀区学前教育三年行动计划》，推动学前教育优质发展。优化发展高中教育和社区教育。创新教育资源整合利用思路，加快促进区辖职中、党校、就业培训中心、社区教育机构等资源的整合，加强与区域内高校、电大和社会培训机构合作。通过扩征用地、回收出租场地等措施，提高区属义务教育学校生均占地面积和生均建筑面积。加大名师梯级培养力度，探索建立名优教育人力资源共享机制，提升教育人才队伍整体素质。

提升医疗卫生服务水平。深化医药卫生体制改革，健全社区卫生服务机构补偿和运行机制。深入推进中医“治未病”健康工程，进一步强化社区卫生服务机构中医药服务能力。继续扩大低保对象免费社区门诊定点和免费病种范围，探索向社区卫生机构购买残疾人康复服务。以疾病预防控制绩效评估为契机，进一步加强疾控体系建设，规范卫生监督执法行为。加强大型医院属地服务工作，支持辖区内大医院升级和功能扩展，提升我区医疗中心功能。

提高社会保障和就业水平。完善以最低生活保障为基础的综合性社会保障和救助体系。探索建立社保扩面机制，推动社会保险由政策全覆盖向对象全覆盖转变。继续推进试点街道养老服务储蓄机制建设，逐步完善以居家养老为主体的社会养老服务体系，努力提高社会养老服务水平。探索成立公益性创业服务中心，完善推广“越秀就业通”平台，建设10家以上创业（孵化）基地，认定10个以上优秀创业项目。

加强基层社会管理。完善居民自治工作，按照“三个70%”[8]的要求，组织好社区居委会换届选举。整合优化街道机构人员，推进社区“五个一”[9]工程，提高公共服务能力。大力培育社区社会组织，积极创新社区服务模式，以家庭服务为切入点，引入社会专业力量，实施政府购买服务，提升基层管理服务水平。

全力维护社会稳定。继续完善三网合一的治安防控体系，充分发挥社区防控、路面巡逻防控、重点部位防控、视频监控防控、治安员巡控的作用。抓好对出租屋、流动人员和外籍人员的服务管理，全面加强生产、消防、交通、食品药品安全的监管，努力打造“平安越秀”。完善群众利益表达和调解机制，推动社会稳定风险评估，加大对医患纠纷、历史遗留矛盾的化解力度，及时妥善化解、处置各类群体性事件。建立完善网络舆情应对机制，切实提高应对突发公共性事件的能力。

重点办好“十件民生实事”。一是提供43000个就业岗位，缓解就业压力。二是为全区常住人口免费提供9项基本公共卫生服务[10]；为全区低保对象提供免费社区门诊服务；为全区男60周岁以上、女55周岁以上的低保对象免费提供健康体检。三是实施文化惠民“十百千万”项目：建设10个社区特色博物馆，组织100场流动电影、展览、演出进社区，免费提供1000个贫困青少年文艺培训学位，为困难群众赠送10000张图书借阅卡。四是解决3000户中、低收入家庭住房困难问题。五是为全区70周岁以上老人发放长寿保健金；为60周岁以上的独居老人免费安装“星光平安宝”；建设区长者综合服务中心，提供“一站式”综合养老服务。六是为1000户“以老养残”的特殊困难家庭提供每月300元的政府购买居家安养服务。七是扩建二沙岛体育公园，新建30条、维修120条社区体育健身路径。八是投入约1亿元，新建改建教学楼2.7万平方米，完成2.9万平方米的校舍安全工程。九是投入3000万元，维修改造内街和城中村道路、排水设施136条、22公里。

十是投入500万元设立社区民生应急专项，及时做好社区沙井盖、化粪池等关系居民群众生活、安全的应急保障性民生工作。

（五）以提升施政能力为抓手，加强政府自身建设，努力建设人民群众满意政府。

坚持以人为本、执政为民，继续强化政府自身建设，不断转变政务服务方式，推进政府管理创新，切实提高行政效率和施政水平。

增强行政行为的规范性。全面推进法治政府建设，落实行政执法责任制，规范执法行为，不断提高政府公信力和执行力。自觉接受区人大和区政协的监督，认真办理人大代表建议和政协提案。完善重大事项集体决策、专家咨询和听证等制度，提高决策透明度和公众参与度，主动接受公众和舆论监督。完善政府顾问制度，充分发挥各民主党派、无党派人士、工商联和各人民团体的参政议政作用。

提升公务员队伍整体素质。积极开展创先争优活动，大力弘扬“敢想、会干、为人民”的亚运理念，着力强化公务员队伍的创新驱动意识。加大“下基层、进机关”干部双向交流力度，形成在基层、在艰苦地方、在重大项目中培养选拔优秀干部的用人导向，建立和完善交流保障激励机制，增强公务员队伍的积极性。切实加大培训力度，提高公务员依法行政能力。

加强党风廉政建设。严格依法依规组织换届选举，力争实现“零投诉、零上访、零违纪”，确保政府换届工作圆满完成。深入推进惩治和预防腐败体系建设，积极开展教育、制度、监督、改革、纠风、惩处等工作创新，努力形成长效管用的制度。全面推进纪检监察派驻工作。严格落实《廉政准则》和《关于实行党风廉政建设责任制的规定》，加大执法、廉政和效能监察力度，大力开展纠风治乱专项治理，严肃查办违纪违法案件，打造廉洁高效政府。

今年，我们还要认真做好市新一轮简政强区事权下放的承接工作，切实履行责任，防止管理脱节，确保下放事权接得住、干得了。继续加大国资管理工作，做好统计、双拥、人武、民防、侨务、外事、档案、地方志、对台、民族、宗教、转制社区、扶贫开发等工作。

各位代表，越秀未来五年的美好蓝图已经绘就，向宏伟目标奋进的号角已经吹响。让我们以科学发展观为指导，在市委、市政府和区委的领导下，同心同德，扎实工作，坚定信心，锐意进取，努力谱写越秀新的辉煌篇章！

---

[1] 大学本科生毕业后到企业进行见习，不作为被企业正式录用，不必签署正式劳动合同，只领取生活费。

[2] 指城市住房和收入特别困难的家庭，即本市户口，人均居住面积低于10平方米的低保救济家庭、低收入家庭或特困职工家庭。

[3] 县域内中小学教师平均工资水平和当地公务员平均工资水平大体相当，农村中小学教师平均工资水平与城镇中小学教师平均工资水平大体相当。

[4] 规划到户，责任到人。

[5] 压缩党政机关办公经费、公务接待经费、公务购车和用车经费、会议经费、出国经费，增加对民生和社会事业的投入。

[6] 指教育像自然生态一样，按其自身多样性的规律和特性存在，各得其彰，走生态化、错位式发展之路，形成各具特色的发展思路、校园文化、校本课程和教学模式。

[7] 指学校在教学过程中全面实施素质教育，由“教得活”到“学得活”，减轻学生负担，提高学习质量，拓展学生个性发展的空间。

[8] 70%的社区实行直选，70%的选民参加选举，70%的居委会成员由本社区居民担任。

[9] 一个社区服务中心、一个文化活动中心、一个小公园、一个社区卫生服务中心、一个视频监控系统。

[10] 居民健康档案管理、健康教育、儿童保健、妇女保健、老年人健康管理、预防接种、传染病报告和管理、慢性病预防控制、重性精神病管理。

社会、经济统计资料

区行政区划与常住人口情况

单位：人

街　道	土地面积（平方公里）	社区居民委员会（个）	年末户数（户）	年末人口（人）		
				合计	男	女
合　计	33.8	267	352782	1169118	586713	582405
洪桥街	1.58	11	13871	46378	22766	23612
广卫街	0.76	12	12715	44171	22408	21763
北京街	0.51	9	11658	33568	16475	17093
六榕街	0.78	10	14927	47113	23037	24076
流花街	1.77	6	4368	17650	9256	8394
东风街	1.26	11	12266	40280	19716	20564
光塔街	0.43	10	12654	38113	18880	19233
诗书街	0.52	10	14316	41943	20493	21450
大新街	0.61	14	17973	51824	25686	26138
人民街	1.02	12	14050	41473	20522	20951
东山街	2.88	14	17782	59280	29719	29561
农林街	1.08	10	13437	52987	25865	27122
梅花村街	1.56	15	24836	82792	41547	41245
黄花岗街	3.20	15	25954	96390	48360	48030
华乐街	1.20	12	14226	53406	29662	23744
建设街	0.91	9	14974	62081	32036	30045
大塘街	1.06	13	17955	57172	28191	28981
珠光街	0.92	18	22555	70877	35589	35288
大东街	1.00	20	27262	89435	44052	45383
白云街	3.25	10	12893	42178	21056	21122
登峰街	4.70	12	15681	47238	24033	23205
矿泉街	2.80	14	10613	34028	18536	15492
达道路			5816	18741	8828	9913

注：本表数据由区公安分局提供。

生产总值

单位：万元

指标名称	增加值		比上年
	合计	比重（%）	同期±%
越秀区生产总值	16524043	100.00	10.2
第二产业	496357	3.00	11.1
工　业	179466	1.09	0.6
建筑业	316891	1.92	17.3
第三产业	16027686	97.00	10.1
交通运输、仓储和邮政业	1687400	10.21	8.0
批发和零售业	2717883	16.45	16.9
住宿和餐饮业	500500	3.03	14.7
金融业	4100103	24.81	12.0
房地产业	1083274	6.56	-6.1
其他服务业	5938527	35.94	9.7

注：地区生产总值按当年价格计算，增长速度按可比价格计算。

能源消耗基本情况

指标名称	计量单位	2010年	同比增长（%）
一、地区能源消费总量	万吨标准煤	800.14	6.29
二、单位GDP能耗	吨标准煤/万元	0.5300	-3.44
三、工业企业综合能源消费量	万吨标准煤	6.06	-0.37
四、单位工业产值能耗	吨标准煤/万元	0.1227	-12.42
五、单位工业产值电耗	千瓦时/万元	964	-7.55

注：1. 地区能源消费总量按等价值计算；

2. GDP按照2010年价格计算；

3. 工业统计范围是年主营业务收入2000万元及以上的工业法人企业；

4. 工业企业综合能源消费量按当量值计算。

财政收入

单位：万元

	本年实际	比上年增减（%）
一、一般预算收入合计	336234	6.0
（一）税收收入	281677	6.5
增值税	30152	7.9
营业税	92495	8.6
企业所得税	41100	-4.8
房产税	28132	10.5
其他各税	89798	8.6
（二）非税收入	54557	3.3
（1）专项收入	10808	-10.3
其中：排污费收入	165	-56.5
教育费附加收入	10643	-8.8
（2）其他各项收入	43749	7.3
其中：行政性收费收入	17849	63.8
二、基金预算收入合计	12772	17.4
财政收入总计	349006	6.4

注：表中为区级财政支出，不包含市一次性补助支出。

财政支出

单位：万元

	本年实际	比上年增减（%）
一、一般预算支出合计	429553	11.2
其中：一般公共服务	45354	7.2
公共安全	81167	15.7
教育	94775	7.2
科学技术	9227	8.1
文化体育与传媒	1941	2.3
社会保障和就业	109474	15.7
医疗卫生	26405	12.8
城乡社区事务	35764	-3.8
环保交通工业金融国防等事务	10254	7.8
其他支出	12020	63.2
二、基金支出合计	8119	71.6
财政支出总计	437672	11.9

注：表中为区级财政支出，不包含市一次性补助支出。

税收收入

单位：万元

单　位	2010 年	比上年增减（±%）
国税、地税收入合计	2925644	-2.41
国税收入	1544274	-7.48
#增值税收入（剔除免抵调库）	478702	-19.66
消费税收入	3968	0.76
企业所得税收入	1061585	-0.70
地税收入	1381370	3.96
#营业税	483254	8.56
企业所得税	153001	-32.42
个人所得税	491302	20.43
土地使用税	6683	-12.81
城市维护建设税	66155	-7.17
印花税	42058	41.31
土地增值税	43874	-16.20
房产税	88187	10.49
车船使用税	6856	-18.38

注：此表数据由区国税局、地税局提供。

个体工商业基本情况

指标名称	户数（户）	从业人数（人）	注册资金（万元）
总　计	69777	85536	92075
农、林、牧、渔业	34	39	23
制造业	106	164	172
电力、燃气及水的生产和供应业	1	1	1
建筑业	85	131	247
交通运输、仓储和邮政业	313	468	418
信息传输、计算机服务和软件业	69	86	85
批发和零售业	63585	72126	76413
住宿和餐饮业	1614	6120	7516
房地产业	105	156	501
租赁和商务服务业	795	1094	1299
广告业	46	67	123
科学研究、技术服务和地质勘查业	42	58	104
水利、环境和公共设施管理业	3	7	6
居民服务和其他服务业	2876	4730	4160
卫生、社会保障和社会福利业	23	73	653
文化、体育和娱乐业	126	283	480

私营企业基本情况

指标名称	户数（户）	投资者人数（人）	雇工人数（人）	注册资金（万元）
总　计	26395	50900	79287	2064899
农、林、牧、渔业	4	8	22	56
采矿业	1	2		20
制造业	194	524	856	16976
电力、燃气及水的生产和供应业	7	6	31	837
建筑业	1003	1865	2866	118915
交通运输、仓储和邮政业	659	1061	1800	103536
信息传输、计算机服务和软件业	1291	2742	3928	157771
批发和零售业	11252	20407	35662	741781
住宿和餐饮业	792	1591	3699	18535
金融业	15	44	41	3266
房地产业	1158	2106	3561	99616
租赁和商务服务业	6114	12420	15407	461485
广告业	1485	3016	3910	109943
科学研究、技术服务和地质勘查业	2549	5492	6505	259429
水利、环境和公共设施管理业	56	122	169	9984
居民服务和其他服务业	752	1370	3114	22103
教育	20	14	86	664
卫生、社会保障和社会福利业	11	26	84	4009
文化、体育和娱乐业	517	1100	1456	45916

黄花岗高新产业开发区主要经济指标（一）

指标名称	计算单位	2010 年
工业总产值	万元	305765
总收入	万元	1723463
其中：技术收入	万元	792684
中间投入	万元	89556
增加值	万元	427800
其中：工业增加值	万元	85620
出口创汇总额	万美元	1789
净利润	万元	126417
实际上缴税金	万元	67563
总成本与费用	万元	1597148
年末资产总计	万元	2092923
年末负债	万元	1115485
年末所有者权益	万元	977438
实收资本	万元	652308
产品数	个	452
项目数	项	730

黄花岗高新产业开发区主要经济指标（二）

单位：人

指标名称	2010 年
年末从业人员	27970
从业人员平均数	27026
研究生	1321
博士	138
硕士	1178
大学	10863
大专	6878
中专	4182
高级	1378
中级	3675
初级	7825
科技活动人员合计	8813
#全时	6504
研发人员	

黄花岗高新产业开发区主要经济指标（三）

指标名称	单　位	2010 年
科技活动经费筹集合计	万元	
研发支出	万元	
全部科技项目数	项	773
科技项目内部支出	万元	134261
参加科技项目人员	人	7411
项目经费内部支出	万元	129667
拥有发明专利数	个	101
新产品产值	万元	46438
新产品销售收入	万元	47917

利用外资情况

金额单位：万美元

项　　目	项目个数（个）	合同外资金额	实际利用外资
总　计	218	32318	30160
按利用外资方式			
1. 中外合资企业	8	9140	
2. 中外合作企业	1	3840	
3. 外资企业	209	19338	
4. 外商投资股份制	0	0	

注：实际利用外资是商务部反馈，没有细分数。

外贸商品出口总值

单位：万美元

项　　目	本年实际
进出口贸易总值	1181727.35
进口总值	512962.33
出口总值	668765.02
一、按贸易方式分	
一般贸易	621510.53
加工贸易	45331.62
二、按出口商品分	
其中：	
纺织原料及纺织制品	215861.87
机电、音像设备及其零件、附件	105157.85
贱金属及其制品	56968.87
杂项制品	89193.70
车辆、航空器、船舶及运输设备	60280.27
高新技术产品出口	10678.22
三、按出口地分	
美国	92506.08
香港	71602.51
德国	31652.13
新加坡	27598.78
阿联酋	17309.72
日本	19457.91

全区年末职工人数

单位：个

行业	合计	全区单位数		
		国有经济	集体经济	其他经济
合计	567064	298382	15679	253003
其中：企业	416391	153296	11517	251578
事业	107458	102012	4108	1338
机关	43021	43021	0	0
民间非营利组织	194	53	54	87
农、林、牧、渔业	19	19	0	0
制造业	7366	3778	148	3440
电力、煤气及水的生产和供应业	7566	7525	41	0
建筑业	47345	11859	535	34951
交通运输、仓储和邮政业	116916	79219	848	36849
信息传输、计算机服务和软件业	17764	3414	3	14347
批发与零售业	46321	8024	1896	36401
住宿和餐饮业	62606	13123	827	48656
金融业	37165	15970	7	21188
房地产业	28794	4008	2128	22658
租赁与商务服务业	30241	9208	4136	16897
科学研究、技术服务与地质勘查业	22524	15411	249	6864
水利、环境和公共设施管理业	5801	4072	1322	407
居民服务和其他服务业	6672	1052	853	4767
教育	23210	21299	619	1292
卫生、社会保障和社会福利业	37638	34269	1425	1944
文化、体育与娱乐业	23078	20563	173	2342
公共管理与社会组织	46038	45569	469	0

全区职工人数与工资

行业	年末人数（人）	平均人数（人）	工资总额（千元）	年平均工资（元/人）
合计	567064	556169	34247135	61577
其中：企业	416391	407577	22695477	55684
事业	107458	105638	7746588	73331
机关	43021	42764	3799219	88842
民间非营利组织	194	190	5851	30795
农、林、牧、渔业	19	18	1153	64056
制造业	7366	7507	404163	53838
电力、煤气及水的生产和供应业	7566	7580	649367	85668
建筑业	47345	47513	2101745	44235
交通运输、仓储和邮政业	116916	114142	6446092	56474
信息传输、计算机服务和软件业	17764	17082	1618605	94755
批发与零售业	46321	46373	2197787	47394
住宿和餐饮业	62606	60904	1537934	25252
金融业	37165	35293	4158735	117835
房地产业	28794	28028	1032960	36855
租赁与商务服务业	30241	29153	1619474	55551
科学研究、技术服务与地质勘查业	22524	22024	1651154	74971
水利、环境和公共设施管理业	5801	5795	257294	44399
居民服务和其他服务业	6672	6766	153861	22740
教育	23210	22966	1611227	70157
卫生、社会保障和社会福利业	37638	36760	3216520	87501
文化、体育与娱乐业	23078	22507	1625523	72223
公共管理与社会组织	46038	45758	3963541	86620

国有经济单位职工人数与工资

行业	年末人数（人）	平均人数（人）	工资总额（千元）	年平均工资（元/人）
合计	298382	294200	20933252	71153
其中：企业	153296	151132	9582868	63407
事业	102012	100251	7548780	75299
机关	43021	42764	3799219	88842
民间非营利组织	53	53	2385	45000
农、林、牧、渔业	19	18	1153	64056
制造业	3778	3908	194910	49875
电力、煤气及水的生产和供应业	7525	7537	636073	84393
建筑业	11859	12041	686916	57048
交通运输、仓储和邮政业	79219	77747	4141871	53274
信息传输、计算机服务和软件业	3414	3355	426039	126986
批发与零售业	8024	8158	579787	71070
住宿和餐饮业	13123	13065	519261	39744
金融业	15970	15250	1300833	85301
房地产业	4008	4115	248067	60284
租赁与商务服务业	9208	9005	621257	68990
科学研究、技术服务与地质勘查业	15411	14825	1307879	88221
水利、环境和公共设施管理业	4072	4066	193196	47515
居民服务和其他服务业	1052	1066	32341	30339
教育	21299	21187	1554626	73376
卫生、社会保障和社会福利业	34269	33589	3066893	91306
文化、体育与娱乐业	20563	19979	1471205	73638
公共管理与社会组织	45569	45289	3950945	87239

集体经济单位职工人数与工资

行　　业	年末人数（人）	平均人数（人）	工资总额（千元）	年平均工资（元/人）
合　计	15679	15680	494677	31548
其中：企业	11517	11574	347460	30021
事业	4108	4052	145861	35997
机关	0	0	0	
民间非营利组织	54	54	1356	25111
农、林、牧、渔业	0	0	0	
制造业	148	146	4906	33603
电力、煤气及水的生产和供应业	41	43	13294	309163
建筑业	535	560	16108	28764
交通运输、仓储和邮政业	848	767	24356	31755
信息传输、计算机服务和软件业	3	3	55	18333
批发与零售业	1896	1901	63937	33633
住宿和餐饮业	827	823	16697	20288
金融业	7	7	378	54000
房地产业	2128	2121	60158	28363
租赁与商务服务业	4136	4231	112253	26531
科学研究、技术服务与地质勘查业	249	244	18118	74254
水利、环境和公共设施管理业	1322	1329	39428	29667
居民服务和其他服务业	853	883	21198	24007
教育	619	581	9731	16749
卫生、社会保障和社会福利业	1425	1400	76176	54411
文化、体育与娱乐业	173	172	5288	30744
公共管理与社会组织	469	469	12596	26857

城镇就业和失业变化情况

单位：人

项　　目	2009 年	2010 年
本期失业人员总数	75665	72170
1. 上期末结转	12845	12325
2. 本期增加	62820	59845
其中：由就业转失业	28235	27087
本期失业人员就业人数	59812	57092
失业人员就业率（%）	79.05	79.11
本期末尚有失业人员数	12325	11387
本期辖区流动人员录用备案人次数	43053	35861
城镇登记失业率（%）	1.9	2.2

注：表中 2009 年数为区口径；2010 年数为市口径。

人口自然变动情况

街　道	年平均人口	出生		死亡		自增	
		人数	出生率‰	人数	死亡率‰	人数	自增率‰
合　　计	1189300	9109	7.66	7524	6.33	1585	1.33
洪桥街	46307	342	7.39	315	6.80	27	0.58
广卫街	44035	378	8.58	350	7.95	28	0.64
北京街	33957	191	5.62	332	9.78	-141	-4.15
六榕街	46994	325	6.92	314	6.68	11	0.23
流花街	17516	181	10.33	87	4.97	94	5.37
东风街	39827	270	6.78	323	8.11	-53	-1.33
光塔街	38138	264	6.92	333	8.73	-69	-1.81
诗书街	42165	263	6.24	393	9.32	-130	-3.08
大新街	52204	283	5.42	455	8.72	-172	-3.29
人民街	41792	282	6.75	388	9.28	-106	-2.54
东山街	82513	687	8.33	341	4.13	346	4.19
农林街	53116	482	9.07	231	4.35	251	4.73
梅花街	86614	616	7.11	382	4.41	234	2.70
黄花岗街	95024	941	9.90	331	3.48	610	6.42
珠光街	70922	541	7.63	599	8.45	-58	-0.82
华乐街	53504	429	8.02	298	5.57	131	2.45
建设街	61328	450	7.34	326	5.32	124	2.02
大塘街	57534	431	7.49	440	7.65	-9	-0.16
大东街	88920	696	7.83	617	6.94	79	0.89
白云街	41973	331	7.89	257	6.12	74	1.76
登峰街	53782	448	8.33	226	4.20	222	4.13
矿泉街	41140	278	6.76	186	4.52	92	2.24

注：本表由区计生局提供。

常住人口变动状况

单位：人

街道	本年度增加人数	其中：市县外迁入	其中：市县内迁入	本年度减少人数	其中：迁入市(县)外	其中：迁出市(县)内
合计	56119	14105	31413	53118	6496	39073
洪桥街	2564	402	1644	2352	213	1729
广卫街	2554	687	1520	2215	224	1650
北京街	694	120	342	1313	53	950
六榕街	1809	251	1158	1751	86	1348
流花街	959	386	350	850	44	723
东风街	1983	778	871	2148	607	1214
光塔街	1303	180	794	1347	41	998
诗书街	1282	219	755	1633	60	1223
大新街	1193	204	653	1848	65	1323
人民街	1423	489	649	1858	77	1395
矿泉街	1969	727	926	1538	287	1068
东山街	2867	447	1806	2490	178	2036
农林街	2412	959	990	3198	841	2129
梅花村街	4563	1102	2545	3167	151	2628
黄花岗街	6635	2049	3515	5360	1378	3622
华乐街	2167	400	1311	2413	337	1754
建设街	5033	1718	2883	4429	973	3149
大塘街	1966	345	1132	2429	147	1857
珠光街	2402	441	1358	2724	122	2021
大东街	3984	673	2512	3469	157	2689
白云街	2083	396	1288	1802	109	1433
登峰街	3233	781	1915	2002	289	1464
达道路	1041	351	496	782	57	670

注：本表数据由区公安局提供。

计划生育情况

单位:%

街　道	计划生育率	已婚育龄妇女节育率	一孩率	独生子女领证率
合　计	97.88	78.02	88.55	27.75
洪桥街	98.25	77.99	91.23	26.74
广卫街	98.41	74.05	89.95	20.08
北京街	97.38	74.94	88.48	20.60
六榕街	99.08	77.85	90.46	26.66
流花街	98.90	78.36	87.29	30.97
东风街	98.15	76.93	90.74	22.33
光塔街	97.73	78.26	87.88	24.88
诗书街	97.72	75.96	86.69	20.08
大新街	98.23	74.92	87.99	22.41
人民街	97.52	75.12	92.55	17.78
东山街	97.23	79.51	87.19	29.42
农林街	98.76	76.06	86.31	35.41
梅花村街	97.73	81.84	85.55	30.51
黄花岗街	97.77	77.91	89.05	30.82
珠光街	97.23	76.81	89.83	26.84
华乐街	98.14	80.51	88.34	32.56
建设街	97.33	77.22	86.89	31.06
大塘街	98.61	75.99	91.18	24.81
大东街	97.56	77.29	87.21	28.85
白云街	97.89	78.28	90.03	34.68
登峰街	97.77	78.79	88.39	20.71
矿泉街	97.48	85.77	89.21	33.74

注：本表由区计生局提供。

房地产开发投资情况

（法人办公地址口径）

单位：万元

指标名称	2009 年	2010 年	同比（%）
总计（个）	321	295	-8.10%
计划总投资	12405550	15062443	21.42%
自开始建设至本年底累计完成投资	7292696	8077695	10.76%
本年完成投资	1305611	1309789	0.32%
土地购置费	154436	76162	-50.68%
一、按构成分			
建筑工程	693365	655272	-5.49%
安装工程	177803	215732	21.33%
设备工器具购置	20281	38223	88.47%
其他费用	414162	400562	-3.28%
二、按用途分			
住宅	713203	785916	10.20%
办公楼	100624	72122	-28.33%
商业营业用房	272650	249031	-8.66%
其他	219134	202720	-7.49%
本年新增固定资产	490738	449989	-8.30%

商品房销售及空置情况

（法人办公地址口径）

单位：万元

项　目	2009 年	2010 年	同比（%）
商品房销售面积	1901172	1820746	-4.23%
1. 住宅	1726140	1593167	-7.70%
2. 办公楼	59800	129052	115.81%
3. 商业营业用房	99758	71526	-28.30%
4. 其他	15474	27001	74.49%
商品房销售合同金额（万元）	2137138	2228696	4.28%
1. 住宅（万元）	1888629	1923317	1.84%
2. 办公楼（万元）	63774	140897	120.93%
3. 商业营业用房（万元）	172756	125281	-27.48%
4. 其他（万元）	11979	39201	227.25%
商品房屋待售面积	553444	615744	11.26%
1. 住宅	199191	151920	-23.73%
2. 办公楼	107688	224119	108.12%
3. 商业营业用房	158934	149732	-5.79%
4. 其他	87631	89973	2.67%
待售面积中待售 1-3 年（含 1 年）	384777	404982	5.25%
1. 住宅	171266	106635	-37.74%
待售 3 年以上（含 3 年）	144130	128790	-10.64%
1. 住宅	25645	26272	2.44%

房产管理基本情况

	计算单位	本年实际
一、完成直管房修缮		
1. 完成危房修缮		
受益房数	幢	
受益面积	平方米	
修缮工程优良率	%	
2. 完成严损房修缮		
受益房数	幢	5
受益面积	平方米	444
修缮工程优良率	%	50%
二、完成私房危房修缮		
受益房数	幢	74
受益面积	平方米	8856
三、物业管理推进情况		
1. 建立业主自治组织的居民比率	%	90%
2. 实施规范物业管理的居民比率	%	48%
3. 物业管理平均收费率	%	73%

城市综合治理基本情况

	计算单位	本年实际
清拆历史违建	宗	871
清拆历史违建面积	平方米	70367.31
制止新违建	宗	125
拆除新违建	宗	125
拆除新违建面积	平方米	2041
清拆违章广告	宗	689
清拆违章广告面积	平方米	55184.72
教育制止乱摆乱卖	宗	21437
制止占道经营	宗	17426

交通总站各类企业情况

项　目	单　位	2010
营运车辆	辆	9976
货物运输企业	家	1693
经营性停车场	家	729
机动车维修企业	家	210
驾驶员培训企业	家	6

环境综合整治定量考核情况

项　目	单　位	2009 年	2010 年
降尘	吨/平方公里．月	5.27	4.92
硫酸盐化速率	毫克 SO^3/100cm^2 碱片．日	0.362	0.335
二氧化硫	毫克/立方米	0.038	0.033
二氧化氮	毫克/立方米	0.065	0.057
可吸入颗粒物	毫克/立方米	0.078	0.076
区域环境噪声平均值	分贝	55.6	55.7
交通干线噪声平均值	分贝	69.5	69.5
烟尘控制区覆盖率	%	100	100
噪声达标区覆盖率	%	74	74

环境保护投资情况

单位：万元

项　目	2010 年
一、城市污水处理工程建设	59107
1. 河涌综合整治工程	48817
2. 雨污分流工程	9290
3. 水浸街改造工程	1000
二、环境管理能力建设投资	20
三、项目环保投资总额	2.51 亿

卫生环境情况

项　　目	单　　位	2009 年	2010 年
清扫总面积	万平方米	805. 63	861. 12
环卫职工人数	人	2337	1944
公共厕所	座	172	175
果皮箱	个	6000	2367
粪便中转池	个	34	34
环卫机动车拥有量	辆	249	241
其中：垃圾车	辆	68	74
其他车辆	辆	165	156
吸粪车	辆	16	11

市政建设情况

项　　目	单　　位	2010 年
市政建设投资	万元	71110
道路改造	万平方米	151. 81
排水改造	公里	73. 37
清理沙井	万个	12. 58
疏管	万米	130. 88

注：表中“市政建设投资”项仅包含道路、排水、雨污分流等市政道路、排水改造工程投资。

绿化情况

项　　目	单　　位	2010 年
全区绿地面积	公顷	945. 00
绿地率	%	28. 13
全区绿化覆盖面积	公顷	1127. 00
全区绿化覆盖率	%	33. 55
公园绿地面积	公顷	650. 00
人均公园绿地面积	平方米	5. 60

注：以上绿化数据由广州市市政园林局确认公布。

各类学校数及在校学生数

单位：人

项目	2010 年
各类学校数合计（所）	86
中等学校	27
普通中学	26
职业中学	1
小学	57
特殊学校	2
各类学校在校学生数（人）	102180
中等学校	44547
普通中学	40869
#高中	15507
职业中学	3678
小学	57299
特殊学校	334

高中、初中、小学毕业生升学情况

项目	单位	2010 年
高中毕业生数	人	5637
已升学人数	人	5524
升学率	%	98
初中毕业生数	人	11903
已升学人数	人	11903
升学率	%	100
小学毕业生数	人	10497
已升学人数	人	10497
升学率	%	100

普通中小学专任教师学历情况

项　　目	本表数据为2010年学年初报表学校上报数据							
	人数（人）	高中	初中	小学	构成(占教师总人%)	高中	初中	小学
合　　计	6330	1141	1942	3247	100.00	100.00	100.00	100.00
研究生毕业	250	123	92	35	3.95	10.78	4.74	1.08
本科毕业	4932	1002	1692	2238	77.91	87.82	87.13	68.93
大专毕业	1048	15	155	878	16.56	1.31	7.98	27.04
高中阶段毕业	100	1	3	96	1.58	0.09	0.15	3.02

附：教师学历达标率：高中92.83%，初中100%，小学100%。

社会力量办普通中小学、职业中学及幼儿园情况

单位：人

项　　目	2010年						
	学校数（所）	毕业生数（离园人数）	招生数（入园人数）	在校生数（在园人数）	班数	教职工数	#专任教师
合　计	103	7038	11199	26164	893	4315	1966
普通中学	3	575	691	1996	52	221	162
高中	0	0	0	0	0	0	0
初中	3	575	691	1996	52	221	162
职业高中	0	0	0	0	0	0	0
小学	2	428	225	1611	32	88	67
幼儿园	98	6035	10283	22557	809	4006	1737

幼儿园基本情况

项　　目	2010年
幼儿园数（所）	110
教育部门办	12
其他部门办	35
社会力量办	63
教职工人数（人）	4429
#教师	1976
保健员	228
在园幼儿数（人）	27099

各类学校现有图书、仪器、体育场地情况

项　　目	单位	2010 年
一、电脑		
全区合计	台	26185
普通中学	台	10899
职业中学	台	1642
小学	台	13644
二、微机室		
全区合计	平方米	22782
普通中学	平方米	10915
小学	平方米	11867
三、校园网		
全区合计	个	82
普通中学	个	25
职业中学	个	1
小学	个	56
四、语音室		
全区合计	平方米	8698
普通中学	平方米	4859
小学	平方米	3839
五、实验室		
全区合计	平方米	61387
普通中学	平方米	39737
小学	平方米	21650
六、学校占地面积		
全区合计	平方米	984398
普通中学	平方米	513010
职业中学	平方米	18056
小学	平方米	448327
特殊学校	平方米	5005
七、校舍建筑面积		
全区合计	平方米	1033343
其中：教室建筑面积	平方米	271325
普通中学校舍建筑面积	平方米	489508
职业中学校舍建筑面积	平方米	26518
小学校舍建筑面积	平方米	509888
特殊学校校舍建筑面积	平方米	7429

文化事业基本情况

	项　目	单 位	2010 年
区图书馆概况	总面积	M^2	12000
	阅览座位	个	1248
	总藏量	万册	49.4926
	其中：年购新书	册	16692
	年购藏量（包含纸质图书、电子图书、光盘等）	册	17642
	订报纸、期刊	种	997
	办理借书证	个	7545
	外借册次	万册	48.5212
	外借读者人次	万人	24.2606
	进馆读者人次	万人	133.166
	年流通量	万册	503.8014
区博物馆概况	总面积	平方米	9209
	展厅	个	3
	参观人数	万人	14.78
	藏品数	套	1159
文化生活情况	一、举办展览个数	个	206
	二、组织文艺活动次数	次	1087
	三、藏书	万册	47.11
	四、图书馆数量	个	2
	五、文化站数量	个	22
	六、文化市场情况		
	1. 歌舞娱乐场所	个	61
	2. 音像制品零售、出租单位	个	70
	3. 电子游戏、游艺经营场所	个	7
	4. 网吧	个	76
	5. 报刊亭	个	437

体育事业基本情况

项　　目	单　位	2009 年	2010 年
体委系统体育场地使用个数	个	2	3
体委系统体育场地使用场次	场次	157	164
举办区以上运动会	次	3	4
参加运动会的运动员人数	人	7800	8500
运动员在市级以上比赛中获得奖牌	枚	706	500
1. 金牌	枚	245	182
2. 银牌	枚	219	165
3. 铜牌	枚	242	149

卫生机构基本情况

单位：个

项　　目	合计	其中：	
		国有	集体
卫生机构总计	318	155	20
其中：			
一、医院	39	25	0
二、疗养院	1	1	0
三、社区卫生服务中心\站	23	6	17
四、卫生院	0	0	0
五、门诊部	67	18	0
六、急救中心（站）	1	1	0
七、采供血机构	1	1	0
八、妇幼保健院（所、站）	3	3	0
九、专科疾病防治院（所、站）	4	2	2
十、疾病预防控制中心	3	3	0
十一、卫生监督所	3	3	0
十二、医学科学研究机构	5	5	0
十三、健康教育所（站、中心）	1	1	0
十四、诊所、卫生所、医务室	163	85	1
十五、其他卫生机构	4	1	0

注：不含停业机构和村卫生站。

医疗机构运营情况

项　　目	单　　位	2010 年
诊疗人次数	人次	31061829
其中：门诊人次	人次	28759757
入院人数	人	569917
出院人数	人	568076
平均开放病床数	张	18093
病床使用率	%	95.96
病床周转次数	次	31.40
出院者平均住院日	日	11.04
治愈率	%	58.61
死亡率	%	1.23

医疗机构病床基本情况

单位：张

项　　目	床位数
总　计	18806
其中：医院	17542
综合医院	9983
中医医院	3499
专科医院	4060
妇幼保健院（所、站）	664

卫生机构人员基本情况

单位：个

项　　目	合计	其中	
		卫生技术人	管理人员
总　计	36628	29757	2217
按卫生机构类别分			
其中：医院	29591	24391	1722
综合医院	17455	14366	1054
中医医院	5060	4478	231
专科医院	7076	5547	437
门诊部	1022	783	91
卫生院	0	0	0

（续表）

项　　目	合计	其中	
		卫生技术人	管理人员
急救中心	30	16	8
妇幼保健院（所、站）	1839	1490	121
专科疾病防治院（所、站）	302	214	17
疾病预防控制中心	480	386	23
卫生监督所	213	201	2
其他卫生机构	595	243	99
诊所、卫生所、医务室	549	506	0

婚姻登记情况

项　　目	单　　位	2010 年
婚姻登记		
1. 准予登记	对	11264
2. 准予离婚	对	2847

基层政权和社区建设工作情况

项　　目	单　　位	2010 年
县以下组织机构和居民自治组织		
1. 街道办事处	个	22
2. 社区居民委员会	个	267
3. 社区居民委员会成员人数	人	1877
其中：女性	人	1342

社会救济事业情况

项　　目	单　　位	2010 年
一、社会救济情况		
社会救济总人数	人	8358
城镇居民最低生活保障家庭数	户	4428
社会救济总金额	万元	3558.32
其中：救济金额	万元	2988.54
医疗救济金额	万元	569.78
二、实物救济情况		
实物救济户数	户	月均 1947 户
发放实物救济物品	份	23365
发放实物救济金额	万元	140.19
三、“九项减免”		
“九项减免”家庭户数	户	5977
“九项减免”总金额	万元	756.87
四、慈善医疗情况		
慈善医疗人次	人次	5936
慈善医疗总金额	万元	11.8

注：慈善医疗情况单指区慈善医疗。

2010年度越秀区获国家、广东省立项科技计划项目汇总

序号	项目级别	项目名称	承担单位
1	国家	901-C型二氧化碳激光治疗机	广州市激光技术应用研究所有限公司
2		数字直接制版机（CTP）	广州市保利特企业发展有限公司
3		联奕可信网络安全平台系统	广州联奕信息科技有限公司
4		基于卫生部标准的电子病历（EMR）系统	广州市慧通计算机有限公司
5		科技型中小企业创业投资引导基金	广州蓝弧文化传播有限公司
6		基于XBRL的财务数据交换关键技术研究与应用示范	广州中浩控制技术有限公司
1	广东省	数字定压柴油机消防泵	广州三业科技有限公司
2		垃圾渗滤液高效生物及深度处理优化集成	广州市均博环保工程有限公司
3		“时讯通”城市预警与调度系统	广州联瑞数码科技有限公司
4		微旋涡无级变速反应沉淀器	广州华浩能源环保工程有限公司
5		国家高新技术产业开发区黄花岗科技园公共技术服务平台	黄花岗科技园管委会
6		国家高新区黄花岗科技园公共服务平台	黄花岗科技园管委会
7		广州创意产业园公共服务平台	广州黄花岗高新技术创业服务中心
8		XBRL共性技术研究与应用工具开发	广州浩飞教育信息咨询有限公司
9		专业镇博士巡讲论坛网络服务平台	广州博士科技交流中心有限公司
10		基于扫描探针显微镜的材料光电表征技术的研究、应用及商品化	广州市本原纳米仪器有限公司
11		声动力治疗肿瘤技术及医疗设备开发研究	广州意斯生物工程科技有限公司
12		大宗能源使用动态监控关键技术研究与应用示范	广州从兴电子开发有限公司
13		工业固定污染源大气污染物排放连续监测系统	广州市林华环保科技有限公司
14		智能搜索在数字出版业的应用	广州硅谷软件研发中心
15		配电网智能调度决策与分布式监测控制系统的开发	广州市捷信通科技发展有限公司
16		建设基于国际cGMP、符合美国FDA要求的公共药物分析检测服务外包平台	广州法尔麦兰药物技术有限公司
17		电子零售与电子支付综合应用创新服务平台	广州市易票联电子商务有限公司
18		组织修复用脱细胞生物基质材料产业化生产关键技术的研究	广州中大医疗器械有限公司
19		越秀区科技创新中心公共服务平台	越秀区科技和信息化局
20		骏丰频谱及衍生技术内喝外照防治心血管系统疾病的实验研究及临床观察	广东骏丰频谱实业有限公司
21		物联网关键技术支撑系统—基于SAAS在线网络测试平台	广东百泰科技有限公司
21		锂离子动力电池配组及管理系统研发	广州益维电动汽车有限公司
23		广东省现代信息服务业发展专项资金扶持项目	广州从兴电子开发有限公司
24		面向智能配电网的IED设备研制与应用	广州中浩控制技术有限公司
25		智能配电网用户侧管理支撑系统的开发与应用	广州中浩控制技术有限公司

各区、县级市国民经济主要指标（一）

指标名称	单位	越秀区		荔湾区		海珠区		天河区		白云区		黄埔区	
		2010 年	同比增减（%）	2010 年	同比增减（%）	2010 年	同比增减（%）	2010 年	同比增减（%）	2010 年	同比增减（%）	2010 年	同比增减（%）
土地面积	平方公里	33.8	持平	59.10	持平	90.40	持平	137.38	持平	795.79	持平	87.5	持平
年末户籍人口	人	1169118	0.3	709263	0.4	952494	1.7	770274	3.4	828450	3.6	199740	0.6
年末常住人口	万人	115.73	4.3	89.82	5.8	155.92	6.0	143.37	7.5	222.48	8.4	45.83	11.8
街道办事处	个	22	持平	22	持平	18	持平	21	持平	14	持平	9	持平
镇	个	—	—	—	—	—	—	—	—	4	持平	—	—
居民委员会	个	267	持平	194	持平	257	持平	200	持平	247	持平	59	持平
村民委员会	个	—	—	—	—	—	—	—	—	118	持平	—	—
地区生产总值（当年价格）	万元	16524043	10.2	6147639	13.2	7296775	13.6	18722872	13.2	9390914	13.3	5672896	10.1
第一产业	万元	0	0.0	48176	0.5	31689	4.0	25814	5.9	263378	-4.4	12837	-6.6
第二产业	万元	496357	11.1	1758999	9.2	1332318	14.6	2758188	9.9	2319751	3.9	3674234	9.7
第三产业	万元	16027686	10.1	4340464	15.1	5932769	13.3	15938870	13.8	6807785	17.8	1985825	10.9
地区生产总值（2005年不变价）	万元	15106938	10.2	5560201	13.2	5828239	13.6	17874416	13.2	8691920	13.3	5622158	10.1
人均地区生产总值（按户籍人口）	元	141519	9.8	86843	12.9	77230	11.8	247085	9.1	—	—	284926	9.3
人均地区生产总值（按常住人口）	元	145773	5.9	70367	7.3	48162	7.4	135325	5.5	43920	4.8	130667	-1.3

（续表）

指标名称	单位	番禺区		花都区		南沙区		萝岗区		增城市		从化市	
		2010 年	同比增减（%）	2010 年	同比增减（%）	2010 年	同比增减（%）	2010 年	同比增减（%）	2010 年	同比增减（%）	2010 年	同比增减（%）
土地面积	平方公里	786	持平	969.12	持平	527.65	0.0	393.22	持平	1616.47	持平	1974.5	持平
年末户籍人口	人	1003862	0.5	661915	1.6	153446	1.1	189060	3.5	839812	0.7	578718	2.3
年末常住人口	万人	176.65	5.4	94.59	7.9	26.01	8.9	37.41	14.9	103.67	—	59.39	5.7
街道办事处	个	10	25.0	1	持平	2	持平	5	持平	3	持平	3	持平
镇	个	9	-10.0	7	持平	3	持平	1	持平	6	持平	5	持平
居民委员会	个	92	7.0	50	11.1	19	11.8	30	持平	37	持平	44	持平
村民委员会	个	247	持平	188	持平	58	持平	28	持平	282	持平	221	持平
地区生产总值（当年价格）	万元	10631540	15.5	6660079	15.5	4882454	16.2	13816375	16.6	6815966	16.0	1872716	14.5
第一产业	万元	453457	5.0	253930	2.1	135991	5.0	60670	0.0	417934	6.1	181769	6.0
第二产业	万元	4386006	17.5	4336320	15.7	3937997	17.6	10964105	16.3	4145015	17.7	864808	11.9
第三产业	万元	5792077	14.3	2069829	16.7	808466	12.2	2791600	18.2	2253017	14.4	826139	18.7
地区生产总值（2005 年不变价）	万元	9115382	15.5	5988952	15.5	4392499	16.2	12883725	16.6	6033971	16.0	1660697	14.5
人均地区生产总值（按户籍人口）	元	106151	14.7	101410	14.1	319977	14.9	743295	12.6	81162		32726	12.3
人均地区生产总值（按常住人口）	元	61765	9.9	73071	7.4	195690	7.0	394866	1.8	65747	14.5	32400	8.7

各区、县级市国民经济主要指标（二）

指标名称	单位	越秀区		荔湾区		海珠区		天河区		白云区		黄埔区	
		2010年	同比增减（%）	2010年	同比增减（%）	2010年	同比增减（%）	2010年	同比增减（%）	2010年	同比增减（%）	2010年	同比增减（%）
单位GDP能耗	吨标煤/万元	0.5297	-3.5	0.6484	-4.2	0.6454	-6.1	0.4825	-4.0	0.6540	-5.2	0.7366	-5.0
年末职工人数	人	531325	3.6	127713	2.8	204970	3.8	282632	-0.1	218640	2.0	115824	7.5
全年职工工资总额	万元	3301078	12.5	642995	6.3	1160377	17.3	2113545	14.1	1099604	12.3	598622	18.8
职工年人均工资	元	63184	9.3	49727	8.2	56577	12.3	75985	14.1	50479	10.6	52642	7.8
城市居民人均可支配收入	元	31068	11.1	29947	10.8	28754	11.0	31431	11.2	29738	10.8	28801	10.5
农村居民人均纯收入	元	—	—	15478	11.1	—	—	22267	9.0	12845	12.3	16619	11.9
计划生育率	%	97.88	-0.2	97.99	-0.2	97.35	-1.1	95.61	-0.03	94.95	提高0.8个百分点	96.33	-1.0
城市失业人员就业率	%	79.11	0.1	76.0	持平	72.46	-5.9	71.5	-1.7（百分点）	73.27	提高0.3个百分点	72.63	-1.3（百分点）
全社会固定资产投资额（按单位所在地分）	万元	6033888	1.4	971540	7.4	3870523	68.9	6791394	22.0	2328362	80.1	675150	21.3
#房地产开发	万元	1309789	0.3	65288	-45.8	1880519	59.1	2995528	32.2	215230	-14.6	40713	9.6
全社会固定资产投资额（按项目所在地分）	万元	2185908	21.6	1882323	27.0	3112867	23.3	6791394	22.0	3952827	49.5	655998	22.9
#房地产开发	万元	526035	10.0	640985	81.9	1191391	10.4	2995528	32.2	1052217	13.2	56418	-6.3
城乡居民储蓄存款余额	万元	—	—	—	—	—	—	—	—	12298594	16.1	—	—
年末耕地面积	亩	—	—	8003	-11.4	2828	-24.1	4976	-8.7	147818	-0.6	6733	-7.6

（续表）

指标名称	单　位	番禺区		花都区		南沙区		萝岗区		增城市		从化市	
		2010 年	同比增减（%）	2010 年	同比增减（%）	2010 年	同比增减（%）	2010 年	同比增减（%）	2010 年	同比增减（%）	2010 年	同比增减（%）
单位 GDP 能耗	吨标煤/万元	0.7138	-5.3	0.7384	-4.5	0.76	-5.1	（预计）0.546	（预计）-4.6	0.7243	-6.2	0.5951	-4.6
年末职工人数	人	212170	7.2	95101	3.6	87524	2.3	341419	11.3	95538	11.4	75478	8.3
全年职工工资总额	万元	873959	20.9	388913	18.5	350048	10.3	1909885	33.1	362549	17.6	243843	19.0
职工年人均工资	元	40875	15.2	41413	14.8	41168	9.1	52569	10.8	38506	8.6	31669	11.3
城市居民人均可支配收入	元	28226	11.0	25734	11.0	25711	10.3	31362.09	11.1	24587	12.1	19445	10.7
农村居民人均纯收入	元	14905	14.8	11535	14.5	14798	14.8	14593	14.9	10623	14.5	8430	14.5
计划生育率	%	97.58	提高0.4个百分点	95.65	0.3			95.64	提高0.03个百分点	93.91	0.6个百分点	95.23	上升了0.1个百分点
城市失业人员就业率	%	73	-8.8	72.4	-0.1	73.8	-2.2	72.81	—	72.2	1.2个百分点	71	上升了0.7个百分点
全社会固定资产投资额（按单位所在地分）	万元	3355887	30.1	1698727	47.0	1224209	-29.5	3131202	24.0	1607086	22.4	947763	30.0
#房地产开发	万元	1039065	10.9	693382	48.2	243768	36.0	135246	-52.8	931195	16.3	286859	-15.2
全社会固定资产投资额（按项目所在地分）	万元	4829623	20.9	2313717	39.4	1619713	-14.8	3235286	25.9			968059	26.4
#房地产开发	万元	1207012	24.1	909189	51.0	275874	53.9	178199	-50.0			286859	-15.2
城乡居民储蓄存款余额	万元	9544241	14.7	4121738	16.7	815650	13.5	—	—	4045906	11.9	1244444	17.5
年末耕地面积	亩	279986	-0.7	181437	-0.2	128596	2.9	50237	-1.9	406715	0.0	309548	1.2

各区、县级市国民经济主要指标（三）

指标名称	单位	越秀区		荔湾区		海珠区		天河区		白云区		黄埔区	
		2010年	同比增减（%）	2010年	同比增减（%）	2010年	同比增减（%）	2010年	同比增减（%）	2010年	同比增减（%）	2010年	同比增减（%）
农业总产值（当年价格）	万元	—	—	72535	3.0	53229	-3.9	52658	1.8	463131	-3.0	20274	-6.7
工业增加值	万元	179466	0.6	1563652	7.8	860039	7.8	2305989	8.7	2053508	3.4	3613783	9.9
工业总产值	万元	519907	6.5	4426346	12.0	2736222	13.8	9483611	15.2	7922784	8.8	16588127	10.5
工业产品销售率（规模以上）	%	99.91	0.2	98.9	0.4	101.65	3.43	99.89	0.2（百分点）	97.9	0.8	98.77	-0.2
工业高新技术产品产值（规模以上）	万元	22424	67.0	916257	19.1	595896	36.5	589579	74.1	2022911	18.4	8255041	11.4
社会消费品零售总额	万元	8370170	22.9	4051063	25.5	4806824	27.5	8402848	19.8	5804727	21.3	748178	20.4
商品销售总额	万元	43527745	40.3	23181688	41.0	17717529	52.9	71456594	31.3	17047277	45.5	5450721	34.5
税收总额	万元	2925636	-2.4	1785009	32.2	1073784	21.8	2961605	21.1	1090063	20.8	1862925	30.3
一般预算财政收入	万元	336234	6.0	311760	14.7	310114	13.3	381435	21.1	331992	12.5	120945	24.6
一般预算财政支出	万元	478699	11.2	445154	23.2	423268	27.7	420394	11.5	439655	18.4	184910	18.1
外贸出口总值	万美元	668765	22.1	183129	29.5	141686	13.7	234219	14.0	208300	29.3	162157	54.0
实际利用外资	万美元	30160	10.5	16660	1.7倍	12982	6.5	42971	8.0	13999	10.9	5484	0.2
私营、个体企业户数	户	96172	11.5	63115	3.3	81128	18.6	124717	22.2	108020	3.6	22272	7.2
私营、个体企业人数	人	215723	-18.7	127961	-1.5	234146	6.4	351088	-9.6	264618	7.4	62555	6.6

（续表）

指标名称	单位	番禺区		花都区		南沙区		萝岗区		增城市		从化市	
		2010年	同比增减（%）	2010年	同比增减（%）	2010年	同比增减（%）	2010年	同比增减（%）	2010年	同比增减（%）	2010年	同比增减（%）
农业总产值（当年价格）	万元	755436	5.0	437633	1.8	225135	4.2	111505	1.3	723616	5.5	306105	5.9
工业增加值	万元	3718961	16.9	4121042	15.0	3735836	20.1	10569240	16.0	3940763	17.5	738773	9.8
工业总产值	万元	17912240	24.3	15869215	24.5	14191299	23.4	40113908	21.0	15205205	18.1	3541362	16.2
工业产品销售率（规模以上）	%	97.2	-0.2	98.3	-1.3	99.19	-1.7	96.96	提高1.1个百分点	98.55	0.5	96.37	上升了4.2个百分点
工业高新技术产品产值（规模以上）	万元	5544271	28.2	6918502	30.4	5885507	28.5	1624.74	37.9	4969226	22.5	328724	18.2
社会消费品零售总额	万元	6284047	28.6	2255370	24.7	452651	38.8	1250096	47.7	1675354	28.8	663177	23.5
商品销售总额	万元	12166170	49.3	4054789	48.7	1462660	36.2	11924567	39.8	2586785	40.9	1466143	98.8
税收总额	万元	1431894	14.9	1684326	37.7	2152137	46.0	3162574	14.0	1066425	32.5	275168	21.1
一般预算财政收入	万元	631703	24.1	491607	30.1	252937	25.3	802414	8.2	398759	20.3	193351	26.1
一般预算财政支出	万元	783638	22.2	508292	17.0	327748	39.1	846765	2.2	432403	20.0	255327	33.2
外贸出口总值	万美元	892585	24.1	226790	33.9	354565	42.9	1367697	33.3	239789	35.8	146564	31.6
实际利用外资	万美元	35840	7.4	31005	5.3	62802	0.6	122513	5.6	8065	-54.6	15579	10.0
私营、个体企业户数	户	121991	19.5	57984	6.6	9909	8.1	16628	15.0	57848	0.2	21278	-0.2
私营、个体企业人数	人	380569	14.0	165228	6.8	24268	7.2	43381	54.1	168073	0.3	52239	0.2

各区、县级市国民经济主要指标（四）

指标名称	单位	越秀区		荔湾区		海珠区		天河区		白云区		黄埔区	
		2010年	同比增减（%）	2010年	同比增减（%）	2010年	同比增减（%）	2010年	同比增减（%）	2010年	同比增减（%）	2010年	同比增减（%）
高中毕业生升学率	%	98	2.8	99.11	4.9	93.4	3.9	93	4.9	—	—	96.59	-1.41
普通中学学校数	所	26	-3.7	38	持平	40	持平	51	持平	70	持平	19	0.0
普通中学在校学生数	人	40869	-4.6	41334	-2.5	48695	-1.1	49705	0.9	69391	-0.7	13860	2.2
小学学校数	所	57	1.8	54	持平	88	1.1	80	0.9	186	减少1所	27	0.0
小学在校学生数	人	57299	-1.1	50616	持平	80461	1.7	95213	0.7	146587	-1.2	29960	3.1
幼儿园数	所	110	-3.5	88	持平	171	0.6	160	1.3	289	增加7所	52	2.0
幼儿园在园人数	人	27099	7.2	20082	6.3	37998	7.8	33881	9.5	60389	9.1	11557	6.4
各类卫生机构数	个	318	0.6	174	-7.0	270	-1.5	404	0.9	551	2.4	33	0.0
#医院	个	39	-7.1	25	持平	23	4.5	31	持平	44	2.3	9	0.0
各类卫生机构床位数	张	18806	2.2	4474	7.2	7301	7.4	5833	持平	9118	3.9	1974	1.4
#医院	张	17542	2.9	4374	7.4	6590	8.0	6444	1.2	8633	-1.6	1824	-4.2
卫生技术人员	人	29757	5.4	6321	-1.6	11304	14.6	11000	1.2	11275	-1.9	2300	4.9
#医生	人	9628	-0.2	2421	-5.1	3878	9.8	7479	2.2	3589	-4.8	827	6.6

（续表）

指标名称	单位	番禺区		花都区		南沙区		萝岗区		增城市		从化市	
		2010年	同比增减（%）	2010年	同比增减（%）	2010年	同比增减（%）	2010年	同比增减（%）	2010年	同比增减（%）	2010年	同比增减（%）
高中毕业生升学率	%	86.15	5.1	86.9	11.3	81	2.4	96	—	87.95	4.9	90.82	上升了0.2个百分点
普通中学学校数	所	64	持平	56	19.1	10	25.0	13	—	48	-4	25	持平
普通中学在校学生数	人	87915	0.4	53158	1.1	17694	—	14568	—	73816	-1.7	43788	-0.5
小学学校数	所	165	-5.2	93	-5.1	25	-3.8	27	—	139	-0.7	64	-1.5
小学在校学生数	人	128561	-0.2	82663	9.7	14414	1.6	16819	—	76211	-7.8	43793	-10.1
幼儿园数	所	328	0.9	105	16.7	55	0.0	30	—	91	9.6	53	持平
幼儿园在园人数	人	67484	11.2	27496	17.2	6968	3.4	7594	—	26063	7.1	16772	10.6
各类卫生机构数	个	494	-1.2	327	-8.9	97	1.0	125	—	108	2.9	77	14.9
#医院	个	28	12.0	14	-17.6	11	0.0	3	—	8	持平	3	持平
各类卫生机构床位数	张	6024	4.6	2650	13.1	—	—	1165	—	2734	25.5	1941	10.7
#医院	张	5214	6.3	2650	13.1	793	0.0	627	—	1702	35.8	985	11.3
卫生技术人员	人	10994	0.1	6663	32.8	1229	10.0	1530	—	4399	9.2	3016	14.6
#医生	人	4123	-0.7	2211	39.1	489	40.9	374	—	1465	-2.5	1383	8.0

索　引

本索引采用主题分析方法，按主题词首字笔画笔顺排列。为方便检索，编制了主题词首字的《汉语拼音检字表》。如“创新建立外国人管理服务工作站”到“外国人管理服务站”的“外”字中去找。

本刊的“大事记”、特辑和文献专载等篇目未作索引。

索引的主题词后面的数字表示内容所在页码。

为了全面地反映本刊中的相关内容，索引中部分主题词采用几个页码，如“参政议政”44、82，要到“第44页”、“第82页”去查找。

一、汉语拼音检字索引

检字表中绝大部分词采用主题词首字，供按音查字之用。

各单字按汉语拼音字母音序排列。字音相同的单字按汉字笔画排列，如：工、公。

单字后的数字表示笔画数，例如“建8”表示首字为“建”的主题词在“8画”内查找。

二、笔画索引

二画

三画

六画

七画

八画

九画

十画

十一画

十二画

十三画

十五画

十九画